le Guide

F

Philippe GLOAGUEN et Michel DUVAL

Rédacteur en chef
Pierre JOSSE

Rédacteur en chef adjoint
Benoît LUCCHINI

Directrice de la coordination
Florence CHARMETANT

Directeur de routard.com
Yves COUPRIE

Rédaction
Olivier PAGE, Véronique de CHARDON,
Amanda KERAVEL, Isabelle AL SUBAIHI,
Anne-Caroline DUMAS, Carole BORDES,
Bénédicte BAZAILLE, André PONCELET,
Jérôme de GUBERNATIS, Marie BURIN DES ROZIERS,
Thierry BROUARD, Géraldine LEMAUF-BEAUVOIS,
Anne POINSOT, Mathilde de BOISGROLLIER,
Gavin's CLEMENTE-RUÏZ et Fabrice de LESTANG

SÉNÉGAL, GAMBIE

2002

Hachette

Avis aux hôteliers et aux restaurateurs

Les enquêteurs du *Routard* travaillent dans le plus strict anonymat, afin de préserver leur indépendance et l'objectivité des guides. Aucune réduction, aucun avantage quelconque, aucune rétribution n'est jamais demandé en contrepartie. La loi autorise les hôteliers et restaurateurs à porter plainte.

Hors-d'œuvre

Le *GDR*, ce n'est pas comme le bon vin, il vieillit mal. On ne veut pas pousser à la consommation, mais évitez de partir avec une édition ancienne. D'une année sur l'autre, les modifications atteignent et dépassent souvent les 40 %.

Spécial copinage

Le Bistrot d'André : 232, rue Saint-Charles, 75015 Paris. ☎ 01-45-57-89-14. M. : Balard. À l'angle de la rue Leblanc. Fermé le dimanche. L'un des seuls bistrots de l'époque Citroën encore debout, dans ce quartier en pleine évolution. Ici, les recettes d'autrefois sont remises à l'honneur. Une cuisine familiale, telle qu'on l'aime. Des prix d'avant-guerre pour un magret de canard poêlé sauce au miel, rognon de veau aux champignons, poisson du jour... Menu à 10,52 € (69 F) servi le midi en semaine uniquement. Menu-enfants à 6,86 € (45 F). À la carte, compter autour de 21,34 € (140 F) sans la boisson. Kir offert à tous les amis du *Guide du routard.*

www.routard.com

NOUVEAU : les temps changent, après 4 ans de bons et loyaux services, le web du Routard laisse la place à ***routard.com,*** notre portail voyage. Tout pour préparer votre voyage en ligne, de A comme argent à Z comme Zanzibar : des fiches pratiques sur 130 destinations (y compris les régions françaises), nos tuyaux perso pour voyager, des cartes et des photos sur chaque pays, des infos météo et santé, la possibilité de réserver en ligne son visa, son vol sec, son séjour, son hébergement ou sa voiture. En prime, *routard mag* véritable magazine en ligne, propose interviews de voyageurs, reportages, carnets de routes, événements culturels, programmes télé, produits nomades, fêtes et infos du monde. Et bien sûr : des concours, des chats, des petites annonces, une boutique de produits voyages...

TABLE DES MATIÈRES

COMMENT Y ALLER ?

GÉNÉRALITÉS

LE SÉNÉGAL

GÉNÉRALITÉS

DAKAR ET SES ENVIRONS

LA PETITE CÔTE

LE SINÉ SALOUM

LA CASAMANCE

Dans le nord de la Basse Casamance

La presqu'île de Sedhiou

La Haute Casamance

LE SÉNÉGAL ORIENTAL

LE NORD DU SÉNÉGAL

LA GAMBIE

COMMENT Y ALLER ?

GÉNÉRALITÉS

LE GRAND BANJUL

LE SUD-OUEST

L'EST

Les routes du nord et du sud

La route nord

La route sud

LES GUIDES DU ROUTARD 2002-2003

(dates de parution sur **www.routard.com**)

France

- Alpes
- Alsace, Vosges
- Aquitaine
- **Ardèche, Drôme**
- Auvergne, Limousin
- Banlieues de Paris
- Bourgogne, Franche-Comté
- Bretagne Nord
- Bretagne Sud
- Châteaux de la Loire
- Corse
- Côte d'Azur
- Hôtels et restos de France
- Junior à Paris et ses environs
- **Junior en France (printemps 2002)**
- Languedoc-Roussillon
- Lyon et ses environs
- Midi-Pyrénées
- Nord, Pas-de-Calais
- Normandie
- Paris
- Paris à vélo
- Paris balades
- Paris casse-croûte
- Paris exotique
- **Paris la nuit (sept. 2001)**
- Pays basque (France, Espagne)
- Pays de la Loire
- Poitou-Charentes
- Provence
- Restos et bistrots de Paris
- Le Routard des amoureux à Paris
- Tables et chambres à la campagne
- Week-ends autour de Paris

Amériques

- **Argentine (déc. 2001)**
- Brésil
- Californie et Seattle
- Canada Ouest et Ontario
- Cuba
- **Chili** et **île de Pâques (déc. 2001)**
- Équateur
- États-Unis, côte Est
- Floride, Louisiane
- Guadeloupe, Saint-Martin, Saint-Barth
- Martinique, Dominique, Sainte-Lucie
- Mexique, Belize, Guatemala
- New York
- Parcs nationaux de l'Ouest américain et Las Vegas
- Pérou, Bolivie
- Québec et Provinces maritimes
- Rép. dominicaine (Saint-Domingue)

Asie

- Birmanie
- **Chine**
- Inde du Nord
- Inde du Sud
- Indonésie
- Israël
- Istanbul
- Jordanie, Syrie, Yémen
- Laos, Cambodge
- Malaisie, Singapour
- Népal, Tibet
- Sri Lanka (Ceylan)
- Thaïlande
- Turquie
- Vietnam

Europe

- Allemagne
- Amsterdam
- Andalousie
- **Andorre, Catalogne**
- Angleterre, pays de Galles
- Athènes et les îles grecques
- Autriche
- Baléares
- Belgique
- **Croatie (mars 2002)**
- Écosse
- Espagne du Centre
- Finlande, Islande
- Grèce continentale
- Hongrie, Roumanie, Bulgarie
- Irlande
- Italie du Nord
- Italie du Sud, Rome
- Londres
- Norvège, Suède, Danemark
- Pologne, République tchèque, Slovaquie
- Portugal
- Prague
- Sicile
- Suisse
- Toscane, Ombrie
- Venise

Afrique

- Afrique noire
- Égypte
- Île Maurice, Rodrigues
- Kenya, Tanzanie et Zanzibar
- Madagascar
- Maroc
- Marrakech et ses environs
- Réunion
- Sénégal, Gambie
- Tunisie

et bien sûr...

- Le Guide de l'expatrié
- Le Guide du chineur
- Le Guide du citoyen
- Humanitaire
- Internet

NOS NOUVEAUTÉS

PARIS LA NUIT (sept. 2001)

Après les années moroses, les nuits parisiennes se sont remis du rose aux joues, du rouge aux lèvres et ont oublié leurs bleus à l'âme. Tant mieux ! Dressons le bilan avant de rouler carrosse : DJs tournants, soirées mousse, bars tendance-tendance pour jeunesse hip-hop, mais aussi soirées-chansons pleines d'amitié où l'on réveille Fréhel, Bruant et Vian. Après les *afters,* en avant les *befores* pour danser au rythme des nouvelles D'Jettes à la mode. Branchados des bô-quartiers, pipoles-raï, jet-set et néo-mondains, qui n'hésitent pas à pousser la porte des vieux bistroquets d'avant-guerre pour redécouvrir les convivialités de comptoir des cafés-concerts d'autrefois. Voici un bouquet de bonnes adresses pour dîner tard, pour boire un verre dans un café dé à coudre, dépenser son énergie en trémoussant ses calories en rab, s'offrir un blanc-limé sur le premier zinc, ouvert sur la ligne du petit matin... Mooon Dieu que tu es chiiic ce sooiiir ! Nuits frivoles pour matins glauques, voici notre répertoire pour colorer le gris bitume... voire plus si affinités.

ARDÈCHE, DRÔME (paru)

Pas étonnant que les premiers hommes de la création aient choisi l'Ardèche comme refuge. Ils avaient bon goût ! Une nature comme à l'aube des temps, intacte et grandiose. Des gorges évidemment, à découvrir à pied, à cheval ou mieux, en canoë-kayak.

Grottes à pénétrer, avens à découvrir, musées aux richesses méconnues, une architecture qui fait le grand écart entre les frimas du Massif central et les cigales de la Provence. Enfin, pour mettre tout le monde d'accord, une bonne et franche soupe aux châtaignes.

Entre Alpes et Provence, la Drôme a probablement du mal à choisir. La Drôme, c'est avant tout des paysages sans tapage, harmonieux, sereins, des montagnes à taille humaine... À la lumière souvent trop dure et trop crue de la Provence, elle oppose une belle lumière adoucie, des ciels d'un bleu plus tendre. Voici des monts voluptueux, piémonts aux accents italiens comme en Tricastin et en Drôme provençale. Tout ce qui, au sud, se révèle parfois trop léché, se découvre ici encore intact ! Quant aux villes, elles sont raisonnables, délicieusement accueillantes.

Pour finir, l'Histoire, ici, avec un grand « H » : refuge pour les opprimés de tous temps, des protestants pourchassés aux juifs persécutés.

LA CHARTE DU ROUTARD

À l'étranger, l'étranger c'est nous ! Avec ce dicton en tête, les bonnes attitudes coulent de source.

– ***Les us et coutumes du pays***

Respecter les coutumes ou croyances qui semblent parfois surprenantes. Certains comportements très simples, comme la discrétion et l'humilité, permettent souvent d'éviter les impairs. Observer les attitudes des autres pour s'y conformer est souvent suffisant. S'informer des traditions religieuses est toujours passionnant. Une tenue vestimentaire sans provocation, un sourire, quelques mots dans la langue locale sont autant de gestes simples qui permettent d'échanger et de créer une relation vraie. Tous ces petits gestes constituent déjà un pas vers l'autre. Et ce pas, c'est à nous visiteurs de le faire. Mots de passe : la tolérance et le droit à la différence.

– ***Visiteur/visité : un rapport de force déséquilibré***

Le passé colonial ou le simple fossé économique peuvent entraîner parfois inconsciemment des tensions dues à l'argent. La différence de pouvoir d'achat est énorme entre gens du Nord et du Sud. Ne pas exhiber ostensiblement son argent. Éviter les grosses coupures, que beaucoup n'ont jamais eues entre les mains.

– ***Le tourisme sexuel***

Il est inadmissible que des Occidentaux utilisent leurs moyens financiers pour profiter sexuellement de la pauvreté. De nouvelles lois permettent désormais de poursuivre et juger dans leur pays d'origine ceux qui se rendent coupables d'abus sexuels, notamment sur les mineurs des deux sexes. C'est à la conscience personnelle et au simple respect humain que nous faisons appel. Combattre de tels comportements est une démarche fondamentale. Boycottez les établissements favorisant ce genre de relations.

– ***Photo ou pas photo ?***

Renseignez-vous sur le type de rapport que les habitants entretiennent avec la photo. Certains peuples considèrent que la photo vole l'âme. Alors, contentez-vous des paysages, ou bien créez un dialogue avant de demander l'autorisation. Ne tentez pas de passer outre. Dans les pays où la photo est la bienvenue, n'hésitez pas à prendre l'adresse de votre sujet et à lui envoyer vraiment la photo. Un objet magique : laissez-lui une photo Polaroïd.

– ***À chacun son costume***

Vouloir comprendre un pays pour mieux l'apprécier est une démarche louable. En revanche, il est parfois bon de conserver une certaine distanciation (on n'a pas dit distance), en sachant rester à sa place. Il n'est pas nécessaire de porter un costume berbère pour montrer qu'on aime le pays. L'idée même de « singer » les locaux est mal perçue. De même, les tenues dénudées sont souvent gênantes.

– ***À chacun son rythme***

Les voyageurs sont toujours trop pressés. Or, on ne peut ni tout voir, ni tout faire. Savoir accepter les imprévus, souvent plus riches en souvenirs que les périples trop bien huilés. Les meilleurs rapports humains naissent avec du temps et non de l'argent. Prendre le temps. Le temps de sourire, de parler, de communiquer, tout simplement. Voilà le secret d'un voyage réussi.

– ***Éviter les attitudes moralisatrices***

Le routard « donneur de leçons » agace vite. Évitez de donner votre avis sur tout, à n'importe qui et n'importe quand. Observer, comparer, prendre le temps de s'informer avant de proférer des opinions à l'emporte-pièce. Et en profiter pour écouter, c'est une règle d'or.

– ***Le pittoresque frelaté***

Dénoncer les entreprises touristiques qui traitent les peuples autochtones de manière dégradante ou humiliante et refuser les excursions qui jettent en pâture les populations locales à la curiosité malsaine. De même, ne pas encourager les spectacles touristiques préfabriqués qui dénaturent les cultures traditionnelles et pervertissent les habitants.

Nous tenons à remercier tout particulièrement Gérard Bouchu, François Chauvin, Grégory Dalex, Carole Fouque, Michelle Georget, Patrick de Panthou, Jean Omnes, Jean-Sébastien Petitdemange et Alexandra Sémon pour leur collaboration régulière.

Et pour cette chouette collection, plein d'amis nous ont aidés :

Caroline Achard
Didier Angelo
Barbara Batard
José-Marie Bel
Thierry Bessou
Cécile Bigeon
Yann Bochet
Philippe Bordet et Edwige Bellemain
Nathalie Boyer
Benoît Cacheux et Laure Beaufils
Guillaume de Calan
Danièle Canard
Florence Cavé
Raymond Chabaud
Jean-Paul Chantraine
Bénédicte Charmetant
Franck Chouteau
Geneviève Clastres
Maud Combier
Sandrine Copitch
Christian dal Corso
Maria-Elena et Serge Corvest
Sandrine Couprie
Franck David
Laurent Debéthune
Agnès Debiage
Fiona Debrabander
Charlotte Degroote
Vianney Delourme
Tovi et Ahmet Diler
Evy Diot
Raphaëlle Duroselle
Sophie Duval
Flora Etter
Hervé Eveillard
Didier Farsy
Flamine Favret
Pierre Fayet
Alain Fisch
Cédric Fisher
Dominique Gacoin
Cécile Gauneau
Adelie Genestar
Alain Gernez
David Giason
Adrien Gloaguen
Olivier Gomez et Sylvain Mazet
Isabelle Grégoire
Jean-Marc Guermont
Xavier Haudiquet
Claude Hervé-Bazin
Catherine Hidé
Bernard Houliat
Christian Inchauste
Catherine Jarrige
Lucien Jedwab
François Jouffa
Emmanuel Juste
Florent Lamontagne
Jacques Lanzmann
Vincent Launstorfer
Grégoire Lechat
Raymond et Carine Lehideux
Jean-Claude et Florence Lemoine
Mickaela Lerch
Valérie Loth
Pierre Mendiharat
Anne-Marie Minvielle
Thomas Mirande
Xavier de Moulins
Yves Negro
Alain Nierga et Cécile Fischer
Michel Ogrinz et Emmanuel Goulin
Franck Olivier
Alain Pallier
Martine Partrat
Nathalie Pasquier
J.-V. Patin
Odile Paugam et Didier Jehanno
Côme Perpère
Jean-Alexis Pougatch
Michel Puysségur
Jean-Luc Rigolet
Guillaume de Rocquemaurel
Martine Rousso
Ludovic Sabot
Emmanuel Sheffer
Jean-Luc et Antigone Schilling
Michèle Solle
Guillaume Soubrié
Régis Tettamanzi
Thu-Hoa-Bui
Christophe Trognon
Isabelle Verfaillie
Charlotte Viard
Stéphanie Villard
Isabelle Vivarès
Solange Vivier

Direction : Frédérique Sarfati
Contrôle de gestion : Joséphine Veyres et Martine Leroy
Direction éditoriale : Catherine Marquet
Édition : Catherine Julhe, Peggy Dion, Matthieu Devaux, Stéphane Renard, Sophie Berger et Carine Girac
Préparation-lecture : Aurélie Joiris
Cartographie : Cyrille Suss
Fabrication : Gérard Piassale et Laurence Ledru
Direction des ventes : Francis Lang
Direction commerciale : Michel Goujon, Dominique Nouvel, Dana Lichiardopol et Sylvie Rocland
Informatique éditoriale : Lionel Barth
Relations presse : Danielle Magne, Martine Levens et Maureen Browne
Régie publicitaire : Florence Brunel et Monique Marceau
Service publicitaire : Frédérique Larvor et Marguerite Musso

COMMENT Y ALLER ?

LES COMPAGNIES RÉGULIÈRES

▲ AIR FRANCE

– *Paris :* 119, av. des Champs-Élysées, 75008. Renseignements et réservations : ☎ 0820-820-820 (0,12 €, soit 0,79 F TTC/ mn) de 8 h à 21 h, et dans les agences de voyages. • www.airfrance.fr • Minitel : 36-15 ou 36-16, code AF (0,2 €, soit 1,29 F/mn). M. : George-V.

2 vols quotidiens pour Dakar, sans escale (1 seul vol le lundi et le samedi). Air France propose une gamme de tarifs très attractifs sous la marque Tempo accessibles à tous : *Tempo 1* (le plus souple), *Tempo 2*, *Tempo 3* et *Tempo 4* (le moins cher). Plus vous réservez tôt, plus il y a le choix de vols et de tarifs aux meilleures conditions. La compagnie propose également le tarif *Tempo Jeunes* (pour les moins de 25 ans). Ces tarifs sont accessibles jusqu'au jour de départ en aller-simple ou aller-retour, avec date de retour libre. Il est possible de modifier la réservation ou d'annuler jusqu'au jour de départ sans frais. Pour les moins de 25 ans, la carte de fidélité « Fréquence Jeune » est nominative, gratuite et valable sur l'ensemble des lignes nationales et internationales d'Air France. Cette carte permet d'accumuler des *Miles* et de bénéficier ainsi de billets gratuits. La validité des *Miles* peut être à vie si l'adhérent voyage au moins une fois tous les trois ans sur Air France ou sur les compagnies de l'alliance SkyTeam regroupant Aeromexico. Delta Airlines, Korean Air et CSA. La carte *Fréquence Jeune* apporte également de nombreux avantages ou réductions chez les partenaires d'Air France : FNAC, Disneyland Paris, etc.

Tous les mercredis dès 0 h, sur Minitel 36-15, code AF (0,2 €, soit 1,29 F/mn) ou sur Internet (• www.airfrance.fr •), Air France propose les tarifs « Coup de cœur », une sélection de destinations en France métropolitaine et en Europe à des tarifs très bas pour les 7 jours à venir. L'émission des billets aller-retour et le règlement doivent se faire dans les 72 heures suivant la date de réservation sur Minitel. Les billets peuvent être retirés dans un point de vente Air France ou une agence de voyages.

Pour les enchères sur Internet, Air France propose à ses clients disposant d'une adresse en France métropolitaine, tous les 15 jours, le jeudi de 12 h à 22 h plus de 100 billets mis aux enchères. Il s'agit de billets aller-retour, sur le réseau Métropole, moyen-courrier et long-courrier, au départ de France métropolitaine. Air France propose au gagnant un second billet sur un même vol au même tarif.

▲ AIR AFRIQUE

– *Paris :* 29, rue du Colisée, 75008. ☎ 01-44-21-32-32. Fax : 01-44-21-33-17. M. : Saint-Philippe-du-Roule.

Cette compagnie dessert Dakar avec un vol quotidien au départ de Roissy-Charles-de-Gaulle 2, terminal A.

▲ CORSAIR-NOUVELLES FRONTIÈRES

– *Paris :* 87, bd de Grenelle, 75015. Renseignements et réservations dans toute la France : ☎ 0825-000-825 (0,15 €, soit 0,99 F/mn). • www.nou

velles-frontieres.fr • Minitel : 36-15, code NF (à partir de 0,1 €, soit 0,65 F/mn). M. : La Motte-Picquet-Grenelle.
La compagnie assure 2 vols hebdomadaires pour Dakar le samedi et le dimanche au départ d'Orly-Ouest. Les retours s'effectuent le dimanche et le lundi. Corsair assure également des vols au départ de Lyon et Marseille.

▲ **SABENA**
– *Paris :* 45, av. de l'Opéra, 75002 Paris. Réservations : ☎ 0820-830-830. Fax : 0820-829-829. • www.sabena.com • Minitel : 36-15, code SABENA. M. : Opéra. Ouvert de 9 h 30 à 18 h 30 du lundi au vendredi, et le samedi de 10 h à 18 h. Et dans les agences de voyages.
La Sabena assure diverses liaisons à destination de l'Afrique via Bruxelles au départ de Paris Roissy-Charles-de-Gaulle (terminal 2D), mais aussi de villes de province : Lyon, Nice, Marseille, Bordeaux, Strasbourg, Nantes et Toulouse, à raison de :
– 1 vol quotidien pour Dakar (Sénégal) ;
– 6 vols hebdomadaires pour Banjul (Gambie), sauf samedi.
Réduction pour les jeunes de moins de 27 ans et pour les étudiants de moins de 31 ans.

LES ORGANISMES DE VOYAGES

– Encore une fois, un billet « charter » ne signifie pas toujours que vous allez voler sur une compagnie charter. Bien souvent, vous prendrez le vol régulier d'une grande compagnie. En vous adressant à des organismes spécialisés, vous aurez simplement payé moins cher que les ignorants pour le même service.
– Ne pas croire que les vols à tarif réduit sont tous au même prix pour une même destination à une même époque : loin de là. On a déjà vu, dans un même avion partagé par deux organismes, des passagers qui avaient payé 40 % plus cher que les autres... Authentique ! De plus, une agence bon marché ne l'est pas forcément toute l'année (elle peut n'être compétitive qu'à certaines dates bien précises). Donc, contactez tous les organismes et jugez vous-même.
Les organismes cités sont classés par ordre alphabétique, pour éviter les jalousies et les grincements de dents.

EN FRANCE

▲ **ACCOR TOUR**
Dans les agences de voyages ou renseignements au ☎ 01-44-11-11-50.
Véritable spécialiste de l'Afrique, Accor Tour vous emmène à la découverte du Sénégal, propose deux circuits dont un en Mauritanie, ou encore programme des séjours sur la petite côte à Saly ou à la Somone, avec en exclusivité l'hôtel-club Baobab.

▲ **ANYWAY.COM**
Renseignements et réservation : ☎ 0803-008-008 (0,15 €, soit 0,99 F/mn). Fax : 01-49-96-96-99. • www.anyway.com • Minitel : 36-15, code ANYWAY (0,34 €, soit 2,23 F/mn). Du lundi au vendredi de 9 h à 19 h.
Que vous soyez Marseillais, Lillois ou Parisien, l'agence de voyages Anyway.com s'adresse à tous les routards et sélectionne d'excellents prix auprès de 420 compagnies aériennes et l'ensemble des vols charters pour vous garantir des prix toujours plus compétitifs. Pour réserver, Anyway offre le choix : Internet, téléphone ou Minitel. Disponibilité des vols en temps réel sur 1 000 destinations dans le monde. Cliquez, vous décollez ! Anyway.com, c'est aussi la réservation de week-ends et de séjours, la location de voitures (jusqu'à 40 % de réduction) et des réductions de 20 à 50 % sur des hôtels de

2 à 5 étoiles. Voyageant « chic » ou « bon marché », tous les routards profiteront des plus Anyway.com : simplicité, service, conseil...

▲ BOURSE DES VOLS/BOURSE DES VOYAGES

Le 36-17, code BDV est un serveur Minitel sur le marché des voyages qui présente plus de 2 millions de tarifs aériens et des centaines de voyages organisés pouvant être réservés en ligne. En matière de vols secs, les tarifs et promotions de 40 voyagistes et 80 compagnies aériennes sont analysés et mis à jour en permanence. Quant aux voyages organisés, qu'il s'agisse de séjours, circuits, croisières, week-ends ou locations de vacances, BDV propose une sélection rigoureuse de produits phares et d'offres dégriffées d'une cinquantaine de tour-opérateurs majeurs.
Sur le site internet • www.bdv.fr • , retrouvez les « bons plans » de la Bourse des Vols, les dernières minutes de la Bourse des Voyages. Pour les promos vols secs, composez le ☎ 08-36-69-89-69 (0,34 €, soit 2,21 F/mn).

▲ CLUB FAUNE

– *Paris :* 22, rue Duban, 75016. ☎ 01-42-88-31-32. Fax : 01-45-24-31-29. • infos@club-faune.com •
Le Sénégal se redécouvre avec Club Faune hors des sentiers battus : région du Niokolo Koba à partir du camp de Mako, Gorée, Siné Saloum, région de Saint-Louis et vallée du Sénégal. Séjour balnéaire sur la Petite Côte. À noter également : Club Faune organise des séjours de pêche sportive sur la Petite Côte (espadon voilier) et dans le delta du Siné Saloum (baracouda et carpe rouge). Club Faune vous apporte la griffe d'un vrai spécialiste.

▲ CLUB MED DÉCOUVERTE

Pour se renseigner, recevoir la brochure et réserver : n° Azur ☎ 0810-802-810 – prix appel local (France). • www.clubmed.com • Minitel : 36-15, code CLUB MED (0,20 €, soit 1,29 F/mn). Agences Club Med Voyages, Havas Voyages, Forum Voyages et agences agréées.
Département des circuits et escapades organisés par le Club Méditerranée. Présence dans le monde : entre autres au Sénégal. Le savoir faire du Club, c'est :
– Le départ garanti sur beaucoup de destinations, sauf pour les circuits où un minimum de participants est exigé.
– La pension complète pour la plupart des circuits : les plaisirs d'une table variée entre spécialités locales et cuisine internationale.
– Les boissons comprises aux repas (une boisson locale avec thé ou café), et pendant les trajets, bouteilles d'eau dans les véhicules. Vous n'aurez jamais soif, sauf d'en savoir plus.
– Un guide accompagnateur choisi pour sa connaissance et son amour du pays.
– Si vous voyagez seul(e), possibilité de partager une chambre double (excepté pour les autotours et les événements). Ainsi, le supplément chambre individuelle ne vous sera pas imposé.

▲ COMPTOIR D'AFRIQUE

– *Paris :* 344, rue St-Jacques, 75005. ☎ 01-53-10-21-80. Fax : 01-53-10-21-81. • www.comptoir.fr • M. : Port-Royal. Ouvert du lundi au vendredi de 10 h à 18 h 30, le samedi de 11 h à 18 h.
Label certifié des voyages « cousus main ». Un véritable engouement pour l'Afrique a fait de Comptoir d'Afrique des professionnels toujours disposés à faire découvrir les entrailles de ce continent et la vie de ses peuples. Depuis de nombreuses années, ils transmettent l'authenticité africaine et font de cette terre un univers mythique en mettant en exergue les hommes, les traditions, les couleurs et les senteurs de ce continent. Un interlocuteur unique, responsable de sa production, est à votre écoute pour toute demande. Des itinéraires individuels, à la carte, préparés par des spécialistes, ainsi que de

Gîtes du Sénégal
Location de Villas et d'appartements

très nombreux circuits et safaris en petits groupes (2 à 10 personnes) vous sont proposés. Vous êtes alors accompagné de guides spécialisés (Afrique de l'Ouest, Afrique de l'Est et Afrique australe).

▲ DÉGRIFTOUR - RÉDUCTOUR

Nº indigo : ☎ 0825-825-500. • www.degriftour.com • Minitel : 36-15, code DT.

Envie d'une semaine de soleil ou de montagne ? Juste une escapade le temps d'un week-end ? Dégriftour est la formule idéale pour satisfaire une envie soudaine d'évasion et vous propose, de 15 jours à la veille de votre départ, des séjours, des billets d'avion, des croisières, des thalassos en France et à l'autre bout du monde.

Vous aimez préparer vos vacances à l'avance tout en valorisant votre budget ? C'est également possible avec degriftour.com, le voyagiste qui vend ses produits en direct de 11 mois à 1 jour avant le départ.

▲ FRAM

– *Paris :* 128, rue de Rivoli, 75001. ☎ 01-40-26-30-31. Fax : 01-40-26-26-32. M. : Châtelet.

– *Toulouse :* 1, rue Lapeyrouse, 31008. ☎ 05-62-15-16-17. Fax : 05-62-15-17-17.

• www.fram.fr • Minitel : 36-16, code FRAM.

L'un des tout premiers tour-opérateurs français pour le voyage organisé, Fram programme désormais plusieurs formules qui représentent « une autre façon de voyager ». Ce sont entre autres :

– des *avions en liberté* ou vols secs ;

– les *Framissima* : c'est la formule de « Clubs Ouverts ». Entre autres au Sénégal... Des sports nautiques au tennis, en passant par le golf, la plongée et la remise en forme, des jeux, des soirées qu'on choisit librement et tout compris, ainsi que des programmes d'excursions pour visiter la région.

▲ JEUNESSE ET RECONSTRUCTION

– *Paris :* 10, rue de Trévise, 75009. ☎ 01-47-70-15-88. Fax : 01-48-00-92-18. • www.volontariat.org • M. : Cadet ou Grands-Boulevards.

Dans le cadre de chantiers de construction, il s'agit de mettre en valeur le patrimoine bâti, de faire des travaux de restauration... ; pour le chantier environnement, il faut tracer un sentier de randonnée, nettoyer une rivière et ses abords... ; chantier à thème, il s'agit de participer à l'organisation d'un festival, à des ateliers de création sur une thématique... ; des animations, une aide à la vie quotidienne de personnes handicapées caractérisent plus particulièrement le chantier social.

Possibilité de volontariat à long terme dans plus de 30 pays (Europe, Afrique, Amérique latine, Asie).

▲ J.V.

Renseignements et réservations au nº Azur : ☎ 0825-343-343. • jvdirect.com •

– *Paris :* 54, rue des Écoles, 75005. Fax : 01-46-33-55-96. M. : Cluny ou Odéon. Ouvert du lundi au vendredi de 9 h à 20 h, le samedi de 9 h à 19 h.

– *Paris :* 15, rue de l'Aude, 75014. Fax : 01-43-20-82-74.

– *Bordeaux :* 91, cours Alsace-Lorraine, 33000. Fax : 05-56-79-74-63.

– *Lille :* 20, rue des Ponts de Comines, 59000. Fax : 03-20-06-15-44.

– *Lyon :* 9, rue de l'Ancienne Préfecture, 69002. Fax : 04-78-37-12-14.

– *Nantes :* 20 rue de la Paix, 44000. Fax : 02-51-82-45-84.

– *Rennes :* 1, rue Victor-Hugo, 35000. Fax : 02-99-79-62-79.

– *Saint-Denis :* 30, rue de Strasbourg, 93200. Fax : 01-48-20-76-24.

– *Toulouse :* 12, rue Bayard, 31000.

JV publie deux fois par an une brochure *Couleurs Tropiques* qui prône un

tourisme de contacts et un esprit « routard » : séjours et itinéraires sur le Sénégal. Une Afrique accessible à tous, avec des vols négociés sur *Corsair*. À noter également dans le *Guide des locations de vacances JV*, quelques offres locatives sur le Sénégal.

▲ LOOK VOYAGES

Les brochures sont disponibles dans toutes les agences de voyages. Informations et réservations sur • www.look-voyages.fr • Minitel : 36-15, code LOOK VOYAGES (0,34 €, soit 2,21 F/mn).
Ce tour-opérateur généraliste vous propose une grande variété de produits et de destinations pour tous les budgets : des séjours en clubs Lookéa, des séjours classiques en hôtels, des mini-séjours, des safaris, des circuits découverte, des croisières, des autotours et sa nouvelle formule Look Accueil qui vous permet de sillonner une région ou un pays en toute indépendance en complétant votre billet d'avion par une location de voiture et 1 à 3 nuits d'hôtel.
Look Voyages est un grand spécialiste du vol sec aux meilleurs prix avec 1 000 destinations dans le monde sur vols affrétés et réguliers.

▲ NOUVELLES FRONTIÈRES

– *Paris :* 87, boulevard de Grenelle, 75015. Renseignements et réservations dans toute la France : ☎ 0825-000-825 (0,15 €, soit 0,98 F/mn). • www.nouvelles-frontieres.fr • Minitel : 36-15, code NF (à partir de 0,1 €, soit 0,65 F/mn). M. : La Motte-Picquet-Grenelle.
Plus de 30 ans d'existence, 2 500 000 clients par an, 250 destinations, une chaîne d'hôtels-club et de résidences Paladien, deux compagnies aériennes, Corsair et Aérolyon, des filiales spécialisées pour les croisières en voilier, la plongée sous-marine, la location de voiture... Pas étonnant que Nouvelles Frontières soit devenu une référence incontournable, notamment en matière de tarifs. Le fait de réduire au maximum les intermédiaires permet d'offrir des prix « super serrés ». Un choix illimité de formules vous est proposé : des vols sur les compagnies aériennes de Nouvelles Frontières au départ de Paris et de province, en classe Horizon ou Grand Large, et sur toutes les compagnies aériennes régulières, avec une gamme de tarifs selon confort et budget. Sont également proposés toutes sortes de circuits, aventure ou organisés des séjours en hôtels, en hôtels-club et en résidence, notamment dans les Paladiens, les hôtels de Nouvelles Frontières avec « vue sur le monde » ; des week-ends, des formules à la carte (vol, nuits d'hôtels, excursions, location de voiture...).
Avant le départ, des permanences d'information sont organisées par des spécialistes qui présentent le pays et répondent aux questions. Les 13 brochures Nouvelles Frontières sont disponibles gratuitement dans les 200 agences du réseau, par Minitel, par téléphone et sur Internet.

▲ OTU VOYAGES

Infoline : ☎ 0820-817-817 (0,12 €, soit 0,79 F/mn). Consultez le site • www.otu.fr • pour obtenir adresse, plan d'accès, téléphone et e-mail de l'agence la plus proche de chez vous (37 agences OTU Voyages en France).
OTU Voyages est l'agence de voyages spécialisée étudiants. Elle propose le billet d'avion STUDENT AIR pour les jeunes et les étudiants, l'ensemble des titres de transports : train, bus, bateau, location de voiture, billets d'avions réguliers... mais aussi des hôtels en France et dans le monde, des séjours hiver et été, des week-ends en Europe, des assurances de voyage, etc.
OTU Voyages propose l'ensemble de ces prestations à des tarifs étudiants tout en assurant souplesse d'utilisation et sécurité de prestations.
OTU Voyages est également responsable de la distribution et du développement de la carte d'étudiant internationale (carte ISIC).

▲ RÉPUBLIC TOURS

– *Paris :* 1 bis, avenue de la République, 75541 Paris cedex 11. ☎ 01-53-36-55-55. Fax : 01-48-07-09-79. M. : République.
– *Lyon :* 4, rue du Général Plessier, 69002. ☎ 04-78-42-33-33. Fax : 04-78-42-24-43. • www.republictours.com • Minitel : 36-15, code REPUBLIC (0,34 €, soit 2,23 F/mn).
Et dans les agences de voyages.
Républic Tours, c'est une large gamme de produits et de destinations tous publics et la liberté de choisir sa formule de vacances :
– séjours détente en hôtel classique ou club ;
– circuits en autocar, voiture personnelle ou de location ;
– insolite : randonnées en 4x4, vélo, roulotte, randonnées pédestres, location de péniches...
Républic Tours, c'est aussi :
– l'Afrique avec le Sénégal.

▲ ROOTS TRAVEL

– *Paris :* 85, rue de la Verrerie, 75004. ☎ 01-42-74-07-07. Fax : 01-42-74-01-01. • www.rootstravel.com • Senegal@rootstravel.com • Ouvert tous les jours sauf le dimanche de 10 h à 13 h et de 14 h à 19 h.
Roots Travel propose, pour la destination Sénégal, de découvrir le pays en logeant chez l'habitant, loin des hôtels-club. Réservation de vols charters et de logements en chambres d'hôte dans la plupart des sites (Dakar, Saint-Louis, Petite Côte, île de Gorée). À Dakar, un correspondant local permet une assistance des voyageurs. Possibilité de réserver des villas individuelles totalement indépendantes. Extension possible pour les îles du Cap-Vert.

▲ VOYAGEURS EN AFRIQUE

Renseignements et réservations : ☎ 01-42-86-16-60. Fax : 01-42-86-17-87. (Sénégal, Kenya, Tanzanie, Zimbabwe, Bostwana, Namibie, Madagascar, Mali, Éthiopie, Afrique du Sud, Bénin, Cap-Vert, Sao Tomé et Principe, Tanzanie/Zanzibar) • www.vdm.com (panorama complet des activités et services proposés par Voyageurs) • Minitel : 36-15, code VOYAGEURS ou VDM.
– *Paris :* La Cité des Voyageurs, 55, rue Sainte-Anne, 75002. ☎ 01-42-86-16-00. Fax : 01-42-86-17-88. M. : Opéra ou Pyramides. Bureaux ouverts du lundi au samedi de 9 h 30 à 19 h.
– *Fougères :* 19, rue Chateaubriand, 35300. ☎ 02-99-94-21-91. Fax : 02-99-94-53-66.
– *Lyon :* 5, quai Jules-Courmont, 69002. ☎ 04-72-56-94-56. Fax : 04-72-56-94-55.
– *Marseille :* 25, rue Fort-Notre-Dame, 13001.
– *Rennes :* 2, rue Jules-Simon, BP 10206, 35102. ☎ 02-99-79-16-16. Fax : 02-99-79-10-00.
– *Saint-Malo :* 17, avenue Jean-Jaurès, BP 206, 35409. ☎ 02-99-40-27-27. Fax : 02-99-40-83-61.
– *Toulouse :* 26, rue des Marchands, 31000. ☎ 05-34-31-72-72. Fax : 05-34-31-72-73. M. : Esquirol.
Toutes les destinations de Voyageurs du Monde se retrouvent en un lieu unique, sur trois étages, réparties par zones géographiques.
Tout voyage sérieux nécessite l'intervention d'un spécialiste. D'où l'idée de ces équipes, spécialisées chacune sur une destination, qui vous accueillent à la Cité des Voyageurs Paris, premier espace de France (1 800 m^2) entièrement consacré aux voyages et aux voyageurs ainsi que dans les agences régionales. Leurs spécialistes vous proposent : vols simples, voyages à la carte en individuel et circuits accompagnés « civilisations » et « découvertes » sur les destinations du monde entier à des prix très compétitifs puisque vendus directement sans intermédiaire.

La Cité des Voyageurs, c'est aussi :
– Une librairie de plus de 15000 ouvrages et cartes pour vous aider à préparer au mieux votre voyage ainsi qu'une sélection des plus judicieux et indispensables accessoires de voyages : moustiquaires, sacs de couchage, couverture en laine polaire, etc. ☎ 01-42-86-17-38.
– Des expositions-vente d'artisanat traditionnel en provenance de différents pays. ☎ 01-42-86-16-25.
– Un programme de dîners-conférences : les jeudis sont une invitation au voyage et font honneur à une destination. ☎ 01-42-86-16-00.
– Un restaurant des cuisines du monde. ☎ 01-42-86-17-17.

▲ VOYAGES WASTEELS (JEUNES SANS FRONTIÈRE)

68 agences en France, 160 en Europe. Pour obtenir l'adresse et le numéro de téléphone de l'agence la plus proche de chez vous : Audiotel : ☎ 0836-682-206. Centre d'appels Infos et ventes par téléphone ☎ 0825-887-070. • www.wasteels.fr • Minitel : 36-15, code WASTEELS (0,34 €, soit 2,21 F/mn).
Tarifs réduits spécial jeunes et étudiants. En avion : les tarifs jeunes Air France mettent à la portée des jeunes de moins de 25 ans toute la France, l'Europe et le monde aux meilleurs tarifs. Sur plus de 450 destinations, STUDENT AIR propose aux étudiants de moins de 30 ans de voyager dans le monde entier sur les lignes régulières des compagnies aériennes à des prix très compétitifs et à des conditions d'utilisation extra souples.

EN BELGIQUE

▲ CONTINENTS INSOLITES

– *Bruxelles :* rue de la Révolution, 1-B, 1000. ☎ 02-218-24-84. Fax : 02-218-24-88. • www.continentsinsolites.com • M. : Madou.
– *En France :* ☎ 03-24-54-63-68 (renvoi automatique et gratuit sur le bureau de Bruxelles).
Association créée en 1978, dont l'objectif est de promouvoir un nouveau tourisme à visage humain, Continents Insolites regroupe plus de 30 000 sympathisants, dont le point commun est l'amour du voyage hors des sentiers battus.
Continents Insolites propose des circuits à dates fixes dans plus de 60 pays, et cela en petits groupes de 7 à 12 personnes, élément primordial pour une approche en profondeur des contrées à découvrir. Avant chaque départ, une réunion avec les participants au voyage est organisée pour permettre à ceux-ci de mieux connaître leur destination et leurs futurs compagnons de voyage. Voyages encadrés par des guides francophones, spécialistes des régions visitées.
Une gamme complète de formules de voyages (demander la brochure gratuite) :
– *Voyages lointains :* de la grande expédition au circuit accessible à tous.
– *Circuits taillés sur mesure :* organisation de voyages sur mesure (groupes, voyages de noces...). Fabrication artisanale jour par jour en étroite collaboration entre le guide-spécialiste et le voyageur afin de répondre parfaitement aux désirs de ce dernier.
– *Voyages incentive :* voyages pour les entreprises sur les traces des grands voyageurs.
De plus, Continents Insolites propose un cycle de diaporamas-conférences à Bruxelles et au Luxembourg. Les conférences de Bruxelles se déroulent à l'Espace Senghor, place Jourdan, 1040. Elles se tiennent le lundi ou le mercredi à 20 h 15 (demander les dates exactes).

▲ JOKER

– *Bruxelles :* boulevard Lemonnier, 37, 1000. ☎ 02-502-19-37. Fax : 02-502-29-23. • brussel @joker.be •

– *Bruxelles :* avenue Verdi, 23, 1083. ☎ 02-426-00-03. Fax : 02-426-03-60. • ganshoren@joker.be •
Adresses également à Anvers, Bruges, Gand, Louvain, Schoten et Wilrijk, Malines et Hasselt.
Joker est « le » spécialiste des voyages d'aventure et des billets d'avion à des prix très concurrentiels. Vols aller-retour au départ de Bruxelles, Paris, Francfort et Amsterdam. Voyages en petits groupes avec accompagnateur compétent. Circuits souples à la recherche de contacts humains authentiques, utilisant l'infrastructure locale et explorant le vrai pays. Voyages organisés avec des groupes internationaux (organismes américains, australiens et anglais). Joker établit également un circuit de Café's pour voyageurs dans le monde entier : ViaVia Joker, Naamsesteenweg 227 à Louvain, Wolstraat 86 à Anvers, ainsi qu'à Yogyakarta, Dakar, Barcelone, Copan (Honduras) et Arusha (Tanzanie).

▲ NOUVELLES FRONTIÈRES

N° d'appel général pour la Belgique : ☎ 02-547-44-22. • www.nouvelles-frontieres.com •
– *Bruxelles :* (siège) boulevard Lemonnier, 2, 1000. ☎ 02-547-44-44. Fax : 02-547-44-99.
– *Bruxelles :* chaussée d'Ixelles, 147, 1050. ☎ 02-540-90-11.
– *Bruxelles :* chaussée de Waterloo, 746, 1180. ☎ 02-626-99-99.
– *Bruxelles :* rue des Tongres, 24, 1040. ☎ 02-738-99-99.
– *Charleroi :* bd Audent, 8, 6000. ☎ 071-30-76-46. Fax : 071-30-76-23.
– *Gand :* Nederkouter, 77, 9000. ☎ 09-269-95-59. Fax : 09-224-36-47.
– *Liège :* boulevard de la Sauvenière, 32, 4000. ☎ 04-221-56-99. Fax : 04-223-46-92.
– *Mons :* rue d'Havré, 56, 7000. ☎ 065-84-24-10. Fax : 065-84-15-48.
– *Namur :* rue Émile-Cuvelier, 20, 5000. ☎ 081-25-19-99. Fax : 081-22-10-37.
– *Wavre :* rue Charles-Sambon, 16, 1300. ☎ 010-24-49-40. Fax : 010-24-49-43.
– *Waterloo :* boulevard Rolin, 4, 1410. ☎ 02-351-27-35.
Également au *Luxembourg :* rue des Bains, 16, L 1212. ☎ (352) 46-41-40.
30 ans d'existence, 250 destinations, une chaîne d'hôtels-club et de résidences Paladien, des filiales spécialisées pour les croisières en voilier, la plongée sous-marine, la location de voitures... Pas étonnant que Nouvelles Frontières soit devenu une référence incontournable, notamment en matière de prix. Le fait de réduire au maximum les intermédiaires permet d'offrir des prix « super serrés ».
Un choix illimité de formules vous est proposé.

▲ PAMPA EXPLOR

– *Bruxelles :* avenue Brugmann, 250, 1180. ☎ 02-340-09-09. Fax : 02-346-27-66. • pampa@arcadis.be • Ouvert de 9 h à 19 h en semaine et de 9 h à 17 h le samedi. Également sur rendez-vous, dans leurs locaux ou à votre domicile.
Spécialiste des vrais voyages « à la carte », Pampa Explor propose plus de 70 % de la « planète bleue », selon les goûts, attentes, centres d'intérêts et budgets de chacun. Du Costa Rica à l'Indonésie, de l'Afrique australe à l'Afrique du Nord, de l'Amérique du Sud aux plus belles croisières, Pampa Explor tourne le dos au tourisme de masse pour privilégier des découvertes authentiques et originales, pleines d'air pur et de chaleur humaine. Pour ceux qui apprécient la jungle et les Pataugas ou ceux qui préfèrent les cocktails en bord de piscine et les fastes des voyages de luxe. En individuel ou en petits groupes, mais toujours sur mesure.
Possibilité de régler par carte de paiement. Sur demande, envoi gratuit de documents de voyages.

attention touristes

Le tourisme est en passe de devenir la première industrie mondiale. Ce sont les pays les plus riches qui déterminent la nature de l'activité touristique dont les dégâts humains, sociaux ou écologiques parfois considérables sont essuyés par les pays d'accueil et surtout par leurs peuples indigènes minoritaires. Ceux-ci se trouvent particulièrement exposés: peuples pastoraux du Kenya ou de Tanzanie expropriés pour faire place à des réserves naturelles, terrain de golf construit sur les sites funéraires des Mohawk du Canada, réfugiées karen présentées comme des "femmes-girafes" dans un zoo humain en Thaïlande... Ces situations, parmi tant d'autres, sont inadmissibles. Le tourisme dans les territoires habités ou utilisés par des peuples indigènes ne devrait pas être possible sans leur consentement libre et informé.

Survival s'attache à promouvoir un "tourisme responsable" et appelle les organisateurs de voyages et les touristes à bannir toute forme d'exploitation, de paternalisme et d'humiliation à l'encontre des peuples indigènes.

Soyez vigilants, les peuples indigènes ne sont pas des objets exotiques faisant partie du paysage !

Survival est une organisation mondiale de soutien aux peuples indigènes. Elle défend leur volonté de décider de leur propre avenir et les aide à garantir leur vie, leurs terres et leurs droits fondamentaux.

✂……………………………………………………………………

Oui, je veux soutenir l'action de Survival International

A retourner à Survival 45 rue du Faubourg du Temple 75010 Paris.

❑ **Envoyez-moi d'abord une documentation sur vos activités et votre fiche d'information « Tourisme et peuples indigènes »**

❑ **J'adhère à Survival : ci-joint un chèque de 250 F (membre actif)**

❑ **J'effectue un don : ❑ 150 F ❑ 250 F ❑ 500 F ❑ 1000 F ❑ autre ....**

(L'adhésion ou le don vous permettent d'être régulièrement tenus au courant de nos activités, de recevoir les Bulletins d'action urgente et les Nouvelles de Survival.*)*

Nom ....

Adresse ....

▲ USIT CONNECTIONS

Renseignements : ☎ 02-550-01-00. Fax : 02-514-15-15. • www.connections.be •
– *Anvers :* Melkmarkt, 23, 2000. ☎ 03-225-31-61. Fax : 03-226-24-66.
– *Bruxelles :* rue du Midi, 19-21, 1000. ☎ 02-550-01-00. Fax : 02-512-94-47.
– *Bruxelles :* avenue A.-Buyl, 78, 1050. ☎ 02-647-06-05. Fax : 02-647-05-64.
– *Gand :* Nederkouter, 120, 9000. ☎ 09-223-90-20. Fax : 09-233-29-13.
– *Liège :* rue Sœurs-de-Hasque, 7, 4000. ☎ 04-223-03-75. Fax : 04-223-08-82.
– *Louvain :* Tiensestraat, 89, 3000. ☎ 016-29-01-50. Fax : 016-29-06-50.
– *Louvain-la-Neuve :* rue des Wallons, 11, 1348. ☎ 010/45-15-57. Fax : 010/45-14-53.

Spécialiste du voyage pour les étudiants, les jeunes et les « Independent travellers », Usit Connections est membre du groupe *usit*, groupe international formant le réseau des Usit Connections centres. Le voyageur peut ainsi trouver informations et conseils, aide et assistance (revalidation, routing...) dans plus de 80 centres en Europe et auprès de plus de 500 correspondants dans 65 pays.

Usit Connections propose une gamme complète de produits : des tarifs aériens spécialement négociés pour sa clientèle (licence IATA) et, en exclusivité pour le marché belge, les très avantageux et flexibles billets SATA réservés aux jeunes et étudiants ; les party flights ; toutes les possibilités d'arrangement terrestre (hébergement, locations de voitures, « self drive tours », circuits accompagnés, vacances sportives, expéditions) principalement en Europe et en Amérique du Nord ; de nombreux services aux voyageurs comme l'assurance voyage « Protections » ou les cartes internationales de réductions (la carte internationale d'étudiant ISIC et la carte jeune Euro-26).

EN SUISSE

C'est toujours assez cher de voyager au départ de la Suisse, mais ça s'améliore. Les charters au départ de Genève, Bâle ou Zurich sont de plus en plus fréquents ! Pour obtenir les meilleurs prix, il vous faudra être persévérant et vous munir d'un téléphone. Les billets au départ de Paris ou Lyon ont toujours la cote au hit-parade des meilleurs prix. Les annonces dans les journaux peuvent vous réserver d'agréables surprises, spécialement dans le *24 Heures* et dans *Voyages Magazine.*

Tous les tour-opérateurs sont représentés dans les bonnes agences : Hotelplan, Jumbo, le TCS et les autres peuvent parfois proposer le meilleur prix, ne pas les oublier !

▲ NOUVELLES FRONTIÈRES

– *Genève :* rue Chantepoulet, 10, 1201. ☎ (022) 906-80-80. Fax : (022) 906-80-90.
– *Lausanne :* boulevard de Grancy, 19, 1006. ☎ (021) 616-88-91. Fax : (021) 616-88-01.
(Voir texte en France.)

▲ SSR VOYAGES

– *Bienne :* quai du Bas, 23, 2502. ☎ (032) 328-11-11. Fax : (032) 328-11-10.
– *Fribourg :* rue de Lausanne, 35, 1700. ☎ (026) 322-61-62. Fax : (026) 322-64-68.
– *Genève :* rue Vignier, 3, 1205. ☎ (022) 329-97-34. Fax : (022) 329-50-62.
– *Lausanne :* boulevard de Grancy, 20, 1006. ☎ (021) 617-56-27. Fax : (021) 616-50-77.

– *Lausanne :* à l'université, bâtiment BF SH2, 1015. ☎ (021) 691-60-53. Fax : (021) 691-60-59.
– *Montreux :* 25, avenue des Alpes, 1820. ☎ (021) 961-23-00. Fax : (021) 961-23-06.
– *Nyon :* 17, rue de la Gare, 1260. ☎ (022) 361-88-22. Fax : (022) 361-68-27.

SSR Travel appartient au groupe STA Travel, regroupant 10 agences de voyages pour jeunes étudiants réparties dans le monde entier. Gros avantage si vous deviez rencontrer un problème : 150 bureaux STA et plus de 700 agents du même groupe répartis dans le monde entier sont là pour vous donner un coup de main *(Travel Help).*

SSR propose des voyages très avantageux : vols secs (Skybreaker), hôtels 1 à 3 étoiles, écoles de langues, voitures de location, etc. Délivre les cartes internationales d'étudiants et les cartes Jeunes Go 25.

SSR est membre du fonds de garantie de la branche suisse du voyage ; les montants versés par les clients pour les voyages forfaitaires sont assurés.

AU QUÉBEC

Revendus dans toutes les agences de voyages, les voyagistes québécois proposent une large gamme de vacances. Depuis le vol sec jusqu'au circuit guidé en autocar, en passant par la réservation d'une ou plusieurs nuits d'hôtel, ou la location de voitures. Sans oublier bien sûr, l'économique formule « achat-rachat », qui permet de faire l'acquisition temporaire d'une auto neuve (Renault et Peugeot en Europe), en ne payant que pour la durée d'utilisation (en général, minimum 17 jours, maximum 6 mois). Ces grossistes revendent également pour la plupart des cartes de train très avantageuses : Eurailpass (acceptée dans 17 pays), Europass (5 pays maximum), Visit Pass Europe centrale (5 pays), mais aussi Visit Pass France, ou encore Italie, Espagne, Autriche, Suisse, Hollande... À signaler : les réductions accordées pour les réservations effectuées longtemps à l'avance et les promotions nuits gratuites pour les 3ᵉ, 4ᵉ ou 5ᵉ nuits consécutives.

▲ EXOTIK TOURS

Asie, Méditerranée, Italie, grands voyages : Exotik Tours offre une importante production en été comme en hiver. Ses circuits estivaux se partagent entre Grèce, Turquie, Italie, Maroc, Tunisie, Thaïlande et Chine. L'hiver, des séjours sont proposés dans le bassin méditerranéen et en Asie (Thaïlande et Bali) – où l'on peut également opter pour des combinés plage + circuit. La brochure *Grands voyages*, enfin, suggère des périples en petits groupes ou en individuel, au choix : Amérique du Sud, Pacifique Sud, Afrique, Inde et Népal. Exotik Tours est membre du groupe Intair Transit.

▲ RÊVATOURS

Ce voyagiste propose quelque 25 destinations à la carte ou en circuits organisés. Du Bhoutan à la Thaïlande en passant par le Vietnam, l'Inde, la Chine, l'Europe centrale, le Sénégal ou le Maroc, le client peut soumettre son itinéraire à Rêvatours qui se charge de lui concocter son voyage. Parmi ses points forts : la Grèce avec un bon choix d'hôtels, de croisières et d'excursions.

▲ TOUR MONT ROYAL/NOUVELLES FRONTIÈRES

Les deux voyagistes font brochures communes et proposent une offre des plus complètes sur les destinations et les styles de voyages suivants : Europe, destinations soleils d'hiver et d'été, Polynésie française, croisières ou circuits accompagnés. Au programme aussi, tout ce qu'il faut pour les voyageurs indépendants (location de voitures, *passes* de train, bonne sélection d'hôtels et de résidences, excursions à la carte...).

▲ VACANCES TOURBEC

Vacances Tourbec offre des vols vers l'Europe, l'Asie, l'Afrique ou l'Amérique. Sa spécialité : la formule avion + auto. Vacances Tourbec offre également des forfaits à la carte et des circuits en autocar pour découvrir le Québec. Pour connaître l'adresse de l'agence Tourbec la plus proche (il y en a 26 au Québec), téléphoner au ☎ 1-800-363-3786.

GÉNÉRALITÉS

Pour la carte de l'Afrique Noire, les cartes générales du Sénégal et de la Gambie, se reporter au cahier couleur.

ANIMISME

En gros, l'animisme, très fort en Casamance, dans le Sénégal oriental et en Gambie, reconnaît l'existence d'une force vitale présente chez tous les hommes. Il puise ses rites moins dans la recherche spirituelle que dans la saisie des forces vitales qui se promènent dans l'univers et qui peuvent assurer la sécurité et l'amélioration de la vie des individus ou du groupe. Bien qu'il existe un dieu tout-puissant à l'origine de la terre, mais finalement peu préoccupé du sort des humains, les animistes lui préfèrent des divinités secondaires, en général les forces de la nature personnifiées et les esprits (parmi lesquels ceux des ancêtres). Dans les grands moments de la vie du paysan et de son groupe (naissance, initiation, mariage, funérailles, etc.), elles sont consultées, et des animaux leur sont sacrifiés. Les prières animistes visent essentiellement à assurer la force, la richesse et la fécondité du groupe. La notion de péché n'existe pas, il vaudrait mieux parler de transgression d'interdits. La maladie, la sécheresse, la faim sont toujours ressenties dans l'esprit des animistes comme les conséquences d'une faute grave.

L'attachement aux croyances traditionnelles est encore très vif dans la population. Même les fidèles musulmans ou chrétiens sont nombreux à perpétuer des rites animistes ancestraux.

Pour plus de précisions, se reporter à la rubrique « Croyances et rites Diola » ou au village de Thionk Essyl de la partie « La Casamance ».

BAKCHICH

À l'origine, qui se perd un peu dans la nuit des temps, le bakchich était le cadeau de bienvenue, en signe d'hospitalité et d'amitié, c'était la façon la plus simple et la plus commode de prouver à son invité qu'on n'était pas insensible à sa venue; alors on lui offrait un petit présent pour marquer cette affection. Aujourd'hui, le bakchich est hélas employé à tort et à travers, quel que soit l'interlocuteur, du plus petit au plus grand. Il n'est nullement nécessaire de faire des largesses inconsidérées qui, de toute manière, ne donneront pas une idée exacte de votre personnalité ni du pays que vous « représentez ». Le bakchich doit retrouver sa vocation première; et puisque c'est au touriste qu'il doit en grande partie d'être ce qu'il est devenu, alors, c'est également à ce même touriste qu'incombe la modification de cet état de fait.

En définitive, la meilleure solution est de donner le bakchich au chef de village ou à l'instituteur (crayons, stylos, cahiers...) qui le distribueront.

ATTENTION ! En ce qui concerne les médicaments : n'en donner qu'aux dispensaires, missions... **en aucun cas à des particuliers** qui, à coup sûr, s'empresseront de les revendre, même périmés.

BUDGET

Faites attention en préparant votre budget avant le départ. Un hôtel sale n'est pas forcément bon marché et un hôtel bon marché n'est pas forcément sale, de même un repas dans le resto le plus sinistre ne sera pas nécessairement donné, et ainsi de suite. Même si vous ne descendez pas dans un Novotel, que vous ne prenez le train qu'en dernière classe, ou le taxi-brousse le plus déglingué, cela ne sera pas forcément un voyage économique. Attention donc, prévoyez large !

CLIMAT, VÉGÉTATION, TEMPÉRATURES

Le Sénégal et la Gambie sont situés dans la zone intertropicale. Il y fait toujours chaud, avec un ensoleillement exceptionnel. Il y a deux saisons :
– La ***saison sèche*** (octobre à juin), pratiquement sans une goutte de pluie mais balayée parfois entre décembre et février par l'harmattan, ce vent de sable assez frisquet et desséchant qui saupoudre le paysage surtout dans la moitié nord du Sénégal ; on ne peut s'empêcher de penser alors à la chanson interprétée par France Gall : « Quand le désert avance... ».
– La ***saison des pluies*** (juillet à septembre) est appelée ici « hivernage ». Tornades, pluies plus ou moins diluviennes rendent parfois les déplacements plus difficiles. Les parcs du Djoudj et du Niokolo-Koba sont fermés ainsi que certains hôtels, notamment en Casamance, dont le personnel part effectuer les travaux des champs de la famille. Moins de touristes donc à ce moment-là. Moins de poussière aussi. En revanche, qui dit pluie dit eau stagnante, dit moustiques, donc palu... Pourtant, il ne pleut pas tant que ça mais cela suffit pour qu'en peu de temps la végétation exulte. Les baobabs se couvrent de pompons verts, les champs deviennent pâturages pour le plus grand bonheur du bétail et des biquettes en particulier qu'on ne voit plus couper effrontément la circulation (prudence tout de même !), les vergers et les potagers regorgent de fruits et de légumes, les marchés bourdonnent. L'hivernage dans la région de Saint-Louis est doux et bien agréable.
– La période idéale pour visiter le Sénégal et la Gambie reste toutefois ***de novembre à mars***.
Les graphiques ci-contre donnent une indication moyenne valable pour les deux pays.
– Les ***régions naturelles*** vont du type sahélien au nord (région du fleuve Sénégal) voire semi-désertique dans le Ferlo, soudanien au centre avec savane arborée, au type subtropical (humide) au sud (Gambie et Casamance) où l'on commence à voir la grande forêt dense. Le fleuve Gambie marque une frontière très nette entre les deux précédents.
– Le ***relief*** n'est pas très marqué : de la frontière mauritanienne à la Gambie s'étend une immense plaine sablonneuse en forme de calebasse (enfin, pas aussi creuse !) dont le pourtour oriental s'élève sensiblement vers Podor, Matam, Bakel où le fleuve Sénégal se trouve encaissé de plusieurs dizaines de mètres. Puis au sud-est, les collines, dont le point culminant est de 580 m, se font de plus en plus nombreuses au fur et à mesure que l'on approche du Fouta Djalon (en Guinée). Du côté occidental, on retrouve quelques escarpements notamment au cap Skirring, au nord de la Petite Côte (Popenguine, Toubab Dialao), puis sur la Grande Côte entre le lac Rose et M'Boro : c'est la région des Nyayes, cordon dunaire creusé çà et là d'anciens lacs asséchés dont les fonds cultivés sont aujourd'hui de riches vergers.

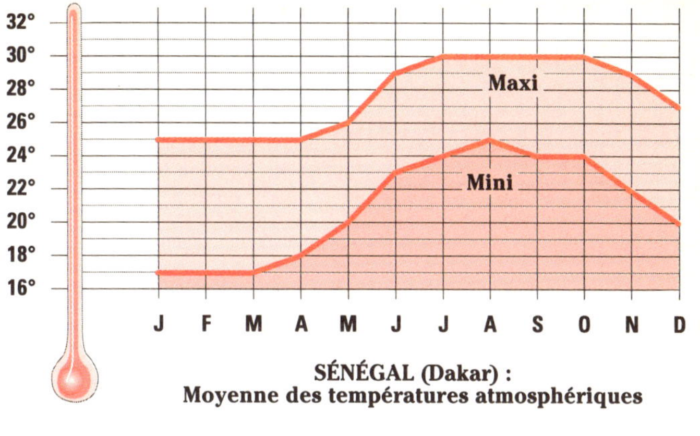

SÉNÉGAL (Dakar) :
Moyenne des températures atmosphériques

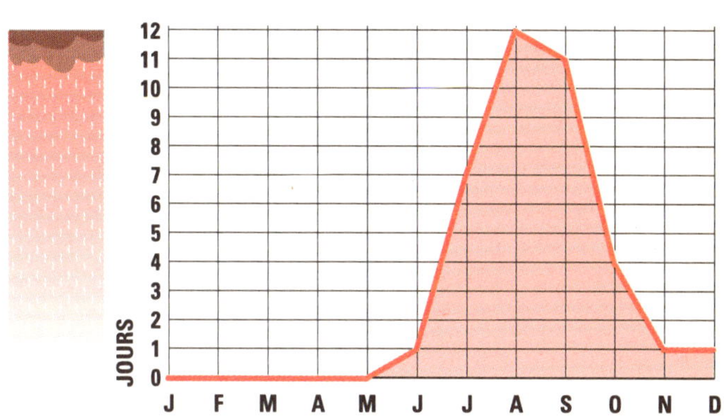

SÉNÉGAL (Dakar) :
Nombre de jours de pluie

CUISINE

Composée principalement de céréales, la cuisine locale emploie bon nombre de sauces pour préparer ou accompagner poisson ou viande. Là où la forêt est plus dense, la variété alimentaire se fait nettement sentir. Les produits incontournables communs aux deux régions sont le piment et le riz. Si la diarrhée vous mine le lendemain d'un repas, au moins aurez-vous passé un excellent moment. Dans une famille, généralement, on mange par terre, déchaussé, sur une natte, avec une main mais souvent on offre une cuillère à l'invité blanc.
(Voir aussi rubrique « Santé ».)

Le riz

Plus qu'un aliment, le riz est un élément sacré qui participe à tous les moments de la vie. Il est le symbole choisi de l'unité, de la richesse, de la puissance. Il est l'offrande faite aux fétiches, la nourriture des Ancêtres.
Même l'habitat témoigne de la prédominance de cette céréale; les cases sont

surmontées d'un grenier. Celui des femmes est utilisé pour la consommation courante, tandis que celui des hommes est réservé aux réjouissances.
Le meilleur riz provient de Casamance où les rizières, pourtant nombreuses, ont un rendement malheureusement trop faible pour assurer l'auto-suffisance du pays.

DÉCALAGE HORAIRE

Le décalage horaire avec la France est de 1 h en hiver (quand il est 12 h à Paris, il est 11 h à Dakar et à Banjul) et de 2 h en été.

DROGUE

Dans certains endroits, on peut en voir circuler beaucoup. Du haschich à l'ecstasy, on vous proposera peut-être jusque sur la plage d'atteindre les paradis artificiels. Attention, les lois sont très strictes vis-à-vis de la drogue : par exemple, au Sénégal, les peines sont de 2 mois à 1 an de prison ferme pour consommation personnelle, de 2 à 5 ans si on vous surprend à en offrir pour consommation, et de 5 à 10 ans pour culture et trafic. Méfiance donc, les dealers n'attendent qu'une chose : un pigeon qu'ils pourront immédiatement dénoncer ! (Lire également les avertissements concernant la Casamance).

GRIOTS

Musiciens ambulants, professionnels presque de naissance – ils font partie d'une caste –, ils vont de village en cour royale chanter les louanges d'un lignage et de ses descendants. Les plus célèbres, comme le Sénégalais Thionne Seck, passent à la télévision et le public se passionne pour les exploits, qu'il connaît depuis toujours, de tel grand monarque africain.
Les autres font le tour du quartier, surtout à l'occasion d'une fête où l'on ne peut pas refuser leur présence. Ils se plantent bien droit à l'entrée devant le maître de maison, avec ou sans *kora,* leur instrument de musique, et, selon l'argent qu'ils espèrent gagner, récitent toute la saga ou en chantent une bribe. Aussi, quand un griot est signalé dans le quartier, souvent le maître de maison se cache, en espérant ne pas se faire prendre, car le griot est à la fois paria et respecté pour ses connaissances. Il fera rire tous les voisins d'une bonne chanson aux dépens du radin.

MARCHANDAGE

C'est à la fois un plaisir, un jeu, un sport nécessitant beaucoup d'humour, de bagou, de ruse, de subtilité, de patience et de sang-froid (eh oui !). Un objet à 1 000 F.CFA (1,5 €) se marchande en 10 mn mais au-delà de 10 000 F.CFA (15,2 €), n'hésitez pas à passer une heure en plus. On vous offrira le thé. Un truc : faites un tour, demandez les prix, puis déterminez celui que vous désirez mettre. Marchandez en partant de beaucoup plus bas. Si tout le monde dit non, c'est normal, c'est un bon début ! Dans un marché, un bazar, divisez les prix par 2 ou 3 (parfois c'est plus, mais c'est dur à savoir !). Ailleurs, retirez au moins 20 %. De toute façon, commencez par de petits achats pour tâter le terrain. Il ne faut pas hésiter à raconter sa vie (même à en rajouter), à essayer d'émouvoir le marchand, à dire qu'on a comme lui une famille à nourrir, que l'argent n'est pas inépuisable. De toute façon, si vous voulez être certain de ne pas vous faire arnaquer, n'achetez *rien.* Mais vous passerez alors à côté d'une institution qui fait partie intégrante de la vie locale. De plus, il existe aussi bien au Sénégal qu'en Gambie pas mal d'objets originaux, à un prix inversement proportionnel au temps que vous avez à perdre en baratin. Le principe de base est de ne pas laisser percer votre intérêt pour le bibelot que vous imaginez déjà en bonne place dans votre living.

Demandez le prix de l'objet qui vous intéresse et des objets voisins avec le même air détaché, c'est-à-dire en regardant autre chose. Observez les femmes au marché, c'est super!

Un autre principe est de ne jamais dire son prix le premier. Avant d'aller faire des emplettes, prenez soin de répartir vos sous en plusieurs petites sommes planquées en différents endroits sur vous ou dans les pochettes d'un sac. Ne sortez jamais une tentatrice liasse de grosses coupures. Mettez directement les points sur les i, toujours avec humour, en précisant que vous n'êtes pas Rockefeller. Évitez d'acheter un objet la première fois que vous entrez dans la boutique. Si vous revenez, le marchand vous connaîtra déjà et aura plus de sympathie pour vous que pour le touriste lambda.

N'oubliez pas que bon nombre de commerçants sont superstitieux. Levez-vous tôt! En effet, si vous êtes le premier client, le vendeur sera beaucoup plus indulgent, car c'est un présage qui lui permettra de faire une bonne journée.

Enfin, n'oubliez pas qu'on trouve des choses étonnantes dans les marchés et les bazars, des choses qui seront pour vous de grandes surprises : par exemple des pierres semi-précieuses ou des antiquités qui n'en sont pas...

MUSIQUE ET DANSE

Afrique rime avec musique. Le Blanc n'hésite pas à le dire : « Ils ont le rythme dans la peau! ». C'est vrai, mais les Africains en ont assez de l'entendre. Il ne faut pas s'attendre à parcourir ce continent au rythme de cette musique, dont le moindre reportage vante les attraits. Ces danses et chants, qui évoquent aussitôt l'Afrique dans nos esprits, ne se produisent que lors de cérémonies bien précises, ou alors sur l'incitation mercantile de quelques organisations touristiques. En revanche, il arrive souvent que, à la nuit tombée, sur la place du village, au milieu d'échoppes, les gens dansent au son du djembé et du balafon, instruments typiques, ou écoutent le griot qui, accompagné de sa *kora* (dont la musicalité fait penser à la harpe), chante les hauts faits de telle ou telle famille, surtout dans l'Ouest.

À la base de la vie en société presque autant que la religion, la musique occupe une place toute particulière. Très exubérante et festive, elle puise ses racines mélodieuses dans des traditions ancestrales. Aussi bien en ce qui concerne le choix des instruments que celui des paroles et des sujets des chansons. Ainsi, Baaba Maal, Toucouleur originaire de Podor, s'est inspiré du *yela*, danse héritée des gestes effectués par les pileuses de mil aux champs.

Sons pluriels

Il faut parler au pluriel des musiques. Chacune est un dialecte, et chaque instrument est accordé à son propre dialecte : deux musiciens venus de villages voisins ne pourront pas forcément jouer ensemble. L'instrument traduit les intonations, les tons, les sons de la langue. Tout est instrument, y compris les voix de gorge, le nez pincé, les coups résonnant sur la jambe ou le ventre, ou encore l'air brusquement coincé sous l'aisselle pour émettre le son d'un pet.

La musique, comme la danse, traduit la complète communion de l'homme et de la nature. Elle sert aussi à transmettre des messages. Par exemple, avec le tambour d'aisselle on module des sons plus ou moins hauts selon la tension des cordes, au même registre que la parole, compréhensibles de tous. En revanche, les sons émanant des troncs percés d'une fente – la bouche – ne sont compris que des spécialistes. On ne cherche pas toujours à faire joli, on traduit simplement la vie.

L'instrument de musique revêt partout une valeur symbolique : pour tous les assistants, il représente leur cosmogonie, ou l'acte sexuel, ou l'accouchement, ou la vie, et chacun reconnaît la valeur de chaque détail ainsi que sa signification profonde.

Vous vexerez peut-être un vrai musicien en cherchant à acheter son instrument.

Il ne se vend pas comme esclave, lui. Si les pagayeurs disparaissent avec les moteurs, que les chasseurs sont loin dans la forêt, vous pourrez tout de même entendre souvent les chants de travail qui rythment les activités des champs (l'origine du jazz !), et surtout les jeux musicaux rythmiques des enfants.

Maintenant, la musique ne se cantonne pas à la brousse. Dans les grandes villes, les vieux avaient fêté l'indépendance sur les rythmes venus de Cuba (notamment le mérengué). Ceux-ci continuent d'ailleurs d'électriser les boîtes de nuit, à tel point qu'un groupe sénégalais (Africando) s'est taillé un beau succès en chantant en espagnol et en wolof ses propres morceaux afro-cubains. Les instruments et les sonorités de l'Amérique noire, ou ceux propagés par la *world music* ont également beaucoup de succès.

– En France, pour aborder l'Afrique en spécialiste ès musiques, rendez-vous tous les jours sur les ondes d'*Africa n° 1* (FM 107.5), à l'occasion du hit-parade quotidien.

Quelques instruments typiques

La kora

Surtout présents en Afrique de l'Ouest, les griots, membres d'une sorte de caste particulière, à la fois sorciers et poètes, chantent depuis la nuit des temps les louanges pour le prince. Pour ce faire, ils s'accompagnent de la kora, instrument à cordes (16, 21 ou 28) dont la forme rappelle celle du luth, mais la caisse de résonance est une calebasse tendue d'une peau de chèvre. Sa sonorité est proche de celle de la harpe.

Le balafon

L'élaboration d'un balafon est tout un art, et un beau balafon se vend très cher. Sorte de xylophone, il se compose de lames de bois de différentes tailles et épaisseurs, montées sur un châssis. Des calebasses percées de trous et disposées en dessous servent de caisses de résonance. Les lames, cuites au four, contribueront à produire des sonorités très pures et musicales. Le balafon est ensuite accordé suivant la langue du joueur car il accompagne le plus souvent les chants de son ethnie. Dans la région, ce sont les Balante, une petite communauté ethnique vivant au sud de l'axe Ziguinchor-Cap Skirring, actuellement zone interdite, qui le fabriquent. On peut en acheter dans n'importe quel marché, à Ziguinchor, Banjul ou Dakar.

Tam-tams

Appelés aussi *djembés,* vous ne pourrez passer outre. Ne serait-ce que parce que votre cousin ou votre petit-neveu vous a demandé de lui en rapporter un. En France, ils valent assez cher et sont furieusement « tendance ». Ils sont de différentes tailles : le *tama,* le plus petit, se place sous l'aisselle, d'autres occupent une place particulière au sein de l'orchestre. Quels que soient le lieu et le moment, tout commence et tout finit par un roulement de djembé bien rythmé accompagné de chants ou de danses et de déhanchements endiablés. Avant le dîner, au retour de la pêche, sur la plage, à la messe, au cours d'une balade en pirogue... tout est prétexte pour tambouriner. Ce qui donne lieu à de formidables explosions de joie.

PÊCHE SPORTIVE

Les côtes de l'Afrique occidentale sont très poissonneuses et propices à la pêche. En effet, elles sont le point de rencontre des courants chauds équatoriaux et des eaux froides des Canaries. Quelques clubs spécialisés dans la pêche sportive ont pignon sur plage, vous trouverez les coordonnées des plus sérieux dans le texte. La haute saison pour la pêche sportive s'étend de mai à novembre, car l'ensoleillement y est maximal. Plusieurs types de pêche sont pratiqués selon les régions : pêche au lancer, dite *surf-casting*, à la traîne, au gros. Les passionnés du moulinet ou de la canne comme les amateurs de poisson frais seront donc particulièrement bien accueillis. On trouve : espadons, thons, thiofs, capitaines, barracudas, carangues, merlus... Bientôt, ils n'auront plus de secrets pour vous, morts ou vifs !

PHOTOS

Avec un appareil photo, on apparaît immédiatement comme le touriste moyen. Si vous voulez photographier une ou plusieurs personnes, la moindre des choses est de leur demander l'autorisation avant. Malheureusement, ce sera le plus souvent contre un petit « cadeau » (un Bic, un échantillon de parfum ou autre). Vous pouvez aussi vous faire accompagner d'un guide local qui connaît les gens et intercédera pour vous. La promesse d'envoyer une photo aux personnes qui vous servent de sujet n'est pas toujours opérante. Aussi n'est-il pas mal d'avoir en plus un Polaroïd pour pouvoir donner instantanément la photo. Les rapports sont très rapidement débloqués.

Quelques conseils : pas la peine d'emporter une cargaison de pelloches, on en trouve dans les grandes villes et les sites les plus touristiques. Cela dit, ne pas les acheter développement compris ; la chaleur risquant de les abîmer, ce serait dommage de payer pour quelque chose que vous ne verrez jamais. Les papiers couleur supportent un peu mieux la chaleur que les diapos. Ne pas oublier un pinceau à poil doux, du papier optique et surtout un filtre U.V. pour protéger l'objectif.

Se méfier, car les autorités voient encore souvent des espions partout. Donc, allez voir les responsables et exposez-leur ce que vous voulez filmer ainsi que vos buts. Ne jamais photographier la police, les soldats, casernes, écoles et grandes infrastructures (aéroport).

Pour un documentaire à usage commercial, il est nécessaire de voir l'ambassadeur à Paris avant de partir, qui transmettra vos intentions sur place. En cas d'accord, toutes les portes vous seront ouvertes et vous aurez un maximum de possibilités. N'enfreignez pas ces règles si vous tenez à votre matériel (et parfois à votre liberté...).

SANTÉ

Quelques précautions simples pour garder la forme... Le bon sens est encore la meilleure forme de prévention possible. Tout le monde sait qu'il faut se méfier des premières expositions au soleil, qu'il ne faut pas plonger sans transition dans une eau froide, qu'il faut éviter de boire l'eau non purifiée dans les pays tropicaux... Plus on s'éloigne des normes des pays industrialisés, plus la vigilance s'impose. Mais il ne faut pas penser que de méchants virus ou bé-bêtes vont se jeter sur vous dès que vous passerez la frontière ! Heureusement, la plupart des voyageurs gardent la forme. Encore faut-il y mettre du sien et respecter les précautions élémentaires. Nous avons essayé, dans ce chapitre, d'envisager toutes les petites et grandes misères du voyageur.

Pour tout ce qui concerne la santé sous les tropiques, on s'est rendu compte que beaucoup de préjugés et d'idées fausses envahissaient l'esprit des voyageurs. Pour couper court à tout ça, on a fait appel à un ami, le docteur Alain Fisch. Ses titres : médecin des hôpitaux, chef de service des Urgences de médecine tropicale. Outre le fait qu'il est spécialiste en la matière, il a aussi énormément voyagé.

Attention : pas de panique à la lecture (attentive) de cette rubrique. Celle-ci n'a pour but que d'améliorer les conditions de votre voyage et en aucun cas de vous angoisser sur ses risques potentiels. Nous savons trop bien que le voyageur anxieux deviendra très vite un voyageur malade...

Comme le risque est le produit de l'*ignorance* par le *hasard*, vous trouverez ici toutes les informations sanitaires nécessaires à votre voyage.

Avant de partir pour le Sénégal ou la Gambie

Des consultations de voyage se tiennent à votre disposition dans de nombreux hôpitaux : en général, il y a au moins un service de maladies infectieuses et tropicales dans chaque CHU (liste disponible sur Internet : • www.santé-voyages.com •). Consulter avant vaut mieux que consulter après... D'autant que :
– vous avez certainement besoin d'une prescription de médicaments, dont certains, en particulier contre le paludisme, ne sont délivrés que sur ordonnance;
– vous avez peut-être besoin d'un « check-up » avant de vous retrouver dans des contrées médicalement désertiques;
– si vous avez déjà, avant le voyage, un problème de santé, la consultation est absolument impérative, vitale : par exemple, si vous êtes diabétique, cardiaque, atteint d'une maladie chronique pulmonaire ou intestinale, porteur du virus VIH, etc., les problèmes du voyage deviennent extrêmement complexes. Cependant, ils ne sont pas insurmontables, sous réserve que tous les conseils et les précautions soient pris auprès d'un spécialiste;
– enfin, les médecins tropicalistes qui travaillent dans ces services vous feront profiter non seulement de leurs connaissances médicales, mais aussi de leur pratique des pays dans lesquels vous allez voyager. Ils pourront vous parler d'épidémies récentes ou en cours, des récents changements de la résistance du paludisme, vous communiquer l'adresse des confrères qu'ils connaissent.

Avant le départ, ne pas oublier...

– une visite chez le dentiste : rien n'est plus déprimant qu'une rage de dents ou un abcès sans possibilité de secours avant plusieurs jours. Attention aussi aux dents creuses ou mal obturées au cas où vous feriez de la plongée : les douleurs sont insoutenables;
– d'emporter et de garder sur vous votre carnet international de vaccinations (surtout pour la fièvre jaune);
– d'avoir sur vous les coordonnées de votre médecin ou du centre de médecine tropicale que vous avez consulté avant le départ. Si vous avez des problèmes de santé particuliers, que ceux-ci soient consignés sur une carte que vous garderez avec vous tout au long de votre voyage, dans votre passeport ou votre carnet de vaccinations;
– de souscrire à une compagnie d'assistance internationale. Aujourd'hui, les tarifs sont modérés. Bien sûr, trouver une cabine téléphonique pour appeler au secours n'est pas toujours évident. Mais si vous tombez malade ou que vous êtes hospitalisé à l'étranger, vous serez bien content qu'on s'occupe de vous mettre dans le premier avion... et qu'on vous paie le billet.

Ce qu'il faut emporter

– De quoi faire face aux petits bobos, qui ont vite fait de gâcher un voyage.
– De quoi faire face aux problèmes plus sérieux : la qualité et la quantité des médicaments à emporter dépendra du type de voyage bien sûr, mais surtout du niveau de formation du voyageur en matière de médecine. Le tout facilement disponible, voyageant en bagage à main et non pas en soute, dans un simple sac de toile (pas dans une mallette, trop inconfortable à transporter, et risque de casse des flacons et ampoules).

Petit matériel – hygiène générale

Ci-dessous une liste exhaustive, pour un voyage long et bien sauvage. Liste à réduire selon chaque cas :

– petits ciseaux ;
– pince à épiler (ou à écharde) ;
– épingles de nourrice ;
– mouchoirs jetables ;
– paquets de compresses (2 x 5) ;
– bande de contention (en cas d'entorse...) ;
– bande de gaze (en cas de plaie ou brûlure) ;
– ruban adhésif (type Sparadrap) ;
– pansements auto-adhésifs (type Tricostéril) ;
– masque de sommeil ;
– brosse à dents, dentifrice ;
– fil dentaire, cure-dents ;
– tampons ou serviettes hygiéniques (on n'en trouve pas toujours sur place) ;
– rasoir mécanique et savon ou crème à raser ;
– si vous avez des lunettes de vue dont vous êtes dépendant, emportez-en deux paires ;
– crème de protection solaire indice maximum ;
– crème de protection des lèvres (type montagne) ;
– chapeau à large bord, en toile, blanc ou clair (les couleurs claires réfléchissent les rayons du soleil, les couleurs sombres les absorbent) ;
– chaussures de marche fermées (type tennis ou jogging, Pataugas) en toile ou cuir (plastique = mycoses) ;
– savon de Marseille ;
– antiseptique cutané (Bétadine jaune petit flacon, Hexomédine...) ;
– antiseptique oculaire léger (type Biocidan collyre) ;
– pommade anti-irritante (Sénophile, Mitosyl...) : particulièrement utile sur une marge anale irritée par la diarrhée ;
– désinfectant des eaux de boisson (Hydroclonazone, Micropur : un comprimé par litre) ; N.B. : laisser agir une heure avant consommation ;
– répulsif antimoustiques (« repellent ») : voir plus loin la rubrique « Diminuer le nombre de piqûres de moustiques ».
– serpentins antimoustiques ;
– diffuseur d'insecticide et plaquettes ;
– moustiquaire, si possible imprégnée d'insecticide (Deltaméthrine ou Perméthrine, durée d'efficacité de l'imprégnation : 6 mois) ;
– seringues 5 ml (deux) et aiguilles intramusculaires (quatre) : très important. Si l'on doit se faire faire une injection à la suite d'un accident, pour une maladie, mieux vaut fournir le matériel afin d'être sûr qu'il n'aura pas servi préalablement à tout le dispensaire... ;
– un thermomètre médical est toujours utile. Souvent, on a l'impression d'avoir de la fièvre alors que la température du corps est normale. Or la fièvre (la vraie, celle qui est mesurée) est un élément important pour pouvoir s'orienter dans la jungle des maladies tropicales.
– La plupart des matériels et produits utiles au voyageur, souvent difficiles à trouver, peuvent être achetés par correspondance :
– Si vous êtes loin de tout centre médical, n'oubliez pas votre ***Aspivenin®***, la mini-pompe aspirante qui fait ressurgir de façon indolore les venins, calme la douleur et limite la formation de l'œdème. Premier geste contre tous les venins, cette pompe rapide et efficace est l'appareil de premier secours en attendant les soins médicaux indispensables dans les cas graves. Elle permet d'éviter certains gestes dangereux. Plus d'infos sur le site • www.aspivenin.com •
Vendu en pharmacie en France ou sur le site Internet, à la portée de tous, alors que le sérum anti-venin reste un acte médical et nécessite de nombreuses précautions.

– La plupart des matériels et produits utiles au voyageur, souvent difficiles à trouver, peuvent être achetés par correspondance :

■ ***Catalogue Santé Voyage*** : 83-87, av. d'Italie, 75013 Paris (envoi gratuit sur simple demande). ☎ 01-45-86-41-91. Fax : 01-45-86-40-59. • www.santé-voyages.com •

Médicaments « de confort »

– Votre antalgique habituel : paracétamol (Doliprane, Dafalgan...). Si vous la supportez, l'aspirine peut également être utile grâce à ses propriétés anti-inflammatoires (brûlures, entorses...).
– Des comprimés de polyvitamines (type Alvityl : 1 à 3 par jour), si vous sentez que votre alimentation devient déficiente.
– Des comprimés à sucer en cas d'irritation de la gorge (attention à l'air conditionné) : type Lysopaïne.
– Des médicaments stoppant les diarrhées peuvent être achetés en pharmacie sans ordonnance avant votre départ comme ***Ercéstop***®. Votre pharmacien vous indiquera les modalités de prise de ce médicament.
– Contre le mal des transports mieux vaut s'équiper avant de partir d'un antinauséeux et antivomissements, tel que la ***Nautamine***® à prendre 1/2 h avant le départ.

Médicaments sur prescription médicale

La liste qui suit est également très (trop) complète. C'est le médecin que vous consulterez avant de partir qui aura la charge de la réduire en fonction de votre état de santé, de votre destination, de la durée de votre séjour et après vous avoir dûment interrogé et examiné. Les médicaments ci-après ainsi que leur dose quotidienne sont donnés à titre indicatif pour un adulte de poids moyen, en bonne santé. Ils peuvent être modifiés, adaptés en cas de grossesse, chez l'enfant, le sujet âgé, etc.
– Les médicaments éventuels que vous prenez au long cours : *a priori*, n'espérez pas les trouver sur place, de plus les contrefaçons pharmaceutiques sont très répandues ;
– vos médicaments contre le paludisme (voir plus loin le texte consacré au paludisme) ;
– contre les diarrhées banales (voir plus loin, dans la section « Faire face à quelques problèmes ») :
• un ralentisseur intestinal : type Imodium ;
• un désinfectant intestinal : type Ercéfuryl ;
• un antibiotique à large spectre, en particulier à visée intestinale, type Ciflox, Oflocet ;
– un pansement gastrique, utile en cas de gastro-entérite, de douleurs d'estomac. La présentation en comprimés à sucer est la plus facile à transporter : Phosphalugel, Maalox... Ces anti-acides gastriques ont un léger pouvoir constipant, souvent appréciable. N.B. : à ne pas prendre en même temps que d'autres médicaments (risque de diminution de leur absorption) ;
– un antivomitif, particulièrement apprécié en cas de gastro-entérite : type Primpéran (un demi à un comprimé trois fois par jour, avant les repas) ;
– un antispasmodique (type Spasfon : maximum 6 comprimés par jour) que l'on sera bien content de trouver en cas de colique néphrétique, de traumatisme, de douleurs abdominales... ;
– un antiallergique (type Clarityne : 1 comprimé par jour le matin au petit déjeuner), les allergies sont fréquentes : végétaux, pollens, acariens... ;

– un antibiotique actif sur diverses infections, en particulier intestinales (type Oflocet-comprimés) et un médicament actif sur les amibes (type Flagyl-comprimés) : à emporter éventuellement avec soi pour éviter de les chercher sur place, mais à n'utiliser que sur prescription d'un médecin local qui aura dressé le diagnostic correspondant de salmonellose, d'amibiase, etc. ;
– un somnifère léger et à courte durée d'action pour aider à s'adapter à un décalage horaire ou à dormir dans l'avion, le train... type Stilnox (1 comprimé immédiatement avant le coucher) ; pas d'alcool avec les somnifères ;
– si vous êtes sujet au mal des transports : Dramamine (ou autre, Nautamine, etc.). Prendre 1 comprimé 30 mn avant le départ, à renouveler éventuellement 4 h plus tard ; attention : ne pas prendre d'alcool avec ces médicaments.

Remarques diverses

– Attention aux boules pour s'obturer les oreilles : risque d'otite externe ; préférer, si l'on souhaite vraiment se boucher les oreilles, les bâtonnets ou cônes en polymères (type EAR) ;
– pas de suppositoires (ils fondent) ;
– pas de lotions, eaux de toilette... alcoolisées (elles dessèchent la peau et peuvent attirer certains insectes) ;
– d'une manière générale, il faut *a priori* éviter tous les cosmétiques, fards, crèmes de beauté, le jour tout au moins : certains ne font pas bon ménage avec le soleil, et peuvent entraîner des brûlures graves ;
– pas de médicaments à dissoudre ni effervescents (problème de l'eau potable) ;
– pas de lentilles de contact en pays chaud et sec (risque majeur d'atteinte grave de la cornée).

Une fois sur place, comment éviter d'être malade ?

Attention : aucune personne n'est à l'abri d'un problème sanitaire. Il va falloir avoir du bon sens, faire ce qu'il faut en se gardant de trop en faire. Il y a un double écueil :
– écouter les gens qui « vendent du voyage » : pour eux, aucun problème, tout le monde il est beau, tout le monde il est gentil ; « on fait la vaccination obligatoire », « on prend la Nivaquine pour le palu » et « bonnes vacances, envoyez-nous une petite carte ». En bref, on se limite aux recommandations « légales » et on n'affole surtout pas le client ;
– suivre à la lettre les conseils – théoriques – que donnent les traités de médecine tropicale : ces conseils sont tous justifiés par la théorie mais, si on doit les appliquer tous, le voyage devient un calvaire. D'autre part, certaines de ces règles sentent un peu la poussière et semblent ne pas toujours tenir compte des progrès thérapeutiques récents. Nous ne retiendrons donc que ce qui est à la fois souhaitable et possible.

Le virus Appolo

Attention au virus Appolo (surtout au mois de septembre). On l'appelle ainsi car il est apparu à l'époque où la navette spatiale américaine du même nom est revenue sur terre. N'allez pas y voir là une quelconque superstition ou une intervention extra-terrestre. Il donne naissance à une maladie des yeux qui ressemble à une grosse conjonctivite et sévit dans presque tous les pays d'Afrique de l'Ouest.
Pendant deux ou trois jours on a les yeux qui piquent, qui pleurent et qui sont tout gonflés. Les premiers symptômes sont révélateurs : yeux collés le

matin, impression de sable dans les yeux, fort mal de tête. Pour éviter de l'attraper, ne vous frottez pas les yeux quand vous avez les mains sales et lavez-les le plus souvent possible. Il existe un remède disponible en pharmacie : en cas d'urgence, demander le collyre contre Appolo.

Éviter de mourir du paludisme (malaria)

C'est possible et souhaitable... Le paludisme est la première maladie infectieuse mondiale : 2 à 3 millions de morts par an. Il est présent sur toute l'Afrique, et d'autant plus qu'il fait chaud, humide, et que les populations sont pauvres. Beaucoup de bêtises et de légendes sont colportées sur le paludisme : quand on a le palu, c'est pour la vie ; les médicaments du palu rendent aveugle, impuissant ; la quinine fait avorter... On remise tout cela aux oubliettes de notre mémoire collective coloniale, et on lit avec d'autant plus d'attention ce qui suit.

Le paludisme est devenu un problème extrêmement complexe et, de plus, considérablement mouvant. La prévention et le traitement du paludisme d'aujourd'hui n'ont plus grand-chose à voir avec ceux du palu de 1980.

Il y a 20 ans, tout était plus simple : il suffisait de prendre correctement sa chloroquine (Nivaquine) pour se permettre d'ignorer le problème. Aujourd'hui, l'agent du paludisme grave *(Plasmodium falciparum)* est devenu résistant à ce médicament dans la majorité des pays. Désormais, la quasi-totalité des pays africains impaludés connaissent cette résistance.

Actuellement, il n'existe aucun médicament capable de conférer une protection absolue contre le paludisme. C'est pourquoi il importe tout d'abord de diminuer le risque de contracter le parasite en diminuant le nombre de piqûres de moustiques.

Diminuer le nombre de piqûres de moustiques

En particulier DÈS QUE LE SOLEIL COMMENCE À BAISSER :

– ne dormir que sous moustiquaire imprégnée d'insecticide. Attention à ce qu'elle ne soit pas trouée, qu'elle soit parfaitement bordée sous le matelas et qu'aucun moustique ne soit emprisonné dedans... C'est la mesure majeure antipaludique recommandée par tous les spécialistes (N.B. : l'air conditionné diminue l'agressivité des moustiques mais ne les tue pas) ;

– utiliser abondamment des répulsifs antimoustiques, des serpentins antimoustiques (utilisables même au-dehors lorsqu'il n'y a pas trop de vent), des diffuseurs électriques.

Beaucoup – pour ne pas dire la quasi totalité – des répulsifs anti-moustiques/arthropodes vendus en grande surface ou en pharmacie sont peu ou insuffisamment efficaces. Un laboratoire (*Cattier-Dislab*) vient de mettre sur le marché une gamme enfin conforme aux recommandations du ministère français de la Santé. *Repel Insect* Adulte (DEET 50 %) ; *Repel Insect* Enfant (35/35 12,5 %) ; *Repel Insect* Trempage (perméthrine) pour imprégnation des tissus (moustiquaires en particulier) permettant une protection de 6 mois ; *Repel Insect* Vaporisateur (perméthrine) pour imprégnation des vêtements ne supportant pas le trempage, permettant une protection résistant à 6 lavages.

Il existe aussi un nouvel antimoustique, assurant jusqu'à 8 heures de protection, non gras, d'odeur agréable, utilisable chez l'enfant dès 2 ans : le *Bayrepel.* Noms commerciaux : *Autan Family* pour les peaux sensibles (visage, cou, enfants) et *Autan Active* (activités de plein air et tropiques). Autres principes actifs :

- DEET à 50 % : nom commercial, *Insect Ecran Peau.* Attention : réservé à l'adulte.
- 35/35 : nom commercial, *5 sur 5 Tropic.* D'efficacité équivalente mais utilisable chez l'enfant.

Il est conseillé de s'enduire les parties découvertes du corps et de renouveler fréquemment l'application.

GÉNÉRALITÉS

Disponibles en pharmacie, parapharmacie et en vente web sécurisée sur • www.sante-voyages.com •

– porter (à l'extérieur), dès la tombée du soleil, des vêtements recouvrant au maximum le corps, serrés aux extrémités (comme les tenues de jogging), chaussettes suffisamment épaisses, chaussures fermées (N.B. : le tout sans Nylon ou autres matériaux synthétiques, de façon à éviter la transpiration, la macération et les mycoses).

Ces précautions constituent la première ligne de défense du voyageur contre le paludisme, compte tenu de l'actuelle agressivité du parasite, autant dire qu'elles sont vitales.

Pendant que le soleil est bien levé, on peut relâcher sa vigilance.

N'utiliser qu'à bon escient des médicaments antipaludiques

Souvent les voyageurs (et leur médecin) pèchent par excès, faute d'une connaissance précise de la répartition du paludisme. Certains voyageurs en effet ne seront pas exposés au risque, même si le paludisme est signalé dans le pays. Dans le nord du pays, par exemple, la transmission n'est que saisonnière.

Après donc s'être précisément renseigné et être certain que l'on sera exposé au risque de paludisme, il y a actuellement en pratique le choix entre quatre schémas préventifs :

– ***Nivaquine seule :*** 1 comprimé (100 mg) par jour, 6 jours sur 7, la veille du départ, toute la durée du séjour et pendant les 4 semaines qui suivent le retour. Les pays dans lesquels ce simple schéma suffit sont de plus en plus rares. Pas de contre-indication ; quasiment aucun effet secondaire.

– ***Association Nivaquine-Paludrine :*** Nivaquine (100 mg) 1 comprimé et Paludrine (100 mg) 2 comprimés par jour, la veille du départ, toute la durée du séjour et pendant les 4 semaines qui suivent le retour. Pas de contre-indication ; effets secondaires rares et bénins. Depuis juin 1996, cette association est disponible sous la forme d'un seul comprimé de Savarine : plus simple, plus facile à prendre, présenté dans un blister calendaire et sans mauvais goût (comprimés enrobés).

– ***Lariam :*** un comprimé (250 mg) par semaine, à commencer au moins une semaine avant le départ, puis toute la durée du séjour et pendant les 4 semaines qui suivent le retour. Nombreuses contre-indications et limitations d'emploi ; effets secondaires fréquents ; accidents graves rares mais possibles.

– Il existe enfin un autre médicament, l'***Halfan,*** qui s'utilise différemment : on le garde avec soi et on ne le prend que pour traiter en urgence un accès palustre certain ou supposé (fièvre) : 2 comprimés, puis 2 autres 6 à 8 h plus tard, puis 2 autres 6 à 8 h plus tard une dernière fois. Ce traitement, dit « présomptif », peut être proposé, mais sous les réserves expresses suivantes :

• avant de le prescrire, le médecin doit s'assurer par l'interrogatoire et par un électrocardiogramme que le voyageur est indemne de certains troubles cardiaques très précis ;

• l'Halfan est interdit si on a pris du Lariam au cours du dernier mois ;

• l'autotraitement ne doit être effectué que lorsqu'il s'avère impossible de consulter rapidement un médecin ;

• en aucun cas l'autotraitement ne sera effectué pendant la première semaine passée en zone palustre car, avant 7 jours, il ne peut pas s'agir d'un paludisme, quels que soient les symptômes.

Quelques points complémentaires sur le paludisme

– Il y a en fait, pour le voyageur, deux types de paludisme et deux types de parasites : le plus fréquent au Sénégal et en Gambie, celui qui tue *(Plasmo-*

dium falciparum) mais ne subsiste pas longtemps dans l'organisme (maximum 3 mois), et ceux qui ne tuent pas, rendent seulement malade mais peuvent vivre, en revanche, beaucoup plus longtemps dans l'organisme.
Tout ce qui est détaillé ci-dessus concerne le paludisme qui tue. Si vous attrapez l'autre, vous verrez tranquillement le problème au retour.
– La consultation avant le départ est indispensable. De toute façon, la plupart des médicaments que l'on utilise actuellement ne sont délivrés que sur ordonnance.
– Sauf raison impérieuse, un enfant en bas âge ou une femme enceinte ne devraient pas voyager en zone impaludée. Pendant la grossesse, le tourisme éventuel devrait se faire ailleurs. Le paludisme chez une femme enceinte est dramatique pour le fœtus et beaucoup de médicaments antipaludiques sont interdits pendant la grossesse.
– Le vaccin contre le paludisme – l'arlésienne de la médecine tropicale – n'est pas pour demain malgré d'indéniables progrès récents.

Les boissons

– Demander aux locaux ou aux Européens vivant dans chacune des localités si l'on peut boire l'eau du robinet. Parfois, elle est d'une stérilité parfaite, mais celle-ci est souvent obtenue au prix d'une javellisation extrême.
– Essayer de consommer des boissons « industrielles » : eaux dites de source, limonades, boissons aux fruits ou au cola. Veillez à ce que ces eaux vous arrivent non décapsulées. Les bières sénégalaises sont toujours sûres et fort bonnes. Bien entendu, pas d'abus, car l'alcool ne réhydrate pas. Bien au contraire, chacun sait que l'alcool fait uriner.
– Thé et café : pas de problème.
– Ne pas hésiter à faire des orgies de fruits frais pressés devant vous (oranges, citrons, limes, pamplemousses...) : c'est une boisson stérile, rafraîchissante, réhydratante, bourrée de vitamines et de sels minéraux.
– Enfin, si vous êtes coincé en brousse, prenez l'eau que vous trouvez, mais vous attendrez deux heures avant de la boire, le temps que votre comprimé antiseptique fasse effet (Hydroclonazone, Micropur : 1 comprimé par litre). Vous pouvez aussi la porter à ébullition pendant au moins 10 mn ou la filtrer vous-même avec les filtres portables adéquats (type Katadyn ou Pentapure) : les filtres bactériens ont fait de grands progrès en fiabilité et en réduction de taille.
Ne pas oublier que, si une boisson peut être stérile, le verre ne l'est pas : un petit rinçage, un coup de mouchoir propre, ou bien boire à la bouteille. Pensez aussi et surtout aux glaçons, qui ne sont sûrement pas faits avec une eau stérilisée.
Quoi qu'il en soit, il faut boire beaucoup, plusieurs litres par jour, sinon il y a risque de déshydratation, de colique néphrétique (les urines, trop concentrées, se précipitent en cristaux qui bloquent les reins). S'il fait vraiment très chaud et très sec (désert), il faut non seulement apporter de l'eau mais aussi du sel : sursaler son alimentation, ou, au besoin, avaler régulièrement quelques pilules de sel.

L'alimentation

Les ***crudités*** peuvent poser un réel problème, surtout en brousse, pouvant être souillées par ce que nous appellerons pudiquement « l'engrais humain ». On peut donc attraper avec elles toutes les maladies de l'eau souillée. Cela s'applique bien sûr aux légumes qui n'ont pas une peau ou écorce protectrice : salade, carottes crues, tomates, etc. Pas de problème pour l'avocat, le concombre dûment pelé... Alors que faire ? Soit on se passe de crudités, ce qui est dommage car c'est bien agréable en climat chaud et c'est bénéfique sur le plan nutritionnel ; solution néanmoins possible en cas

de séjour court. Soit on prépare soi-même la salade, en la lavant bien, feuille par feuille, avec une eau propre ; soit les légumes ou les fruits doivent être consommés cuits. Au restaurant : n'hésitez pas à aller faire un tour aux cuisines en demandant gentiment au patron de vous accompagner.
Les ***viandes*** ne posent pas trop de problèmes. Il suffit de s'assurer qu'elles ne sont pas trop faisandées et surtout qu'elles sont bien cuites. L'idéal est un ragoût. Sur le plan sanitaire, c'est le mouton qui pose le moins de problèmes, et le porc qui en pose le plus.
Les ***poissons d'eau douce*** ne posent pas de problème, lorsqu'ils sont frais bien entendu. Les ***poissons de mer*** peuvent être responsables d'empoisonnement : se renseigner auprès des locaux.
Les ***produits laitiers*** peuvent comporter un risque. Quel dommage de s'abstenir d'une calebasse de lait d'une vache sahélienne : c'est délicieux ! On peut effectivement attraper tout un tas de méchantes maladies avec le lait. Alors, si vous craquez, faites bouillir le lait pendant de longues minutes (le plus longtemps possible). Vous pouvez compléter le traitement en ajoutant ensuite un comprimé d'Hydroclonazone ou Micropur par litre (comme pour l'eau). Les fromages frais, caillettes, et autres yaourts artisanaux sont parfois de véritables bouillons de culture : on évitera donc. Mêmes remarques pour les glaces, sauf si l'on est sûr qu'elles proviennent d'une industrie bien contrôlée.
Un point qui est peut-être le plus important : avant toute manipulation d'aliment, SE LAVER LES MAINS au savon de Marseille, ongles coupés court.
– Enfin, quoi qu'il en soit, n'écoutez surtout pas les voyageurs du dimanche qui, craignant l'alimentation locale, commencent à ingurgiter des antiseptiques intestinaux dès leur descente d'avion. Ceux-là n'ont rien compris et ne tarderont pas à être malades. En prenant ces médicaments à titre préventif, ils ne font que fragiliser leur flore intestinale normale, laquelle, affaiblie, laisse le champ libre aux bactéries pathogènes.

Hygiène générale

– Pas trop de douches (pas plus de deux par jour) : on a besoin de notre sébum pour lutter contre les infections cutanées.
– Lavage des mains et des pieds : aussi souvent qu'on veut.
– Les pieds : s'ils doivent être protégés (des insectes, des végétaux, de la boue) par des chaussures fermées, celles-ci ne doivent être faites d'aucun matériau synthétique. Plastique = transpiration = macération = mycose. Même remarque pour les chaussettes. Chaque fois que l'on peut, on laisse les pieds respirer.
– Ne porter que des vêtements en fibres naturelles, suffisamment amples pour qu'ils ne collent pas à la peau.
– Chapeau à large bord, en toile.

Les baignades

– Pas de baignade en eau douce stagnante : risque de bilharziose et autres parasitoses. En revanche, on peut se baigner au milieu d'un fleuve à grand débit car les parasites et leurs vecteurs ne prolifèrent qu'en eau calme (à partir d'un bateau ou d'une jetée ; sinon, il faut revenir sur la berge en marchant dans l'eau du bord qui est à faible débit et donc à risque).
Si l'on s'est baigné dans une eau stagnante, volontairement ou involontairement, il faut, dès la sortie, s'essuyer vigoureusement et surtout ne pas laisser sécher (c'est lors du séchage que certains parasites pénètrent dans la peau). Et pas de panique : aujourd'hui, la bilharziose se soigne très bien, sans aucun risque ni effet secondaire.
– En mer, il n'y a pas de risque infectieux : les risques ici s'appellent vives, méduses, poissons-pierres, coraux... et aussi courants, barre... Se renseigner et éviter de se baigner après une tempête.

– Enfin, si l'on se vautre sur une plage également fréquentée par des chiens, on peut attraper un de leurs parasites : c'est ce que l'on appelle la *larva migrans*, ou *ver de Cayor* (au Sénégal). Un petit ver viendra se balader sous votre peau : c'est impressionnant mais ce n'est pas bien grave. En tout état de cause, mieux vaut choisir pour buller une plage propre, bien sauvage, pas trop fréquentée par les chiens, et s'allonger sur une natte.

Le soleil

Il ne faut pas hésiter à se protéger avec des vêtements recouvrant tout le corps. Et aussi avec un chapeau, des lunettes de soleil filtrant les U.V., et une crème de protection solaire de filtration maximale. On doit être d'autant plus vigilant que l'on a une peau claire. Attention, la prudence la plus extrême est de mise si vous prenez certains médicaments (ils sont nombreux) qui font très mauvais ménage avec les rayons ultraviolets : protection maximale.

Les serpents, les scorpions, les guêpes, les araignées...

En cas de morsure de serpent, bien qu'il s'agisse d'une situation stressante, il faut essayer de garder la tête froide. Pas de sérum antivenimeux en dehors d'un hôpital, on l'a vu. Pas d'incision, de succion : cela ne sert à rien et peut même compliquer les choses sur le plan local. Éventuellement, mettre un garrot, pas trop serré, desserré au moins une fois par demi-heure, et laissé au maximum 6 h. Se rendre au centre médical le plus proche, sans affolement. Il n'y a rien d'autre à faire par soi-même. Certains croient aux vertus de la « pierre noire », partout disponible là où sont passés les Pères blancs : c'est sans preuve scientifique, mais pourquoi pas ?

Pour éviter la rencontre des serpents

– Faire du bruit en marchant (c'est-à-dire en ayant une démarche lourde et appuyée ; inutile de chanter ou de siffler, les serpents sont sourds) : la plupart des serpents s'éloignent (pas tous).
– Ne pas dormir à même le sol, mais plutôt si possible dans un lit de toile surélevé au moins de 20 cm (ou un hamac).
– Prendre conseil auprès des habitants sur les endroits où pullulent les serpents.
– Ne jamais toucher un serpent, même s'il paraît mort.

Les hyménoptères (guêpes, abeilles, frelons...)

Particulièrement agressifs. Certaines personnes allergiques peuvent mourir de leur piqûre. Si vous avez des raisons de penser que vous êtes allergique, si vous avez déjà fait des réactions anormalement importantes après une piqûre de guêpe ou d'abeille, signalez-le à votre médecin avant le départ : il pourra vous prescrire des médicaments qui pourront vous sauver la vie le moment venu. Dans les autres cas, la piqûre est certes douloureuse mais banale : ne rien faire. Attendre que cela passe.
Pour éviter les bestioles :
– ne pas porter de vêtements de toutes les couleurs ;
– ne pas se parfumer ;
– ne pas gesticuler en cas d'attaque, changer calmement d'endroit : vous êtes peut-être sur le territoire d'un essaim ;
– si, en marchant, la concentration de guêpes augmente, rebroussez chemin et faites un large détour ;
– si une guêpe entre dans votre voiture, arrêtez-vous calmement pour l'en chasser.

Les moustiques

Voir plus haut la partie « Paludisme ».
Se protéger des insectes porteurs du paludisme, c'est aussi se protéger d'un grand nombre de maladies transmises par les petits insectes volants.

Les animaux

Les contacts avec tous les animaux sont à éviter, aussi sympathiques puissent-ils paraître. Qu'il s'agisse des chiens, des singes, des oiseaux ou de tout autre animal, longue est la liste des maladies qu'ils peuvent transmettre à l'homme. On portera une attention toute particulière aux enfants, naturellement attirés par les animaux.

La sexualité

Pour beaucoup, il s'agit d'un élément fondamental et irremplaçable de la vraie connaissance d'un pays. D'accord, mais on respecte les règles : pour le paludisme, la moustiquaire; pour le sida, les préservatifs. D'autant que l'on évite en même temps la blennorragie, la syphilis, le chancre mou, l'herpès, les chlamydiae, les crêtes de coq, etc. Pour le prix d'un bout de latex, c'est rentable.
Le sida est aujourd'hui une maladie répandue sur toute la surface du globe, y compris dans les endroits reculés.
Il faut emporter avec soi des préservatifs car ils ne sont pas partout disponibles (surtout lorsque l'on en a un besoin urgent...) et leur qualité n'est pas aussi bien contrôlée qu'en Europe.
À ce propos, rappelons quelques notions importantes.
Le virus du sida (VIH) se transmet :
– par les relations sexuelles, et d'autant plus que le nombre de partenaires est élevé. Lors d'une rencontre de hasard, il est absolument impossible de savoir si la personne en question est porteur (porteuse) ou non du virus. Il ne faut en aucun cas se fier à des impressions, à des apparences de bonne santé, à des messages plus ou moins bidons (« il n'y a pas de sida dans notre pays ») ;
– par tout ce qui concerne le sang : il faut être extrêmement vigilant. Il faut refuser toute piqûre effectuée avec un matériel dont la stérilité n'est pas parfaitement établie (d'où l'intérêt d'avoir dans sa trousse de voyage ses propres seringues et aiguilles). Quant à l'éventualité d'une transfusion sanguine, il faut, *a priori,* la refuser énergiquement; c'est une bonne occasion de solliciter les services de votre compagnie d'assistance.
Attention enfin aux tatoueurs, perceurs d'oreilles, barbiers...
En revanche, il ne se transmet pas :
– par les contacts habituels de la vie courante, même lorsque quelqu'un tousse, éternue... ;
– dans les piscines, les toilettes, les transports publics... ;
– quant aux insectes piqueurs, le problème a été très étudié : on n'a jamais pu trouver un seul patient (sur les millions de personnes infectées) qui ait été contaminé avec certitude d'une telle manière.

Faire face à quelques problèmes

Diarrhée

Une diarrhée lors (ou au retour immédiat) d'un séjour en zone tropicale est extrêmement banale : 20 à 50 % des voyageurs tropicaux en font l'expérience. Mais une diarrhée peut être aussi le symptôme d'une maladie grave et urgente. Le tout est de porter rapidement le diagnostic et de procéder au traitement adéquat : toutes les maladies en cause se soignent aujourd'hui de manière rapide et efficace.

On peut facilement faire la différence entre ces deux types de diarrhée en tenant compte de :
– l'existence ou l'absence d'une fièvre (température supérieure à 38,5° pendant plus de 24 heures) ;
– l'aspect des selles ou émissions.

Les diarrhées peuvent être graves :
– s'il y a de la fièvre, en effet, il peut s'agir :
• d'un paludisme (toujours penser au paludisme en cas de fièvre) ;
• d'une salmonellose (typhoïde, par exemple) ;
• d'une shigellose ou autre infection bactérienne au nom bizarre, mais souvent sévère ;
– si la diarrhée s'accompagne d'émissions de glaires et/ou pus et/ou sang : la diarrhée est alors toujours synonyme d'une infection à traiter rapidement. Il peut s'agir d'une dysenterie amibienne (pas de fièvre) ou d'une salmonellose ou shigellose (avec fièvre).
– eau abondante : les émissions ne contiennent plus de matières fécales mais sont constituées d'une « eau de riz », d'un liquide incolore. Attention, il peut s'agir du choléra, surtout si cette diarrhée dure depuis plus de 48 heures.
– dans tous ces cas, consulter rapidement un médecin.

Une diarrhée n'est donc pas grave :
– si elle ne s'accompagne pas de fièvre ;
– et si elle est simplement constituée de selles anormalement molles.

C'est heureusement le cas de loin le plus fréquent. Dans ces conditions, aucun médicament n'est vraiment nécessaire, si ce n'est pour le confort. On peut prendre (adulte seulement) :
• *Imodium :* 2 gélules d'emblée, puis 1 gélule à chaque selle diarrhéique (maximum 6 gélules par jour).
• *Ercéfuryl :* 4 gélules réparties dans la journée ; ou Ciflox : 2 comprimés en une prise, une seule fois.
• En cas de vomissements, on peut prendre du Primpéran : au maximum 3 comprimés par jour.
• On peut associer aussi des pansements gastriques (Phosphalugel : 1 sachet 3 fois par jour) en cas de « crampes » abdominales, d'aigreurs d'estomac. Ne pas en prendre en même temps que les autres médicaments. Ce traitement doit être arrêté dès que les symptômes disparaissent. Si la diarrhée n'est pas stoppée au bout d'une semaine, il faut consulter un médecin.

Dans tous les cas, bien noter les recommandations suivantes :
– Cesser de consommer les aliments qui contiennent des fibres alimentaires (légumes, fruits), au profit de ceux qui n'en contiennent pas (riz en particulier) pendant toute la période diarrhéique. Ou bien, si vous êtes un adulte antérieurement en bonne santé, mettez-vous carrément à la diète en vous contentant de vous réhydrater.
– Chez l'enfant, toute diarrhée même « banale » doit être considérée comme grave à cause des pertes liquidiennes qu'elle entraîne, et ce, d'autant plus que l'enfant est très jeune : consulter sans délai et, dans l'attente, faire boire à l'enfant une quantité au moins équivalente à celle de ses pertes.
– Assurer une bonne hydratation : Coca-Cola, jus de fruits, bouillon de légumes, eau de riz... et chez l'enfant, selon l'âge : biberon, bouillie, sels de réhydratation orale...

En cas d'épidémie de choléra

Le choléra existe mais généralement à un faible niveau épidémique. Il convient donc d'appliquer les mesures d'hygiène universelles et d'être vigilant à propos de toute diarrhée qui serait constituée d'émissions liquides abondantes (incolore comme de l'eau), sans fièvre.

Parfois, survient une flambée épidémique. La plupart du temps, le voyageur ne court aucun risque s'il respecte les règles d'hygiène alimentaire de base. En cas d'épidémie massive, ou si l'on s'occupe de soins aux cholériques, on peut :

– prendre un comprimé par jour (éventuellement deux selon le poids) de doxycycline (Vibramycine), ou la dose équivalente d'un autre antibiotique de la classe des cyclines. Cela pendant toute la durée du séjour en zone épidémique et pendant les huit jours qui suivent. Attention, les cyclines et le soleil ne font pas bon ménage ; il y a risque de brûlures graves en cas d'exposition solaire.

– À défaut de cycline, on peut prendre de la sulfadoxine (Fanasil : rythme et doses différents).

– La vaccination autrefois disponible a prouvé son inutilité : elle n'est plus commercialisée en France depuis 1996.

– Ne pas oublier de faire très attention à tout ce que l'on consomme ou porte à la bouche (voir, plus haut, les rubriques « Boissons » et « Alimentation »), et bien se laver les mains avant de manger.

Le choléra est une maladie très grave lorsque l'on est loin de tout centre médical de bonne qualité. À l'inverse, il se soigne très bien dans une structure hospitalière adéquate.

En cas de symptômes évocateurs (« diarrhée » aqueuse abondante, qui dure depuis plus de 48 h, sans fièvre) : se faire rapatrier d'urgence en évitant de prononcer le mot « choléra » avant d'avoir quitté le pays en question, puis en le criant bien haut et fort une fois revenu de façon à être dirigé vers un service hospitalier spécialisé.

Dans l'attente, se réhydrater au maximum (voir ci-dessus), autant que le supportera votre estomac : le choléra n'est grave que par les pertes qu'il entraîne en eau, sodium, potassium... : dès que ces pertes sont compensées, on peut être considéré comme guéri.

– En dehors de la compagnie d'assistance, n'hésitez pas aussi à faire appel aux médecins de l'ambassade de France ou d'autres pays de l'Union européenne et aux médecins européens occupant des postes de coopération.

Une fois revenu en Europe

Si vous avez un quelconque problème, n'oubliez jamais de signaler au médecin consulté que vous revenez du Sénégal ou de Gambie : cela peut être vital. Sur certaines compagnies aériennes, on distribue un petit carton qui mentionne votre récent voyage : ce carton est à conserver dans votre portefeuille avec vos papiers d'identité.

Tout d'abord, poursuivez impérativement votre traitement contre le paludisme (pendant 4 semaines après le retour).

Ensuite, n'imaginez pas que vous avez attrapé toutes les maladies du monde. Vous n'avez, *a priori*, aucune raison d'aller voir un médecin de manière systématique à votre retour.

En cas de problème au retour

En cas d'urgence, n'hésitez pas à faire appel au ***Service médical d'urgence des Aéroports de Paris (A.D.P.) :*** ☎ 01-49-75-45-14 (Orly) ; ☎ 01-48-62-28-03 (Roissy). Ses médecins, qui y exercent 24 h/24, ont une grande pratique des problèmes qui concernent les voyages et la médecine tropicale.

– Votre médecin traitant saura vous orienter le cas échéant vers une consultation spécialisée.

– En cas d'urgence, essayez de prendre contact avec un médecin d'un service de médecine tropicale puis d'aller le voir le plus vite possible après accord. En dehors des heures ouvrables, se rendre au service des urgences d'un hôpital possédant un service de maladies infectieuses tropicales : l'interne de garde contactera éventuellement ses collègues tropicalistes ou parasitologues.

– En Région parisienne, existe depuis juin 1990 le ***Service des urgences de médecine tropicale 24 h/24 (U.M.T. 24/24) :*** situé entre les aéroports d'Orly et de Roissy, facilement accessible sans avoir à entrer dans Paris. On peut y recourir à n'importe quelle heure sans rendez-vous (annoncer ou faire annoncer son arrivée est cependant préférable, surtout si l'on souhaite qu'une ambulance ou un SMUR soit envoyé au pied de l'avion). Il s'agit d'un service public travaillant en étroite coordination avec les services médicaux des aéroports, des compagnies aériennes et des compagnies d'assistance, au sein d'un hôpital de 500 lits. Ce centre hospitalier dispose d'un service d'hospitalisation spécialisé de 40 lits, avec unité de soins intensifs, secteur d'isolement, hôpital de jour, consultation quotidienne de maladies tropicales et de médecine des voyages, centre de vaccinations internationales.

– ***Urgences médecine tropicale :*** Centre hospitalier, 40, allée de la Source, 94190 Villeneuve-Saint-Georges. ☎ 01-43-86-22-01. Fax : 01-43-86-22-39.

Vaccinations

Il ne faut pas se fier à ce qui est exigé par les autorités du pays de destination : beaucoup de pays ne sont pas très désireux de clamer au monde entier qu'il y a chez eux des cas de fièvre jaune, choléra, typhoïde, etc. Une vaccination (hormis les cas particuliers) n'est pas la mer à boire !

Vaccination contre la fièvre jaune

Passage obligatoire avant de partir au Sénégal. 100 centres agréés dans toute la France. Validité : 10 ans.

Pour connaître votre centre le plus proche, renseignez-vous auprès de votre médecin traitant, du service hospitalier des maladies infectieuses et tropicales le plus proche, de la mairie, de la DDASS ou de l'agence de voyages ou à l'adresse Internet spécialisée : • www.santé-voyages.com • Le coût de cette vaccination varie selon les centres (moyenne : 23 €, soit 150 F), se renseigner. Téléphoner pour connaître les heures d'ouverture et éventuellement prendre rendez-vous.

Consultations voyages tropicaux

En général, le service des maladies infectieuses et tropicales du CHU de votre région assure de telles consultations. Citons en particulier pour la Région parisienne :

■ ***Centre hospitalier de Villeneuve-Saint-Georges :*** 40, allée de la Source, 94190. ☎ 01-43-86-20-00.

■ ***Hôpital Bichat :*** 46, rue Henri-Huchard, 75018 Paris. ☎ 01-40-25-80-80. M. : Porte-de-Saint-Ouen.

■ ***Hôpital de l'Institut Pasteur :*** 209, rue Vaugirard, 75015 Paris. ☎ 01-45-68-81-98. M. : Pasteur ou Volontaires.

■ ***Hôpital de la Salpêtrière :*** 47, bd de l'Hôpital, 75013 Paris. ☎ 01-45-70-21-12. M. : Saint-Marcel.

Les vaccinations conseillées en France

Tétanos, poliomyélite, diphtérie, B.C.G., R.O.R., coqueluche, Haemophilus b.

Les trois premières, conseillées chez l'adulte, deviennent extrêmement souhaitables lorsque l'on voyage, et le rappel est une priorité avant le départ.

– ***Poliomyélite :*** si vous n'êtes plus protégé (votre dernier rappel date de plus de 10 ans), vous pouvez quand même continuer à couler des jours heureux en Europe car la polio a quasiment disparu du continent. En revanche, le virus redoutable persiste à l'état endémique dans toute l'Afrique Noire. Si on l'attrape, on connaît la suite : adieu les voyages...
– ***Tétanos :*** en Europe, si vous vous blessez et que vous n'êtes pas à jour pour votre vaccination antitétanique, on vous fait immédiatement un sérum : plus de risque. Maintenant, essayez de trouver en urgence un sérum antitétanique en pleine brousse! Mieux vaut donc être vacciné, d'autant qu'il n'existe aucune contre-indication ni effet secondaire à ce vaccin, et que les rappels ne se font que tous les 10 ans.
– ***Diphtérie :*** selon votre âge et le nombre d'injections que vous avez préalablement reçues, le médecin jugera de l'opportunité d'une nouvelle injection de rappel. Celle-ci pourra être éventuellement couplée au rappel tétanos-polio.
– ***B.C.G. :*** ce vaccin contre la tuberculose est en principe obligatoire dès le plus jeune âge dans les pays industrialisés. Une seule administration suffit le plus souvent. Mais si vous êtes jeune, si vous n'êtes pas sûr de votre protection, il est facile de vous répondre grâce à une intra-dermo-réaction (« cuti »). On pourra éventuellement, en cas de réaction négative, refaire le B.C.G. Cette vaccination est importante, surtout si l'on doit vivre avec la population, car la tuberculose est une maladie très fréquente (elle est même de plus en plus fréquente, semble-t-il).
– ***R.O.R. :*** il s'agit du vaccin combiné rougeole-oreillons-rubéole, fortement recommandé en France pour tous les enfants : *a fortiori* donc lorsque l'on se rend en Afrique. Cependant, ce n'est pas à proprement parler une vaccination du voyageur. Si on est vacciné, tant mieux; si on ne l'est pas, il y a d'autres priorités.
– ***Coqueluche :*** mêmes remarques que pour le R.O.R.
– ***Méningite à Haemophilus influenzae b :*** tous les enfants de moins de trois ans qui voyagent en Afrique doivent impérativement avoir reçu le vaccin contre cette redoutable méningite cosmopolite.

La fièvre jaune

Avec la ***vaccination contre la fièvre jaune***, on ne discute pas. Elle est indispensable, dès l'âge de 6 mois, même lorsqu'elle n'est pas administrativement exigée. On ne plaisante pas car il s'agit d'une maladie mortelle que l'on attrape sans s'en apercevoir en étant piqué par un moustique qui n'a rien de particulier par rapport à ses copains. La vaccination protège à 100 % pendant au moins 10 ans (10 ans est la durée de validité « administrative »).
À noter que :
– la vaccination ne peut se faire que dans les centres de vaccination habilités (il y en a une centaine en France), alors que tous les autres vaccins peuvent être effectués par tout médecin;
– la protection est conférée seulement 10 jours après l'injection (sauf en cas de rappel : protection immédiate). Il est donc encore une fois nécessaire de s'y prendre à l'avance.

Le choléra

La prévention du choléra ne repose pas actuellement sur la vaccination. Il n'y a pas de vaccin contre le choléra commercialisé en France. Les autorités peuvent décréter du jour au lendemain que la vaccination est obligatoire à l'entrée sur le territoire. Si vous ne pouvez présenter un tampon de vaccination, vous risquez d'être refoulé ou, tout au moins, d'avoir à sortir un joli bakchich. Donc, renseignez-vous une dernière fois quelques jours avant le départ, et n'oubliez pas que c'est le tampon qui est éventuellement obligatoire, pas le vaccin (lequel n'est plus commercialisé en France)...

La typhoïde

Vaccin très bien toléré, qui n'a rien à voir avec son ancêtre TAB. À faire chez l'adulte et l'enfant de plus de deux ans. Il confère en une injection unique une protection de 3 ans au moins dès le 15e jour après l'injection.
Dans ces conditions, on ne peut que trop le recommander aux voyageurs se rendant au Sénégal et en Gambie.

L'hépatite B

Dès que l'on doit approcher des gens de près (professionnellement comme c'est le cas pour les personnels de santé, sexuellement, ou dans les conditions de vie précaires des pays en développement), mieux vaut être vacciné. L'hépatite B est une maladie de la « promiscuité » et c'est une maladie grave qui peut aboutir à la cirrhose, au cancer du foie. Dans certains pays d'Afrique noire, dans certains villages, plus de 90 % des gens ont attrapé le virus au cours de leur existence : même si seulement 10 à 20 % d'entre eux en sont malades, cela représente un risque conséquent.
Aujourd'hui, la vaccination est totalement anodine, sans contre-indications. Mais pour être protégé au maximum, il faut avoir bénéficié des deux premières injections qui se font, au minimum, sur un mois plein (ensuite, rappel 6 à 12 mois). Encore une bonne raison pour préparer son voyage bien à l'avance. Un problème néanmoins, le prix : environ 20 € (130 F) par injection.

La méningite à méningocoque

Elle n'est vraiment recommandée qu'aux enfants, adolescents et jeunes adultes si la méningite sévit régulièrement de manière épidémique. Pour l'adulte de moins de 30-35 ans, cette vaccination est souhaitable si l'on se rend en zone d'endémie à certains moments de l'année (par exemple : la saison sèche en Afrique soudano-sahélienne). Il s'agit d'une vaccination de toute façon sans aucun risque ni effet secondaire et facilement associable à toutes les autres. Durée de protection : 4 ans.

La rage

Jusqu'à preuve du contraire, il faut considérer que la rage est présente partout. Elle l'est d'ailleurs en Europe, aux États-Unis... Dans les pays industrialisés, si l'on se fait mordre par un animal suspect de rage, les pouvoirs publics, les centres agréés de vaccination antirabique entrent en action dans des délais très courts ; cette rapidité de mobilisation ainsi que la qualité de nos sérums et vaccins, font que nous ne déplorons aucun cas autochtone de rage humaine en France, même si la rage animale est présente. Tous ces moyens sont mis en œuvre pour préserver l'homme parce que la rage est l'une des rares maladies humaines qui soient mortelles dans 100 % des cas. Que penser alors du voyageur, du routard, qui va se trouver mordu à plusieurs jours de tout centre capable de lui administrer le traitement salvateur de qualité irréprochable ? C'est pourquoi il est fortement recommandé de se faire vacciner de manière préventive à :
– toute personne qui sera en contact avec des animaux de manière obligatoire (vétérinaires, biologistes, écologistes, agronomes...), ainsi que tout animal domestique ;
– tout voyageur qui, par sa destination ou son périple, se trouvera éloigné de plusieurs jours d'un centre apte à le traiter efficacement et sans risque, avec des sérums et vaccins de qualité internationale, une fois contaminé.
La vaccination antirabique actuellement disponible est aussi bénigne que les autres et n'a plus du tout le caractère héroïque de celle qui fut à l'origine

inventée par Louis Pasteur. Avis aux routards, trekkers, aventuriers, fanatiques de la nature, coopérants... et aussi à leurs enfants.

L'hépatite A

Depuis octobre 1992, il existe un vaccin contre cette maladie très fréquente qu'est l'hépatite A, dite « alimentaire » ou « des mains sales ». Elle n'est pas grave mais peut être gênante. Une bonne proportion d'entre nous – surtout ceux qui ont beaucoup voyagé – sont naturellement immunisés à vie, sans le savoir, contre cette maladie. Une simple prise de sang suffit à vous renseigner : si vous avez des « anticorps VHA totaux », vous êtes protégé ; si vous n'en avez pas, il sera conseillé de vous faire vacciner. Il vous en coûtera environ 33 € (220 F) le vaccin. Une injection protège 2 à 3 semaines plus tard. La protection durera 10 ans à condition de procéder à un rappel 6 à 12 mois plus tard. Ne sacrifiez pas la totalité de votre budget à ce vaccin au détriment des précédents qui, eux, concernent des maladies souvent mortelles.
EN CONCLUSION : S'Y PRENDRE SUFFISAMMENT TÔT ! Il n'est pas question, à l'heure actuelle, de mettre tous ces vaccins dans la même seringue. C'est dire l'importance d'une consultation préalable au voyage à laquelle on se rendra 4 semaines avant le départ.

TONTINE

Pratique symbolisant bien l'esprit de solidarité des Africains, la *tontine* est une sorte de caisse d'épargne entre amis. Depuis longtemps, les paysans se mettaient ensemble pour défricher les champs ; celui dont c'était le tour offrait le vin de palme. Aujourd'hui, les membres d'une tontine mettent en commun une certaine somme d'argent et chacun à son tour en fin de mois en empoche la totalité. Cet argent sert en général à monter ou à renflouer une affaire. Aucun papier n'est signé, toutes les relations sont basées sur la confiance. Et puis on se connaît : on appartient à la même famille, au même village ou quartier. Tonti, le banquier italien du XVIIe siècle qui lui a donné son nom, ne pensait pas qu'un jour son « invention » se retrouverait en Afrique, à une grande échelle. Ce qui est intéressant dans cette pratique, c'est que, plus qu'une épargne forcée, c'est avant tout un état d'esprit, l'occasion de se retrouver, de s'épauler. La tontine peut aussi prendre en charge des initiatives à caractère social, comme l'école d'un village. Elle remplit également le rôle de la Sécurité sociale : aucun membre ne sera laissé seul en cas de maladie ou d'accident.
Cette entraide est fondamentale. Il est fréquent de voir la famille des malades faire la cuisine dans les cours des hôpitaux publics où les repas ne sont pas pris en charge. Elle les assiste, elle reste proche. Ils ne comprennent pas les Européens qui confient leurs parents à l'hospice ou à la maison de retraite.

TRESSES

Quelle femme blanche aux cheveux désespérément raides, peu épais ou trop fins n'a pas, sinon envié, du moins admiré ces savantes et artistiques nattes ornant de féminins visages d'ébène ? Mais qui, hormis un regard connaisseur, peut traduire le message que cette charmante parure transmettait ? Jeune fille ou femme mariée, riche ou pauvre, de telle ethnie ou telle caste...
Bien sûr, aujourd'hui, ce n'est plus aussi simple : les modes urbaines et internationales s'en sont mêlées et les signes s'estompent. La tresseuse professionnelle, toujours issue de la caste prestigieuse des forgerons (fille ou femme de) va-t-elle rejoindre peu à peu le rang des tresseuses ordinaires (celles reléguées à la coiffure quotidienne et non plus à celle de cérémonie) ?

LE SÉNÉGAL

Pour la carte du Sénégal, se reporter au cahier couleur.

La vérité existe au-delà des montagnes,
pour la connaître il faut voyager.
(proverbe sérère, Sénégal)

Le Sénégal n'offre sans doute pas les paysages les plus somptueux d'Afrique, mais il possède des sites inoubliables qui vous apporteront un dépaysement total. Ses nombreux parcs naturels riches en oiseaux de toutes sortes et en gros mammifères, ou encore ses plages agréables bordées d'une végétation luxuriante et variée, ont tout pour séduire le voyageur.
Un des atouts qui rendent ce pays singulièrement attachant c'est sa population gaie, communicative et accueillante. Le mot *téranga* (hospitalité, en wolof) n'est pas un vain mot.
Cela dit, le Sénégal ne révèle son âme qu'à ceux qui savent l'écouter et lui parler. Car, si le colonialisme y a laissé des traces indéniables telles que la culture et la langue française, parler la même langue ne signifie pas forcément le même langage. En effet, n'oublions pas que quarante ans d'indépendance sont passés par là et que les mentalités reflètent à la manière d'un prisme les préoccupations économiques internes, une perception satellitaire du monde, la conformité aux règles exigées par la tradition et, enfin, le renforcement de l'islam.
Par conséquent, l'esprit dans lequel on visitera le pays sera particulièrement important : le quotidien peut apporter son lot de péripéties qui seront, selon l'ouverture ou la philosophie de chacun, drôles ou irritantes. Mais même dans ce dernier cas, pourquoi ne pas adopter l'extraordinaire sens de l'humour sénégalais – l'humour noir, comme ils se plaisent à le qualifier – fait à la fois d'autodérision et d'espièglerie ? Un exemple ? Écoutez donc le malicieux texte du chanteur sénégalais, Wasis Diop, bien connu des radios françaises : « Samba le berger n'aime pas les charters, c'est pas pour faire le fier, c'est que c'est trop d'honneur de voyager en charter avec des gardes du corps... ».
Bref, si vous savez vous y prendre, la perspective de bien belles discussions s'offre à vous.

Avant de poursuivre, n'oubliez pas de lire les « Généralités » communes au Sénégal et à la Gambie en début d'ouvrage.

GÉNÉRALITÉS

CARTE D'IDENTITÉ

- ***Population :*** 9 200 000 habitants (estimation 1999).
- ***Superficie :*** 196 200 km^2.
- ***Capitale :*** Dakar.
- ***Langues :*** français (officielle), wolof, peul, sérère, dioula...

- ***Monnaie :*** franc CFA (1,5 € = 100 F.CFA = 1 F).
- ***Salaire minimum garanti :*** environ 40000 F.CFA (61,5 €, soit 400 F). Encore faut-il être salarié pour y avoir droit, et le chômage est important.
- ***Régime :*** présidentiel.
- ***Chef de l'État :*** Abdoulaye Wade (depuis mars 2000).

AVANT LE DÉPART

Adresses utiles

En France

■ ***Consulat du Sénégal :*** 22, rue Hamelin, 75016 Paris. ☎ 01-44-05-38-48. Fax : 01-47-55-99-40. M. : Boissière. Ouvert de 9 h 30 à 17 h du lundi au vendredi.

■ ***Ambassade du Sénégal :*** 14, av. Robert-Schumann, 75007 Paris. ☎ 01-47-05-39-45. Fax : 01-45-56-04-30. M. : Invalides. Ouvert de 9 h à 13 h et de 14 h à 17 h du lundi au vendredi.

En Belgique

■ ***Ambassade du Sénégal :*** av. Franklin-Roosevelt, 196, Bruxelles 1050. ☎ 02-673-00-97 ou 02-673-43-97.

En Suisse

■ ***Consulat honoraire du Sénégal :*** 25, route de Berne, 1010 Lausanne. ☎ 021-652-18-42.

Formalités

Un passeport en cours de validité est suffisant pour les Français et les ressortissants de l'Union européenne. Attention, le passeport doit être valable 6 mois au minimum après l'entrée. Le visa est obligatoire pour les Suisses. Pour un séjour supérieur à 3 mois, on doit faire une demande manuscrite au ministère de l'Intérieur du Sénégal en expliquant le motif de la prolongation et en y joignant le passeport et une photo. Prévoir 10 à 15 jours d'attente.
En principe, il faut montrer en arrivant un billet de retour. Sinon, on peut vous demander une caution (équivalant au prix du retour en avion). Dans la pratique, les douaniers demandent rarement à voir le billet.
En général, à votre arrivée, on vous remet une fiche de débarquement. Vous pouvez donner l'adresse de l'ambassade de France (1, rue Assane N'Doye) si vous n'avez pas réservé d'hôtel à l'avance.
Vous pouvez utiliser les services d'une société comme *Action-Visas.com* qui s'occupe d'obtenir et de vérifier les visas. Le délai est rapide, le service fiable et vous n'avez plus à patienter aux consulats ni à envoyer aux ambassades votre passeport avec des délais de retour incertains et, surtout, sans interlocuteur... ce qui permettra d'éviter les mauvaises surprises juste avant le départ. Pour la Province, demander le visa par correspondance.
Possibilité de télécharger gratuitement les formulaires sur • www.action-

visas.com • Présentez votre *Guide du routard* de l'année, une réduction vous sera accordée !

■ ***Action-Visas.com :*** 69, rue de la Glacière, 75013 Paris. ☎ 0826-000-726. Télécopie : 826-000-926. • www.action-visas.com • Ouvert du lundi au vendredi de 9 h 30 à 12 h et de 13 h 30 à 18 h 30. Le samedi de 9 h 30 à 13 h.

Vaccinations

Lire attentivement, dans les « Généralités » du début d'ouvrage, les rubriques « Santé » et « Vaccinations ».

Carte internationale d'étudiant

Elle permet de bénéficier des avantages qu'offre le statut étudiant dans le pays où l'on se trouve. Cette carte ISIC donne droit à des réductions (transports, musées, logements...).

Pour l'obtenir en France

– Se présenter dans l'une des agences des organismes mentionnés ci-dessous.
– Fournir un certificat prouvant l'inscription régulière dans un centre d'études donnant droit au statut d'étudiant ou élève, ou votre carte du CROUS.
– Prévoir 9,15 € (60 F) et une photo.
On peut aussi l'obtenir par correspondance (sauf au C.T.S.). Dans ce cas, il faut envoyer une photo, une photocopie de votre justificatif étudiant, une enveloppe timbrée et un chèque de 9,15 € (60 F).

■ ***OTU :*** central de réservation, 119, rue Saint-Martin, 75004 Paris. ☎ 01-40-29-12-12. M. : Rambuteau.

■ ***USIT :*** 6, rue de Vaugirard, 75006 Paris. ☎ 01-42-34-56-90. RER : Luxembourg. Ouvert de 10 h à 19 h.

■ ***CTS :*** 20, rue des Carmes, 75005 Paris. ☎ 01-43-25-00-76. M. : Maubert-Mutualité. Ouvert de 10 h à 18 h 45 du lundi au vendredi et de 10 h à 13 h 45 le samedi.

En Belgique

La carte coûte environ 8,7 € (350 Fb) et s'obtient sur présentation de la carte d'identité, de la carte d'étudiant et d'une photo auprès de :

■ ***CJB l'Autre Voyage :*** chaussée d'Ixelles, 216, Bruxelles 1050. ☎ 02-640-97-85.

■ ***Connections :*** renseignements au : ☎ 02-550-01-00.

■ ***Université libre de Bruxelles*** *(service « Voyages »)* **:** av. Paul-Héger, 22, C.P. 166, Bruxelles 1000. ☎ 02-650-37-72.

En Suisse

La carte s'obtient dans toutes les agences S.S.R., sur présentation de la carte d'étudiant, d'une photo et de 9,3 € (15 Fs).

■ ***SSR :*** 3, rue Vignier, 1205, Genève. ☎ (022) 329-97-35.

■ ***SSR :*** 20, bd de Grancy, 1006, Lausanne. ☎ (021) 617-56-27.

Pour en savoir plus

Les sites Internet vous fourniront un complément d'informations sur les avantages de la carte ISIC :
• www.isic.tm.fr • www.istc.org •

ARGENT, BANQUE, CHANGE

Le Sénégal fait partie de la zone franc, où a cours le franc CFA dont le taux de change est fixe : 0,15 € soit 1 F pour 100 F.CFA (pour ceux qui parlent encore en anciens francs, c'est comme si vous y étiez !). On peut parfois obtenir des F.CFA dans certaines banques avec un chéquier français et une carte d'identité : la BICIS accepte les chèques de la BNP et la SGBS ceux de la Société Générale. Il y en a d'autres, bien sûr, jumelées avec des grandes banques françaises. Éviter de changer dans les hôtels, où la commission atteint parfois 5 %.
Les chèques de voyage ne se négocient que dans les banques et les hôtels. Cette formule est recommandée si on compte parcourir tout le pays. Elle reste une solution très pratique et plutôt sûre puisqu'ils sont remboursables en cas de perte ou de vol.

Horaires

– ***Pour la BICIS :*** du lundi au jeudi, de 8 h à 11 h et de 14 h à 16 h 30 ; le vendredi, de 14 h 45 (après la prière la plus importante de la semaine) à 15 h 45. Mais les horaires changent assez fréquemment.
– ***Pour la SGBS :*** du lundi au jeudi, de 7 h 45 à 12 h et de 13 h 30 à 15 h 45 ; le vendredi de 7 h 45 à 12 h 30 et de 14 h 45 à 16 h 45.
Pendant la période du ramadan, les horaires diffèrent sensiblement. Se renseigner. Pour le change, venir de préférence tôt, après c'est la cohue.

Cartes de paiement

La BICIS (filiale de la BNP) et la SGBS (filiale de la Société Générale) sont présentes dans presque toutes les villes importantes. La première accepte la *Visa* tandis que la seconde a passé un contrat d'exclusivité avec *Mastercard.* Hors de Dakar, où certaines banques acceptent les deux types de cartes, on vous refusera le retrait avec la carte « du concurrent ». Attention lorsqu'ils existent, les distributeurs sont souvent en panne, alors prévoyez large.
Avec les cartes *Visa* et *MasterCard,* avec ou sans chéquier, on peut retirer 304,9 € (200 000 F.CFA) par semaine. Avant de partir, composez le 36-16, code CBVISA, sur le Minitel pour obtenir immédiatement les adresses de tous les distributeurs de billets du pays.
– La carte ***Eurocard MasterCard*** permet à son détenteur et à sa famille (si elle l'accompagne) de bénéficier de l'assistance médicale rapatriement. En cas de problème, appeler immédiatement le : ☎ (00-33) 45-16-65-65. En cas de perte ou de vol (24 h/24) : ☎ (00-33) 45-67-84-84 en France (PCV accepté) pour faire opposition. • www.mastercardfrance.com • Sur Minitel, 36-15 ou 36-16, code EM (0,2 €, soit 1,29 F/mn), pour obtenir toutes les adresses de distributeurs par pays et ville dans le monde entier.
– En cas de vol de votre carte *Visa,* contactez, si vous habitez Paris ou la Région parisienne : ☎ 08-36-69-08-80, ou le numéro communiqué par votre banque.
– Pour la carte *American Express*, en cas de pépin : ☎ 01-47-77-72-00.

Dépannage express

Enfin, en cas de besoin urgent d'argent liquide (perte ou vol de billets, chèques de voyage, cartes de paiement), vous pouvez être dépanné en quelques minutes grâce au système *Western Union Money Transfer*. Il existe une agence dans chaque grande ville. Renseignez-vous avant de partir : ☎ 01-43-54-46-12.

ACHATS

Tout au long de votre séjour, vous serez tenté d'acheter un tas de babioles superbes. Attention, ne croyez pas que les objets (de bonne qualité s'entend) se vendent pour trois cacahuètes. Les belles œuvres sont chères. Mais pas autant que chez nous. Et puis, on regrette toujours de ne pas avoir acheté cette statue d'ébène qu'on voyait déjà sur la cheminée ou ce djembé de caïlcédrat avec peau d'antilope qui aurait fait si plaisir au cousin Machin...
Si vous comptez acheter de grosses choses, ne vous encombrez pas et attendez les derniers jours. C'est à Dakar que le choix reste le plus vaste, en particulier vers Soumbédioune. Les lieux touristiques de la Petite Côte offrent peu de bonnes affaires. La Casamance casse les prix et propose des objets de qualité. Avant de vous jeter dans d'âpres négociations, lisez la rubrique « Marchandage » dans les généralités communes au Sénégal et à la Gambie.

Peintures naïves du petit commerce

Partout au Sénégal des enseignes, publicités et décors égaient les façades et les murs des maisons. Cette imagerie populaire s'adresse aux passants qui ne savent pas toujours lire. Elle met en valeur les métiers de tout un monde d'artisans et de commerçants.
Le tailleur n'hésite pas à se proclamer « ingénieur en vestes », tandis qu'un photographe annoncera que « le prix s'oublie, la qualité reste ». Le guérisseur vante ses dons et soigne aussi bien les sorts jetés... que la grossesse.
Souvent, sur les marchés, de jolis panneaux en bois vantent avec bonheur les belles coiffures tressées remises au goût du jour grâce à la mode « afro ».
On voit parfois encore, peintes sur les murs des bars et buvettes en guise de publicités, des scènes et caricatures fascinantes. Parfois même, les fantasmes sexuels ne sont pas absents, comme, par exemple, ces peintures qui évoquent un client buvant une bière sous le regard aguicheur d'une femme ou servi par une jeune créature un peu trop souriante. Toutes ces fresques expriment avec réalisme, naïveté et humour, un appétit sensuel de vivre, de boire, de rire, de s'aimer, bref! toute la fantaisie et l'invention sénégalaises. Hélas, elles sont de plus en plus supplantées par celles, impérieuses mais dépourvues d'imagination, des marques de boissons américaines bien connues. Tout fout le camp...

BUDGET

Hébergement

La rubrique « Très bon marché » concernera les chambres doubles à moins de 8 000 F.CFA (12,2 €; campements, chambres chez l'habitant...), les rubriques « Bon marché » celles de 8 000 à 10 000 F.CFA (12,2 à 15,24 €; campements, petits hôtels de passage), « Prix moyens » de 10 000 à 15 000 F.CFA (15,24 à 22,9 €) et « Plus chic » au-delà. Toutefois, dans les grandes villes et les lieux touristiques, la rubrique « Bon marché » flirte avec celle de « Prix moyens ».

Nourriture

On mangera « Très bon marché » pour moins de 2 000 F.CFA (3 €) avec, par exemple, un sandwich au *chawarma* plus une boisson ; « Bon marché » de 3 000 à 5 000 F.CFA (4,6 à 7,6 €) ; « Prix moyens » de 5 000 à 8 000 F.CFA (7,5 à 12,2 €) et « Plus chic » au-delà.

BOISSONS

Outre les incontournables jus de fruits exotiques (mangues, goyaves, papayes, etc.), que l'on trouve à partir de décembre-janvier, le Sénégal possède une variété de jus naturels bien à lui et que les petits curieux apprécieront tout autant :

– ***Le bissap :*** infusion faite d'une décoction des fleurs (rouges) de la légumineuse que les Sénégalais appellent *oseille* à cause de son goût acidulé. Il s'agit d'un arbuste d'environ 1 m de hauteur. En décembre, on peut voir de nombreux champs en fleur, par exemple entre Dakar et Thiès ou la Petite Côte. À noter, les fleurs d'un rouge plus sombre produisent un bissap d'une belle couleur bordeaux veloutée, très recherché et donc plus cher. Vous pourrez en acheter dans n'importe quel marché.

– ***Le gingembre (ou ginger) :*** décoction de gingembre à laquelle on ajoute de la menthe et de la muscade. Assez pimenté mais très désaltérant. Les femmes en donnent à leur mari pour ses vertus bien connues.

– ***Le tamarin (ou dakhar) :*** de couleur brun clair, c'est la décoction de fruit du tamarinier.

– ***Le bouye :*** boisson de couleur laiteuse faite à partir du pain de singe, le fruit du baobab.

– ***Le ditakh*** (vers décembre-janvier) ***:*** jus obtenu à partir d'un fruit qui rappelle par sa forme et sa chair (verte) le kiwi, que l'on presse à la main dans de l'eau et auquel on ajoute sucre, fleur d'oranger ou un autre jus de fruit. Réputé pour sa teneur en fer.

À noter toutefois qu'il est impossible de trouver ces jus de fruits dans la partie orientale du pays.

– ***Le vin de palme :*** spécialité de la Casamance, cet alcool appelé aussi *legmi* est extrait au sommet des palmiers à l'aide d'un petit godet. Doux, laiteux, presque pétillant et très léger lorsqu'il est frais. Puis il fermente rapidement et devient fort.

– ***La bière :*** Flag et Gazelle en bouteilles sont les plus répandues, mais l'on trouve parfois des blondes occidentales (dans les pubs et bons restos des grandes villes seulement). La Flag est plus alcoolisée, et servie en bouteille de 33 cl (parfois en 50 cl, mais plus rare). La Gazelle, très légère, est aussi la plus populaire et n'existe qu'en 75 cl. Rarement à la pression.

– ***La bière de mil et l'hydromel :*** surtout dans le Sud et en pays bassari.

– ***Le thé à la menthe :*** servi partout, tout le temps. La préparation est un rituel minutieux qui peut durer plus d'une heure. Un prétexte pour engager les « palabres » et aussi pour passer le temps. On le boit en trois étapes : la première amère comme la mort, la seconde douce comme la vie, la troisième sucrée comme l'amour... Un ancien nous a confié : « Si vous venez au Sénégal sans prendre le thé, vous avez perdu votre voyage. »

IMPORTANT : voir aussi la rubrique « Santé » des « Généralités », en début d'ouvrage.

CUISINE

Ce n'est pas le choix qui manque pour se sustenter au Sénégal, tant en ce qui concerne nos finances que nos goûts. Cela va de la *dibiterie,* où l'on consomme le mouton grillé essentiellement (très bon marché et copieux), au

restaurant gastronomique (en général européen et plutôt implanté dans les villes principales ou les endroits touristiques) en passant par les petits restos sénégalais, libanais (pour le *chawarma* en sandwich ou sur assiette, le *falafel* et autres spécialités pas chères du tout), franco-sénégalais, italiens, asiatiques...
Attention : le Sénégal étant fortement islamisé, la vente de vin, aussi bien dans un établissement libanais que sénégalais, est parfois mal vue. Cependant, la bière locale est assez répandue.

Quelques spécialités sénégalaises

– ***Tiéboudienne :*** plat national, appelé aussi *riz au poisson,* accompagné de légumes.
– ***Yassa au poisson :*** thiof, ou mulet, mariné dans du citron avec de l'oignon émincé, du piment, sel, poivre, puis grillé et ensuite mijoté avec la marinade. Servi avec du riz.
– ***Yassa au poulet :*** même principe que le *yassa* au poisson, toujours accompagné de riz.
– ***Maffé aux cacahuètes :*** viande de bœuf ou poulet avec des cacahuètes, des tomates et du riz. Attention, ça peut parfois être un peu lourd à digérer.
– ***Thiou aux crevettes :*** crevettes à la sauce tomate, avec du riz bien sûr ; c'est très bon.
– ***Beignets de poisson, boulettes de mil :*** on en trouve partout. Ils comblent les petits creux.
– ***Lakh :*** c'est une bouillie de mil et de lait caillé que l'on consomme à la Korité, la grande fête de clôture du ramadan.
– ***Ngalakl :*** mélange de pâte d'arachide, de pain de singe et de mil.
– ***Poisson farci à la saint-louisienne :*** le mulet que l'on vide et écaille ne doit conserver que la tête et la peau. Après avoir haché la chair avec de la mie de pain, du poivre, du piment, de l'ail, de l'oignon et du persil, on remplit la bête de cette farce. On recoud et on passe au four ou au court-bouillon.

DANGERS ET ENQUIQUINEMENTS

Voilà une rubrique que nous aimerions ne pas avoir à écrire. Mais force est de constater que le nombre d'arnaques, voire d'agressions augmente d'une manière inquiétante, principalement dans l'agglomération dakaroise. Nos lecteurs sont nombreux à se plaindre de l'insécurité grandissante dans la capitale. Certaines mésaventures se classent encore dans la catégorie des « enquiquinements ». Mais de plus en plus méritent d'être promues dans la catégorie « dangers ». Nous n'allons pas détailler les techniques des agresseurs, parfois savantes, souvent efficaces. Car ils déploieront ensuite des trésors d'imagination pour en concocter d'autres. Il y a quelques années, nous pouvions nous contenter de déconseiller les balades nocturnes en solitaire dans certains quartiers. Aujourd'hui, que vous soyez seul(e) ou à plusieurs, de nuit comme de jour et quel que soit le quartier, vous ne serez pas à l'abri d'éventuels voyous. Pas de parano : on peut encore se promener dans le Plateau sans problème. Mais vous devez être conscient du danger que représentent les éléments incontrôlés et incontrôlables des bas-fonds dakarois. Certains lecteurs nous reprochent d'être trop alarmistes, car ils n'ont connu aucun accroc pendant leur voyage. Tant mieux. Mais les chiffres de criminalité parlent d'eux-mêmes, et les journaux relatent des actes de violence parfois inimaginables, qui choquent les Sénégalais « provinciaux ».
Pour diminuer les tentations, évitez les signes extérieurs de richesse, n'exhibez pas des liasses de francs et tant qu'à faire, laissez tout à l'hôtel. Gardez vos distances avec les gens qui vous abordent à Dakar. N'acceptez pas les gris-gris qu'on vous offre soi-disant sans contrepartie. Il y aura toujours une contrepartie, que vous découvrirez bien assez tôt. Les contacts trop faciles

sont rarement désintéressés. Quoi ? Vous pensez qu'on en fait trop ? Mieux vaut trop que pas assez. On tient tellement à nos lecteurs !

Baignade

Dans l'océan, si on traverse la barre, on ne s'en tire pas. Et puis le long des côtes sénégalaises, les courants sont assez forts, notamment vers M'Boro sur la Grande Côte (au nord de Dakar) et du côté de Yène, Toubab Dialao, Popenguine, au sud de Dakar. Les lames de fond peuvent vous emporter en moins de deux, alors ne laissez pas les enfants sans surveillance. Il faut également renoncer aux bains de rivière, à moins de vouloir courir le risque d'être croqué par un crocodile ou d'attraper la bilharziose.

DROITS DE L'HOMME

Les dissensions qui opposent les séparatistes casamançais au pouvoir central depuis dix-huit ans demeurent importantes, à commencer par le sort réservé aux prisonniers membres du MFDC. Plusieurs dizaines de militants « actifs » – considérés comme responsables d'assassinats, de vols caractérisés ou d'exactions, à l'égard notamment des populations civiles – sont emprisonnés dans des conditions souvent intolérables. Des cas de tortures et de mauvais traitements ont été signalés à leur égard. Quant aux pillards qui ont tendance à prendre le relais des « rebelles », profitant du désordre ambiant, ils sont parfois abattus sommairement par les patrouilles militaires qui leur mettent la main dessus. D'autres sont portés disparus.
L'Observatoire international des prisons rappelle également que les conditions d'hygiène dans les prisons sénégalaises sont « déplorables », une situation essentiellement liée à la surpopulation carcérale. Ces conditions sont directement responsables selon l'ONDH de 20 décès en 1998 dans la prison de Kolda, et de plusieurs autres dans divers établissements pénitentiaires. Des ONG ont cependant pu constater les travaux qui ont été engagés dans la prison de Dakar afin d'améliorer les conditions d'incarcération des détenus.
Hormis les troubles en Casamance, le Sénégal est considéré comme l'un des pays les plus démocratiques d'Afrique – les dernières élections présidentielles en ont été une démonstration éclatante –, et désigné comme exemple à suivre par les grandes institutions internationales et financières. Le Sénégal, rappelons-le, a été le premier pays à ratifier le statut de la future Cour pénale internationale, ce qui représente en soi un gage de bonne volonté en matière de lutte contre l'impunité.
Néanmoins, les performances économiques du Sénégal ne doivent pas faire oublier la dégradation croissante des droits économiques et sociaux, la pauvreté touchant aujourd'hui 40 % de la population. Dans le domaine des droits des femmes, cependant, certaines avancées ont pu être constatées, notamment en ce qui concerne la lutte contre l'excision, pratique désormais interdite par le code pénal sénégalais et le harcèlement sexuel.
N'oublions pas qu'en France, les organisations de défense des Droits de l'homme continuent de se battre contre les discriminations, le racisme, et en faveur de l'intégration des plus démunis.
Pour en savoir plus, n'hésitez pas à contacter :

■ ***Fédération Internationale des Droits de l'homme :*** 17, passage de la Main-d'Or, 75011 Paris. ☎ 01-43-55-25-18. Fax : 01-43-55-18-80. • fidh@fidh.org • www.fidh.org • M. : Ledru-Rollin.

■ ***Amnesty International (section française) :*** 76, bd de la Villette, 75940, Paris Cedex 19. ☎ 01-53-38-65-65. Fax : 01-53-38-55-00. • admin-fr@amnesty.fr • www.amnesty.fr • M. : Belleville.

ÉCONOMIE

Le Sénégal regorge de richesses, pas forcément bien mises en valeur. Si la croissance est satisfaisante (elle se maintient dans les 5 % en ce début de siècle), elle ne profite que très peu aux Sénégalais. En effet, la pauvreté persiste et les indicateurs sociaux restent ceux d'un pays dit « en développement ». Plusieurs raisons à cela. Le Sénégal reste un pays rural : le secteur primaire (agriculture et pêche) emploie plus des trois quarts de la population active. Et il faut ajouter toutes ces femmes qui travaillent aux champs sans être comptabilisées. Mais l'agriculture ne rapporte que 20 % du produit intérieur brut (PIB). Précisons que le Sénégal est loin d'assurer son autosuffisance alimentaire : le rendement est très faible, les machines et l'engrais quasi inconnus, et la plupart des exploitations sont de modestes lopins de terre seulement destinés à nourrir la famille. Les deux tiers de la consommation annuelle de riz (la base de l'alimentation sénégalaise) doivent donc être importés.

Le principal des ressources provient des produits de la pêche (30 % du total des exportations), de l'arachide et des gisements de phosphate. Le tourisme est une importante source de revenus, mais l'argent apporté par les quelque 350 000 touristes qui viennent chaque année profite plus aux agences de voyages et aux structures gérées par des toubabs qu'aux habitants. Le secteur industriel connaît un certain dynamisme, mais voit son élan stoppé par les fréquentes coupures d'électricité. L'essor de ce secteur provient surtout des bâtiments et travaux publics, qui bénéficient de l'urbanisation effrénée des régions de Dakar et de Saint-Louis. Quant au secteur tertiaire, c'est le plus performant, grâce au développement rapide des télécommunications et de l'informatique. Mais là aussi, s'il réalise 60 % du PIB total, il ne fait vivre que 15 % de la population active.

Le FMI a imposé un programme de privatisations massives, notamment de la Société nationale des eaux (Sonees), des télécommunications (Sonatel), de l'électricité (Senelec) ou encore des arachides (Sonacos). Les finances souffrent du prix élevé du pétrole ainsi que de la lourde facture de l'importation du riz (800 000 tonnes par an). La dette du pays se monte déjà à 2 700 milliards de F.CFA, soit près de 4 milliards d'euros. L'un des taux d'endettement les plus bas d'Afrique de l'Ouest, mais ça représente quand même une sacrée somme : l'équivalent de 3 ans d'exportations. Pour développer l'activité économique, le pouvoir veut attirer les investisseurs étrangers, et cela passe aussi bien par la suppression des lourdeurs administratives que par une certaine transparence vis-à-vis de l'argent.

Car le principal combat à livrer, selon le président Wade, reste la lutte contre la corruption. Aucun pays n'y échappe, certes, mais là ça devient un mal chronique, à tous les niveaux de la société. Détournements de fonds hallucinants à la Poste, la Loterie, le Trésor public, fonctionnaires qui mettent la main dans les caisses, etc. C'est tout un état d'esprit qu'il faut changer. La corruption coûte cher. Et chacun fait preuve de mauvaise volonté lorsqu'il s'agit d'assainir un système dont tout le monde profite. « Ici, le sens civique est inexistant » s'est-on entendu dire. Bien sûr, ces problèmes ne sont pas spécifiques au Sénégal (pas besoin d'aller très loin pour en trouver des exemples). Mais le pays se targue d'être le plus développé et le plus démocratique d'Afrique de l'Ouest. Les Sénégalais ne demandent qu'à en avoir la preuve.

ÉDUCATION

Hélas, voilà un domaine où non seulement on n'entrevoit pas d'amélioration mais qui semble même régresser, notamment dans le primaire, où seulement 54 % des enfants sont scolarisés ! Le taux d'alphabétisation global est de seulement 35 %, pas vraiment mieux que les pays voisins. Seulement 20 % des élèves se scolarisent dans le secondaire et 3 % dans le supérieur ! Si l'université de Saint-Louis se porte bien depuis quelque temps, il n'en va pas de même pour celle de Dakar, moins adaptée à l'avenir professionnel de ses étudiants.
Sur 2,4 millions d'adultes analphabètes, 1,5 million sont des femmes. Chez les adultes alphabétisés, il y a presque deux fois moins de femmes que d'hommes.
L'exode des cerveaux vers Dakar devient également un grave problème pour les régions. Tous les jeunes qualifiés partent gagner leur vie là où l'économie tourne le mieux, c'est-à-dire dans la capitale. Et pendant ce temps, les autres régions ont un véritable déficit de gens compétents...
Enfin, le décalage linguistique peut causer des ennuis : l'administration travaille en français et les acteurs économiques utilisent le wolof. En dehors de Dakar et des zones touristiques, la pratique du français reste rudimentaire, voire inexistante. Il vous sera donc utile de connaître quelques mots et expressions de ce dialecte, parlé par 80 % des Sénégalais (voir la rubrique « Langues »).

ENVIRONNEMENT

À vue de nez, les problèmes écologiques paraissent très graves au Sénégal. En réalité, la situation n'est pas alarmante. Certes, les déchets jetés n'importe où dans la rue, la saleté des villes, tout cela peut choquer si vous n'êtes pas habitué au tiers monde.
Mais cette pollution reste conjoncturelle. Les décharges à ciel ouvert contenant des détritus plastiques et organiques (vite pris d'assaut par les biquettes affamées) sont de court terme, contrairement aux déchets nucléaires dont les pays développés souillent terre et océans. Les gaz d'échappement gênent quand on marche dans les grandes villes, mais le Sénégal est loin de rejeter autant de CO^2 que les États-Unis. Les fleuves et nappes phréatiques ne sont pas contaminés par les déjections industrielles car il y a peu d'industries et pas du tout d'engrais. La faune et la flore bénéficient d'une large protection, dans le cadre des nombreux parcs nationaux et régionaux du pays.
Malgré cela, il est vrai que la mauvaise qualité de l'air, à Dakar surtout, commence à inquiéter les citadins. Pas besoin de chercher les causes très loin : n'importe quel taxi sénégalais pollue plus que 50 camions européens. Le ministre de l'Environnement planche sur le sujet ; mais avouons que, vu l'ampleur de la pauvreté, l'état des infrastructures (routes, écoles) et l'accroissement des inégalités, l'environnement apparaît comme une préoccupation secondaire.

FÊTES ET JOURS FÉRIÉS

Quelques fêtes locales

– ***Les Fanals :*** vers fin avril-début mai, au moment du festival de jazz, à Saint-Louis. Défilé, au son des tam-tams et des chants, de lampions confectionnés par les habitants et qui, à force de rivaliser d'imagination et d'originalité, sont devenus de gigantesques monuments multicolores. Au départ, ces lampions (tels les fanaux de navire) étaient portés par les esclaves pour éclairer le parcours emprunté par les Signares, ces belles et riches Saint-Louisiennes, pour aller à la messe de minuit. De fil en aiguille, les fanals sont devenus objets de comparaison puis de compétition.
– ***Le fil :*** en juin, à Touba-Toul (près de Thiès). Danses et chants où l'on prédit les événements de l'année. Quatre jours, du samedi au mardi.

– ***Masque Kagran :*** en mai, en Casamance. Fête malinké. La sortie du masque est précédée d'un sacrifice en l'honneur des ancêtres.
– ***Fêtes de l'initiation :*** en Casamance et en pays bassari. Elles ont souvent lieu pendant les vacances scolaires (mars-avril), quand les initiés ne vont pas à l'école. Si on ne peut pas assister à la cérémonie rituelle, on peut le faire pour les danses qui s'ensuivent et on peut même les photographier. Se renseigner dans les villages, surtout si l'on entend des chants ou des coups de fusil !
– ***Manidan :*** en avril, dans la région de Kédougou. Des musiciens masqués font danser les hommes. Si une femme regarde, elle devient stérile.
– ***Nit :*** en avril. Combats d'initiation des jeunes Bassaris.

Fêtes nationales civiles et religieuses fériées

– ***4 avril :*** fête nationale.
– ***1er mai :*** fête internationale du Travail.
– ***25 décembre.***
– ***1er janvier.***
– ***La Korité :*** grande fête qui célèbre la fin du ramadan, selon le calendrier lunaire.
– ***La Tabaski (ou fête du mouton) :*** selon le calendrier lunaire également. Pour commémorer le sacrifice d'Abraham, chaque musulman se doit, dans la mesure où il travaille, d'acheter un mouton, l'égorger, le faire griller en famille et en offrir à ses voisins. Très populaire.

Autres fêtes religieuses en principe non fériées

– ***Le Magal :*** à Touba (le lieu saint des Mourides, voir la rubrique « Religions »). Le Grand Magal commémore le départ en exil du fondateur de la confrérie, cheikh Amadou Bamba, et le Petit Magal, sa mort. De partout, y compris des pays voisins, des dizaines (voire des centaines) de milliers de pèlerins mourides affluent, abandonnant leur travail, quoi que puissent en dire leurs employeurs. Impressionnant.
– ***Le Gamou :*** célébration de la naissance du prophète. Là encore, imposants pèlerinages vers les mosquées de chacune des confréries. Celui de la mosquée de Tivaouane, la Mecque des Tidjanes, située à 20 km au nord de Thiès sur la route de Saint-Louis, ne manque pas d'ampleur non plus.
– ***Pèlerinage chrétien à Popenguine :*** le lundi de Pentecôte. Au sud de Dakar en allant vers la Petite Côte.

HÉBERGEMENT

– ***Taxe touristique :*** une taxe touristique de 0,9 € (600 F.CFA) par nuit et par personne est perçue par tous les hébergements marchands (hôtels, campements...). En principe, incluse dans le prix de la chambre, lequel est de plus en plus souvent affiché à la réception.
– ***Choisir ses dates :*** dans les villes ou villages touristiques (Petite Côte, Saint-Louis, Cap Skirring), il est difficile de trouver une chambre libre au moment des vacances de Pâques et de Noël, à moins d'avoir réservé longtemps à l'avance. Ça vaut donc le coup de demander les dates des congés scolaires avant de partir.

Les hôtels

Comme dans toute l'Afrique, leur prix est plutôt élevé, même pour les plus sales. Au Sénégal, la plupart sont tenus par des Blancs (Européens ou Libanais) et jouent à l'établissement de luxe. Les climatiseurs sont bien agréables, mais ils font grimper le prix des chambres et sont plutôt bruyants lorsqu'ils sont vieux ou cassés.

Les campements

Ils se différencient des hôtels par des blocs sanitaires (w.-c., lavabo et douche) souvent séparés des chambres. Selon le niveau du campement, plus ou moins de chambres partagent le même bloc.
Une expérience intéressante et réussie de gestion des campements par les villageois a été menée en Casamance (les campements intégrés, voir chapitre « Casamance »). Elle est tombée en léthargie depuis les troubles, mais les villageois ne désespèrent pas de la poursuivre. D'autres campements sont à gestion privée. Ils se multiplient d'année en année. Un certain nombre de Français venus d'abord en vacances sont tombés amoureux du Sénégal et ont créé un GIE (Groupement d'intérêt économique) en association avec un(e) Sénégalais(e) qui assure la gestion courante tandis qu'eux-mêmes se chargent de la commercialisation depuis leur résidence française, ou sur place, tout en poursuivant parfois une autre activité professionnelle.

Les gîtes et chambres chez l'habitant

Formules plus économiques et sympas qu'en hôtel, qui se développent à la vitesse grand V, à Dakar, Saint-Louis et la Petite Côte. À plusieurs, on loue une villa ou une grande case sur la côte, avec tout le confort et la possibilité de prendre une personne du village pour faire la cuisine, ou un appartement en ville. Seul ou à deux, la chambre chez l'habitant est déjà très prisée pour son côté convivial. L'agence franco-sénégalaise suivante dispose d'un catalogue d'adresses contrôlées et sûres :

■ ***Voyages chez l'habitant « gîte du Sénégal » :*** ☎ 01-34-08-73-40. À Dakar : ☎ (221) 821-68-46 ou 638-39-95 (portable). • www.gites-senegal.com • Comme d'habitude, faites-nous part de vos observations.

Les missions

Elles ne sont pas toujours favorables à l'idée d'héberger des routards et on les comprend volontiers quand on voit le comportement de certains. De plus, les missions sont parfois « dénoncées » aux pouvoirs publics sous prétexte d'une concurrence déloyale (pas d'impôts, etc.), ce qui leur vaut des ennuis quand elles passent outre.

HISTOIRE

Quelques repères

La quasi-totalité des fouilles récentes des multiples sites archéologiques, aussi bien dans la région du fleuve Sénégal que dans celles de Kaffrine et de Nioro-du-Rip, à l'est de Kaolack, ou de la presqu'île du Cap-Vert (Dakar) attestent de la présence humaine depuis le paléolithique jusqu'à l'entrée dans l'histoire officielle du début de notre ère. Et cela sans discontinuer. Les monuments funéraires *(tumuli)* mis au jour ont livré leurs trésors d'ossements humains, outils, bijoux, etc., témoins de diverses périodes. Sans que l'on en connaisse pourtant la véritable signification.
– ***Jusqu'au IXe siècle :*** plusieurs peuplades dominatrices se sont succédé, venues semble-t-il du Maghreb puis du Soudan islamisé. Début de l'islamisation avec l'incursion des Almoravides.

– ***X^e^-XIe siècle :*** les petits royaumes qui s'étaient formés le long du fleuve Sénégal et convertis à l'islam, comme celui du Tekrour autour de Podor, s'allient avec les Almoravides, ouvrant ainsi autant de portes à la poussée de cette religion en territoire animiste. Conséquence : fuite des populations vers le sud, comme les Sérères vers le Siné Saloum ou les Wolofs vers le quart nord-ouest, qui deviendra au XIVe siècle le royaume du Djolof.
– ***XII-XIVe siècle :*** développement des échanges commerciaux à travers toutes les régions. Le tout nouvel empire du Mali étend ses racines vers l'ouest où les Mandingues fondent d'autres royaumes, de part et d'autre du fleuve Gambie.
– ***XVe-XVIe siècle :*** arrivée des navigateurs portugais, d'abord à l'embouchure du Sénégal, puis à la presqu'île du Cap-Vert et enfin en Casamance. Début des échanges commerciaux maritimes et de la traite des esclaves au départ du Sénégal.
– ***XVIIe-XVIIIe siècle :*** intensification de la traite des Noirs avec l'entrée en jeu des Français et des Anglais. Saint-Louis et Gorée en sont les deux principaux centres. Toutefois, au Sénégal, c'est principalement la gomme arabique qui intéresse les Européens.
– ***XIXe siècle :*** campagne pour l'abolition de l'esclavage côté occidental, qui aboutit à la loi du 29 mars 1815 mais ne prend effet qu'en 1848 pour la France, après les Anglais. La traite arabe prend le relais sur la côte orientale de l'Afrique. Implantés depuis le XVIIe siècle dans quelques petites concessions (principalement à Saint-Louis), les Français conquièrent l'ensemble du Sénégal à partir de 1840 sous l'impulsion de Faidherbe, puis l'ensemble de ce qui deviendra l'Afrique-Occidentale française (A.-O.F.) à la fin du XIXe siècle. Contrairement à ce que l'on pense parfois, cette conquête ne fut pas toujours facile, se heurtant à des chefs organisés et bien formés.
– ***XXe siècle :*** juin 1960. Indépendance du Sénégal. Léopold Sedar Senghor devient le premier président de la Fédération du Mali (incluant le Soudan) qui se disloque deux mois plus tard. Le Sénégal fait cavalier seul. En 1981, Abdou Diouf, né en 1935, devient le second président de la République du Sénégal. Élu en 1983, il est réélu en 1988 et le 21 février 1993.
Le 15 mars 1995, Abdou Diouf nomme un gouvernement d'ouverture, chargé de régler les problèmes économiques et politiques, en particulier avec les insurgés du Mouvement des forces démocratiques de la Casamance (MFDC) qui, depuis 1982, se manifestent régulièrement (encore quelques morts en 2000).
Le 21 octobre 1998, Abdou Diouf est le sixième hôte du Palais-Bourbon, mais seulement le premier chef d'État d'Afrique sub-saharienne à s'exprimer devant l'Assemblée nationale à Paris. Les chefs de l'opposition, qui ont fait le déplacement, s'insurgent contre « l'instauration d'une présidence à vie » et dénoncent les dernières réformes constitutionnelles qui permettent à M. Diouf de briguer un nouveau mandat en l'an 2000. Mais la démocratie sénégalaise s'est imposée avec force lors de ces dernières élections présidentielles (mars 2000). En effet, le libéral Abdoulaye Wade qui se présentait pour la quatrième fois, a été élu grâce au soutien non négligeable (17 %) d'un nouveau parti de gauche, créé par l'ex-socialiste Mustapha Niasse. Le peuple sénégalais a voté pour le « changement », tel était le mot-clé.

Les troubles en Casamance

Dans les années 1980 et 1990, une guerre civile a fortement traumatisé la Casamance. Considérée comme le « grenier » du Sénégal, la région fournissait une grande partie des richesses agricoles du pays mais ne recueillait aucune contrepartie. Ces disparités économiques, ajoutées à d'autres injustices, ont fait se lever les Casamançais. Les membres du MFDC (Mouvement des forces démocratiques de Casamance) ont pris le maquis sous l'autorité de l'abbé Augustin Diamacoune Senghor, luttant contre le gouver-

nement, pour l'autonomie, avec le soutien des opprimés et des laissés-pour-compte.
Conséquence des affrontements réguliers entre l'armée sénégalaise et les rebelles indépendantistes, Dakar avait notamment envoyé, en juin 1998, un contingent en Guinée-Bissau. La situation actuelle semble différente. Depuis l'arrivée au pouvoir d'Abdoulaye Wade, les relations avec la Guinée-Bissau se sont améliorées. Ce pays, qui auparavant hébergeait (et armait) les rebelles du MFDC, a renforcé ses contrôles frontaliers et repoussé les rebelles hors de son territoire, donc en Casamance. Restés « enfermés » du côté sénégalais, les rebelles se terraient dans la dense forêt, au sud de la route cap Skirring - Ziguinchor. Ces voyous « résiduels », armés et n'ayant plus rien à perdre, attaquent les villages et les convois qui passent sur la route. Pas de revendication politique là-dedans, mais des motivations purement criminelles. Ces violences sont totalement désapprouvées par la population. Le séparatisme brutal ne connaît aucun soutien parmi les Casamançais, qui se disent volontiers « régionalistes » mais pas « rebelles ». Aujourd'hui, toute la région située de part et d'autre de l'axe Ziguinchor-cap Skirring est jusqu'à nouvel ordre une zone militaire infranchissable et les contrôles militaires sur toutes les routes situées entre la Gambie et la Guinée-Bissau sont fréquents. Lire aussi les éléments introductifs au chapitre sur la Casamance.

INFOS EN FRANÇAIS SUR TV5

Au Sénégal, TV5 est reçue dans 7 des dix provinces que compte le pays. Dans la seule ville de Dakar, on compte près de 130 000 foyers, auxquels il faut ajouter les hôtels. La chaîne est reçue par MMDS et par satellite : NSS 803 analogique, NSS 803 numérique (bouquet francophone), PAS 4 (bouquet Multichoice).
Les rendez-vous avec l'info sont (en heure locale) :

3 h 00	JT Canadien (RDI)
3 h 30	Journal des journaux francophones
7 h 30	JT Canadien (Radio)
9 h 00	TV5 le journal
11 h 30	JT France 3
13 h 00	TV5 le journal
15 h 00	TV5 le journal
15 h 15	TV5 Questions
19 h 00 (du vendredi au dimanche)	JT Belge (RTBF)
19 h 00 (du lundi au jeudi)	JT Suisse (TSR)
19 h 30	JT France 2
21 h 00	TV5 le journal
23 h 45	Soir 3 (France)

LANGUE

Petit lexique wolof

Bonjour : *salam Maleikoum;* auquel on répond : *maleikoum assalam;* formule à utiliser impérativement avant de demander quelque chose à quelqu'un.
Comment vas-tu ? : *nackan'ga deff?* plus communément utilisé sous la forme *Nanga dèf,* auquel on répond : *mangui fi rek* (je vais bien).
Comment ça va ? (en diola, Casamance) : *kassoumaye ?* auquel on répond : *Kassoumaye kep.*

Français	**Wolof**
Au revoir	*mangui dem*
Merci	*dieuré dieuff*
Oui	*waw* ou *wao*
Non	*dédèt*
J'ai faim	*dama khif*
J'ai soif	*dama mare*
Bon	*bassena*
Eau	*n'dokh*
Qu'est-ce que c'est ?	*lanla ?*
Combien ?	*niata ?*
C'est combien ?	*bi niata lé ?*
C'est cher !	*defa diafé !*
Baisse le prix !	*wagni ko !*
Je m'en vais	*demma*
C'est bon, c'est bien	*baxna* (prononcer *barna* ou comme le *kh* de *Khomeiny*)
Laisse-moi	*bayma*
Laisse-moi en paix	*maïma diam !* (voire fous-moi la paix)
Je n'ai rien	*amouldara* (pas d'argent, pas de cadeau)
Je descends ici (dans les transports)	*fi laï wadj*

Chiffres

1	*ben*	7	*djurum niar*
2	*niar*	8	*djurum nièt*
3	*nièt*	9	*djurum niènte*
4	*niènte*	10	*fuk*
5	*djurum*	20	*niar fuk*
6	*djurum ben*	21	*niar fuk ben*

Petit lexique du français du Sénégal

Plus ancienne colonie française d'Afrique, le Sénégal est l'un des pays ayant le mieux assimilé l'influence de la langue française, tout en présentant d'heureuses différences linguistiques et une réelle originalité quant à la richesse des expressions qu'elle propose. Le français du Sénégal contient un certain nombre de mots empruntés aux langues négro-africaines et quantité de mots ou expressions formés par analogie. Nous y trouverons aussi de l'imagination, de l'humour (on vous a déjà parlé de leur talent dans ce domaine), un don de l'image et de la métaphore, et ces noms composés par juxtaposition, aux consonances parfois poétiques comme *hier nuit* ou *car rapide*. Pour finir, beaucoup de mots ont été obtenus par suppression d'un ou plusieurs mots dans des expressions comme *en état* de grossesse, *il a rejoint* son poste, etc.

Voici quelques mots encore quelquefois employés et qui font du français du Sénégal une langue si vivante, à l'instar de celui de beaucoup d'autres pays francophones.

Aller aux oranges : en sport, atteindre la mi-temps d'un match.

Arriérer : reculer.

Bana-bana : marchand ambulant.

Borom-faux-col : celui qui porte toujours chemise et cravate.

Boule de neige : chou-fleur.

Cabiner : aller aux toilettes.

Co-épouse : pour une femme, autre épouse de son mari.

Cousin à plaisanterie : individu avec qui on est suffisamment intime pour se permettre de plaisanter sans être inconvenant.

Cracheur : serpent venimeux qui crache son venin pour aveugler ses proies.
Démerder : se débrouiller (ici ce verbe n'est pas pronominal).
Durer : rester longtemps au même endroit.
Faire banquette : rester à attendre.
Faire patiner les pieds : danser.
Faire ses besoins : vaquer à ses occupations (un vrai « faux ami »).
Fréquenter : aller à l'école.
Frère même père : demi-frère.
Frère même père même mère : frère.
Gâter : casser, détériorer.
Golo : singe, clown, rigolo.
Herbe qui tue : chanvre indien.
Hier nuit : hier soir, la nuit dernière.
Intimité : réception entre amis.
Linger : laver ses affaires.
Patron : monsieur (choquera les routards syndicalistes, mais ici c'est une expression bonhomme et familière).
Radio-cancan : la rumeur publique.
Saboter : se moquer de quelqu'un, taquiner.
Saï-saï : un play-boy.
Soutien : soutien-gorge.
Syndicat : récipient métallique.
Toubab : Blanc, en particulier un Européen.
Tourneur : un fêtard, un noceur.

Pour plus de renseignements, se reporter au *Lexique du français du Sénégal* (éditions Néa/Édicef).

LIVRES DE ROUTE

– ***Œuvre poétique, 1945/1961,*** de Léopold Sédar Senghor, poésie ; Le Seuil, coll. Points n° 210 (255 p.). Le livre comprend quatre recueils principaux : *Chants d'ombre* (1945), *Les Hosties noires* (1948), *Éthiopiques* (1956) et *Nocturnes* (1961). Ces textes admirables, constellés de mots africains, composent une poésie cosmique, où tout se mêle et fusionne. L'inventeur du mot et de la notion de « négritude » fut aussi pendant longtemps le président (démocratique) de la république du Sénégal.
– ***L'Afrique fantôme,*** de Michel Leiris, 1934, essai ; Gallimard, coll. Tel n° 125 (648 p.). En 1931, Leiris délaisse les milieux littéraires parisiens et part découvrir l'Afrique dans le cadre d'une mission ethnographique. Cet essai, recueil de ses notes de voyage, est le compte rendu d'un échec. À lire comme on feuillette un album de photos sépia.
– ***À la courbe du fleuve,*** de Vidiadhar Surajprasad Naipaul, 1982, roman ; Albin Michel, coll. Les Grandes Traductions (236 p.), traduit par G. Clarence. Jeune musulman d'origine indienne, Salim vit en Afrique depuis toujours. Il quitte la côte occidentale en compagnie de son ami Metty pour monter son commerce au cœur du continent. Naipaul trace ici le portrait réaliste d'une Afrique d'après l'indépendance, livrée à ses propres égarements.
– ***Water Music,*** de T. Coraghessan Boyle, 1988, roman ; Presses-Pocket n° 3365 (671 p.), traduit par R. Pépin. 1795, Mungo Park, jeune explorateur écossais, débarque au Sénégal avec pour mission de percer le mystère du fleuve Niger, dont le cours inviolé demeure un véritable casse-tête pour les géographes d'alors. *Water Music* est un roman de folie, érudit, épique, dévastateur, contant des destins croisés et des aventures échevelées.
– ***L'Aventure ambiguë,*** de Cheikh Hamidou Kané, 1961, roman ; Presses de la Cité, coll. 10/18 n° 617 (191 p.). L'aventure ambiguë, c'est celle d'un jeune Africain élevé dans un petit village du Sénégal, qui fera des études

supérieures en France. Afrique et Europe, tradition et modernité, religion et savoir scientifique, coutume et loi, les termes de l'ambiguïté sont multiples. Grand classique de la littérature africaine.
– ***Les Gardiens du temple,*** de Cheikh Hamidou Kané, 1996, roman ; Stock, coll. NEI (310 p.). L'histoire se déroule juste après l'indépendance d'un petit pays africain qui ressemble étrangement au Sénégal. Un griot et une jeune agrégée d'histoire entourés de leurs amis veulent mener leur pays vers la modernité et le développement, tout en lui conservant ses racines.
– ***Nini, mulâtresse du Sénégal,*** de Abdoulaye Sadji, 1988, roman ; Présence africaine (252 p.). Saint-Louis-du-Sénégal pendant la période coloniale ; ce roman raconte comment une jeune fille métisse tente par tous les moyens de satisfaire son ambition, se faire épouser par un Blanc. Ses échecs seront révélateurs de l'ambiguïté de la situation et elle trouvera difficilement sa place entre les Noirs qu'elle dénigre et les Blancs qui la rejettent.
– Et bien sûr, les romans, tous en Livre de Poche, de l'écrivain et cinéaste sénégalais Ousmane Sembène : ***Les Bouts de bois de Dieu***, ***Le Docker noir***, ***Le Mandat***, ***Niiwan***, etc. Ils sont d'une remarquable finesse et dépeignent avec colère, ravissement et en tout cas humanité, la noblesse d'un peuple en perpétuelle mutation.

LUTTE : MÉLANGE DE BEAUX MUSCLES ET DE GRIS-GRIS

Peu de gens parlent de la lutte au Sénégal. Or, plus qu'un sport national, elle révèle l'âme du pays, à travers une mise en scène qui mêle la danse, la musique et la religion.
Lorsque l'homme fait son entrée, les griots se déchaînent sur leurs tam-tams. Le lutteur se met alors à tournoyer sur lui-même puis, toujours soutenu par la musique, il récite les *baks*, poèmes qui proclament sa gloire. La foule lui hurle sa joie, son soutien. Au même moment, les jeteurs de sorts s'affairent : cornes mystérieuses pointées vers l'adversaire, fluides pour le champion, gestes et maraboutages divers font partie du rituel.
La lutte en elle-même ne durera que quelques instants, mais l'essentiel n'était vraiment pas là !

MARABOUTS

De toute évidence, il ne s'agit pas ici du « grand oiseau des marais d'Afrique, dont l'attitude fait penser à un moine en prière » (dixit Le Petit Robert ; merci pour la pub !). Mais du « moine » lui-même, quoique... Tiens justement, vous aurez sûrement l'occasion de voir cet oiseau lors de balades dans les parcs naturels et combien on parie que vous poufferez comme tout touriste qui se respecte lorsque le guide vous en désignera un ?
Pour en revenir à notre oiseau, pardon notre « moine », voici deux autres explications non exhaustives en ce qui concerne le mot « marabout » : en arabe du Maghreb, *murãbit* signifie à la fois ermite (en prière), saint populaire ainsi que son tombeau donnant lieu à pèlerinage, mais aussi religieux conquérant (soldat). Deuxième possibilité, pas forcément incompatible : les premiers colons portugais installés en Afrique de l'Ouest désignaient par *moràbitos* les représentants de l'islam propagé par les Almoravides (vous sentez le lien de parenté entre *moràbito* et *almoravide ?),* aussi bien dans la péninsule Ibérique qu'en Afrique de l'Ouest. Quand ultérieurement les Français s'installèrent au Sénégal, ils se contentèrent de franciser le terme, ce qui donna marabout. Depuis, le mot a fait un peu de chemin, ou plutôt il s'est adapté au contexte. Maintenant, les spécialistes pourront nous proposer d'autres définitions...
Au Sénégal, on distingue trois sortes de marabouts :

– ***les marabouts animistes :*** en Casamance, on les consulte pour un oui ou pour un non, pour se préserver des influences maléfiques ou de la maladie, mais aussi pour rencontrer chance et amour. Quand l'un d'entre eux atteint une réputation tenue pour irréfutable, la nouvelle vole aussi vite que le message transmis par le *bombolong* (le tam-tam), on accourt de loin, on fait la queue comme chez le dentiste... Ici, le titre de marabout a remplacé celui de fétichiste, sorcier ou jeteur de sort, mais la fonction est la même : il communique avec la nature et recherche l'unité naturelle des choses et des êtres pour en déceler l'esprit global. Dans cette catégorie, les vrais marabouts ne réclament pas d'argent mais acceptent les offrandes... après résultats. Ils sont donc assez sûrs de leur pouvoir.
Chuchotée par un marabout, voici une recette pour l'amour... Mettre dans de l'eau non salée des os de grenouille, des arêtes de poissons de fleuve, des rognures d'ongles, de la cola verte, du gingembre moulu. Faire une décoction pendant trois heures. Passer et laisser reposer. Ajouter quelques arbouses bien rouges (goût de fraise), une pincée de poivre blanc, et laisser macérer une semaine. Ensuite mélanger à 25 cl d'eau de mélisse, agiter et en prendre un bol juste avant de manger. Les puristes, s'ils ont des complices travaillant dans un zoo, pourront y mettre des poils d'éléphant ou de la corne de rhinocéros. Le nom de la recette : « l'eau de charme » !

– ***Les religieux :*** musulmans, leur pratique s'inspire des préceptes du Coran. Certains sont à la tête de confréries religieuses, d'autres d'un village, d'un quartier, ou tiennent des écoles coraniques (sept ans d'études par cœur et d'exégèses). Ils hébergent alors les *talibés*, les enfants, surtout des orphelins, qui suivent les cours et qui, en général, sont tenus de mendier leur nourriture. Ne vous étonnez pas de les voir, le crâne rasé, se tenir près de certains restos ou au milieu de la circulation, une boîte de conserve (de tomates) rouge à la main destinée à récupérer les restes des repas. Ne soyez pas choqué ; ce n'est pas forcément de l'exploitation. Les disciples font preuve d'une infinie déférence à l'égard de leur « maître spirituel », et ces vrais marabouts (nous en avons rencontrés) possèdent réellement un charisme incroyable. Dans les villes, ce sont des notables dont les avis sont pris très au sérieux.
Les grands marabouts religieux, ou du moins les plus riches d'entre eux, occupent une place de plus en plus importante dans la vie politico-sociale du Sénégal (voir plus loin, la rubrique « Religions »).
– ***Les marabouts de ficelle :*** les déviants des deux précédentes catégories ; on veut dire les charlatans qui ne voient que le côté financier de la situation.

MUSIQUE ET DANSE

Des années avant la fantastique renommée internationale d'un Youssou N'Dour, d'un Ismaël Lô, d'un Baaba Maal (Toucouleur originaire de Podor, sur le fleuve), d'un Doudou N'Dyaye Rose (le célèbre percussionniste de Gorée) et, récemment, celle plus commerciale de Coumba Gawlo, les frères casamançais Touré Kunda avaient déjà contribué à faire connaître la musique sénégalaise en France.
Formés à l'école de la rue dakaroise, Youssou N'Dour et son groupe Super Étoile faisaient des ravages dans leur pays bien avant que Peter Gabriel ne leur ouvre les portes de sa formation *World Music* qui allait les « révéler », selon le terme consacré, dans le monde entier au milieu des années 1980. Depuis, Youssou, qui parlait à peine le français et encore moins l'anglais, chante et s'exprime aussi aisément dans ces deux langues que dans la sienne, le wolof. À travers ses textes, il apparaît comme un grand frère, un guide (d'ailleurs *Womat*, le titre d'un de ses albums, signifie « le guide » en wolof) qui prône, entre autres, le civisme auprès des jeunes. Resté fidèle à son pays où il se produit fréquemment, il y a fondé une maison de production

et des studios d'enregistrement avec pour objectif de promouvoir les jeunes talents africains. Lokua Kanza (non sénégalais) ou Cheikh Lô en sont des exemples.
Cheikh Lô reprend le rythme du *mbalax* cher à son maître, pour ponctuer des textes très marqués par son appartenance religieuse au mouridisme. D'ailleurs, de par son look un tantinet rasta – dreadlocks et vêtements en tissu africain assemblé façon patchwork –, il revendique son appartenance aux *baye fall*, les héritiers spirituels d'Ibrahima Fall, un disciple d'Amadou Bamba (voir, plus loin, la rubrique « Religions »).
Wasis Diop, quant à lui, est plus connu en France, où il réside, que dans son pays, bien qu'il soit le frère de feu le réalisateur Djibril Diop Mambety. Des rythmes traditionnels et contemporains accompagnent de très beaux textes à thème comme l'évocation des immigrés, des tirailleurs sénégalais, de l'unité africaine... (cf. son CD *Toxu*, prononcer « torou »).
Bien d'autres vedettes et groupes tels que Super Diamono, Xalam, Africando (rythme afro-cubain), pour n'en citer que quelques-uns, n'ont pas attendu d'être consacrés par le show-biz international pour faire danser les foules avec ferveur jusqu'à aujourd'hui, que ce soit dans les concerts ou les discothèques.
Allez ! à vous de jouer ! Essayez d'apprendre cette danse sexy qu'est le *mbalax* sur un morceau de Youssou N'Dour ou de Super Diamono.
Mais au Sénégal, on apprécie aussi énormément les rythmes lascifs des musiques cap-verdiennes, ceux qui émeuvent le corps on s'en doute. Après tout, les « îles » ne sont pas si loin (500 km) et une importante communauté cap-verdienne est installée de longue date dans les quartiers populaires de Dakar. Or, nous, on ne connaît pas un Cap-Verdien qui n'écoute chaque jour la musique de son pays (et pas en sourdine !), une sorte de vitamine incontournable quoi. Alors, quand les mélodies s'échappent de leurs habitations, c'est comme si elles venaient vous prendre par la taille et vous entraîner dans un *funana* irrésistible (une des danses de là-bas).
Pour entendre une des plus belles applications que l'on connaisse de la *kora*, le bon plan c'est d'assister aux offices du monastère de Keur Moussa (voir la rubrique « Dans les environs » de Rufisque), où elle est même associée au *djembé*. Pas besoin d'être croyant pour apprécier.

PÉDOPHILIE

Très au courant des histoires de pédophilie soulevées lors de l'affaire Dutroux, ainsi que de celles ayant trait à l'Asie du Sud-Est, le Sénégal a pris à titre préventif des mesures draconiennes. Une surveillance très régulière est faite, notamment dans les campements tenus par des Européens. À titre d'information, il est bon de savoir que la pédophilie est passible d'une peine maximale d'emprisonnement, accompagnée d'une amende.

POPULATION

Aux dernières nouvelles, on dénombrait un peu plus de 9 millions d'habitants. Sachant que le taux annuel de croissance est de 2,5 %, on estime que la population devrait plus que doubler d'ici à 2020. Les moins de 20 ans représentent 55 % de la population et l'espérance de vie est de 52 ans. La densité est d'environ 46 habitants au kilomètre carré, mais l'agglomération de Dakar, avec ses quelque 2 millions d'habitants, concentre à elle seule environ 20 % de la population. Viennent ensuite, par ordre d'importance, Thiès (320 000 habitants), Kaolack (180 000) et Saint-Louis (180 000), puis Rufisque, Ziguinchor et Diourbel qui rassemblent également pas mal de monde. La population est en majorité rurale puisque 58 % des Sénégalais vivent en dehors des villes.

Ethnies

Carrefour géographique, le Sénégal est aussi un carrefour humain, où les peuples, les religions et les traditions n'ont cessé de circuler au gré des migrations (résultantes de guerres, travaux agricoles saisonniers, transhumance pastorale, etc.). C'est pourquoi la république est composée d'un kaléidoscope d'ethnies, la plupart mélangées, mais révélant encore d'importantes caractéristiques qui rendent ô combien intéressante la visite du pays, alors que nos pays dits « civilisés » s'acheminent vers une uniformité et une normalisation indignes. Et puis, si l'on y regarde de plus près, étions-nous très différents des sociétés traditionnelles sénégalaises il y a quelques siècles ? Cela vous donnera-t-il l'envie de vous replonger dans l'histoire de notre évolution ? De vous poser la question : et si des Martiens « hautement civilisés » nous étaient tombés dessus avec leur « progrès » au Moyen Âge, serions-nous ce que nous sommes aujourd'hui ? Hmm...

Nous conseillons (ce que ferait n'importe quel ethnologue) à nos lecteurs avides de pénétrer les particularismes ethniques, de s'intégrer un certain temps dans plusieurs groupes et de s'attaquer aux innombrables études spécialisées.

On peut rencontrer au Sénégal des Lébous, des Wolofs, des Toucouleurs, des Peuls, des Sérères, des Sarakholés, des Diolas, des Mandingues, des Maures, des Bassaris...

– ***Les Wolofs :*** l'ethnie la plus importante du Sénégal sur le plan démographique, avec environ 40 % de la population. Les Wolofs sont aussi les plus influents sur les plans socio-économique et culturel. Enfin, plus de 80 % des Sénégalais parlent le wolof comme première ou deuxième langue. Comme on l'a dit dans la rubrique « Éducation », connaître quelques rudiments de wolof peut être bien utile.

Principalement concentrés dans les grandes zones urbaines où ils deviennent fonctionnaires ou commerçants (quelquefois les deux !), leur répartition traditionnelle s'étend de la région de Saint-Louis jusqu'au sud de Dakar, en passant par Touba, Djourbel et Thiès. Mais on les retrouve également dans le Siné Saloum du côté de Fatick et de Kaolack, ex-grand port arachidier. En fait, c'est la région de l'arachide et du mil dont ils étaient les grands spécialistes.

Au XIVe siècle, les Wolofs, avec à leur tête N'Diaye, fondent l'Empire djolof qui occupe alors une grande partie du Sénégal. Leur prépondérance géographique favorisa bien sûr le développement de leur culture. D'ailleurs, N'Diaye est, de loin, le patronyme le plus répandu au Sénégal. Deux siècles plus tard, l'empire se divise en plusieurs petits royaumes (Waalo, Cayor, Baol...) qui, de temps à autre, se « bouffent le nez », la colonisation encourageant sans doute les inimitiés.

Même s'ils n'ont été acquis que très lentement et tardivement à l'islam, aujourd'hui les Wolofs sont musulmans à 95 %, en grande partie membres de la confrérie des mourides. En même temps, leurs croyances antéislamiques sont restées profondément ancrées dans leurs mœurs comme, par exemple, la crainte des sorciers et des génies (les *djinns)* d'une part, bienveillants ou malveillants, et, d'autre part, le rattachement à un totem symbolisé aussi bien par un ancêtre qu'un animal. Certains de ces *djinns* errent dans la brousse et peuvent se manifester n'importe quand. Pour les amadouer ou pour se préserver des maléfices qu'ils peuvent apporter (maladies notamment), les Wolofs portent au cou, au bras ou à la taille des amulettes et gris-gris en tout genre prescrits par leur marabout et leur adressent offrandes et sacrifices sur un autel familial consacré à cet effet. Maintenant, les marabouts religieux ont chassé les sorciers mais ne dédaignent pas fournir des conseils pour amadouer les génies malveillants quand il s'agit de veiller à la piété musulmane des âmes dont ils ont la charge.

Autrefois, les royaumes wolofs vivaient sur le modèle d'une structure très hiérarchisée. Au sommet de la pyramide trônait le souverain, le *Damel;* en dessous, l'ordre des *Gor*, composé des *Diambour*, les notables, et des *Garmi*, les familles princières, les nobles et les *badolo*, les paysans. En dessous des *Gor* venait l'ordre des gens de caste ou *nyenyo*, tous artisans à la spécialisation héréditaire (griots, forgerons, tisserands, cordonniers, sculpteurs sur bois...). Méprisés et redoutés par l'ordre supérieur mais néanmoins indispensables... Tout en bas de cette hiérarchie se trouvaient les *diamés*, les esclaves, subdivisés eux-mêmes soit en esclaves de maître, soit en esclaves de la couronne, c'est-à-dire guerriers au service de la noblesse. Cette subdivision a bien sûr disparu, mais les traditions sont tenaces, les familles nobles jouissent toujours de privilèges et la tradition de la spécialisation professionnelle persiste car, par l'obligation d'endogamie, on est toujours griot, forgeron, tisserand ou sculpteur, de père en fils.

Si vous êtes féru de contes et légendes, de maximes et proverbes, sachez que le griot wolof est réputé pour son talent de conteur et d'orateur, voire d'acteur. On vous conseille vivement de vous plonger dans *Les contes d'Amadou Koumba* (un griot justement) de Birago Diop, éd. Présence africaine, ainsi que dans les *Contes wolofs du Baol*, de J. Copans, éd. Karthala.

– ***Les Lébous :*** parents des Wolofs ; en fait, ce sont des dissidents des Wolofs du Cayor qui, après un ras-le-bol de leur tyrannique souverain, ont choisi au début du XIXe siècle de faire cavalier seul. Ils occupent la presqu'île du Cap-Vert et appartiennent dans leur majorité à la confrérie des Layènes dont on peut voir une nouvelle mosquée, assez belle, dans l'une des criques à l'ouest de la presqu'île entre Dakar et les Almadies.

Ils sont organisés en une république gérontocratique (pouvoirs et connaissances aux mains des plus âgés), et leur organisation sociale, contrairement à celle des Wolofs, est basée sur un fonctionnement démocratique. Ils vivent d'agriculture et sont de fantastiques pêcheurs dont la témérité en mer fait toujours la renommée. Leurs frêles embarcations sont creusées, encore aujourd'hui, dans le tronc des fromagers, et sont reconnaissables aux deux longues cornes qui y sont fixées et qui servent à conjurer le mauvais sort. Lorsque les Lébous sont citadins, ils occupent des fonctions plutôt intellectuelles.

– ***Les Sérères :*** peuple principalement installé sur la Petite Côte et dans le Siné-Saloum côtier, mais aussi dans la région de Thiès (ils représentent 16 % de la population). Vraisemblablement d'origine toucouleur et peul (à cause de la langue, le *pular*, qui leur est commune), ils auraient fui, vers le XIIe siècle, la région du fleuve par refus d'islamisation.

Sur le plan religieux on pourrait les définir comme animistes christianisés en cours d'islamisation (le temps les rattrape !). Les fétiches tiennent une place importante dans leur vie : on dépose au pied des arbres où ils vivent moult offrandes. Ne vous étonnez donc pas, lorsque vous passerez par là, de ces petits tas de pierres, de brindilles, d'objets divers, posés ici et là. Les Sérères adorent les fêtes : funérailles, circoncision, travaux des champs...

Ils ont la réputation d'être d'excellents cultivateurs de mil, d'arachide et de riz ; une partie d'entre eux, les *Niominkas,* sont pêcheurs ou paludiers.

Si le mode hiérarchique de type féodal, à l'instar des Wolofs, caractérise l'organisation de leur société, il est quand même beaucoup plus cool, et les castes plus floues. Cela dit, il était en vigueur au moins jusqu'au début de l'indépendance du pays.

– ***Les Peuls :*** représentant autour de 13 % de la population du Sénégal, ce sont historiquement des nomades. Ils sont ainsi près de 10 millions à transhumer à travers le Sahel avec leurs immenses troupeaux de zébus. Quand ils se sédentarisent, ils deviennent cultivateurs ou commerçants. D'où viennent-ils ? Qui sont-ils ? Personne ne le sait et cette énigme n'est pas près d'être élucidée. Pour certains, ils descendraient de légionnaires romains perdus dans les dunes du Sahara. Pour d'autres, ils descendraient de tribus juives émigrées, et pour d'autres encore, ils seraient les descendants des populations chamistes issues, d'après la légende, de Cham, le fils de Noé... En tout cas, au Sénégal, les premières traces de leur existence apparaissent au XIe siècle lors de la fondation du royaume du Tekrour par les Toucouleurs, eux-mêmes métissés de Sérères noirs et de Peuls sarakholés clairs. De nos jours, on les retrouve un peu partout dans le pays, mais plus particulièrement dans l'Est. Ils se métissent facilement avec d'autres ethnies. Néanmoins, les nomades et les sédentaires ne se mélangent pas et constituent des formes sociales différentes. Pour le nomade, l'unité de base est la famille. Les sédentaires islamisés, quant à eux, se sont constitués en petits États centralisés militaires religieux, avec une hiérarchie analogue à celle des Wolofs et des Toucouleurs.

D'abord réfractaires à l'islam, les Peuls n'ont pas hésité à prendre les armes pour le combattre, mais une fois convertis (surtout les sédentaires) ils en sont devenus des propagateurs zélés. Comme les autres ethnies islamisées, ils font cohabiter les superstitions et les rites ancestraux avec leur nouvelle religion et cumulent toutes les fêtes. Le retour des troupeaux est l'occasion de festivités indescriptibles. C'est à cette occasion que jeunes garçons et filles vont se choisir au cours d'une danse rituelle de séduction.

La transmission orale des traditions et des légendes est très importante chez les Peuls. Enseignée auprès des adolescents par les chefs, elle véhicule l'histoire du peuple, ses exploits, ses rites et des vertus comme le courage et l'accueil à travers les épopées des anciens. Ainsi les Peuls sont-ils un peuple fier, doté d'une rigueur morale à toute épreuve.

Leurs troupeaux sont sacrés puisque, à la base, l'élevage est leur mode d'existence. C'est autour du zébu que s'est tissée toute leur tradition orale. Pour un Peul, le zébu confère un prestige social dont ne bénéficie pas le sédentaire (donc méprisable). Il pratiquera donc l'endogamie (mariage entre eux), de peur de voir se disperser les troupeaux. Les vaches sont leur richesse essentielle : on ne les vend pas, on les laisse en héritage aux enfants. Pour le troupeau, composé également de moutons, il est nécessaire de rechercher continuellement des pâturages afin de l'engraisser et de bien vendre les bêtes au marché. En échange, ils se procureront des produits indispensables à leur subsistance et à leur culture : calebasses pour le lait des vaches, tissus confectionnés par les sédentaires, cuir et laiton pour les gris-gris et amulettes, mais surtout bijoux pour les parures : fondamentales ! La beauté des femmes et des hommes peuls est encensée dans toute l'Afrique de l'Ouest et perpétuée par des concours de beauté.

– ***Les Toucouleurs :*** issus vraisemblablement d'un métissage entre Peuls et Sarakholés à l'époque du royaume du Tekrour (IXe siècle), les Toucouleurs, qui représentent 10 % de la population, occupent principalement la vallée du fleuve Sénégal. Mais l'empire qu'ils dominaient jadis s'étendait jusqu'au Tchad. Nomades comme les Peuls, ils émigrent volontiers (il existe une communauté relativement importante en France). Premiers Sénégalais touchés par l'islam des Almoravides, ils en furent les zélés propagateurs, et comme ils aimaient bien guerroyer, ils n'employaient pas toujours la façon la plus douce ! On suppose que c'est à cette époque que les autres ethnies présentes dans le coin, peu séduites par les méthodes pratiquées par la nouvelle religion, mirent les voiles plein sud (Sarakholés, Sérères, Wolofs...). Ensuite, jusqu'au XIXe siècle, l'empire toucouleur resta sous l'emprise de celui du Mali sans perdre ni son âme ni sa patience. « C'est la pluie qui tombe petit à petit qui remplit le fleuve », disent les Malinkés. En pleine époque coloniale, apparut El Hadj Omar Tall, le *superman* qui allait revigorer la puissance des Toucouleurs, et donner du fil à retordre aux autorités françaises... Il reprend l'activisme religieux auprès des ethnies animistes, ce qui lui permet d'agrandir l'empire.

– ***Les Diolas :*** on les trouve essentiellement en Casamance (et les pays limitrophes tels que Gambie et Guinée-Bissau), mais aussi dans les grandes villes (ils représentent 10 % de la population). Ils sont plutôt orientés vers la riziculture. Majoritairement animistes et/ou chrétiens, ils ont pendant longtemps résisté farouchement à l'influence musulmane de leurs plus proches voisins, les Malinkés du groupe Mandingue. Il faut dire qu'avec les marigots, les nombreux bras du fleuve Casamance et ses îlots ainsi que la protectrice forêt dense de la région, ce devait être une fameuse partie de cache-cache et de casse-pipe pour qui n'était pas habitué. D'ailleurs, on soupçonne que cela a dû être la même chose dans le conflit qui opposait les indépendantistes (aujourd'hui remplacés par des bandes de brigands) et l'armée sénégalaise ces dernières années. Se reporter pour l'animisme et les aspects culturels au chapitre « Casamance ».

– ***Les Mandingues :*** répandus à travers toute l'Afrique de l'Ouest, ils représentent un des groupes les plus importants. Plusieurs ethnies comme les *Bambaras,* les *Sossés* ou les *Malinkés* s'y rattachent. Au Sénégal, ce sont surtout les Malinkés que l'on rencontre dans toute la région de Tambacounda et du Sénégal oriental ainsi qu'en Casamance et en Gambie. Des Sossés se sont mélangés avec les Sérères lors de leur installation dans le Siné Saloum.

Originaires des bords du Niger, les Mandingues conquirent la haute Casamance puis la moyenne, où ils se heurtèrent à la farouche résistance des Diolas. C'est à travers leurs guerres de conquête et, plus tard, par leurs fonctions d'agents de l'administration française, que les Mandingues, fervents musulmans, jouèrent un rôle important dans la propagation de l'islam. Autrefois, les hommes faisaient la guerre et s'occupaient du commerce, tandis que les femmes assuraient la subsistance, et les esclaves l'entretien.

Avec la colonisation, les guerriers sont devenus des producteurs (d'arachides principalement), l'esclavagisme a disparu et ce sont les femmes qui ont dû reprendre les tâches ménagères tout en continuant à travailler dans les rizières. Bien que les tâches soient réparties entre les sexes et les classes d'âge, les femmes mandingues sont reléguées à une place secondaire et sont dans toute la société sénégalaise les plus mal loties. En réalité, il s'agit d'une société strictement hiérarchisée où ni les femmes ni les jeunes n'ont droit à la parole.

– ***Les Bassaris :*** hommes de la brousse, ils ne sont que quelques milliers à vivre dans la région administrative de Tambacounda, tout au sud du Sénégal oriental, entre Kédougou, le parc national du Niokolo-Koba et la Guinée. Nul ne sait exactement d'où ils viennent, ils sont toujours une énigme pour les chercheurs. Relativement isolés, ils ont dû développer certaines activités pour survivre en milieu hostile. Ils vivent en cultivant le mil et le maïs, pratiquent la cueillette (fruits, feuilles de fromager...) ainsi que la chasse. Les forgerons fabriquent armes et outils agraires.

Mais ce qui fait leur force et leur rayonnement, c'est d'avoir su conserver, malgré les assauts du progrès, leurs rites, leurs mythes et cette immense ferveur qui accompagne leurs fêtes. Les Bassaris, très portés sur la religion, se subdivisent en six groupes de villages regroupés autour d'un autel religieux qui représente l'unité des différents villages. Leur « sainte Trinité » : le dieu, le diable et l'esprit des ancêtres, sûrement plus familier que le Saint-Esprit.

L'islam et la modernité ont bien un peu atteint l'ethnie, mais l'animisme résiste et prend toute son ampleur lors des grandes fêtes du *Nit,* c'est-à-dire lors des rites d'initiation des jeunes garçons de 13 à 14 ans changeant de classe d'âge (à Salemata, Etiolo et Ebarak principalement). Elles se déroulent en général au printemps. Très difficile de savoir exactement à quelle date ; si vous vous trouvez dans le coin vers avril ou mai, vous aurez une petite chance... Les costumes traditionnels ressortent : étui pénien, tuniques en écorce battue, triangles en peau de chèvre ou de singe et piquant de porc-épic en travers du nez (symbole de la valeur du chasseur, rehaussé par des marques rouges correspondant au nombre d'animaux abattus). Naturellement le diable masqué (en fait un précédent initié) se met de la partie pour entraîner dans une lutte sans merci le jeune aspirant. Le vaincu doit revenir l'année suivante. Après la récolte du mil, le changement de saison sera une nouvelle occasion pour les nouveaux initiés (les *Ozin*) de venir danser et faire la fête.

– Enfin, d'autres petits groupes ethniques, tels que les ***Bediks***, les ***Diallonkés***, se confinent également en bordure de Guinée à l'extrême sud-est et complètent la palette ethnique du Sénégal.

– Bien sûr, s'y ajoutent d'autres populations d'origine étrangère : des Cap-Verdiens, des Maures, des Maliens, des Guinéens, des Syro-Libanais et des Européens, dont environ 13000 Français, etc. On ne vous ennuiera pas davantage, mais on voulait devancer quelques-unes des questions qui pourraient venir à l'esprit de certains de nos lecteurs.

RAPPORTS SÉNÉGALAIS-EUROPÉENS

Le passé colonial a marqué le Sénégal. Longtemps les Blancs pratiquèrent une politique d'exploitation systématique vis-à-vis de la communauté noire, le tout accompagné le plus souvent d'attitudes discriminatoires. On dira que ce n'est pas nouveau. Serait-ce une raison pour ne pas le répéter? Si la décolonisation pacifique n'a pas toujours permis aux hommes de prendre conscience de leur exploitation et de leur aliénation, en revanche elle a évidemment eu un aspect positif : outre les vies humaines épargnées, les contacts entre les deux civilisations sont restés assez faciles.

D'ailleurs, même si les Noirs ont conscience, à juste titre, d'être « chez eux », ils considèrent le Blanc non seulement comme un bon conseiller technique, mais surtout comme un bon « juge », puisqu'il n'est pas conditionné par les contraintes inhérentes à une appartenance ethnique. Ils font confiance à son impartialité et ils croient que ses opinions ou prises de position, du moins dans le travail, sont justes. Enfin, le Blanc reste celui qui a la science, la culture et l'argent, valeurs hautement respectables au Sénégal.

Bienfaits et méfaits du tourisme

La pénétration massive, au lieu d'être discrète, du tourisme depuis une quinzaine d'années a, on s'en doute, eu des conséquences, parmi lesquelles celle de modifier sensiblement la perception des autochtones vis-à-vis des Européens. Bien sûr que cette implantation des établissements touristiques d'origine étrangère a créé des emplois, mais à quel tarif par rapport aux énormes bénéfices perçus directement dans le pays d'origine? De plus, il ne faut pas oublier que le tourisme relève du domaine du loisir, notion qui ne fait pas partie des cultures africaines en général : quand un Africain voyage c'est le plus souvent par nécessité, pour rendre visite à la famille ou pour affaire, pas pour « découvrir » un pays ou pour le « farniente ». Alors quelle image donnent les nombreux Européen(ne)s lorsqu'ils choisissent pour leurs vacances de rester parqués dans des ghettos à Blancs luxueux, tous frais payés, à jouer au jeu de la bronzette, éventuellement agrémenté d'une petite drague avec le personnel? Petite drague qui n'engage à rien puisqu'on est bien encadré; il n'y a que l'employé(e) à risquer sa place en cas d'indiscrétion. Cette image inspire-t-elle toujours du respect? N'oublions pas que nous sommes en pays musulman... même s'il est d'une grande tolérance.

N'oublions pas non plus que bon nombre de pays d'Afrique sont reliés au monde par satellite et sont au courant de tous nos « progrès », les bons comme les mauvais. Ainsi, les Dakarois ont vu avec ébahissement se multiplier, depuis peu, à la sortie des matchs de foot de la capitale, des émeutes à la hooligan, suivies de viols et agressions graves à l'encontre des premiers passants venus. Ce sont là des phénomènes inhabituels dans un pays

comme le Sénégal qui est considéré comme un des plus pacifistes (on met de côté le problème de la Casamance).
Au fond, le tourisme décrit plus haut ne risque-t-il pas d'être perçu comme une sorte de réincarnation bien particulière du colonialisme ?
Ce que nous redoutons dans cette affaire, c'est que les vrais routards, les touristes individuels qui existaient avant le tourisme purement commercial, ceux qui, de longue date, voyagent en respectant les us et coutumes des pays qu'ils visitent, soient mis dans le même panier et fassent les frais d'une revanche (révolte ?) mal dirigée.
Des signes ?
– De plus en plus de lecteurs se plaignent que certains endroits, comme le lac Rose, sont devenus infréquentables pour cause d'arnaques en tout genre, voire d'agressions. Le rallye du Dakar, dont c'est le point de ralliement, y serait-il pour quelque chose ? Oui, oui, on sait, on n'est pas les premiers à poser la question, mais on est encore perplexes quant à son impact et son image profonde auprès des populations croisées de façon fugace en cours de route...
– Même problème à l'embarcadère et sur le bateau pour Gorée : harcèlement de plus en plus agressif des pseudo-guides.
– Autres doléances : le racket systématique par la maréchaussée des touristes individuels motorisés, notamment aux abords de la ville de Thiès. Nous y avons eu droit également. Belle stratégie touristique ! Il semblerait qu'une super brigade spéciale ait été mise en place pour prévenir les délits et fraudes...
C'était le *coup de gueule du Guide du routard.*
Après ces quelques notes négatives, que nos lecteurs ne soient pas découragés pour autant, le Sénégal reste le merveilleux pays que nous décrivons au fil de ces pages et que nous recommandons chaleureusement. Mais justement, avec les nombreux atouts dont il dispose, il devrait désormais aspirer à la qualité. Et la qualité, c'est aussi de favoriser la balade individuelle dans le pays, la rendre facile, paisible, bref, inoubliable. Car le touriste individuel, contrairement au touriste « de masse » qui a tout payé avant de partir, ou presque, aura, lui, à payer quasiment chacune de ses prestations sur place. C'est tout de même non négligeable pour les autochtones. Alors, pas la peine d'en rajouter en l'arnaquant, non ?

RELIGIONS

Aujourd'hui les Sénégalais sont islamisés à 90 %. Chrétiens et animistes se partagent les 10 % restants, quand ils ne sont pas un peu des deux à la fois. Il existe une catégorie de citadins de classe moyenne au mode de vie occidentalisé, moins pratiquants, qui renvoient l'image d'un pays moderne et libéré. Ne vous y fiez pas : c'est une société très contrainte, où l'évolution des mœurs se fait lentement. Les lobbies religieux sont puissants et le poids de la tradition, surtout dans les villages, écrase celles et ceux qui seraient tenté(e)s d'avoir une vie « déviante ». Ainsi, en théorie, une jeune femme correcte ne doit pas sortir, danser et draguer les gazous. Arrivée à l'âge requis, ses parents arrangent le mariage avec les parents du promis, ils se marient, point final. Certes, les citadines ont tendance à s'émanciper et les contraintes s'assouplissent. N'empêche. Le divorce a beau être autorisé par la loi, il est encore très mal vu sur le plan social et provoque la plupart du temps l'exclusion de la famille, l'isolement social. Bien souvent, les femmes seules et un peu dévoyées que l'on rencontre dans les bars des grandes villes fumant une cigarette en public (c'est un signe qui ne trompe pas) ont été bannies de leur milieu et doivent affronter la solitude la plus profonde. La religion (et la morale qui en découle) structure réellement les comportements ; il faut comprendre son rôle pour comprendre le Sénégal.

L'islam

Depuis son entrée, au IXe siècle, en territoire sénégalais (qui ne s'appelait pas encore comme ça), l'islam s'est adapté peu à peu aux diverses structures sociales et mentales des groupes ethniques ou des royaumes animistes rencontrés en chemin, et il fait fortement partie de la vie idéologique et morale de chacun. Il faut dire que grâce à ses organisations charitables et ses règles d'entraide, il n'a pas eu trop de mal à se calquer sur les habitudes africaines. Ainsi les marabouts musulmans ont réussi à adapter le fétichisme et le culte des ancêtres ; ils ont remplacé le chef et le sorcier dont le pouvoir de jadis soudait la tribu, face aux calamités naturelles, aux animaux et aux ennemis. Tandis que de leur côté, les missionnaires blancs, eux, refusaient tout compromis et combattaient ces valeurs ancrées au plus profond de la culture noire.

Et puis, le catholicisme préconisait la monogamie ; on ne le lui a jamais pardonné.

Le ramadan, jeûne de 29 ou 30 jours, est très fortement suivi dans tout le pays. Les fidèles s'astreignent alors à ne pas manger ni boire du lever au coucher du soleil. La nuit, contrairement à des clichés tenaces, ils ne font pas bombance. Chaque famille se retrouve à la maison pour prier et manger. Les dattes, aliments très prisés par les jeûneurs, voient leur prix grimper durant la période de ramadan. On peut voir aussi de longues files d'attente devant les boulangeries la nuit tombée.

L'islam sénégalais se répartit en confréries qui correspondent à des tendances formées dans le contexte de la colonisation. Chacune d'elles se regroupe autour d'un *marabout* (ou *cheikh,* ou encore *serigne),* sorte de fusion entre le guide spirituel propre à l'islam et la fonction ancienne d'autorité que détenait le chef de la tribu traditionnelle. Les confréries sont quasiment devenues des institutions officielles. Des marabouts-hommes d'affaires monopolisent ainsi des pans entiers de l'économie nationale (comme la culture des arachides ou le commerce). Ceux qui se trouvent à la tête des différentes confréries sont incontournables dans le paysage politique : difficile de gouverner sans leur soutien et leurs consignes de vote, très suivies. Ils sont reçus par le chef de l'État avec les mêmes égards que des diplomates ou des ministres étrangers.

On s'empresse de vous faire une suggestion amicale : n'hésitez pas à demander à quelle confrérie religieuse et à quelle ethnie appartiennent les gens avec qui vous sympathiserez. Non seulement vous leur ferez plaisir mais vous bénéficierez d'une meilleure compréhension quant à ce qui nous différencie, à condition bien sûr de ne pas craindre de laisser tomber les préjugés dont nous sommes imprégnés et que nous avons la fâcheuse tendance à imposer partout.

– La ***tidjania,*** dont le propagateur chez les Wolofs fut El Hadj Malick Sy, est d'origine toucouleur et s'inscrit dans la lignée de l'islam maure répandu au Maroc et en Mauritanie. Elle représente un tiers des musulmans sénégalais. Son principal lieu saint est Tivaouane où réside le grand khalife. Malick Sy, qui a effectué un pèlerinage à La Mecque, imprégné de culture théologique, fonde à Tivaouane en 1902 une université populaire islamique. Mais, dans la tidjania, tout le monde n'a pas la pensée aussi débonnaire et pacifiste. Dans le Sénégal oriental, à Médina Gounas (près du Niokolo Koba) existe une tendance rigoriste voire « intégriste », les *omariens,* qui se réclament d'El Hadj Omar (début du XIXe siècle), véritable combattant de la foi contre la pénétration coloniale. Et comme les choses ne sont pas aussi schématiques, la tidjania actuelle est également pénétrée de l'influence du mouridisme, l'autre grande confrérie, et notamment en ce qui concerne la valorisation du travail.

– Le ***mouridisme*** (de *mourid :* aspirant en arabe) a été fondé par Amadou Bamba vers la fin des années 1880, dans le Baol, la région où fut érigée la fameuse mosquée de Touba. Chaque année le *magal,* grand pèlerinage, y rassemble plusieurs centaines de milliers de pèlerins venus de tout le pays

et même de l'étranger. Le mouridisme, de par son influence, est la confrérie musulmane la plus importante du pays. Pour ses adeptes, un autre bon tiers des musulmans sénégalais, cheikh Amadou Bamba fait figure de symbole : il représente à la fois l'autorité morale, le père, mais aussi l'identité (au sens large).
Actuellement, c'est le *serigne* Saliou Mbacké qui est à la tête des mourides et qui perpétue les paroles et les enseignements de Bamba.
Il faut dire que, dès le départ, Amadou Bamba, issu d'une illustre famille de marabouts lettrés, très liée au roi du Cayor, et solidement formé à la Qadria (la voie islamique d'origine), jouissait d'une aura qui magnétisait les foules. De surcroît, ses préférences politiques penchaient plutôt pour le nationalisme. Le pouvoir colonial, très inquiet d'une telle popularité (toutes classes confondues) dans une région où la production et l'exportation d'arachides rapportaient gros, le fit exiler au Gabon en 1895. Non mais ! Avec Malick Sy au moins c'était un islam « soft », ça ne gênait pas trop les affaires !... Évidemment la sanction et les sept ans que dura l'absence de Bamba déchaînèrent davantage les sympathies chez ses compatriotes. On ne compte plus les légendaires anecdotes qui circulent sur sa vie en exil et qui se veulent autant de preuves de sa « sainteté ». Après tout, nous aussi on a eu nos récits de faits miraculeux, nos vies de saints... Certains de nos lecteurs se souviendront de « Jésus marchant sur les eaux », de « Blandine dans la fosse aux lions »... Et bien, il est quasiment arrivé les mêmes aventures à Amadou Bamba !
Ce qui différencie le mouridisme de la tidjania et qui fait sa force aujourd'hui, c'est sa doctrine et la structure qui en découle. Après l'indépendance, quand l'économie du pays était dans un état lamentable, ce sont les marabouts de l'arachide qui ont contribué à un espoir de reprise en faisant tourner une activité qu'ils connaissaient bien et donc en procurant du travail. Quand on sait que les trois clés maîtresses de la doctrine sont la soumission personnelle au marabout, le mysticisme et la sanctification par le travail, on comprend que la machine fonctionne avec efficacité. En faire partie, c'est y trouver solidarité, sécurité matérielle et morale.
Depuis peu, la confrérie mouride adopte désormais son propre calendrier lunaire, c'est-à-dire par exemple que le ramadan mouride ne commencera pas le même jour que celui décrété par le roi d'Arabie Saoudite.
Les autres confréries comme la qadria ou celle des layènes sont géographiquement localisées.
– La ***qadria,*** c'est-à-dire celle qui était majoritaire au moment de l'islamisation du Sénégal, est réduite à la portion congrue depuis que sa réputation en a pris un coup au moment de la traite des nègres puisqu'elle est devenue la religion des maures esclavagistes et pilleurs. Aujourd'hui en voie d'extinction dans le Nord, on lui prête encore attention en Casamance, mais elle est tellement édulcorée...
– Les ***layènes,*** quant à eux, quasi exclusivement lébous, sont concentrés sur la presqu'île du Cap-Vert. On peut les voir tout de blanc vêtus, près du village de Yoff ou encore de leur mosquée en construction dans une crique de la presqu'île. Ils se démarquent nettement des obligations habituelles d'un musulman : pas de pèlerinage à La Mecque, chants en wolof plutôt qu'en arabe, les femmes participent aux cérémonies au même titre que les hommes, application souple du ramadan.
S'ajoutent aux confréries divers courants dits « réformistes », répandus principalement dans les milieux intellectuels.
À noter aussi que, depuis les restrictions en matière d'immigration dans les pays occidentaux, de plus en plus d'étudiants modestes désireux de poursuivre leur formation à l'étranger se laissent séduire par les bourses accordées par les pays du Golfe et du Proche-Orient, d'où ils reviennent en vantant des « voies » islamiques différentes des leurs, puisqu'elles n'ont pas eu la même histoire, mais qui sont celles que les médias occidentaux ne

cessent de montrer du doigt comme un péril. Cela donne à réfléchir. Allons-nous assister à la disparition des parures variées, gaies et chatoyantes des Sénégalais, des coiffures savantes de leurs femmes au profit de l'uniformité du vêtement, de la tristesse des couleurs et du « voile » qui a déjà fait son apparition dans les faubourgs de Dakar?

Le catholicisme

Comme dans de nombreux pays du monde, le catholicisme est en régression aussi au Sénégal. Sans doute trop rigide au départ, voire condamnant vivement les pratiques animistes (port de gris-gris), il n'a pas su, au contraire des musulmans, tirer parti des caractéristiques culturelles qualitatives des populations pour s'imposer. Malgré cela, les Casamançais ou les Sérères, au départ animistes, ont intégré à leur façon des préceptes catholiques. Mais de toute façon, ils rejetaient l'islam. Résultat : dans les régions animistes encore récalcitrantes à l'islam, on voit se propager des sectes parachrétiennes qui surfent sur la vague du millénarisme et des adeptes qui se laissent complètement prendre en charge au lieu de se prendre en main.

SAVOIR-VIVRE, COUTUMES

Conseils utiles

Sachez qu'au Sénégal il est extrêmement important de dire bonjour avant toute entrée en matière, y compris lorsque l'on demande son chemin, et de serrer la main de la personne que vous souhaitez aborder. Évidemment, il n'est nullement obligatoire de saluer tous ceux que vous croisez dans la rue. Soyons clair : à Dakar ou dans n'importe quelle autre (grande) ville, quelqu'un qui vous aborde, même avec un sourire engageant, n'a malheureusement plus guère d'autre intention que celle de vous arnaquer. Soit il cherchera à vous vendre une babiole, soit après vous avoir fait éventuellement un cadeau, il essaiera de vous extorquer quelques F.CFA avec toutes sortes de prétextes, généralement d'ordre familial (une naissance, une fête de famille importante...), pour provoquer votre pitié, voire votre culpabilité car il connaît parfaitement la légendaire mauvaise conscience que nous trimbalons partout. Peut-être finira-t-il même par vous traiter de raciste. Eh bien, tant pis! La meilleure chose à faire alors est de passer son chemin sans répondre. Une chose est sûre : un Sénégalais honnête ne vous abordera pas de lui-même.

Cela dit, à vous de rester naturel, de faire marcher vos qualités d'écoute, de sensibilité, de discernement et d'appréciation vis-à-vis des échanges amicaux que vous rencontrerez partout, mais surtout dans les villages. Vous verrez que les gens sont super et donnent tout ce qu'ils peuvent à leur invité. Et quand vous avez vraiment un pépin, tout le monde se sent immédiatement concerné et cherche à vous porter secours.

Attention! les routards qui ont (ou affectent d'avoir) un air pauvre et qui sont mal vêtus sont très mal vus. Au risque de vous consterner, au Sénégal, l'apparence vestimentaire, la parure, question de fierté, sont primordiales, parfois au détriment des nécessités vitales. Alors inutile de dire à ceux qui sont à la limite de la misère et de la faim, que vous n'avez pas d'argent, même si vous en avez peu. Vous ne ferez qu'attirer le mépris et parfois davantage.

On précise également à certains zozos d'arrêter de donner des adresses bidon aux gens qu'ils rencontrent n'importe où, après avoir échangé deux mots, ou de leur promettre des photos et de ne jamais les envoyer. Les Blancs ont la réputation de ne pas mentir, autant essayer de la conserver.

Chacun à sa place

Bien au-dessus des lois, la société est régie par une série de principes qui obligent chacun à tenir le rôle qui est le sien dans l'univers. Règle d'or : la communauté est organisée pour éviter la solitude à l'individu. Tout se déroule selon une stricte hiérarchie. La grande famille est l'unité de base : elle rassemble les habitants d'une concession, c'est-à-dire de plusieurs petits bâtiments groupés autour d'une cour, comprenant une cuisine, une pièce d'eau, des greniers, des autels familiaux, l'abri des bêtes.

Le chef de famille est le souverain absolu. Il gère le patrimoine, arbitre les disputes familiales. Pour les cas extraordinaires, il réunit le conseil de famille qui, souvent, se contente d'entériner ses décisions. S'il est mauvais gestionnaire, on le verra dilapider le bien de tous sans qu'aucun membre n'ose le critiquer. L'homme le plus âgé de la maison, son frère cadet ou son fils aîné, lui succédera à sa mort.

Chaque salarié de la concession rapporte l'intégralité de sa paie à sa mère. C'est elle qui lui en rendra une partie comme argent de poche (même si lui-même est déjà âgé et possède sa propre famille). Elle prélèvera le nécessaire pour l'entretien de la maison et donnera le reste au chef de famille. Même immigré depuis des années en France, un travailleur doit demander à sa famille l'autorisation de prélever ce qui lui est nécessaire pour vivre. Cet argent venu de l'étranger a parfois des conséquences funestes : les parents font étalage de leurs dépenses pour prouver que leur fils effectue son devoir. Le fils rentrant au pays espère qu'on lui a mis de l'argent de côté pour se faire construire un petit commerce et s'aperçoit qu'il n'a plus rien... Mais il existe beaucoup d'avantages à ce système, avec lequel – vu la grande rareté des emplois – deux ou trois travailleurs suffisent à nourrir trente personnes : la famille, mais aussi de vagues relations qu'on héberge, les marabouts, les élèves des écoles coraniques, les employés de maison qui se contentent de manger, les mendiants qu'on loge parfois aussi contre de menus services.

La solidarité n'est pas un vain mot. Chacun a un sens aigu de ses devoirs et responsabilités; observez, si vous le pouvez, le ballet des sièges, lorsque plusieurs personnes ont sorti quelques fauteuils et prennent le frais dans la rue, sous l'arbre à palabres familial. Dès qu'un nouveau venu se présente, la personne de rang moindre cédera son fauteuil et ira s'asseoir par terre. Vu l'affluence des visites, les places changent sans cesse, sans que cela donne lieu à la moindre parole, au moindre remerciement : c'est évident.

Si un supérieur désire un verre d'eau, quelqu'un d'autre jette un ordre à un enfant qui le lui apporte. On vexerait en agissant autrement; pire, bousculer l'ordre établi est une insulte. La cérémonie du thé est très révélatrice : elle doit toujours être préparée par le cadet du rang le plus élevé. On sert trois fois trois verres, et cela vous révélera bien la place de chacun dans la famille – certains n'auront leur premier verre que deux heures après que les autres l'auront terminé. Si vous êtes invité, on vous traitera sans doute à la deuxième place, juste après le chef de famille, comme ses frères. Chez les femmes, la première épouse du chef domine ses co-épouses et celles des frères de son mari, mais ici, le caractère joue un grand rôle. De plus en plus souvent, les hommes ne se marient qu'une fois et ne voient plus les enfants comme une assurance-retraite.

Le système suppose des interdits très forts dont l'inobservance menacerait la marche de l'univers. Un enfant peul ne peut pas épouser un enfant de forgeron par exemple. Les autres interdits disparaissent lentement, avec les villes, l'argent, la sécheresse et le besoin accru de coopérations que cette dernière demande.

SITES INTERNET

Nous vous recommandons, avant de préparer votre périple dans le pays, de consulter la rubrique « dernière minute » du site Internet du ministère des Affaires étrangères, notamment en ce qui concerne la sécurité en Casamance : • **www.dfae.diplomatie.fr** •
Autres sites généraux sur le Sénégal :
• **www.ausenegal.com** • est le plus au point. On y trouve des photos, des cartes et l'actualité musicale : le dernier album de Youssou N'Dour est sur son site. Renvoie aux sites de la presse sénégalaise. Infos sur les parcs naturels, les activités de loisir, les arts, la culture...
• **www.gites-senegal.com** • pour louer une maison au bord de la mer, un appartement ou un studio en ville (voir aussi la rubrique « Hébergement ».
• **www.casamance.net** • Bon site qui propose quelques infos sur la région et la possibilité de réserver ses nuits dans certains hôtels.
Concernant les cybercafés au Sénégal, il commence à y en avoir un peu partout, dans les grandes villes comme dans les moyennes. Tarifs très raisonnables et bonnes conditions de « navigation ».

TÉLÉPHONE

Le téléphone marche bien au Sénégal et il est organisé de manière assez efficace. La Sonatel multiplie les cabines à carte, surtout dans l'Ouest, en Casamance, et jusqu'à Tambacounda (pas à Saint-Louis). Cartes de 40 unités à moins de 4 000 F.CFA (6,1 €) et de 120 unités à un peu moins de 10 000 F.CFA (15,2 €). Également de nombreux télécentres privés où il est facile d'envoyer et/ou de recevoir un fax (ou un message) quand il n'y a pas de téléphone dans votre lieu d'hébergement.
– ***France → Sénégal :*** 00 + 221 + numéro du correspondant.
– ***Sénégal → France :*** 00 + 33 + le numéro du correspondant à 9 chiffres (c'est-à-dire le numéro à 10 chiffres sans le 0 initial).

TRANSPORTS INTÉRIEURS

Les transports sont bon marché, mais il faut savoir attendre. Folklore garanti. Petit conseil : avant de partir, réfléchissez à votre heure d'arrivée. À moins de partir très tôt le matin, dès que le trajet est un peu long il y a des chances que vous arriviez tard, voire de nuit. Avis aux froussards. Organisez-vous en conséquence.

Le train

Au Sénégal, une seule grande ligne à voix unique : *Dakar-Kidira* qui se prolonge au Mali jusqu'à Bamako (1 230 km au total). Sachez quand même que c'est l'aventure : certains wagons n'ont ni eau ni électricité. Les rames sont dans un sale état. Départ de Dakar le samedi vers 10 h. Arrêts à Thiès, Djourbel, Guinguinéo, Kaffrine (vers 15 h 15), Kounghel, Tambacounda, Goudiri, Kidira (vers 23 h), Kayes (Mali) et terminus Bamako, au terme de 45-50 h de rail. Il revient en sens inverse le mercredi. Attention, il est souvent bondé, surtout dans le sens Dakar-Bamako ; donc réserver suffisamment à l'avance, surtout lorsque l'on compte mettre son véhicule sur la plate-forme. Bien sûr c'est plus cher, mais vu l'état de la route entre M'Bour et Fatick, puis entre Kaffrine et Tambacounda, le train paraît une solution relativement reposante.
D'autre part, un nouvel autorail relie Dakar et Thiès. Il part à 17 h de Dakar, tous les jours sauf les week-ends et jours fériés. Le trajet dure environ 2 h 15. Très bon marché.
Également un train de banlieue entre Dakar et Rufisque.

Le stop

Il faut savoir que la plupart des véhicules (en général ce sont les camions) qui s'arrêtent pour vous prendre sur le bord de la route vous demanderont de l'argent : à vous de négocier, éventuellement de vous entendre avant avec le chauffeur pour payer vous-même le carburant à la pompe.
Enfin, beaucoup de voitures gouvernementales circulent à travers le pays et leurs conducteurs sont trop heureux de se faire un peu d'argent de poche. Avec de la chance, vous tomberez sur des toubabs en vacances ou des « Sénégaulois » (ceux qui, il y a 20 ou 30 ans de cela, avaient prévu de rester 3 semaines, et qui sont encore là...). Eux ne vous demanderont rien.

Les taxis-brousse

Ce sont des breaks 505 pas toujours très confortables, jamais climatisés, mais tellement authentiques pour découvrir paysages et villages reculés au fond des forêts de baobabs. En tout cas, avec le car, c'est le moyen le plus rapide et le moins cher pour les routards. Attention, les taxis ne partent que quand ils ont sept voyageurs et ne s'arrêtent pas en chemin. On les trouve aux stations-service ou aux gares routières (les garages).
Dans chaque village d'importance moyenne, il existe une gare routière d'où partent ces taxis. S'adresser toujours au vendeur officiel ou au chauffeur du véhicule car passer par les rabatteurs c'est perdre évidemment de l'argent. Les tarifs sont généralement imposés, mais mieux vaut se faire répéter le prix par plusieurs autres voyageurs avant le départ par mesure de sécurité. Le supplément pour les bagages est à négocier ferme, car il est fixé par le chauffeur : généralement 200 F.CFA (0,3 €) suivant l'importance dudit bagage. Vous pouvez, si votre bagage n'est pas encombrant, exiger de le garder sur vos genoux et ne pas payer le supplément.
Faire attention à l'état de marche des taxis qui ne sont pas toujours bien entretenus (pneus, suspensions...). Chaque fois qu'un passager descend, jetez un coup d'œil pour qu'il n'emporte pas « par mégarde » vos bagages. En cas d'accident, les taxis sont très mal assurés. Pratiquement pas de recours possible.
Les chauffeurs de taxis-brousse ont un code pour se communiquer la position des flics sur les routes. Déchiffrez-le et amusez-vous.
Prendre de préférence les premiers taxis-brousse le matin vers 6 h-6 h 30 : il peut y avoir moins de monde, donc c'est plus facile de négocier et, en outre, il fait plus frais pour voyager. Sinon, départs tout au long de la matinée.
Il y a très peu de départs l'après-midi, sauf sur de courtes distances.
– ***Dakar-Ziguinchor :*** durée 12 h minimum suivant l'embouteillage du bac de Farafenni, en Gambie (en général 1 à 2 h d'attente). Désormais tous les taxis-brousse passent par Kaolack et la Transgambienne, c'est moins fastidieux que par Banjul et les routes sont bien meilleures. Compter entre 6 000 et 7 000 F.CFA (9,1 et 10,7 €). Ces prix varient en fonction des cours du pétrole.
– ***Dakar-Saint-Louis :*** durée 3 h, environ 3 000 F.CFA (4,6 €) par personne si 7 personnes par taxi.
– ***Dakar-M'Bour :*** durée 1 h 30, environ 1 000 F.CFA (1,5 €) par personne si 7 personnes par taxi.

Les cars rapides, « mille-kilos » ou « 22-places »

Sous ces termes sont réunis des véhicules fort différents. Ce sont généralement des camionnettes (Goélette Saviem) de couleur jaune et bleu, très malmenées et aménagées pour une vingtaine de personnes. Tout comme les taxis-brousse, les véhicules partent une fois pleins, ce qui, vu le nombre de places, rend les horaires imprévisibles. Ils font en général des étapes plus

courtes que les taxis-brousse. Intéressant pour les liaisons intervillages mais bonjour la promiscuité ! Incroyablement décorés selon la fantaisie ou les convictions de chaque propriétaire : dessins multicolores, slogans-prières en arabe (« Faites que nous arrivions en entier »), etc. Les proclamations du style « s'en fout la mort » laissent de plus en plus la place à des références religieuses mais sont devenues leur surnom : les « s'en-fout-la-mort », en raison du danger ambulant (c'est le cas de le dire !) que représentent ces véhicules, cause de bon nombre d'accidents graves. Sur le trajet, lorsqu'ils ne font pas la course avec leur concurrent pour lui piquer les clients, ils ne signalent pratiquement plus leur arrêt (leur clignotant ayant rendu l'âme depuis belle lurette) et ne prennent même pas la peine de se mettre sur le bas-côté. Amis automobilistes, ne les suivez pas de trop près ! Jouez du klaxon pour vous faire remarquer, car ils n'utilisent jamais leurs rétroviseurs (quand ils en ont, ce qui est très rare). Calculez bien votre coup avant de dépasser. Si le car donne un grand coup de volant pour éviter un trou, vous filez droit dans le fossé. Alors attendez le moment opportun pour dépasser, même si le nuage de gazole recraché par le bestiau vous prend à la gorge.
Tenez, un chauffeur nous a raconté des trucs pas pensables : des bus qui font des dizaines de milliers de kilomètres sans vidange ; les jours de contrôle par l'administration (dûment annoncés), des commerçants louent aux transporteurs des pneus présentables pour la durée des opérations.
Heureusement de nouveaux cars, de couleur blanche en général, se multiplient et présentent plus de sécurité et de régularité.
Un peu moins cher que les taxis-brousse. Le prix des bagages est fixe.

Location de voitures

Intéressant seulement pour 4 personnes, mais il faut savoir qu'avec une voiture de tourisme ordinaire on n'est pas autorisé à fréquenter les pistes. Certains loueurs de voitures proposent, même en catégorie A, des modèles excentriques style voiture de sport qui ne passent évidemment pas inaperçus. Bien sûr cela peut être tentant, mais pensez quand même que se balader avec un tel engin sera le meilleur moyen pour vous faire arrêter et harceler tout le temps. Allez expliquer après cela que vous n'avez pas d'argent ! Si vous décidez de louer une voiture, voyez si vous n'avez pas intérêt à demander un chauffeur en même temps (environ 25 % plus cher).
Évidemment, vous perdez une place mais vous évitez les erreurs de parcours et les ennuis en cas d'accident. Entre la conduite à l'africaine et les petites bébêtes qui choisissent de traverser juste au moment où vous croyiez pouvoir faire une petite pointe à 90 km/h dans la jolie ligne droite déserte qui s'offre à vous, on n'est jamais trop prudent. Si vous voyez une chèvre traverser effrontément quelques dizaines de mètres devant vous, vous pouvez être certain que d'autres s'apprêtent à faire de même dans la seconde qui suit. Dans tous les cas, surtout si vous passez par des loueurs locaux, regardez bien les assurances incluses dans le tarif de location, et à la charge de qui sont les dommages causés au véhicule.
AVERTISSEMENT : depuis quelque temps, on dirait que tout est fait pour décourager le tourisme individuel. En effet, comme si la cherté d'une location de voiture ne suffisait pas, les contrôles et contraventions se sont mis à pleuvoir sur les touristes de façon scandaleuse. Les prétextes sont des plus divers : non-respect d'un stop (préalablement déplacé de plusieurs mètres), non-port de la ceinture de sécurité (d'accord c'est obligatoire, mais amusez-vous à compter le nombre d'automobilistes qui respectent la règle ! et ceux qui sont arrêtés...), dépassement sur une ligne continue invisible depuis que le dernier bitumage l'a effacée (!), etc. Alors, un petit conseil : pour récupérer vos papiers le plus vite possible (ils pourraient s'égarer...), payez l'amende et n'oubliez pas de demander gentiment le reçu, qui vous servira si vous voulez en contester le prix ou la justesse auprès de la direction de la gendarmerie à Dakar.

Routes

Cartes routières

La carte IGN sur le Sénégal est rééditée régulièrement, avec mise à jour. Certains plans, moins détaillés, des sites que nous indiquons dans l'introduction sont disponibles sur Internet.

En cas d'accident

Nous vous déconseillons très vivement de rouler la nuit. Même les Sénégalais n'aiment pas trop ça. En plus des nids-de-poule et des (mauvaises) rencontres, les routes pullulent de marcheurs. Or, un Noir en vêtements sombres par une nuit sans lune possède des chances de survie très limitées. Même à petite vitesse, on ne sait jamais qui (ou ce qui) peut surgir, à la seconde même. Maintenant, s'il vous arrive (ce qu'on ne vous souhaite absolument pas) de renverser quelqu'un avec votre voiture : dépêchez-vous alors de ramasser la victime (morte ou vivante) et de la conduire à l'hôpital, à la mission ou chez le médecin le plus proche, avant que la population ne réagisse et vous lynche. Quelle que soit la gravité de l'accident, l'automobiliste, noir ou blanc, est toujours considéré comme fautif, voire comme un délinquant que l'on punit généralement par le tabassage.

C'est vraiment le genre de choses particulièrement pénible à écrire, mais... ça n'arrive pas qu'aux autres. Dites-vous une chose : en général, les Sénégalais ne maîtrisent pas encore la civilisation automobile. Étant donné qu'ils ne savent pas évaluer la vitesse d'un véhicule qui leur arrive dessus, c'est à vous de faire cent fois plus attention que d'habitude. Il est effrayant de voir comme les enfants des villages se méfient peu des voitures : ils courent derrière, se jettent devant, et s'affolent au dernier moment en gesticulant dans tous les sens. Alors roulez au pas quand vous longez les champs ou traversez les villages. Et n'hésitez pas à signaler votre présence en klaxonnant, par exemple à l'approche d'un groupe de piétons qui traîne sur le bas-côté.

Quelques distances au départ de Dakar

Rufisque	28 km	Joal-Fadiouth	114 km
Kayar	58 km	Kaolack	192 km
Thiès	70 km	Banjul (Gambie)	305 km
Diourbel	146 km	Ziguinchor	454 km
Touba	194 km	Cap Skirring	529 km
Louga	203 km	Bissao	654 km
Saint-Louis	264 km	Tambacounda	472 km
Rosso	365 km	Niokolo-Koba	604 km
Podor	487 km	Simenti	560 km
Matam	734 km	Kédougou	702 km
Nouakchott (Mauritanie)	604 km	Kayes	747 km
M'Bour	83 km	Bamako (Mali)	1 250 km

L'avion

Moins cher qu'on ne le pense parfois, du moins depuis la dévaluation. Pour un vol Dakar-cap Skirring ou Dakar-Ziguinchor, compter 50 000 F.CFA environ (76,2 €). On économise une journée de grosse fatigue mais on ne profite pas du pays.

- ***Air Sénégal :*** ☎ 821-09-70, à Dakar.
- ***Sénégalair :*** ☎ 821-34-25, à Dakar. Possibilité de louer à plusieurs un avion pour aller directement à Simenti dans le parc du Niokolo-Koba. Cher.

Le bateau

➢ ***Dakar-Karabane-Ziguinchor*** (sur le *Joola*) : 2 départs par semaine de Dakar, les mardi et vendredi, en fin de journée (vers 20 h), et les jeudi et dimanche vers 13 h de Ziguinchor. Environ 13 h (en principe !) de voyage. Une bonne trouvaille : on évite la Gambie (son bac et ses flics taxeurs !), c'est plus économique, moins fatigant et moins dangereux que la route, et on aperçoit des bancs de dauphins.
Renseignements à l'embarcadère ou à la ***Cosenam :***
– *À Dakar :* ☎ 822-54-43 ou 821-58-52. Fax : 821-08-95.
– *À Ziguinchor :* ☎ 991-22-01.
Acheter son billet un ou deux jours à l'avance. Trois classes : pont (4 000 F.CFA, soit 6 €), confort (8 000 F.CFA, soit 12 €), cabine-couchette équipée de TV et douche (28 000 F.CFA, soit 42 €). Voitures de tourisme : 18 000 F.CFA (28 €).

DAKAR ET SES ENVIRONS

DAKAR

(1 500 000 hab.)

Pour le plan de Dakar, se reporter au cahier couleur.

Dakar ? On aime « pas du tout » ? « un peu » ? rarement « beaucoup » et encore moins « à la folie » ! Quoi qu'il en soit, si vous allez au Sénégal, il y a de grandes chances que vous soyez obligé d'y passer, voire d'y dormir étant donné que la majorité des vols charters atterrissent en fin de soirée. Et puis parmi nos lecteurs, il n'y a pas que des « promeneurs », il y a aussi ceux qui ont choisi de venir donner un coup de main (coopérants, ONG) ou qui viennent pour affaires régulièrement, etc.
Dakar, qu'on le veuille ou non, c'est quand même le centre de ralliement politique, économique et culturel de l'Afrique de l'Ouest : il s'y passe souvent quelque chose. C'est à Dakar que se concentrent toutes les compétences du Sénégal : économistes, financiers, journalistes, artistes, tous convergent vers la capitale – au détriment des régions – pour profiter du dynamisme de celle qui s'autoproclame « premier centre d'affaires d'Afrique de l'Ouest ». D'ailleurs, pour qui veut comprendre l'Afrique d'aujourd'hui, un petit séjour dans la capitale sénégalaise s'avère nécessaire.
Dakar change, évolue très vite. Ceux d'entre vous qui s'y sont rendus il y a seulement 5 ou 10 ans ne reconnaîtraient sûrement pas la ville qu'ils ont connue. Le paysage urbain de la capitale sénégalaise ne cesse de se transformer. La presqu'île du Cap-Vert, véritable chantier dans son ensemble, est devenue une excroissance urbaine difforme, inorganisée et asphyxiée par le manque d'espace et la pollution. En venant de l'aéroport, vous traverserez d'ailleurs les zones de construction saturées, où des parpaings en désordre comblent les derniers mètres carrés restés libres.
Ce qu'on appelle le « Grand Dakar », c'est le triangle qui s'étend de la pointe sud du Plateau (le cap Manuel) aux quartiers Ouakam, Grand-Yoff et Hann au nord.

Pour faciliter vos démarches et votre orientation par rapport à nos adresses, nous avons découpé la ville en deux : « Dakar-Centre », qui comprend le Plateau et une partie de la Médina, et « Dakar-Faubourgs », qui regroupe les quartiers périphériques de la capitale.
Attention : un grand nombre d'agressions sont à déplorer en ville pendant la journée. La dernière à la mode : quelqu'un tire sur le bas de votre pantalon, ce qui vous déséquilibre, voire vous fait tomber. En 30 secondes, 3 ou 4 individus vous font les poches, vous enlèvent votre montre, votre gourmette. Et les touristes ne sont pas les seules victimes. Mais pas de parano. On vous accostera constamment dans la rue, la plupart du temps pour vous soutirer quelques billets. Ne vous laissez pas attendrir par les histoires de lait à payer pour le nourrisson, de médicaments pour le père qui est très malade, etc. Sinon vous ouvrirez votre porte-monnaie toutes les dix secondes. Soyez cool et ne déviez pas de votre chemin. N'acceptez pas d'invitation (ailleurs au Sénégal, on peut aller prendre le thé ; mais à Dakar, c'est à éviter).

Arrivée à l'aéroport

✈ ***L'aéroport Léopold-Sédar-Senghor*** est situé à 7 km de Dakar. ☎ 820-10-41. Les formalités à l'arrivée sont relativement rapides.
On trouve dans le hall d'arrivée un bureau de ***poste***, un ***taxiphone***, une ***banque*** CBAO qui accepte les retraits avec *MasterCard* et *Cirrus* (pas *Visa*) de 8 h à 14 h 30 et effectue le change de 8 h à minuit contre une commission de 2 %.
À la sortie, la vigilance est de rigueur, surtout lorsque les aides-taxis prennent vos sacs. Bien qu'en nette diminution, des zonards et baratineurs vous abordent et se montrent vite pénibles. N'écoutez personne, restez poli et filez au plus vite !

Comment rejoindre le centre-ville ?

– La solution idéale, si vous n'êtes pas couvert de bagages et si vous êtes courageux, est de prendre le ***bus n° 8*** juste à droite en sortant de l'aéroport. Fonctionne de 6 h à 21 h 30. Il vous déposera dans le centre (place de l'Indépendance) en 1 heure environ pour 175 F.CFA (0,27 €). Trajet très long, le bus faisant des zigzags dans les quartiers populaires de Dakar.
– Pour rejoindre le centre-ville, il y a aussi des ***taxis***. Le tarif est affiché dans le hall des bagages : 3000 F.CFA (4,5 €) de 6 h à minuit ; 3960 F.CFA (6 €) après minuit. Rester ferme et s'y tenir. Normalement, ils sont officiellement tenus de pratiquer les mêmes prix. Bien entendu, négociez la course et fixez son montant avant de démarrer. Sinon, vous risquez d'avoir des surprises. Débrouillez-vous pour avoir la monnaie exacte au moment de payer, il y a de fortes chances que le chauffeur, lui, n'en ait pas. En cas d'ennui au moment du paiement, menacez d'appeler un agent et tout s'arrangera très vite.

Où dormir ?

Si vous arrivez tard (ce qui est le cas pour la plupart des vols) mieux vaut avoir réservé pour cette nuit-là dans l'une de nos adresses, car à la descente d'avion de jeunes Africains européanisés sympathiques, vous proposent une chambre chez l'habitant à un prix alléchant. Le lendemain, au réveil, les prix auront triplé et vos sacs à dos auront peut-être été visités... s'ils sont toujours là. On a rencontré des routards tellement naïfs, qu'ils se sont installés chez un pseudo-guide pour 50000 F.CFA (76,2 €) la nuit. Ils n'ont pu s'en séparer pendant quatre jours moyennant finances et il menaçait de confisquer les clés de leur voiture de location !

DAKAR-CENTRE

Adresses utiles

Infos touristiques

Il y a bien un ***Bureau du tourisme*** *(plan couleur, A4)* **:** à l'intérieur du ministère du Tourisme, rue du Docteur-Calmette. C'est ouvert de 8 h à 13 h 30 et de 14 h 30 à 17 h en semaine. ☎ 821-11-26. Fax : 822-94-13. Il s'agirait plutôt d'un titre honorifique, car on n'y trouve pas grand-chose en matière de documentation. Vous pouvez franchement vous dispenser de la visite.

– En ce qui concerne les infos pratiques fraîches sur Dakar, vous aurez plutôt intérêt à papoter au comptoir d'un bar, d'un cybercafé (voir plus loin, rubrique « Où boire un verre ? »), ou à vous procurer, chez des commerçants ou au journal même *(plan couleur, B2)*, à l'angle 13, rue Escarfait/rue Brun, ☎ 821-06-76, le mensuel *Le Dakarois*, petite brochure gratuite qui fournit un grand nombre d'adresses importantes.

Services

✉ ***Poste*** *(plan couleur, C2)* **:** la grande poste est située boulevard Djily-Mbaye, à l'angle avec la rue Dagorne. Ouverte de 7 h à 18 h 30 en semaine, de 8 h à 13 h 30 le samedi. Pour recevoir du courrier en poste restante. Agence Money Transfert pour ceux qui sont vraiment dans la mouise.
Pour les chèques postaux, aller à celle de l'avenue Peytavin *(plan couleur, A3)*.

■ ***Téléphone*** **:** pour acheter une carte de téléphone ou envoyer un fax (voir « Généralités »), plusieurs centres Sonatel ou Telecom Plus (même maison) :

– *Telecom Plus :* pl. de l'Indépendance, à côté d'*Air Algérie*. Ouvert tous les jours de 7 h 30 à minuit.

– *Telecom Plus (plan couleur, B4,* ***1****) :* 54, bd de la République, au niveau du carrefour avec Lamine-Gueye. Ouvert tous les jours de 7 h à minuit.

– *Sonatel (hors plan couleur, par A1,* ***2****) :* av. El-Hadj-Malick-Sy, angle Blaise-Diagne 1. Mêmes horaires que le précédent.

Également de très nombreux télécentres où l'on paie en liquide (c'est mieux si l'on a juste besoin de passer un ou deux coups de fil).

Argent, banques, change

■ ***SGBS*** *(Société Générale de Banque du Sénégal ; plan couleur, C3,* ***3****)* **:** 17, av. Léopold-Sédar-Senghor (ex-Roume). ☎ 823-10-60. Ouvert de 7 h 45 à 12 h et de 13 h 30 à 15 h 45 du lundi au jeudi, de 8 h à 12 h 30 et de 14 h 45 à 16 h le vendredi. Accepte les retraits avec *Visa* et *MasterCard* sans commission. Service rapide et efficace. D'autres agences avenue du Président-Lamine-Gueye, au niveau du marché Sandaga, boulevard de l'Est (quartier Point E), et aussi boulevard Charles-de-Gaulle.

■ ***BICIS*** *(BNP ; plan couleur, B-C3,* ***4****)* **:** 2, av. Léopold-Sédar-Senghor (ex-Roume). ☎ 823-10-33. Ouvert du lundi au jeudi de 7 h 45 à 12 h 15 et de 13 h 45 à 15 h 45 ; le vendredi, de 14 h 45 à 15 h 45. Retrait avec les cartes *Visa*. Autres agences 57, av. du Président-Lamine-Gueye et au rond-point Sicap (Medina).

■ ***Crédit Lyonnais*** *(plan couleur, C2,* ***5****)* **:** bd Djily-Mbaye, angle rue Féraud. ☎ 823-10-08. Ouvert du lundi au jeudi de 8 h 15 à 15 h 30, et le vendredi de 8 h 15 à 13 h et de 14 h 50 à 15 h 45. Chèques Crédit

Lyonnais, change, chèques de voyage, etc.

■ ***CBAO*** *(plan couleur, B3)* **:** av. Georges-Pompidou. Même taux que les autres. À l'avantage d'être aussi ouvert le samedi matin de 9 h à 11 h.

Représentations diplomatiques

■ ***Ambassade de France*** *(plan couleur, C3, **6**)* **:** 1, rue Assane-N'Doye. ☎ 839-51-00. Ouvert de 8 h à 12 h 30 et de 15 h 30 à 18 h.

■ ***Consulat général* :** ☎ 839-52-62 (standard).

■ ***Ambassade de Belgique* :** route de la Corniche-Est, angle avenue Borgnis-Desbordes. ☎ 822-47-20.

■ ***Ambassade de Suisse*** *(plan couleur, A4, **7**)* **:** angle des rues René-Ndiaye et Seydou-Nourou-Ta. ☎ 823-58-48.

■ ***Ambassade du Canada*** *(planb couleur, A3-4, **8**)* **:** bd de la République, à côté du théâtre D. Sorano. ☎ 823-92-90.

■ ***Ambassade de Gambie*** *(plan couleur, B3, **9**)* **:** angle rues Thiong et Wagane-Diouf. ☎ 821-44-76. Le visa coûte 18 000 F.CFA (27 €). Penser aux deux photos d'identité.

■ ***Ambassade de Guinée-Bissau*** *(hors plan couleur)* **:** point E, rue 6. ☎ 824-59-22. Pour obtenir le visa, compter 24 h d'attente (parfois moins).

■ ***Ambassade du Mali*** *(plan couleur, B4, **10**)* **:** bd de la République, en face de la cathédrale. ☎ 822-04-73.

■ ***Ambassade de Guinée-Conakry*** *(hors plan couleur)* **:** route de Ouakam, en face de l'hôpital Fann. ☎ 824-86-06. Bus n° 12.

Urgences

■ ***Dr. Babacar Niang* :** service d'urgences médicales et d'assistance (SUMA), km 5, angle av. Cheikh-Anta-Diop et av. des Ambassadeurs. ☎ 824-24-18 ou 824-60-30. Clinique ouverte 24 h/24. Propre et bien équipée en matériel et en médicaments. Personnel compétent.

■ ***Clinique de la Madeleine*** *(plan couleur, A-B 4)* **:** 18, av. des Jambaars. ☎ 821-94-70 ou 76 ou 78. Fax : 821-94-71. Au bout de la rue Brière-de-l'Isle, près de la place de Soweto. Bien équipée, impeccablement tenue, personnel compétent. Accueil impersonnel.

■ ***Hôpital principal*** *(plan couleur, B4, **11**)* **:** av. Nelson-Mandela. ☎ 839-50-50. Consultations du lundi au vendredi de 17 h 45 à 20 h, les week-ends et jours fériés de 13 h à 20 h.

■ ***Hôpital Le Dantec*** *(hors plan couleur, par B4)* **:** av. Pasteur, à environ 500 m de la place de Soweto.

■ ***SOS Médecins* :** ☎ 8-213-213. Fonctionne 24 h/24. Visite médicale à domicile, hôtel ou autre lieu ; consultation d'urgence à la base de SOS médecin Dakar ; transport médicalisé ou non ; évacuation sanitaire (terre, air, mer).

■ ***Pharmacie Canard*** *(plan couleur, C2-3, **25**)* **:** allée Robert-Delmas (en face de l'*Impérial*). ☎ 823-57-65. Ouvert de 8 h 30 à 19 h. Personnel compétent et de très bon conseil.

■ ***Grande pharmacie dakaroise* :** au pied de l'hôtel Indépendance, place du même nom. Ouverte de 8 h 30 à 19 h 30 en semaine, de 8 h 30 à 12 h 30 et de 16 h à 19 h 30 le samedi.

■ ***Commissariat central* :** ☎ 17 ou 823-71-49 ou 823-25-29.

■ ***Gendarmerie* :** ☎ 800-20-20.

Compagnies aériennes et agences de voyages

■ ***Air France*** *(plan couleur, C3, **12**)* **:** 47, av. Albert-Sarraut. ☎ 839-77-77. Agence ouverte jusqu'à 18 h (13 h le samedi).

■ ***Air Afrique*** *(plan couleur, C3, **13**)* **:** pl. de l'Indépendance. ☎ 839-42-00.

■ ***Air Sénégal International* :** 45,

av. Albert-Sarraut ; à côté d'*Air France*. ☎ 823-49-70. Racheté par Royal Air Maroc. Dispose d'appareils tout neufs.

■ ***Sénégalair*** *(plan couleur, B-C3, **14**) :* 31, av. Léopold-Sédar-Senghor (ex-Roume). ☎ 821-19-41 ou 821-19-49. Fax : 825-32-56. Location d'avions pour le Niokolo-Koba. Parfois il leur reste quelques places pour compléter la demande. Excursions pour le lac Rose, safaris, chasse, pêche...

■ ***TACV*** *(Cap-Vert et Guinée-Bissau ; plan couleur, B3) :* 103, rue Moussé-Diop. ☎ 821-39-68. À côté du resto *Chez Loutcha*. Pour ceux qui veulent aller aux îles du Cap-Vert ou en Guinée-Bissau.

■ ***Nouvelles Frontières*** *(plan couleur, B4, **15**) :* 1, bd de la République. ☎ 823-34-34. Fax : 822-28-17. Ouvert de 8 h 30 à 18 h.

■ ***Sénégal Découverte*** *(plan couleur, B2, **16**) :* 8, rue Galandou Diouf, angle Dr. Thèse. ☎ 821-74-98 ou 821-70-19. • sendec@metissacana.sn • Spécialisé dans l'organisation de circuits découverte du Sénégal, Mamadou Sow, le patron, peut vous concocter un circuit sur mesure (en fonction de vos temps, budget et intérêts), tout en vous donnant de précieux conseils. Prix dégressifs selon le nombre de personnes. Pour les pressés ou pour ceux qui n'ont pas encore l'habitude de l'Afrique, il peut être intéressant de planifier avec lui une virée de 2 ou 3 jours dans le parc du Niokolo-Koba et le Sénégal oriental, en 4x4, avec guide-chauffeur, hébergement et repas ou dans le Siné Saloum.

■ ***Sénégambie Voyages*** *(plan couleur, B4, **17**) :* 42, rue Victor-Hugo. ☎ 821-68-31. Fax : 821-44-92. Ouvert de 8 h 30 à 12 h 30 et de 15 h à 18 h 30. Fermé le samedi après-midi. Petite agence sympa qui peut vous trouver des places soldées en aller simple. Intéressant pour ceux qui n'ont pas de billet A/R. C'est également là qu'il vous faudra confirmer votre retour si vous êtes venu avec l'avion de *Look Voyages*.

■ ***Dakar Voyages*** *(plan couleur, C3, **26**) :* 29, rue Assane-N'Doye. ☎ 823-37-04/06. Fax : 823-37-08. À deux pas de la place de l'Indépendance, au fond d'une cour dans un superbe et insolite jardin tropical. Une agence spécialisée dans les charters. Vente de billets à prix réduits sur les vols charters des tour-opérateurs européens. Prix à partir de 140 000 F.CFA (215,4 €) l'aller simple et 240 000 F.CFA (369,2 €) l'aller-retour.

■ ***Africars*** (voir « Location de voitures ») **:** fait aussi agence de voyages. ☎ 823-18-50, demander M. Thibault.

Loisirs

■ ***Centre culturel français*** *(plan couleur, B3, **18**) :* 89, rue Joseph-T.-Gomis. ☎ 821-18-21. Fax : 821-26-19. Lieu de rencontres et d'activités intéressantes. Bibliothèque ouverte tous les jours sauf dimanche et lundi, de 10 h à 12 h 30 et de 15 h à 18 h 30. Festivals de films, concerts, spectacles, expos, buvette (voir « Où boire un verre ? »)... Panneau où sont épinglées les annonces de soirées et spectacles sur la région du Grand Dakar.

■ ***Centre culturel Blaise-Senghor :*** bd Dial-Diop, Fass. ☎ 824-66-00. À côté du lycée Kennedy, quartier Fass (près de la rocade Fann-Bel Air). Plat unique très bon marché midi et soir. Soirées dansantes certains week-ends. On peut assister aux répétitions des ballets africains et à celles de musiciens. Nombreux étudiants et bénévoles sympas. Bar ouvert jusqu'à 20 h 30 en semaine.

■ ***Théâtre Daniel-Sorano*** *(plan couleur, A3-4, **8**) :* bd de la République. ☎ 821-43-27. Consultez *Le Soleil*, le quotidien national pour les programmes. Essayez d'assister à une représentation du Ballet national, le groupe Mudra. De grandes vedettes de la musique africaine comme Youssou N'dour ou Baaba Maal, etc., s'y produisent de temps en temps.

Divers

■ ***Librairie Aux Quatre Vents*** *(plan couleur, B3,* ***19****)* **:** 55, rue Félix-Faure. Ouvert tous les jours de 8 h 45 à 12 h 30 et de 15 h à 18 h 45, sauf le dimanche, évidemment. Bien que très diversifiée, la librairie privilégie les ouvrages sur l'Afrique et c'est tant mieux. Jetez un coup d'œil sur les cartes postales et les albums B.D. de Mohiss, pour apprendre à apprécier l'humour sénégalais. On y trouve aussi les dernières nouveautés françaises et... votre *GDR* préféré, bien sûr !

À propos de Mohiss : *Mohiss* est en fait la prononciation locale de Maurice, un Breton qui vécut assez longtemps dans le pays pour lui laisser en héritage ce qu'il a le mieux su en saisir, l'humour.

■ ***Librairie Clairafrique*** *(plan couleur, B3,* ***20****)* **:** rue E.-H.-Mbaye-Gueye (ex-Sandiniéry), à côté de la place de l'Indépendance. Ouvert du lundi au samedi de 8 h 30 à 12 h 30 et de 15 h à 18 h 30. Très bien approvisionnée.

■ ***Photo-Ciné Sénégal*** *(plan couleur, C3,* ***27****)* **:** pl. de l'Indépendance. Ouvert de 8 h 30 à 13 h et de 15 h à 18 h en semaine, le samedi de 9 h 15 à 12 h 15. Pellicules photos, appareils jetables et tirages professionnels Kodak. Un poil plus cher que chez nous.

@ ***Cybercafés*** **:** il y en a désormais un paquet à Dakar. Mais certains sont plus que de simples lieux de connexion. Voir les rubriques « Où boire un verre ? » et « Où sortir ? » pour trouver les adresses les plus sympas.

Location de voitures

■ ***Africars*** *(plan couleur, B2,* ***21****)* **:** angle des rues Galandou-Diouf et Wagane-Diouf. ☎ 823-18-50. Fax : 823-15-90. Ouvert tous les jours de 7 h 30 à 19 h. Peu de voitures de catégorie A. Mais possibilité de négocier les prix. Fait aussi agence de voyages.

■ ***Téranga Location*** *(plan couleur, B3,* ***22****)* **:** 47, rue Félix-Faure. ☎ 822-59-99. Fax : 822-16-24. Petite agence aux prix attractifs, mais bien vérifier l'état de la voiture avant de partir, notamment celui des roues (les pneus et les enjoliveurs ne sont pas couverts par l'assurance).

■ ***Europcar*** *(plan couleur, C2,* ***23****)* **:** bd de la Libération. ☎ 821-38-49 et 822-18-99. Forfait à la journée avec kilométrage illimité intéressant.

■ ***National*** *(plan couleur, C3,* ***24****)* **:** agence de la Sénégalaise de l'automobile, av. Abdoulaye-Fadiga ou à l'aéroport. ☎ 822-33-66. Fax : 822-93-55. • national@ns.arc.sn • Voitures de tourisme, 4x4 et minibus.

■ ***Sénégalauto*** **:** 19, rue Moussé-Diop. ☎ 822-53-96. Fax : 821-21-83. Location de voitures à prix intéressants pour nos lecteurs. Contacter M. Damado. En effet, ils accordent 10 % sur le prix total (temps et kilométrage) des véhicules de catégorie A à E et 15 % au-delà. Véhicules bien entretenus. Possibilité de prise du véhicule et restitution à l'aéroport.

■ ***Hertz*** **:** 64, rue Félix-Faure. ☎ 822-20-16 ou à l'aéroport. À deux pas de l'hôtel *Saint-Louis Sun*. Un peu plus cher que les autres mais véhicules en très bon état : quasi neufs. Bien pour une location d'une ou deux semaines. Essayer de négocier quand même. Bureau à l'aéroport.

Transports

Cars bleus Sotrac **:** ont repris du service.

Les cars urbains sont rapides, fréquents et bon marché. Arrêt tous les 200 à 300 m. Les destinations sont indiquées à l'avant. Les lignes se répartissent en 3 terminus dans Dakar-Centre : l'un à Lat Dior (marché Sandaga, *plan couleur, B4*), le second place Leclerc (près du port), le troisième à l'ancien palais de justice (cap Manuel, *hors plan couleur par*

B4). De ce dernier part le bus n° 8 pour l'aéroport, il passe par la place de l'Indépendance, le marché Sandaga, Blaise-Diagne, puis emprunte l'autoroute.

Du centre, pour aller à la gare routière *(hors plan couleur par A1)* des cars rapides et taxis-brousse, prendre le bus n° 5 à Lat Dior (marché Sandaga). Descendre avant la caserne des pompiers (entre Lamine-Gueye et le début de l'autoroute), sur l'avenue Malick-Sy, pour éviter les nombreux pickpockets. Si vous n'êtes pas chargé, vous pouvez tout aussi bien y aller à pied.

Les tarifs fonctionnent par section, au nombre de trois. Pour une section, compter 150 F.CFA (0,2 €), pour 2, 180 F.CFA (0,3 €), etc.

Cars rapides : outre les parcours plus éloignés, ces petites entreprises desservent toutes les localités de la presqu'île du Cap-Vert. Départ : gare routière *(hors plan couleur par A1),* halte Kolobane (au croisement de l'autoroute et de la rocade Fann-Bel Air) et Lat Dior (entre Sandaga et l'avenue Jean-Jaurès). Les cars rapides sont en général dans un état déplorable et créent un bon nombre d'accidents sur les routes du pays. Vous êtes prévenu.

■ ***Taxis :*** moyen de transport onéreux. Deux tarifs : « A » de 5 h à minuit et « B » de minuit à 5 h (le prix du kilomètre double). On n'a jamais vu aucun compteur fonctionner : sachez donc qu'une course moyenne en centre-ville coûte environ 500 F.CFA (0,75 €) et une course un peu plus longue (du centre à un faubourg par exemple), jusqu'à 1 500 F.CFA (2,3 €).

Où dormir ?

Les hôtels et les principaux centres d'intérêt se concentrent au sud de l'avenue El-Hadj-Malick-Sy qui parcourt la ville d'est en ouest. Elle a été conçue par l'Administration française pour isoler le quartier colonial (le Plateau) de ses faubourgs populeux (la Médina), et pour le protéger notamment en cas de révolte...

Avant toute chose, il faut savoir que notre catégorie « Bon marché » en matière de « dodo » à Dakar est plus proche de celle des « Prix moyens » de la rubrique « Budget » ; de plus, qui dit hôtel pas cher dit aussi parfois hôtel de passe. Vous êtes prévenu !

Ah oui ! N'oubliez pas, au moment du « Dakar » (généralement en janvier), de prendre vos précautions pour trouver refuge !

Bon marché

Chez M. Antonio Vieira *(plan couleur, B3)* **:** 90, rue Moussé-Diop, presque en face de *Chez Loutcha (plan couleur, B3,* ***45****).* ☎ 821-73-48. Une douzaine de chambres avec ventilo ou clim' assez bien tenues, certaines avec salle de bains privée ou commune pour le même prix : 10 000 F.CFA (15,2 €). Pas le grand luxe, mais familial et moins cher qu'ailleurs. Annexe av. Georges-Pompidou, au passage commercial Alnehme, à côté du restaurant *Ali Baba*, au 2e étage : immeuble sans charme aucun, mais grandes chambres avec balcon commun. À déconseiller aux routardes solitaires et, de toute façon, ne pas accepter d'hébergement dans la maison du proprio.

Hôtel Le Massalia *(plan couleur, C2,* ***36****)* **:** 10, bd Djily-Mbaye. ☎ 822-97-47. Fax : 826-93-48. En face de la grande poste. Tenu par un Marseillais, comme son nom l'indique. Compter 10 000 à 12 000 F.CFA (15,2 à 18,3 €) selon que la chambre est ventilée ou climatisée. Simple et propre. Bon resto (voir « Où manger ? »).

Hôtel Provençal *(plan couleur, C2-3,* ***30****)* **:** 17, rue Malenfant. ☎ et fax : 822-10-69. Super bien situé, quasiment sur la place de l'Indépendance. Chambres ventilées (12 000 F.CFA, soit 18,3 €) ou climatisées (plus chères), avec douche ou une bonne vieille baignoire sabot. Mais les chambres sont tristes et la propreté laisse à désirer. L'ensemble est quelque peu glauque. Un hôtel qui vaut surtout pour sa situation très centrale.

Hôtel Continental *(plan couleur, B2, **37**) :* 10, rue Galandou-Diouf. ☎ 822-10-83. Dans le centre commercial. Chambres climatisées ou ventilées avec w.-c. intérieur ou extérieur. Compter entre 11 500 et 18 000 F.CFA (17,5 et 27,4 €) selon l'équipement. Hôtel bien agencé, avec des chambres assez mignonnes. Très propre, personnel aimable et serviable. On sent que des efforts sont faits pour la qualité. Sympathique bar au rez-de-chaussée. Coin TV convivial. Ils ont aussi une annexe rue Moussé-Diop (☎ 822-03-71). Rien à voir. Chambres moins chères mais moches et en sale état. Ambiance étrange.

Plus chic

Hôtel Océanic *(plan couleur, C2-3, **31**) :* 9, rue de Thann. ☎ 822-20-44. Fax : 821-52-28. Depuis que nous le citons, l'*Océanic* est toujours resté fidèle à lui-même et c'est tant mieux ! 24 chambres climatisées avec téléphone et salle de bains individuelle. Compter environ 19 700 F.CFA (30 €). Disposent aussi de six appartements à trois et quatre lits, plus économiques. L'atmosphère est, elle aussi, toujours aussi sympa. Restaurant pas mal (voir « Où manger » ?). Bar agréable.

Hôtel Saint-Louis Sun *(plan couleur, B3, **32**) :* 68, rue Félix-Faure. ☎ 822-25-70 et 822-89-68. Fax : 822-46-51. Chambres doubles spacieuses et tout confort autour de 23 500 F.CFA (35,8 €). Dans une maison ancienne avec patio arboré. Toutes les chambres, impeccables, agréablement décorées et carrelées de blanc, donnent sur une galerie qui surplombe et entoure le patio. Vraiment charmant. De plus, l'ambiance est familiale et le resto est recommandé (voir « Où manger ? »). *MasterCard* et *Visa* acceptées.

Hôtel Ganalé *(plan couleur, B3, **33**) :* 38, rue Amadou-Assane-N'Doye. ☎ 821-55-70. Fax : 822-43-42. Compter 26 000 F.CFA (39,6 €) la chambre double. Récent et très bien tenu, dans un petit immeuble moderne. Accueil sympa. Chambres confortables avec clim', douche, w.-c., téléphone et TV (et Canal +). En vente aussi à Paris par « Voyageurs du Monde ». La salle de resto à l'européenne, où l'on sert aussi le dîner et le petit dej', est complètement psychédélique avec sa folle mezzanine. Pour un menu, compter environ 3 000 F.CFA (4,6 €). Un bel hôtel.

Hôtel du Plateau *(plan couleur, B3, **34**) :* 62, rue Jules-Ferry. ☎ 823-15-26 ou 823-44-20. Fax : 822-50-24. Chambres correctes, sans plus. Compter 20 000 F.CFA (30,5 €) la double. On aime bien l'accueil et l'ambiance, ce qui compense les chambres assez moyennes. Clim', TV et téléphone.

Hôtel Al Baraka *(plan couleur, B2, **35**) :* 35, rue Abdou-Karim-Bourgi. ☎ 822-55-32. Fax : 821-75-41. Central. Compter environ 21 000 F.CFA (32 €). Chambres spacieuses avec salle de bains (parfois équipée d'une baignoire), clim', TV, réfrigérateur-bar, téléphone. Des lecteurs se sont plaints du mauvais entretien lors de leur passage.

Où manger ?

Très bon marché

Ali Baba *(plan couleur, B3, **40**) :* av. Georges-Pompidou. ☎ 822-52-97. Fast-food libanais proposant sandwichs, snacks, *chawarmas* ainsi que quelques petits plats copieux pour pas cher. Clientèle d'autochtones surtout.

Le Fouquet's *(plan couleur, B4, **48**) :* 141, av. du Président-Lamine-Gueye. ☎ 822-05-89. Ouvert 24 h/24.

Patio bariolé au pied d'un grand immeuble laid. Se targue d'être le « temple de la salsa » en Afrique. On n'est pas des spécialistes en salsa africaine, mais en tout cas c'est difficile de trouver nourriture meilleur marché au Plateau, sans aller jusqu'aux cabanes à sandwichs. Plat du jour à 1 000 F.CFA (1,5 €), pizzas et soupes très bon marché. Animation musicale tous les soirs, le resto faisant aussi bar.

Le Point d'Interrogation « **?** » **1** *(plan couleur, B3,* ***41****)* et **2** *(plan couleur, B3,* ***42****)* **:** rue Mohammed-V, près de l'angle avec Assane-N'Doye et rue Assane-N'Doye, près de l'angle avec J.-T.-Gomis, à deux pas du Centre culturel français. Propres et animés. Très centraux. Déco de cantine scolaire et bon choix de plats, tous à moins de 2000 F.CFA (3 €). Spécialités africaines bonnes et parmi les moins chères du Plateau.

Bon marché

Le Centre *(restaurant-pâtisserie-traiteur ; plan couleur, B3,* ***43****)* **:** 9, rue E.H.-Mbaye-Gueye (ex-Sandiniéry), en face du commissariat central. ☎ 822-01-72. Ouvert tous les jours de 6 h à minuit. Plats entre 1 500 et 4 000 F.CFA (2,3 et 6 €). Petit resto tenu par des Sénégalais affables et discrets à la fois. Deux petites salles claires, fraîches et d'une tenue exemplaire. Mais elles se remplissent vite, et on mange parfois un peu serrés. Cuisine excellente, généreuse (en particulier le *thiof*). Une bonne adresse à prix doux.

Le Massalia : voir « Où dormir ? ». Besoin de retrouver l'accent chantant du Midi ? les cuisses de grenouilles à la provençale ? un bon pastaga ? Bon. On vous emmène au Massalia. Vous pourrez manger comme là-bas pour environ 3000 F.CFA (4,6 €), entre l'affiche d'un film de Pagnol et des écharpes de l'OM. Plats savoureux, bonne carte des vins. Et pourquoi pas une bouillabaisse (sur commande) ? Bon service, on s'y sent bien. Fait également bar avec des bières à la pression.

Restaurant de l'hôtel Saint-Louis Sun : voir « Où dormir ? Plus chic ». Dans le charmant patio ombragé. Que l'on choisisse d'y manger français ou sénégalais, c'est tout simplement bon et pas cher. On se régale avec un menu très complet pour environ 3500 F.CFA (5,3 €) ! Là encore, une super adresse.

Chez Loutcha *(plan couleur, B3,* ***45****)* **:** 101, rue Moussé-Diop. ☎ 821-03-02. Ouvert du lundi au samedi de 12 h à 15 h et de 19 h à 23 h. Fermé le dimanche. Depuis un bail, Loutcha est repartie au Cap-Vert ouvrir une pension à Mindelo, mais son fils assure la relève de ce pilier culinaire afro-cap-verdien. Il a élargi sa carte à d'autres spécialités internationales : italiennes, portugaises, latino, etc. Prendre son temps pour choisir parmi les quelque 90 propositions où l'on trouve pêle-mêle choucroute et huîtres de palétuvier chaudes, on en passe et des meilleures ! Préférez la salle du fond, bien animée. Souvent plein.

VSD Plus, Chez Georges *(plan couleur, B3,* ***46****)* **:** 91, rue Moussé-Diop, en face de *Chez M. Vieira* (voir « Où dormir ? »). ☎ 821-09-80. Ouvert tous les jours jusqu'à 2 h du matin. Plats entre 2000 et 4000 F.CFA (3 et 6 €). Vaste salle habillée de faux lambris où des joueurs de kora et des percussionnistes passent le soir. L'environnement est agréable et délassant. Service rapide mais pas pressant. Le poulet yassa, s'il y en a, est excellent et très copieux. Au fond, jazz-bar avec orchestres locaux le week-end de 22 h à 3 h. Juste à côté, le **Mex** sert des tacos pas trop chers et fait aussi office de bar musical.

Restaurant de l'hôtel Océanic : voir « Où manger ? ». On y sert une cuisine française de bonne facture, dans une courette agréable, même si elle ne paie pas de mine. Menu à 4 300 F.CFA (6,5 €). Accueil très aimable.

Plus chic

🍽 ***Les Grilladins*** *(plan couleur, B2,* ***47****)* **:** rue El Hadj-Abdoukarim-Bourgi. ☎ 821-38-39. Menus à partir de 6 500 F.CFA (10 €) et plats seuls à partir de 3500 F.CFA (5,3 €). Produits et recettes locaux à la sauce européenne. Spécialités de fruits de mer et de crustacés, poissons et viandes que l'on déguste dans une salle agréable, bien ventilée et décorée avec finesse (salle qui était auparavant un patio). Tenu par des Français, ce bon resto a la cote parmi les expat' du coin. Idéal pour tailler une bavette en écoutant de la bonne chanson française.

🍽 ***Le Dagorne*** *(plan couleur, C2-3,* ***44****)* **:** 11, rue Dagorne. ☎ 822-20-80. Fermé le lundi. Compter un peu moins de 8 000 F.CFA (12 €) pour le menu complet. Resto français tenu par un couple de Français, fréquenté surtout par les toubabs mais aussi par les Dakarois aisés. Il est vrai que l'adresse est une référence de longue date. Bien sûr, ça se paie. À l'arrière de la première petite salle on pénètre dans une spacieuse terrasse intérieure couverte, très agréable et bien aérée. Cuisine élaborée et présentation appétissante. Choix important. Carte des vins qui ravit les amateurs que nous sommes et ceux en « état de manque »! Cartes *Visa* et *MasterCard* acceptées.

Où manger une bonne pâtisserie? Où déguster une glace?

– ***La Marquise*** *(plan couleur, B3,* ***50****)* **:** 52, rue du Docteur-Thèze, près des avenues Léopold-Sédar-Senghor (ex-Roume) et Pompidou. ☎ 821-04-27. Ouvert de 6 h 45 à 12 h 30 et de 16 h à 20 h. Fermé les lundi matin et dimanche après-midi. Une référence puisque cette pâtisserie existe depuis plus de 50 ans! Fondée par des Aveyronnais et reprise de génération en génération, *La Marquise* mettra les gourmands dans l'embarras... du choix. Diverses pâtisseries aux fruits, éclairs, macarons, chocolats... on arrête là, sinon on risque de vous faire baver sur votre *GDR*!

– ***Pâtisserie Laetitia - Salon de thé Lutétia*** *(plan couleur, B4,* ***51****)* **:** angle bd de la République et av. Lamine-Gueye. ☎ 822-55-27 et 821-45-78. Ouvert du lundi au vendredi de 7 h à 13 h et de 16 h à 19 h (un peu plus tard le samedi). Là encore, une bonne adresse. Elle est surtout fréquentée par les expats et les Sénégalais aisés. Ils viennent ici (comme nous) pour les chocolats et les marrons glacés maison à Noël (y'a pas idée d'aller au Sénégal pour s'empiffrer de marrons glacés), ainsi que pour les pâtisseries bien crémeuses.

– ***La Galette*** **:** 18, av. Georges-Pompidou, angle rue du Docteur-Thèze, à côté de la Palmeraie *(plan couleur, B3,* ***53****)*. ☎ 821-33-40. Boulangerie recommandée pour ses pains spéciaux, bien qu'au Sénégal, en général, on ait trouvé le pain ordinaire souvent meilleur qu'en France. Vient de faire peau neuve.

– ***La Gondole*** *(plan couleur, B3,* ***52****)* **:** av. Georges-Pompidou. ☎ 821-88-58. Très bonne réputation également.

🍦 ***Le Glacier Moderne*** *(L.G.M.)* **:** plusieurs établissements à Dakar. En voici deux : 66, av. Georges-Pompidou, même trottoir que *La Gondole*; un autre au Point E. Salles fraîches (climatisées) et claires. Fréquenté aussi bien par des toubabs que par des Sénégalais venus en famille ou en tourtereaux. Plein de bonnes glaces à tous les parfums imaginables, de vrais milk-shakes (c'est-à-dire avec de la glace et pas seulement des arômes) et des pâtisseries à prix frais, elles aussi.

Où boire un verre ?

Le Ponty *(plan couleur, B3, **60**)* **:** 13, av. Georges-Pompidou. ☎ 822-43-66. Ouvert jusqu'à 1 h. Sorte de brasserie avec sa longue façade en baie vitrée, cachant une très grande salle sobrement décorée. Terrasse donnant sur l'avenue (donc pas très au calme). Offre un aperçu de l'activité nocturne de la capitale : des tables de jeunes coopérants (on n'a pas dit « coopérantes » !) auprès desquels viennent papillonner, certes sans innocence, de malicieuses gazelles. D'ailleurs, *Le Ponty* est réputé dans tout Dakar et même plus loin pour les bonnes rencontres qu'on peut y faire. Propose l'accès à Internet pour pas cher (en fait, les meilleurs prix qu'on ait vus au Plateau).

La Palmeraie *(plan couleur, B3, **53**)* **:** 20, av. Georges-Pompidou. ☎ 821-15-94. Beaucoup plus chic que l'adresse précédente. Tenu par une Canadienne et un Belge, ce café-brasserie est surtout le point de convergence des expats car la chère est bonne et on trouve tous les journaux français à disposition (datant de 2 ou 3 jours, mais c'est normal). Déco à l'occidentale avec son bois omniprésent et ses miroirs cuivrés aux murs. Choix de bières exceptionnel (de la Breughel pour les connaisseurs) et cuisine européenne. Pas donné mais le service est très pro et la qualité est là. Belles salades. Snacks et sandwichs à prix plus modérés.

@ **Cybercafé-restaurant Metissacana** *(plan couleur, B3, **57**)* **:** 30, rue Thiong. ☎ 822-20-43. Fax : 823-27-23. • metissacana@metissacana.sn • Cybercafé ouvert tous les jours 24 h/24. Le tout premier cybercafé à avoir ouvert ses portes à Dakar (et peut-être au Sénégal). Sans doute le plus chaleureux aussi, avec ses 260 m² de terrasse sous tente. Patio fleuri avec resto-dibiterie, bar, salon de thé... Ambiance conviviale (cercle d'échecs, de scrabble, de jeux en réseaux...) et décor métissé comme son nom l'indique. Les cybernautes confirmés peuvent tapoter tranquilles, dans une salle à part. Tarifs sympas. Ne passez pas à côté du cocktail de bissap maison, unique en son genre (non, on ne dévoilera pas la composition !). Un lieu tellement reposant, par une soirée chaude ou au milieu d'une après-midi stressante...

@ **Cybercafé-cafétéria PCS** *(plan couleur, C3, **58**)* **:** à l'est du Plateau, au 1 de l'avenue Fadiga. ☎ 822-14-90. Fax : 823-64-62. • pcs@telecomplus.sn • Ouvert de 9 h à 2 h. Café à la déco ultramoderne, éclairage feutré et bleuté. Consos chères à notre goût. Connexion chère aussi, mais le cadre est bien. En passant, on précise qu'ils proposent un bon choix de plats sénégalais entre 500 et 5 000 F.CFA (2,3 et 7,6 €). Resto à l'étage, avec quelques ordinateurs dans un coin.

Le Café des étudiants *(plan couleur, C2, **59**)* **:** situé derrière l'hôtel de ville, proche de l'embarcadère pour Gorée. Des concerts se déroulent de temps à autre dans cette grande cour bétonnée. Pas vraiment un café, donc, puisqu'on est dehors, sur des tables en ciment disposées autour de la scène. On peut toujours venir pour y boire un verre et faire de chouettes rencontres, des musiciens notamment.

L'Entr'acte : au Centre culturel français *(plan couleur, B3, **18**)*, 89, rue Joseph-T.-Gomis. ☎ 821-18-21. Joli cadre de verdure... Agréable d'y boire un verre sous une petite paillote à l'écart des murmures de la ville. Elle était dernièrement en travaux. Quelques petits plats bon marché. Pas mal d'étudiants, mais aussi parfois des baratineurs (ne pas accepter de « cadeaux »).

L'Impérial Bistro *(plan couleur, C3, **54**)* **:** 14, allée Roland-Delmas ; donne sur la place de l'Indépendance. ☎ 822-26-63. Bar-restaurant avec terrasse couverte connu aussi sous le nom « Bistrot mode ». Fait également glacier, salon de thé, tapas... Bières à la pression, ce qui mérite d'être mentionné (Flag, Guinness, Heineken). Grand comptoir où se désaltérer au cours d'une promenade, ou le soir avant le dîner (*happy hours* de 18 h à 20 h). Pizzas au feu de bois, sandwichs et petit coin chinois avec spécialités asiatiques pas chères du tout.

🍸 ***Le Café des arts*** *(plan couleur, B2, **55**)* **:** à côté de l'hôtel *Al Baraka*, au carrefour. Bar-club-jazz de bonne réputation. Avec sa façade jaune vif, on ne peut pas le manquer. L'intérieur est riche de belles statuettes et autres œuvres d'art africain.

🍸 ***Le Bistrot de Yannick*** *(plan couleur, B2, **56**)* **:** 4, rue Malenfant. ☎ 823-21-97. Dans une villa de style colonial avec un charmant jardin. Décor ciné-rétro pour ce bistrot à la française tenu par Yannick, un jeune compatriote dynamique. L'endroit est feutré, chaleureux, reposant, et la musique bleu-blanc-rouge ! Le patron n'est pas avare de conseils ni de bons tuyaux. En cas de pépin, vous pouvez vous adresser à lui. Possibilité de manger des grillades entre autres.

Où sortir ?

– ***Le Rendez-vous*** *(plan couleur, C2, **62**)* **:** au croisement des rues Malan et Djily-Mbaye, près de l'hôtel de ville. ☎ 821-11-37 ou 642-50-00. L'adresse qui monte, qui monte... Resto-bar-salle de spectacles-cybercafé-boulangerie-galerie d'art (ouf !) créé par un Tunisien. Ouvert 24 h/24. Pour ceux qui arrivent après minuit, petit droit d'entrée. Le petit dej' est offert dès 6 h. Un passage au *Rendez-vous* s'impose. C'est le lieu de rencontre de l'« élite » de la capitale (hommes d'affaires, hommes politiques) mais aussi des jeunes « occidentalisés » et des gazelles qui n'ont pas froid aux yeux. Outre les fresques murales superbes et la déco à forte dominante bleue, c'est là que se produisent les mercredi, vendredi et samedi soir différents groupes locaux. Salsa, hip-hop ou musique traditionnelle. Par exemple, chaque samedi à partir de minuit, les célèbres frères Guissé viennent chanter l'Afrique. Tout ça devant un couscous royal ou une tajine...

♩ ***Play Club*** *(plan couleur, B3, **61**)* **:** 46, rue Jules-Ferry, sur le Plateau, pas loin du Fouquet's. ☎ 823-82-80. C'est la boîte de l'hôtel *Al Afifa*. Plutôt chic mais décontracté. Évidemment, moins de locaux qu'ailleurs.

– Les adresses ci-dessous sont situées en dehors du Plateau mais considérées comme les meilleures par les Dakarois.

♩ ***Thiossane*** *(hors plan couleur)* **:** Sicap, rue 10, dans la Médina. En face du village artisanal, prendre le boulevard de la Gueule-Tapée, puis la 5e rue à droite (rue 10). C'est la boîte de Youssou N'Dour. Inutile de vous décrire l'ambiance qui y règne lorsqu'il s'y produit entre deux tournées. Entrée : 3 000 F.CFA (4,6 €) environ.

♩ ***N'Galam*** *(hors plan couleur)* **:** au Point E, route des Ambassades. ☎ 824-60-10. Assez chic mais ambiance sympa. Surtout à partir de minuit. Musique afro-cubaine et *m'balax*.

♩ ***Sahel*** *(hors plan couleur)* **:** bd de la Gueule-Tapée, dans la Médina, quartier Fas 1er. ☎ 821-21-18. Ambiance africaine et musique préférée des Dakarois. Particulièrement « chaud » en matinée (18 h-21 h, les vendredi et samedi). Les plus belles « gazelles » de Dakar, et l'une des meilleures boîtes de tout le pays en tout cas !

– ***Sunrise*** **:** juste à côté du *Sahel*. Bar à tapas où se produit Thionne Seck, le célèbre griot. Sinon, la tendance musicale est ici plutôt au jazz.

Où faire ses courses ?

– ***Le marché couvert Kermel*** *(plan couleur, C3, **71**)* **:** détruit par un incendie fin 1993, il a repris du service. Aujourd'hui, flambant neuf, il a été reconstruit à l'identique. Les autochtones le surnomment « marché des toubabs ». Pas de mystère. On s'y fait aborder par tous les jeunes baratineurs du coin. À l'intérieur on trouve de tout, rassemblé par spécialités : poissonniers, bouchers, grainetiers, primeurs (nombreux fruits exotiques), etc. Marchander comme il se doit.

– ***Le marché Sandaga*** *(plan couleur, B3,* ***70****)* **:** tout comme le marché Kermel, c'est un marché africain typique, mais bien plus important et plus authentique (se reporter à la rubrique « À voir »), le premier ayant un aspect plus *clean* depuis sa reconstruction. Bien qu'invisible de prime abord, il est formé de plusieurs niveaux : à vous de trouver les accès qui conduisent aux uns et aux autres. Au sous-sol : les poissons (conseillé d'avoir des chaussures type « tennis » avec semelles de caoutchouc et fermées à cause des flaques d'eau). Au rez-de-chaussée (surélevé par rapport à la rue), les légumes, épices, fruits, etc. Au niveau supérieur : la volaille. Entre ces niveaux, tout autour, courent des passages labyrinthiques bordés d'échoppes de cordonniers, tailleurs, etc. Bref, une vraie ruche bourdonnante, odorante et grouillante. Comme dans tout endroit populeux, faire attention aux pickpockets et aux rabatteurs.

En face de Sandaga, sur l'avenue Lamine-Gueye, prendre la rue E.-H.-Mbaye-Gueye (ex-Sandiniéry) : nombreux marchands de fruits et légumes également. Sur l'avenue Peytavin, vendeurs de tableaux sous-verre et de sable (artisanat sur toile ou sur bois représentant, avec des sables colorés, des scènes naïves de la vie traditionnelle).

– ***Le marché du port*** (ou *marché de Casamance ; plan couleur, C2)* **:** dans le parking de l'embarcadère pour Gorée, prendre sur la droite l'entrée indiquant les guichets pour le *Djoola* (le bateau bi-hebdomadaire pour la Casamance). Le marché, étroit, peuplé de mamas casamançaises, se trouve là, dans le passage. Tous les produits de cette région (poisson et huîtres séchés, huile de palme, fruits, etc.). Y aller plutôt les jours de retour du bateau (les vendredi et lundi matin).

– Le ***marché de Bamako*** s'étend de part et d'autre de la gare et s'anime davantage lors des arrivées et des départs du train bi-hebdomadaire.

– Pour acheter des ***tissus***, c'est avenue du Président-Lamine-Gueye que ça se passe : tout le long, au nord du marché Sandaga, les échoppes pleines de belles étoffes sont innombrables. Mieux vaut être renseigné sur les prix.

– ***Score :*** av. Albert-Sarraut, après *Air France* et du même côté en venant de la place de l'Indépendance. Grand supermarché à l'européenne, mais plus cher que chez nous (produits frais importés). Intéressant pour les petites annonces.

– ***Leader Price :*** en face du marché *Kermel (plan couleur C3),* en allant vers l'hôtel *Océanic*. Prix bas, sauf pour les produits comme les crèmes solaires !

– ***Filfili :*** supermarché face à l'hôtel de ville *(plan couleur C2)*, plutôt bien fourni et pas cher.

Mode, design, arts plastiques...

La création contemporaine n'est pas en reste dans la capitale sénégalaise, comme en témoigne des manifestations culturelles telles que la Biennale des Arts (*Dak'art,* dont la prochaine édition aura lieu en 2002) et la présence de plusieurs galeries et boutiques de créateurs.

Prêt à porter et accessoires chics

Claire Kane : 90, rue Moussé-Diop. Ouvert du lundi après-midi au samedi de 9 h 30 à 13 h et de 15 h à 19 h. Dans sa boutique ouverte en 1992, cette styliste française, installée à Dakar, présente une mode actuelle et colorée d'inspiration africaine. Vêtements pour homme et femme, accessoires en pagne tissé sérigraphié. Incontournable.

Colle Sow Ardo : 21, rue Mohamed-V. Ouvert du lundi au samedi de 9 h à 19 h. Ancienne mannequin sénégalaise, membre fondatrice de la Fédération africaine des créateurs, elle lance sa marque à Dakar en 1983. Vêtements en pagne tissé qu'elle produit et dont elle dessine les motifs.

100 % Dakar : rue Mohamed-V. Ouvert du lundi après-midi au samedi de 9 h 30 à 12 h 30 et de 15 h à 19 h. Pour les amateurs de tee-shirts, *sai sai, Amul Xalis...* autant d'expressions wolofs à porter fièrement. Également bijoux et petits objets en métal.

Shalimar : 119, bd du Général-de-Gaulle. Ouvert du lundi après-midi au samedi : de 9 h à 13 h et de 15 h à 19 h. Tenues traditionnelles, boubous brodés, pour les grandes occasions.

Mobilier, design, arts plastiques

– **Atiss :** 12, av. Albert-Sarraut (mobilier, décoration) et 12, rue Huart (accessoires, bagagerie). Ouvert du lundi au vendredi de 9 h 30 à 13 h et de 15 h 30 à 19 h ; le samedi de 9 h 30 à 13 h. Appliqués principalement à l'ameublement, les magnifiques pagnes tissés d'Aissa Dione ont su séduire des maisons comme Hermès. À la galerie, ils habillent des meubles d'inspiration Art déco dessinés par la maîtresse des lieux. Amateur d'art, cette dernière défend et présente régulièrement dans sa galerie les œuvres d'artistes africains.

– **Studio Eberls :** rue Aristide-Le-Dantec (près du marché Kermel). Ouvert du lundi au samedi de 9 h à 13 h et de 15 h à 19 h. Ancien entrepôt colonial du XIXe siècle, réhabilité par Clarisse Dione, l'espace vaut à lui seul le détour : contraste garanti avec l'ambiance affairée du marché Kermel voisin. Exposition de couverts, objets, meubles dessinés par Hilton Mc Connico et autres artistes.

– **Galerie Vema :** embarcadère de Gorée. Ouvert du lundi au samedi de 9 h à 13 h et de 14 h 30 à 19 h. Espace multifonctionnel comprenant également café et restaurant, vous y verrez des expos temporaires d'artistes contemporains.

À voir. À faire

★ ***Le marché Sandaga*** *(plan couleur, B3,* ***70****)* **:** déjà décrit dans la rubrique « Où faire ses courses ? ». Beaucoup de rabatteurs. Si vous n'êtes pas encore familiarisé avec ce type de marché, la meilleure manière de le visiter en paix relative, c'est d'y aller les mains dans les poches. Pour les photos, achetez des cartes postales !

À noter qu'une bonne partie du marché Sandaga est contrôlée par une grande famille de marabouts de la confrérie mouride (voir « Religions ») et représente le type même d'organisation commerciale basée sur la solidarité et l'interdépendance d'intérêt familiales, le tout reposant sur la confiance que cautionne l'appartenance à la confrérie religieuse.

Ce qui signifie que lorsque vous voyez tous ces vendeurs qui gravitent dans les échoppes du marché, vous pouvez vous dire qu'à coup sûr ils s'inscrivent dans la hiérarchie de revente des différentes branches de spécialités : parfums, pacotilles, chaussures, lunettes de soleil, etc. Branches de spécialités chapeautées chacune par l'un des proches parents du marabout (frères, fils, oncles...) et qui a la charge de l'approvisionnement des articles par l'intermédiaire du réseau « familial » implanté à l'étranger, puis de la revente au pays. Toute une histoire...

★ ***Le marché Kermel*** *(plan couleur, C3,* ***71****)* **:** décrit dans la rubrique « Où faire ses courses ? ». Nettement moins animé que le précédent, il n'en demeure pas moins pittoresque et haut en couleur. Lieu aujourd'hui plus tranquille, propre et mieux tenu que naguère. Et pour cause! Depuis sa reconstruction, le prix de la patente à payer pour y exercer son commerce fait la sélection... La place où il se trouve a été totalement réaménagée et on a même planté des lampadaires! Restez calme avec les jeunes qui se proposeront de vous guider : n'oubliez pas que vous êtes en Afrique! Promenez-vous dans les étroites allées bordées d'échoppes et respirez les effluves du continent : fleurs, poissons, fruits exotiques, épices... Avec les batiks ou tableaux sablés, vous ne saurez plus qu'acheter.

★ ***La cour des Orfèvres*** *(plan couleur, A2,* ***72****)* **:** 69-71, av. Blaise-Diagne. À l'origine elle s'appelait « cour des Maures », en raison de la présence d'artisans mauritaniens qui en étaient les principaux « locataires ». Aujourd'hui beaucoup sont partis, mais il subsiste encore quelques échoppes d'orfèvres (bijoux en argent, surtout).

★ ***La Grande Mosquée*** *(plan couleur, A1,* ***73****)* **:** angle des allées Papa-Gueye-Fall et de l'avenue Malick-Sy. De style marocain, elle date de 1964. Ne se visite pas.

– Une autre grande mosquée a été construite sur la corniche ouest, près du rond-point des Madeleines. Et plein d'autres petites mosquées au Plateau. Évitez le moment de la prière la plus importante (le vendredi vers 14 h) pour vous balader dans les rues avoisinant les mosquées : impossible de passer, même entre les voitures.

★ ***Le tour du Plateau par la route des corniches est et ouest :*** à faire à vélo ou à mobylette, voire à pied, mais toujours à plusieurs car certains coins ne sont pas bien famés, surtout en fin de journée et à la tombée de la nuit. Une jolie balade qui permet de voir que Dakar est bâti sur un site superbe : côte escarpée, petites criques et maisons opulentes pour ambassadeurs, diplomates ou autres VIP.
Pour finir, on peut selon le sens qu'on a choisi :
– aller voir le coucher du soleil embraser les îles des Madeleines le long de la corniche ouest et boire un verre au *Soumbé,* dans le village artisanal de Soumbedioune (voir plus loin), en observant le retour des pêcheurs;
– ou aller boire un verre en contemplant Gorée au bord de la piscine de l'hôtel *Teranga* ou y piquer une tête (accès payant). Celle-ci est située en contrebas de la corniche est, à flanc de rocher dans un reposant jardin tropical, et on a du mal à imaginer que la place de l'Indépendance est à 5 mn à pied. D'ailleurs c'est là que se trouve l'entrée principale de l'hôtel (en face du cinéma *Le Paris,* à l'angle de la rue Carnot). Pour accéder à la piscine, emprunter la passerelle en bois qui part derrière l'hôtel et enjambe la route. On peut également, de la corniche, descendre le petit chemin qui part au pied de la passerelle.

★ ***La gare ferroviaire*** *(plan couleur B2)* **:** super bâtiment rétro où l'activité n'a rien à voir avec la frénésie de nos gares. Et pour cause : seul les lignes Dakar-Bamako et Dakar-Thiès fonctionnent (en plus de quelques trains de banlieue). Quand il n'y a pas de trains, c'est-à-dire la plupart du temps, on y rencontre toujours quelques marchands avec leurs paquets et des badauds. Sympa de faire le pied de grue à la buvette. On y papote, on y apprend des choses. Quant au quartier, il est animé, coloré, sale, bref... couleur locale. Vaut une balade.

★ ***L'IFAN*** *(Institut fondamental d'Afrique Noire; plan couleur, B4,* ***74****)* **:** place de Soweto. ☎ 821-40-15. Ouvert de 8 h 30 à 12 h 30 et de 15 h à 18 h. Fermé le lundi. Entrée payante : 2200 F.CFA (3,3 €) pour les touristes, 700 F.CFA (1,1 €) pour les résidents (une discrimination tarifaire qu'on n'apprécie pas beaucoup!). Créé en 1931 (et dont le premier directeur fut

Théodore Monod, décédé fin 2000), c'est l'un des plus anciens musées d'art africain du continent. Grâce à des tableaux explicatifs détaillés, il permet au non-initié comme à l'amateur d'art averti d'apprécier la visite. Mais pour une visite plus vivante, nous conseillons de demander à un guide (s'il y en a) de vous raconter les rituels des Diolas et autres Bambaras.

Ne vous étonnez pas de la rareté des objets en provenance du Sénégal : l'islam interdisant toute représentation figurée, le pays s'est davantage illustré dans des disciplines telles que la musique, la danse ou la poésie. La Casamance ayant conservé un fond de croyances animistes, vous pourrez néanmoins admirer quelques masques diolas. Le musée propose donc plutôt un aperçu des différentes tribus d'Afrique de l'Ouest. Onze ethnies au total se partagent une salle de 600 m² bien remplie : reconstitution de cérémonies (initiation, mariages, funérailles), masques et tenues d'apparat déterminant les appartenances culturelles et cultuelles. En haut, une salle dédiée aux expos temporaires, avec parfois des œuvres de peintres ou sculpteurs locaux.

Galeries d'art africain traditionnel

Il en existe plusieurs à Dakar, où vous pourrez découvrir de beaux objets, statues, masques, terres cuites, pagnes, bijoux, etc. ainsi que, parfois, les œuvres d'artistes sénégalais contemporains (notamment des fixés sous-verres). N'hésitez pas à poser des questions, les propriétaires des lieux se feront un plaisir de vous faire découvrir leurs trésors. Attention, toutefois, « authentique » ne veut pas toujours dire ancien.

– ***Galerie Antenna :*** 9, rue Félix-Faure. Ouvert du mardi au vendredi de 9 h 30 à 13 h et de 15 h 30 à 19 h 30 et le samedi matin.
– ***Galerie Orisha :*** 14, rue Mohamed-V. Ouvert du lundi au samedi de 9 h à 13 h et de 15 h à 19 h.
– ***Chez David Mensah :*** 12, rue Mohamed-V.
– ***Galerie Raphia :*** 121, rue Carnot. Ouvert du lundi au samedi de 9 h à 12 h 30 et de 15 h à 19 h.

Où nager ? Où pêcher ?

Nous déconseillons les petites plages qui ne comportent pas le panneau « baignade autorisée », le long des corniches est et ouest du Plateau. De toute façon, il y a beaucoup mieux ailleurs : Bel Air, île de N'Gor, Yoff, Almadies (voir plus loin). Cela dit, si vous avez peu de temps, vous pouvez profiter de la piscine de l'hôtel *Teranga* (entrée : 4000 F.CFA, soit 6,1 €), à deux pas de la place de l'Indépendance (voir ci-dessus la balade autour du Plateau).

Pour les amateurs de ***pêche au gros***, sachez qu'il existe à Dakar deux centres situés à l'embarcadère pour l'île de Gorée *(plan couleur C2, **75**)* :

■ ***Le West Africa Sport Fishing :*** ☎ 823-28-58. Fax : 823-48-37. Est l'ancien centre de pêche d'Air Afrique.

■ ***Le Centre de Pêche Sportive :*** ☎ 822-96-53. Possibilité de louer des bateaux pouvant embarquer jusqu'à six personnes aux membres du club (minimum une journée et mieux vaut réserver). Compter environ 140 000 F.CFA (213,4 €). Un conseil, négociez.

Également un centre renommé, route de la petite corniche :

■ ***Le Centre de pêche du lagon :*** ☎ 821-53-22 ou 823-60-61. Fax : 823-77-27. Dirigé par Cyril Calendini. Pas un bleu, puisqu'il est champion de pêche sportive du Sénégal et titulaire de nombreux records du monde.

DAKAR-FAUBOURGS

★ BEL AIR-HANN

Au nord-est : belles plages autour de l'anse de Hann. Quartier résidentiel, malheureusement irrespirable, en raison de la proximité d'une usine de séchage de poisson. Surtout intéressant pour le *Cercle Nautique* et le *Cercle de l'Étrier*, côte à côte, entre l'ancienne route de Rufisque (quand l'autoroute n'existait pas) et la plage. On y vient pour chercher un embarquement ou pour faire de la plongée (*Neptune Plongée Loisir Dakar,* ☎ 824-10-07). Demandez Pierre et renseignez-vous pour savoir s'il a toujours l'homologation.

Où dormir ? Où manger ? Où boire un verre ?

La Voile d'Or : pointe de Bel Air, à côté du 23e RIMA. ☎ 832-86-48. Fax : 832-47-33. Prendre la direction de l'arsenal, au premier carrefour à droite, puis à gauche et traverser la zone industrielle. Pas facile à trouver mais si vous vous perdez, demandez « Tahiti-plage », tout le monde connaît. Entrée payante : 650 F.CFA (1 €). Une situation magnifique, sur un petit promontoire couvert de cocotiers au bord d'une plage. Tellement « comment passer un très agréable après-midi sans trop dépenser ? » que vous en aurez des remords. Paillote avec terrasse. Dans le parc, des chalets climatisés pour 1 à 4 personnes proches les uns des autres mais propres et spacieux, avec douche et w.-c. Compter 21 000 F.CFA (31,5 €) la nuit avec climatisation et eau chaude.

La Table d'Hôte : chez Elisabeth et André Gillet, villa 38 Hann Marinas. BP 3615 Dakar. ☎ 832-50-13. • tabledhote@sentoo.sn • Doubles à 24000 F.CFA (36,6 €), petit déj' compris. Cette très belle villa face à la mer et tenue par un couple accueillant, abrite des chambres arrangées avec beaucoup de goût. Certaines donnent sur l'océan (avec balcon et salle de bains), d'autres sur le patio intérieur ensoleillé. La n° 6 est très agréable. Les nos 2, 3 et 4 ont une salle d'eau commune. Possibilité de prendre ses repas sur place (demi-pension ou pension complète). Cuisine française (ou sénégalaise) familiale et mijotée. Salon de lecture. Location d'un appartement meublé pour deux personnes. Accueil à l'aéroport, si l'on a réservé à l'avance.

Le Monaco-Plage : bar faisant dancing, juste à côté de *La Voile d'Or.* A perdu son lustre d'antan. Devenu un peu tristoune sauf le week-end. Normal, les vendredi et samedi, des Dakarois y organisent de petites fêtes payantes (modique). Idéal pour lier connaissance. De là, on peut accéder à une plage qui ressemble à celles du Débarquement, c'est tout dire. Ouvert de 11 h à 23 h.

La Corvette : juste à côté. ☎ 832-04-59. Ouvert tous les jours jusqu'à minuit. Compter entre 3 000 et 3 500 F.CFA (4,6 et 5,3 €) pour un plat. Cadre charmant avec terrasse et paillote sur la plage. Ambiance cordiale. On y mange très bien une cuisine franco-française. Carte variée à base de pizzas, salades et spécialités du Sud-Ouest à des prix corrects. Table de billard.

L'Amicale des Plaisanciers : à côté du Cercle nautique. ☎ 832-11-52. Ouvert de midi à 20 h. Sorte de club privé assez chic. Il faut être membre de l'Amicale ou être accompagné d'un membre pour pouvoir y entrer. Organise des soirées de temps à autre.

★ MÉDINA – QUARTIER GRAND DAKAR

Autour et à la suite de la Grande Mosquée ; desservi par l'autobus n° 7. C'est l'un des quartiers les plus populeux de Dakar ; il vaut mieux être prudent lorsque l'on s'y promène, déconseillé la nuit. Au-delà commencent les nouveaux quartiers de Dakar, à l'urbanisme échevelé sans véritable visage humain.

Où manger ? Où boire un verre ?

🍽 ***Keur Baye Mbarrick Fall :*** allées Cheikhna-Cheick-Sidaty-Aïdara, direction Liberté-V ; pas très loin du stade Demba Diop. Bus n°s 9 et 22. L'une des plus célèbres dibiteries de Dakar propose un mouton excellent, que l'on mange assis au coude à coude autour d'une grande table basse. La Fédération de football y invite les arbitres lors des compétitions internationales, c'est dire. Pas très cher.

🍽 🍸 ***La Boule :*** zone B. Même proprio que celui du *N'Galam*. ☎ 824-32-49. C'est un bar-tapas-dibiterie ouvert de 12 h à 6 h du matin. Les noctambules s'y retrouvent quand tout est fermé. Fréquenté surtout par des locaux.

🍽 ***Le Gallard :*** angle des rues 6 et 15. ☎ 821-06-87. De la corniche ouest, prendre sur l'avenue Malick-Sy la 1re à gauche ; c'est à environ 300 m sur la droite. Ouvert tous les jours jusqu'à 1 h. Compter environ 1 700 F.CFA (2,6 €) pour un plat. Un des plus vieux restos sénégalais de Dakar, qui existait déjà avant l'indépendance. Tiéboudienne copieux et délicieux, jus naturels (selon la saison) en carafe.

🍽 🍸 ***Kétisina (Chez Jo Bass) :*** Sicap Dieupeul III, villa 2626, à 150 m de l'église. ☎ 824-03-83. À partir de 2 000 F.CFA (3 €) le plat. Tous les taxis connaissent ce resto un peu excentré, non loin de l'avenue de la Liberté et de l'église des Martyrs de l'Ouganda. Délicieuses viandes (mouton ou poulet) servies dans un cadre agréable. Dibiterie avec terrasse à l'arrière. Clientèle de connaisseurs.

🍽 ***Miniresto Maquis :*** Sicap Amitié 3. Villa 4426, après l'école de Police. ☎ 825-55-73. Ouvert tous les jours de 11 h à minuit. Des bougainvillées sur les murs et une cour intérieure ombragée très agréable. La patronne, Christine, est une Diola très sympa qui a habité à Paris. Elle sert entre autres des spécialités camerounaises. Bons poissons, notamment le thiof grillé à 4 000 F.CFA (6,2 €).

À voir

★ ***Le marché de Tiléne :*** rue 21, angle Blaise-Diagne. Pas beaucoup de touristes, prix intéressants, le plus africain des marchés de Dakar.

★ ***Le marché HLM :*** rue 34, entre les quartiers FAS et HLM. Le plus réputé pour les tissus.

★ ***Le stade Demba-Diop :*** Sicap Liberté I, sur le bd Bourguiba. Accueille les plus grands combats de lutte : ambiance survoltée le dimanche à 18 h, lorsque les leaders des grandes « écuries » s'affrontent. Les combats de moindre envergure se déroulent ailleurs.

★ SOUMBÉDIOUNE

Accès : bus n° 10. Sinon, en voiture, par la route de la corniche (se reporter à la carte de la presqu'île du Cap-Vert).

Où manger ? Où boire un verre ?

Prix moyens

🍽 🍸 ***Le Soumbé :*** au fond du village artisanal de Soumbédioune, au bord de l'anse du même nom. ☎ 822-37-29. Ouvert de 9 h à 2 h du matin. Compter environ 4 000 à 6 000 F.CFA (6,1 à 9,1 €) pour un repas. La nouvelle gérante sénégalaise a réussi à maintenir cette adresse à un bon niveau. Côté cuisine, plats de poisson et viande classiques (thiof, lotte, bœuf...), mais particulièrement bien assaisonnés. Super pour prendre un verre, vautré sur les banquettes, derrière la baie vitrée ou au bout de la petite jetée, en contemplant la rade, ses bateaux multicolores et, l'heure venue, le retour des pêcheurs. Toujours en musique. Le service est attentif et aimable. Du mercredi au samedi, soirées-concerts de salsa sénégalaise, reggae, rock, rap, jazz. Nombreuses autres soirées musicales et thématiques, penser à téléphoner.

À voir. À faire

★ ***Le marché au poisson :*** dans l'anse de Soumbédioune, en fin de journée, au retour des pêcheurs, selon la marée bien sûr. Pirogues bariolées et nombreux étals où les femmes récupèrent, trient, nettoient le poisson. Ambiance très naturelle et sympa.

★ ***Le village artisanal :*** avant d'arriver à l'anse de Soumbédioune. La plus grande exposition de fabrication artisanale du Sénégal. Choix fabuleux. Les premiers prix proposés sont exorbitants car les tour-opérateurs y arrêtent leurs groupes, généralement peu rodés en matière de marchandage. Mais si vous avez déjà passé quelque temps au Sénégal, vous aurez certainement affiné votre sens de la négociation. Avec une telle « arme », on peut faire de bonnes affaires n'importe où. Suffit d'un peu de doigté. Une chose est sûre : les objets proposés ici sont en général de bonne qualité. Sauf les djembés, loin de valoir les modèles « pros » fabriqués par les musiciens eux-mêmes. On trouve à peu près les mêmes choses à l'extérieur au bord de la route à des prix plus raisonnables. Allez-y de bonne heure, discutez et n'hésitez pas à partir sans acheter.
Si le cœur vous en dit, vous pouvez même faire une balade dans le petit train touristique de Soumbédioune. Pour tous renseignements : ☎ 823-52-96, demandez Philip.

★ ***Le parc national des îles des Madeleines :*** autorisation de visite au bureau des Eaux et Forêts, dans le virage, juste après la Cour de cassation (ancien Musée dynamique). ☎ 821-81-82. Ouvert toute l'année, mais les visites ne se font que par mer calme. Entrée + bateau : 4000 F.CFA (6,1 €) par personne. Réduction pour les groupes. Les gardiens vous adjoindront un guide formé spécialement. Chouette balade. Côté oiseaux, il y en a moins que dans le Siné Saloum mais on y trouve des espèces plus rares. Par exemple le phaéton, un pélécaniforme avec une longue queue et un bec rouge, dont ces îles sont le seul lieu de nidification en Afrique. Mieux vaut venir entre octobre et mars, c'est la période où l'on voit le plus de spécimens. Le parc recèle également quelques espèces florales très rares. Vêtements marins et chaussures de marche de rigueur. Pensez aussi aux jumelles. Accostage et départ de l'île parfois délicats. Petites émotions au voisinage de la barre.

★ ***L'Université :*** un peu plus loin, toujours sur la corniche ouest, à Fann. Juste devant, on trouve la plage de Fann et un parcours de jogging, ainsi que quelques équipements sportifs. Beaucoup d'étudiants y pratiquent leur gymnastique en groupe ou individuellement. Au-delà, commencent les quartiers résidentiels : belles villas.

➤ *DANS LES ENVIRONS DE DAKAR*

L'ÎLE DE GORÉE

Gorée est très à la mode pour la jet-set. Pour preuve, on y trouve une piste d'atterrissage pour les hélicoptères, et le financier philanthrope Georges

Soros a même acheté une maison. Pas étonnant que le prix auquel se vend le moindre mur de maison délabrée ait explosé. Alors comme les Tropéziens d'avant Bardot, vous pourriez pleurer sur le passé révolu. C'est vrai, il y a un charme méditerranéen dans cette petite île rassemblée autour d'une anse minuscule, d'une belle eau transparente (baignade autorisée), qu'on n'a pas envie de voir disparaître. Pourtant, ce mouvement a plutôt profité à l'île dont les maisons étaient laissées à l'abandon. Aujourd'hui, ce sont de véritables hordes de touristes que la navette déverse toute la journée. La plupart restent à peine une heure, ce qui frustre une partie de la population qui vit essentiellement des revenus du tourisme (même si nombreux sont les insulaires qui travaillent à Dakar). L'île ne mesure certes que 900 m de long sur 300 de large, mais si vous voulez en faire le tour en profitant à fond de tout ce qu'il y a à voir, ça peut facilement vous prendre la journée. Nous, on ne saurait que trop vous conseiller de visiter l'île seul, d'arpenter ses ruelles une journée entière et de profiter du soleil en déjeunant sur le port. Et pourquoi ne pas passer une nuit là ? Vous ne l'oublierez pas de sitôt. Point d'appui aléatoire de la présence française au XVIIIe siècle, l'île était déjà réputée pour son charme. Le chevalier de Boufflers, fait gouverneur du Sénégal par la marquise de Sabran, venait s'y reposer des fièvres de Saint-Louis auprès des belles *signares*, métisses entourées d'esclaves et habiles au commerce. L'importance stratégique de l'île date du XIXe siècle lorsqu'elle devint bastion de l'expansion coloniale et la matrice qui donnera naissance à Dakar. Elle n'est plus qu'un quartier isolé de cette dernière. Le quartier le plus tranquille, pourrait-on ajouter : les enfants jouent dans les ruelles et sur la place centrale, où trône un oratoire vide assurant un peu d'ombre à quelques chèvres. La population de l'île n'a jamais dépassé 1 200 habitants.

Dans notre imaginaire occidental, Gorée est liée à l'esclavage. Or, il est établi que Gorée n'a eu qu'un rôle marginal dans le trafic d'esclaves. Le choix de l'Unesco doit beaucoup au jeu d'influences, à la proximité d'une grande capitale et à la persistance de quelques bâtisses, alors que les grands sites esclavagistes du golfe de Guinée n'ont pas résisté au temps et aux intempéries. Gorée est dans la réalité plus un symbole qu'un ensemble de vestiges significatifs. D'ailleurs, comme si la *maison des Esclaves* ne suffisait pas, un mémorial de l'esclavage a été érigé au sud de l'île, au sommet du castel. Nous précisons aux lecteurs désireux d'en savoir plus que l'IFAN a édité un petit livre d'une soixantaine de pages sur l'histoire de Gorée. Renseignez-vous au Musée historique (rubrique « À voir »).

Comment y aller ?

➢ Puisque vous ne pouvez vous y rendre en hélicoptère (et heureusement !), il ne vous reste plus qu'à vous rendre à l'***embarcadère*** *(plan couleur Dakar, C2,* ***75****)* : entrée au 1, bd de la Libération, en face de la station Total.

■ Adresses utiles

- Embarcadère/débarcadère
- Office du tourisme
- 1 Police
- Poste

Où dormir ? Où manger ?

- **10** Hostellerie du Chevalier de Boufflers
- **11** Auberge Keur Beer

★ À voir

- **20** Maison des Esclaves
- **21** Maison de la signare Victoria Albis
- **22** Musée de la Mer
- **23** Fort d'Estrées

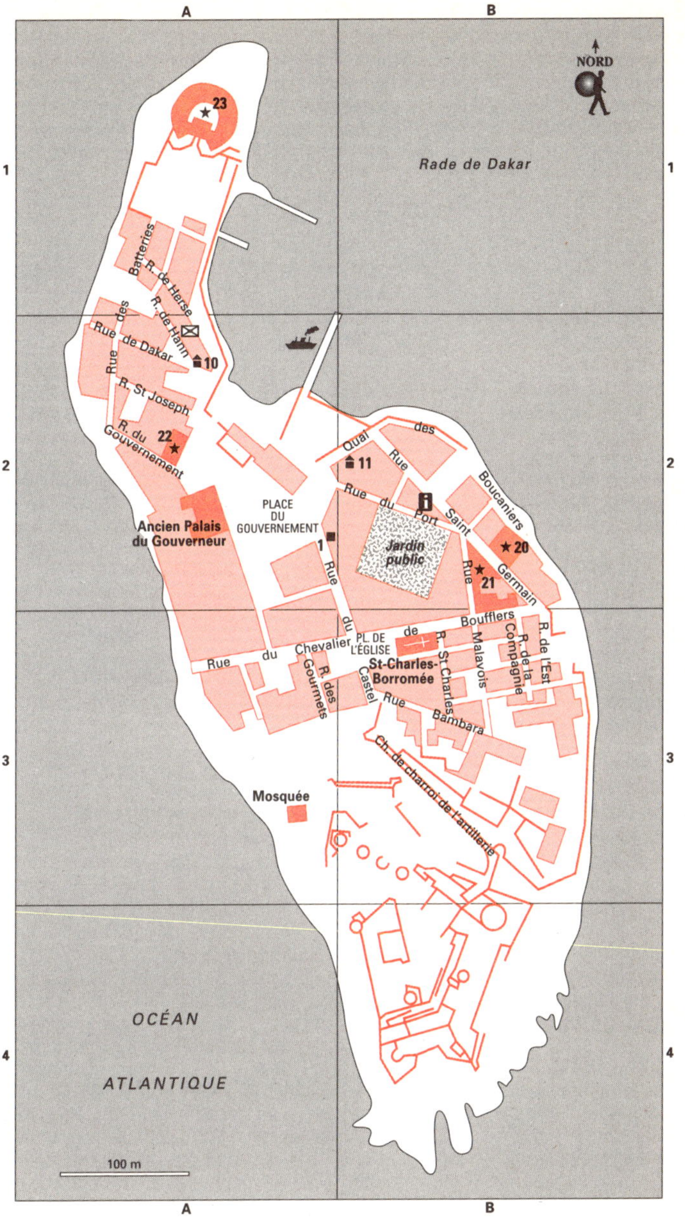

L'ÎLE DE GORÉE

Quand on est dos à la gare de Dakar, c'est une petite ruelle sur la gauche (suivre le panneau indicateur). Attention aux pickpockets et aux pseudo-guides particulièrement pesants qui n'hésitent pas à faire la traversée avec vous et essaieront de vous entraîner, tout en bavardant, dans les rochers derrière le fort où attendent des comparses, pour vous dévaliser. Ne laissez personne acheter vos tickets à votre place. Le mieux, si vous tenez à vous faire accompagner, est de faire appel à l'un des dix guides agréés par le ministère du Tourisme. Ils ont des papiers officiels en français avec leur photo.

La traversée dure une vingtaine de minutes. Service régulier presque toutes les heures de 6 h 15 à 22 h 30 (de 7 h à 0 h 45 les samedi et dimanche). Retour de Gorée presque toutes les heures de 6 h 45 (7 h 30 le dimanche) à 23 h (1 h 15 le samedi). L'aller-retour coûte 3000 F.CFA (4,5 €) par personne (prix touriste), 1 000 F.CFA (1,5 €) pour les résidents, sur présentation de la carte. Le tarif des guides accrédités est fixe, à la demi-journée ou à la journée. Beaucoup de monde le week-end.

Adresses utiles

Office du tourisme *(plan B2)* **:** rue Saint-Germain. ☎ et fax : 822-97-03. • s.i.goree@metissacana.sn • Ouvert de 9 h à 13 h et de 14 h 30 à 18 h, sauf les lundi, samedi et dimanche après-midi. Ce syndicat (de bonne initiative) s'occupe surtout de coordonner les agents touristiques de l'île et chapeaute le développement économique, social et écologique du tourisme à Gorée. Le but : harmoniser le secteur touristique pour que celui-ci reste soucieux des intérêts de la population. Bien sûr, ça ne s'adresse pas directement aux touristes, et si vous allez au bureau pour glaner des dépliants, vous serez déçu. Mais l'office est en train de constituer un fonds documentaire sur Gorée, promis pour bientôt.

Police *(plan A2,* ***1****)* **:** ☎ 821-48-24. Ouvert 24 h/24.

Poste *(plan A2)* **:** terme à 17 h.

Où dormir ? Où manger ?

Auberge Keur Beer *(plan B2,* ***11****)* **:** 1, rue du Port. ☎ et fax : 821-38-01. Portable après 18 h : ☎ 637-98-12. • www.senegal-online.com/keurbeer • Sur la gauche, en venant du débarcadère, à proximité de la rue qui conduit à la *maison des Esclaves*. Compter 18000 F.CFA (27,4 €) pour deux par nuit ou 20 000 F.CFA (30,5 €) pour trois. Sept chambres dotées d'un très bel ameublement en bois, spacieuses et parfaitement propres. On peut prendre le petit déj' dehors, dans une courette, ou dans le réfectoire/salle de séjour. Établissement tout à fait convivial, accueil extra de « Loulou », le gérant. Prix dégressifs pour ceux qui restent longtemps, réductions sur le trajet en bateau. Dans le hall sont exposées des œuvres d'artistes goréens ou dakarois. Plein de beaux livres et de doc à consulter.

Hostellerie du Chevalier de Boufflers *(plan A2,* ***10****)* **:** ☎ et fax : 822-53-64. S'adresser à la réception du resto (nickel, d'ailleurs), près du débarcadère. La fameuse « hostellerie » est située un peu plus loin, dans un dédale de ruelles. Chambres doubles à 23000 F.CFA (35 €) vraiment superbes, bien décorées, certaines avec un lit à baldaquin, toutes avec ventilo et grande salle de bains. D'autres chambres moins chères, en bas, mais peu agréables et sombres. Cette jolie maison rouge aux volets verts a un charme certain. Studio pour 4 personnes bon marché : une idée originale pour séjourner au calme.

Autour du débarcadère *(plan A2)*, une multitude de petits ***restaurants*** qui pratiquent des prix *grosso modo* identiques : *Poulot, Thio, Fassy, Resto Bleu...* avec, sur l'extrême gauche, *Les Boucaniers* et *Le Saint-Germain,* peut-être les plus pittoresques. Les tables sont installées à même le sable : l'endroit idéal pour savourer un *thiof* grillé sous les parasols au bord de l'eau. Les crevettes de la baie, grillées, sont aussi excellentes. Le soir venu, vous écouterez le *sico,* musique traditionnelle goréenne.

À voir

★ ***La maison des Esclaves*** *(plan B2,* ***20****)* **:** sur la gauche en arrivant au port. Fermé le lundi. Ouvert de 10 h 30 à 12 h et de 14 h 30 à 18 h (15 h le vendredi après-midi). Entrée pas chère : 350 F.CFA (0,5 €) pour les touristes. Construite à la fin du XVIIIe siècle, elle a été entièrement rénovée en 1990 grâce au concours de l'Unesco et de la fondation France-Libertés. Le rez-de-chaussée servait à parquer les esclaves, classés par sexe, âge et poids. La cellule des « inaptes temporaires » regroupait les esclaves pesant moins de 60 kg, qui étaient engraissés jusqu'à ce qu'ils atteignent le poids requis. En quelques phrases, le conservateur résume tous les drames et les scandales du trafic, raccourci bouleversant du malheur des peuples razziés. Le rôle de cette esclaverie dans la traite est surestimé ; on est assuré qu'aucun trafic négrier n'a utilisé la porte dite du « voyage sans retour ». Bien sûr, tous les guides vous affirmeront le contraire. Selon une autre hypothèse, cette porte aurait servi à faire disparaître des cadavres directement dans la mer.

★ En forme d'étrave, juste à côté, la ***maison de la signare Victoria Albis*** *(plan B2,* ***21****),* ancien musée de l'IFAN (Institut fondamental d'Afrique noire ; les « f » et « n » changent de sens avec la décolonisation), actuel musée de la Femme. Vous pouvez éviter de dépenser les 1 000 F.CFA (1,5 €) de la visite ; allez plutôt flâner dans les rues avoisinantes jusqu'aux petites places ombragées de grands arbres. Repérez au passage la maison de Blaise Diagne, premier député africain du Parlement français et grand organisateur des tirailleurs sénégalais, bien utiles lors de la Grande Guerre. À propos, savez-vous que Dakar, Gorée, Rufisque et Saint-Louis étaient des communes françaises et leurs habitants des Français à part entière ?

★ ***Le musée de la Mer*** *(plan A2,* ***22****)* **:** sur le port, juste à droite avant l'hostellerie. Fermé le lundi. Ouvert de 10 h à 13 h et de 14 h 30 à 17 h 30. Vaste demeure restaurée et couverte, en saison, de bougainvillées. Célèbre pour ses collections de poissons et mollusques marins.

★ Un peu plus loin, dans la petite ruelle qui monte en face du débarcadère, ne pas manquer l'***atelier du peintre Fallou Dolly***. Il possède un style inimitable et une technique unique de peinture sur verre. Colorés et empreints de la naïveté caractéristique des peintures sur verre sénégalaises, ses tableaux ont complètement révolutionné le genre. Les cadres sont en bois vieilli. Attention, Fallou expose fréquemment à l'étranger dans des galeries, et notamment à Paris : prix en conséquence.

★ ***Le fort d'Estrées*** *(plan A1,* ***23****)* **:** sur la droite en débarquant. Ouvert de 10 h à 13 h et de 14 h 30 à 17 h. Fermé le lundi. Le bateau l'a longuement longé. Ouvrage récent (1850), il n'a rien de rare sur le plan militaire mais renferme une merveille : le *Musée historique du Sénégal,* peut-être un peu didactique mais passionnant. Tous les petits Sénégalais devraient pouvoir y passer une journée. Douze salles s'ouvrent en éventail sur la place d'armes (la treizième est consacrée à la vente de souvenirs). Elles retracent toute l'histoire du pays depuis la préhistoire (fort riche), en passant par les royaumes primitifs, les différentes ethnies, la traite (très bien expliquée), la colonisation et l'indépendance. Une visite rapide est intéressante, mais on peut y passer des heures. Avant de partir, prendre un verre sur les remparts, l'air du large atténue la chaleur, c'est divin.

ALMADIES-N'GOR-YOFF

La partie nord-ouest de la presqu'île du Cap-Vert est en général la première ou la dernière étape des touristes au Sénégal : l'aéroport Léopold-Sédar-Senghor est à deux pas.
La ville n'a pas d'autre attrait particulier. La pointe des Almadies est un coin idéal pour prendre un verre paisiblement ou manger de bons fruits de mer au clair de lune. Pour résider, nous apprécions beaucoup Yoff-Village, village de pêcheurs gentiment préservé, un peu à l'écart du tourisme. Quant au Grand-Yoff, quartier peu sûr et étouffant, nous le déconseillons carrément.
Ceux qui veulent en profiter jusqu'au dernier moment pourront passer leur dernière nuit sur l'île de N'Gor. C'est notre endroit préféré, et celui de pas mal d'autres touristes, du reste... Mais la plupart logent sur le « continent », criblé de grands hôtels. Alors que sur l'île, les possibilités d'hébergement en petites structures (et même chez l'habitant) assurent un certain charme et un grand calme. Les pirogues assurent le retour sur la terre ferme dès 7 h du matin. Ticket : 300 F.CFA (0,46 €) l'aller-retour.

➢ ***Pour y aller :*** le bus n° 8 (celui de l'aéroport) assure la liaison entre Yoff et Dakar, en passant par N'Gor, les Almadies et Ouakam : attention, certains stoppent à Ouakam, les passionnés d'aviation peuvent en profiter pour voir l'endroit d'où Mermoz serait parti pour son dernier voyage.

Où dormir ?

Dans l'ensemble « N'Gor-Yoff », très développé sur le plan du tourisme, il existe des tas d'adresses chic que nous n'avons pas jugé bon de citer. Elles offrent toutes un très bon niveau de confort. Mais voici quelques pistes sympas pour ceux qui font attention à leur budget. Précisons que les prix « bon marché » sont plus élevés qu'ailleurs au Sénégal (lire la remarque dans notre rubrique « Budget »).

À N'Gor

Chez Carla : sur l'île de N'Gor, seconde plage. ☎ 820-15-86. La chambre double avec salle de bains revient à 15 000 F.CFA (22,9 €) au 1er étage, 20 000 F.CFA (30,5 €) au 2e. Établissement lové dans les rochers, avec une terrasse au bord de l'eau. Une super adresse pour séjourner au calme. Conséquence : c'est souvent complet, penser à réserver. Cuisine italienne (compter 3 000 F.CFA, soit 4,6 €) servie par une équipe sympa.

Keur Yaadikoone : après *Chez Carla*, continuer la ruelle jusqu'au bout et tourner à droite. ☎ 820-44-49 ou 826-29-57. Fax : 826-17-76. On aime vraiment cette belle maison enfouie dans les ruelles de l'île. Elle dispose de trois grandes chambres un peu vides mais superbement décorées, avec salle d'eau collective très propre, pour 14 000 F.CFA (21,3 €) en demi-pension. Trois autres chambres avec salle de bains individuelle. Attention aux moustiquaires des fenêtres, trouées par endroits. La déco de cette baraque familiale a été imaginée par un artiste du coin. Admirez les mosaïques sur le sol et les œuvres d'art dans le salon. Accueil chaleureux ; on s'y sent vraiment chez soi. Possibilité de louer la maison entière, à un prix très raisonnable. Nombreuses activités organisées par la bande d'Alassane.

▲ ***Hôtel Cap Ouest :*** juste après *Le Virage*, entre N'Gor et Yoff, prendre le chemin de gauche. ☎ 820-24-69. • romuald.taylor @sentoo.sn • Hôtel-resto en bordure de mer, peint en bleu clair et blanc façon poissonnerie, avec une petite plage privée. Chambre double à 16000 F.CFA (24,4 €) avec ventilo de plafond, moustiquaire et salle de bains nickel. Ces prix restent corrects, vu la situation. Chambres familiales à l'étage. L'ambiance y est très décontractée, l'équipe gentille comme tout. Romu, un Français né aux États-Unis, pourra vous faire partager sa passion de la navigation, lui qui a servi dans la marine marchande voilà quelques années. Il s'occupe par ailleurs du site • www. ausenegal.com • rempli de bonnes infos.

▲ ***Le Toucan :*** à Yoff-Layenne. ☎ 820-90-39 ou 642-54-99. Chambre à 6000 F.CFA (7,5 €) par personne. Un panneau rouge l'indique sur la gauche de la route nationale qui vient de l'aéroport, en direction du centre-ville de Dakar. C'est une maison de trois étages, sur une ruelle calme (à 50 m de la nationale), à 400 m de la plage. Tenue par une Française. Accueil jovial. Chambres modestes mais propres (moustiquaires, ventilateurs) avec salle de bains commune. Loue aussi des appartements pour 8 personnes.

▲ ***Le Darkasse :*** route de N'Gor, pas loin du Casino du Cap-Vert. ☎ et fax : 820-03-53. Un des moins chers du coin, dans la catégorie des hôtels de bonne tenue. Doubles ventilées à 15 000 F.CFA (22,9 €) et triples à 20000 F.CFA (30,5 €). À proximité de la plage. Ce bâtiment relativement vilain abrite des chambres calmes et agréables dotées d'une grande salle de bains. En revanche, la vue n'est pas géniale. Très bon accueil, esprit sympa.

▲ ***L'auberge de N'Gor :*** voir « Où manger ? ». Ce restaurant propose aussi quelques belles chambres, spacieuses et joliment meublées, avec salle d'eau, pour 15000 F.CFA (22,9 €).

À Yoff

Attention, les avions ont coutume de passer juste au-dessus de Yoff lorsqu'ils décollent en direction de l'Europe. Les vols ne sont pas trop fréquents, heureusement, mais au moins vous êtes prévenu.

▲ ***Auberge Tefesguy :*** dans le quartier dit « Yoff-Garage », tout près de la plage aussi, face à l'île de Yoff. De la route principale, tourner au niveau de la pharmacie Mame Ndiare et aller jusqu'au bout. Puis demander. ☎ et fax : 820-94-35. Tranquillité et convivialité sont assurées dans l'enceinte de ces deux bâtiments roses juxtaposés, face à la mer. Les chambres doubles sont propres, avec salle d'eau acceptable et à prix doux : 14000 F.CFA (21,3 €) pour deux, petit déj' compris. Très bon marché pour une seule personne. Terrasse sur le toit où l'on peut prendre le petit dej' ou rêvasser devant l'astre roi qui se glisse le soir dans ses draps scintillants. À moins que vous ne préfériez la terrasse du premier ou le petit salon. Vraiment, Samba tient là une belle auberge.

▲ ***Campement Le Poulagou :*** plage de Tonghor, juste à côté de la plage. C'est indiqué à partir de la route principale. ☎ 820-23-47. Compter 12000 F.CFA (18,3 €) pour deux, petit dej' compris. Quelques chambres minimalistes donnant sur un jardin. Sanitaires communs pas bien tenus. C'est dommage. En revanche, l'accueil est familial et, du bar, on peut observer le va-et-vient des pêcheurs déchargeant leurs prises sur la plage. Un endroit pas cher, mais qui mériterait plus d'entretien.

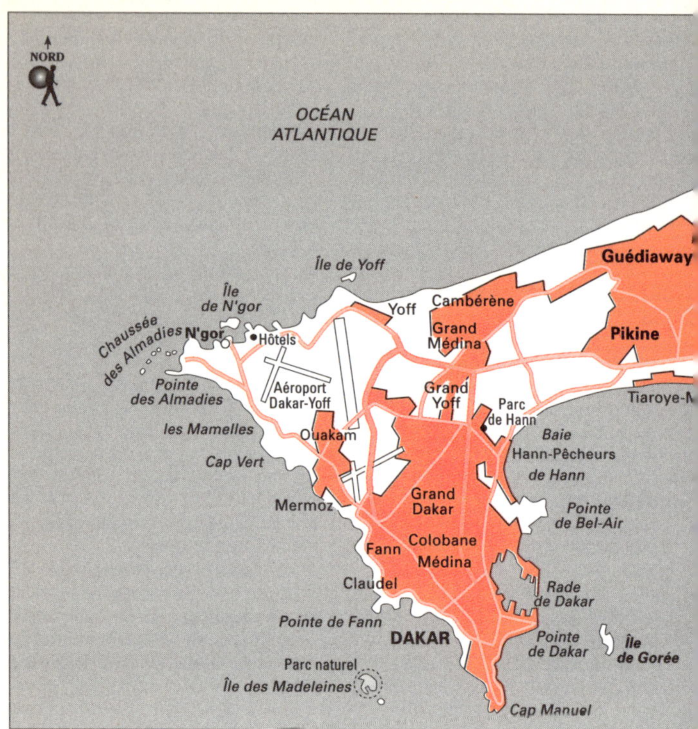

Où manger ?

Sur l'île de N'Gor

Chez Seck : ☎ 820-01-73 ou 634-57-18. À droite de l'arrivée de la pirogue, sur la grande plage (en face du complexe touristique de N'Gor). Il y a belle lurette que la réputation de Seck n'est plus à faire. On y mange bien pour moins de 3000 F.CFA (4,6 €), sur un emplacement magnifique. Langoustes à prix raisonnables. Que vous ayez envie de crevettes ou de poissons fraîchement sortis de l'eau, c'est là qu'il faut aller. Ah ! le sandwich aux crevettes !

L'Oasis de la petite plage : juste à côté de *Chez Carla*, sur la petite plage. ☎ 820-69-28. Quelques plats de la mer servis dans une ambiance « on est tous copains ». Poissons joliment préparés et richement accompagnés pour environ 3 000 F.CFA (4,6 €). La lotte est délicieuse. Déco fantaisiste et bariolée, fruit du délire d'une bande de jeunes rastas qui ont dû vider pas mal de pots de peinture. Toujours de la musique africaine en fond. Adresse cool.

Sur la route de l'aéroport

L'auberge de N'Gor : sur la route principale, près du Casino. ☎ 820-03-40. Compter au moins 6000 F.CFA (9,1 €), d'autant que

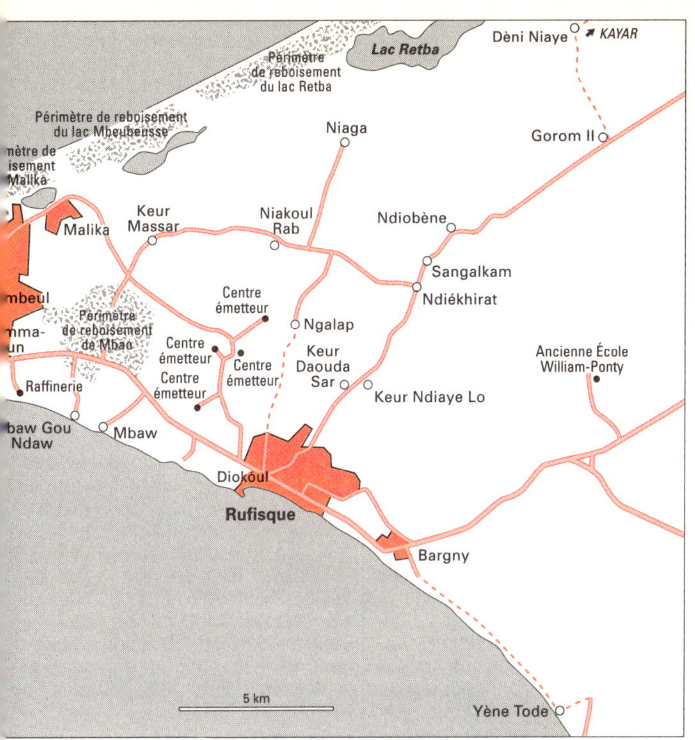

LA PRESQU'ÎLE DU CAP-VERT

les boissons ne sont pas données. Variété de la carte impressionnante. En plus de plats traditionnels sénégalais, on y sert des fondues de toutes sortes, paellas, fruits de mer... Sincèrement, l'un des meilleurs poissons grillés qu'on ait mangés, toutes catégories confondues. Le resto est sous une vaste terrasse couverte ceinte de fresques bucoliques. Service agréable et discret. Un détail : la volière mériterait d'accueillir quelques beaux oiseaux colorés, genre perroquets. On n'a rien contre les pintades, mais bon...

Le Virage : entre Yoff et N'Gor, dans le grand virage justement. ☎ et fax : 820-06-57. Belle plage et piscine d'eau de mer avec vue sur la corniche. Excellente cuisine et service attentif. Compter environ 6000 F.CFA (9,1 €) le repas. Fréquenté surtout par les expats. Bien pour aller prendre un bol d'air. Propose également des chambres, assez chères.

À la pointe des Almadies

Le Récif des Almadies : pointe des Almadies. ☎ 820-11-60. Grillades et plats vietnamiens à des prix raisonnables. Choix hallucinant de poissons, fruits de mer (oursins tout frais, huîtres de Sokone...). Bref, des centaines de plats, pour la plupart à moins de 4000 F.CFA (6,1 €). Sur une terrasse cernée de fleurs, face au phare. Magique le soir : on reste hypnotisé par ce clignotement perforant l'obscurité. Service impeccable.

Éviter les fins de semaine, c'est toujours bondé.

Le Dionewar : pointe des Almadies. ☎ 820-09-11. Fermé le jeudi. Tenu par des Français et fréquenté quasi exclusivement par des expats. Prix assez élevés, comme *chez Babou*. Mais la qualité et le cadre sont super. Cuisine bien de chez nous et spécialités de la mer. Ça vaut le coup si vous êtes fatigué de la cuisine sénégalaise.

Keur Babou : juste à côté du Dionewar. ☎ 820-19-42. Resto chic installé dans une belle cour ombragée. Compter au moins 7 000 F.CFA (10,7 €). Spécialités de fruits de mer. Desserts délicieux. Avec en plus un service attentionné. Bien sûr, l'addition est lourde. Mais pensez qu'on mange comme un prince pour à peine plus cher qu'un relais routier en France...

Pour ceux qui en sont à racler les fonds de tiroirs dans l'espoir de réunir quelques malheureux F.CFA, il existe aux Almadies des ***snacks-buvettes*** qui servent des coquillages frais grillés, et aussi un ***chinois*** pas cher à l'entrée de la place.

Où boire un verre ?

Le Black is white : bar situé sur la plage de N'Gor. ☎ 820-24-64. C'est quand même bien sympa de boire un coup le soir, les pieds enfouis dans le sable frais. Le *Black is white* organise de temps en temps des concerts de musique africaine et de reggae avec les excellents tapeurs de djembé que compte N'Gor. Et pour ne rien gâcher, les consos sont bon marché. On peut également y manger : chaque jour un plat différent complété d'un dessert, et ce pour environ 5 000 F.CFA (7,6 €). Le dimanche, c'est langouste. Deux fois plus cher.

Casino du Cap-Vert : route de N'Gor. ☎ 820-09-74 ou 820-04-80. Ouvert tous les jours. Bar, salle de jeux avec machines à sous, black-jack, roulette... mais aussi boîte de nuit assez chic et plutôt guindée.

À voir

★ **Les Mamelles :** deux collines rocheuses dans un paysage désertique. Le phare est à 2 km de l'arrêt de bus. Ça grimpe, mais ça en vaut la peine. De la plate-forme, une vue grandiose sur l'océan et la presqu'île. Plus intéressant encore : un bon panorama de l'urbanisation rampante. Les 84 marches du phare n'ajoutent rien à la vue, sinon le champ de tir voisin, mais permettent d'admirer le jeu de lentilles du phare, le plus puissant d'Afrique après celui du cap de Bonne-Espérance. Il se visite de 15 h à 18 h seulement (et de 10 h à 18 h 30 les samedi et jours fériés).

Contrairement à ce que nous vous conseillons habituellement, n'hésitez pas à préparer un petit cadeau pour les enfants qui vous accueillent en offrant un petit brin de menthe fleuri fraîchement coupé.

★ **La pointe des Almadies :** 1,5 km de marche depuis l'arrêt de bus, le long du somptueux complexe hôtelier, *le Méridien Président,* offert par le roi Fahd, lors d'un sommet islamique. D'un côté de la place, on trouve des restos et hôtels chic ; de l'autre côté, une petite plage parsemée de rochers. Entre les deux, vous serez sûrement harcelé par quelque marchand de pacotilles qui vous persuadera de l'utilité d'un collier de bois ou d'un pot à crayons en corne de zébu. Quant au point le plus occidental d'Afrique, au bout de la jetée, vous n'aurez pas le droit d'y aller : le *Club Med* le réserve à ses membres. Consolez-vous avec une douzaine d'huîtres de mangrove (pas cher) proposées par les baraques de dégustation installées là avec quelques tables et sièges. Qualité sanitaire garantie grâce aux bassins situés juste derrière. Mais peut-être préférerez-vous les coques, pétoncles, berniques grillées, qui sont un régal. À déguster très chaud.

★ ***N'Gor :*** un village, une belle plage, une île formidable : petites maisons dans des enclos minuscules, ceinturés de murs en pierres sèches ; nombreuses possibilités chez l'habitant. Une pirogue fait la navette en continu : 500 F.CFA (0,8 €) aller-retour. Achetez le billet directement à l'embarcadère, près de l'hôtel-resto « la Brazzerade ». La pirogue vous dépose soit sur la petite plage (à gauche), vers *Chez Carla*, soit sur la grande plage (à droite) vers *Chez Seck*. Sur la plage, côté continent, nombreuses possibilités de logement. Mais c'est encore plus inoubliable de dormir sur l'île. Pour les routards pêcheurs, tous les établissements proposent des excursions : Centre de pêche sportive, Pêche passion, etc. Précisons que nous n'avons pas testé les compétences de chacun... N'Gor est aussi un bon « spot » de surf, mais il faut être guidé par un pro : les récifs sont ultra-dangereux. On ne peut surfer que certaines vagues, très localisées.

★ ***Musée d'art contemporain « Boribana » :*** sur la route de N'Gor, prendre la petite route qui part juste en face de la station Shell. C'est fléché. ☎ 820-41-15. Ouvert du mardi au dimanche de 11 h à 18 h (le mercredi jusqu'à 20 h). Entrée : 1 000 F.CFA (1,5 €). Réductions pour les groupes, les étudiants. Quelle heureuse initiative ! Quand on sillonne le Sénégal, on voit de l'art, toujours de l'art, partout... mais bien peu de musées ! Enfin, le rêve du conservateur, Boubacar Koné, s'est réalisé. Le musée Boribana a ouvert ses portes au public en décembre 2000. Il rassemble les œuvres de la diaspora africaine, notamment de peintres afro-américains. La collection permanente compte quelques toiles et sculptures extraordinaires. Dans le jardin sont rassemblées des statues anciennes, d'origine bambara ou dogon. Et aussi quelques pièces en matériaux de récup'. Projections vidéo, colloques et ateliers « workshop » complètent le tableau. Car il ne s'agit pas seulement d'exposer : M. Koné souhaite surtout promouvoir la création artistique au Sénégal. N'oublions pas de parler du bâtiment flambant neuf, dont l'architecture évoque deux pianos à queue, un petit jouxté à un grand.

★ ***Yoff :*** deux quartiers principaux : d'abord le « Grand-Yoff », dans le nord de l'agglomération de Dakar. Zone pas très recommandable au climat social assez difficile. Et plus à l'ouest, le « Petit-Yoff » appelé aussi Yoff-Village, qui borde la plage. Atmosphère sympa : tout le monde se connaît. D'ici on aperçoit l'île de Yoff, qui ne se visite pas. À ceux qui nous écrivent que la plage est sale, nous répondons qu'ils se sont baignés dans le port de pêche (intéressant d'ailleurs). La plage que nous recommandons est 1 km plus loin, après la mosquée. Les plus paresseux peuvent se faire conduire dans une carriole servant à décharger le poisson. Possibilité d'aller par la plage depuis Yoff jusqu'à *Pikine* (10 km). *Attention !* la mer est dangereuse.
La mosquée qui se détache sur la plage est le centre spirituel de la confrérie des Layènes. La foule, en blanc, est impressionnante le vendredi après-midi ; attention, il s'agit d'une prière, pas d'un spectacle ; on ne photographie pas, même au télé-objectif. Un panneau à 100 m devant la mosquée délimite un espace consacré, évitez de le traverser en maillot de bain.

RUFISQUE

Ancien comptoir colonial supplanté par Dakar, Rufisque peut faire penser à Saint-Louis par son charme compassé mais semble abandonné de plus en plus à l'oubli de son intense activité passée. Il n'y a pourtant pas si longtemps, l'huile « La Rufisquoise » était réputée, la ville stockait des montagnes d'arachides. Des pontons perpendiculaires à la plage, les *warfs,* permettaient aux cargos d'accoster et de charger la marchandise. En plus de l'huilerie et des entrepôts d'arachide, l'activité économique repose aujourd'hui encore sur des filatures, une cimenterie, une usine Valda (eh

oui !), les chaussures Bata (re-eh oui !) en plastique, trois cinémas, des hôtels, des restaurants. Bref ! ce qui constitue une vraie cité. Pendant l'hivernage, la conjugaison de la marée haute et des pluies diluviennes accroît les risques d'inondation, d'autant plus que la ville est au même niveau que la mer. Ne soyez donc pas étonné si certains qualifient parfois Rufisque de « petite Venise du tiers monde ». Quitter la nationale très animée pour vous balader dans les rues bordées de vieilles maisons bien conservées (sur la droite en venant de Dakar). Certaines évoquent l'architecture créole des Caraïbes ou de Louisiane.
Dans la rue principale, Ousmane-Socé-Diop, parallèle à la nationale, sont concentrés *BICIS* (n'accepte aucune carte), pharmacie, télé-centre, commissariat, etc.

➢ ***Pour y aller*** **:** de Dakar, plusieurs bus de la gare routière.

Où dormir ? Où manger ?

Chez Charlie Point d'eau : route de Rufisque, à Thiaroye-sur-Mer (à 7 km de Rufisque et 12 km de Dakar). ☎ 834-07-42. Sur la gauche de la route nationale, en venant de Dakar, en face d'une grande station d'essence Shell. De 6 500 à 15 000 F.CFA (9,7 à 22,5 €) pour une chambre double. Étape pas trop chère, avec des bungalows en dur, dans la verdure d'un petit jardin. Prix des chambres affichés au bar. Les plus chères ont un lit double, une douche-w.-c., l'eau chaude, la climatisation.

Auberge l'Oustal de l'Agenais : à l'entrée de Rufisque en venant de Dakar, au km 23, dans un renfoncement sur la droite, côté cité Bata ; arrêt des cars rapides juste devant. ☎ 836-16-48. Fax : 834-10-06. De 10 000 à 12 500 F.CFA (15 à 18,7 €) la double. Tenue par Monique, une Française soucieuse de rendre agréable le séjour de nos lecteurs. Chambres ventilées, spacieuses, avec douche. Piste et bar pour des spectacles le week-end. Balades organisées possibles. Repas sénégalais et européens (de 1 000 à 3 500 F.CFA, ou 1,5 à 5,3 € le plat). Accueil jovial.

➤ DANS LES ENVIRONS DE RUFISQUE

À voir

★ ***Le village des Tortues*** *(Centre de protection des tortues du Sénégal)* **:** à ***Noflaye,*** à une quinzaine de kilomètres de Rufisque, au km 6, sur la route de Sangalkam, vers Bambilor. C'est juste après le village de Keur Ndialaye Lo. ☎ (Tomas Diagne) 836-88-31 (à Dakar) ou au ☎ 639-97-05. Ouvert tous les jours de 9 h à 19 h. Visites guidées. La tortue *sulcata,* la plus grosse d'Afrique, est menacée de disparition. Une jeune équipe s'est chargée de la préserver. Intéressant.

★ ***Le monastère de Keur Moussa :*** de Dakar, cars rapides direction Thiès, arrêt au croisement 50 (environ 20 km après Rufisque), puis taxi-brousse, ou mieux une calèche, charrette à deux roues tirée par un petit cheval (500 F.CFA, ou 0,7 €, pour deux). En voiture, de Rufisque prendre la nationale en direction de Thiès ; avant Pout, tourner à gauche en direction de Kayar. Dans le premier village (Keur Moussa), une piste sur la gauche conduit au monastère à environ 1,5 km. De Rufisque, on peut aussi prendre la même route que pour aller au lac Rose (voir plus loin), mais au lieu de tourner avant Sangalkam, on continue jusqu'à Bayakh puis on tourne à

droite vers Keur Moussa (à environ 4 km). Dans le village, prendre à droite la piste pour le monastère (indiqué).
Le monastère bénédictin, fondé en 1954, est l'expression d'une église militante dans une région où elle est très minoritaire ; l'appropriation de la *kora* (instrument des griots mandingues) et du *djembé* pour accompagner les chants religieux est symbolique. Les amateurs de rythmes frénétiques seront déçus, la musique aide à mieux comprendre le texte, pas à enfiévrer les corps. Beau cloître ombragé donnant directement sur l'église.
L'hôtellerie monastique peut accueillir une dizaine de personnes en quête de repos (téléphoner au préalable : ☎ 836-33-09). Mieux vaut partager les préoccupations des hôtes, religieuses ou pour la *kora*. Messe tous les jours à 11 h 15 (10 h le dimanche). Vérifier les horaires auparavant par téléphone, c'est plus sûr.

KAYAR (5000 hab.)

Un grand port de pêche africain, sans quais, sans entrepôts, sans rien, où les activités se font à même la plage (il serait plus convenable de dire « plage de pêche »). Pas de chalutiers ici, mais des pirogues multicolores aux formes effilées entourées d'une foule bigarrée. Le déchargement des poissons, la réparation des bateaux et des filets, les familles africaines affairées donnent un bon aperçu de la vie des pêcheurs sénégalais. Au sud du port, se dresse une grande sécherie-fumerie de poisson. La ville est jumelée avec le port breton de Concarneau.
➢ ***Pour y aller*** **:** à une soixantaine de kilomètres au nord-est de Dakar, pour y aller mêmes indications que pour Keur Moussa (voir plus haut).

Où dormir ?

🏠 ***Auberge des Cocotiers :*** facile à trouver. ☎ 953-50-41. De 6000 à 10000 F.CFA (9 à 15 €) la chambre, selon le confort. Les cases (en dur) sont disposées face à la plage. Certaines ont un ventilateur et les toilettes à l'intérieur. Propre et sans prétention. Fait aussi resto : plats de poissons, dorades, lottes, crevettes. Terrasse ombragée avec vue sur la mer.
🏠 🍽 ***Auberge de l'Océan Bleu :*** sur la plage, à 600 m au nord du bourg. ☎ 953-50-58. Accès à pied sur le sable. Près d'un petit bois planté sur une dune, cette maison de charme aux volets bleus de style français est tenue par David, un sympathique Sénégalais. 7 chambres dont 4 cases propres à 6 000 et 10 000 F.CFA (9 et 15 €). Toilettes intérieures (douche-w.-c.) ou communes. Repas à 2000 F.CFA (3 €). Navettes pour l'aéroport de Dakar.

À voir

★ ***Le port de pêche :*** sur la plage. Chaque matin à 5 h, près de 800 pirogues (4 000 pêcheurs environ) partent en mer, et rentrent vers 15 h l'après-midi. Les pirogues, posées sur des rondins de bois, sont poussées par des groupes d'hommes. Des centaines de femmes en boubou se chargent de réceptionner les poissons et de les vendre dans la journée aux poissonniers dakarois. Toutes sortes de poissons : des dorades, des rascasses, des soles, des rougets, des thons, des raies-guitare, des mérous, et parfois des murènes, des baracudas, des petits requins (qui sont vendus au

Japon). La plupart des pêcheurs sont des Lebous qui vivent le long de la plage dans des cases en paille. Ce sont des nomades de la mer car leur métier saisonnier ne les retient à Kayar que d'octobre à mai.

LE LAC ROSE (LE LAC RETBA)

Étendu telle une oasis entre la savane et la plage, séparé de l'océan par un interminable cordon dunaire planté de filaos, le lac Retba (plus connu sous le nom de lac Rose) est une des curiosités naturelles du Sénégal. Il serait dommage de passer à Dakar sans y aller, même si vous n'appréciez pas le rallye « Paris-Dakar », qui l'a rendu célèbre à la télévision. Dans le village voisin de Niaga, une maternité rurale perpétue le souvenir de Thierry Sabine, le fondateur décédé de la fameuse course.

Dès que le soleil est un peu haut dans le ciel, les eaux du lac prennent une couleur rose comme sur les cartes postales. Ce changement est provoqué par la présence d'une algue microscopique qui oxyde le fer contenu dans l'eau hypersalée du lac. Celle-ci contient 320 g de sel par litre, soit le même taux que dans la mer Morte (Israël-Palestine).

LES TRAVAILLEURS DU SEL

Les ramasseurs de sel et leurs familles résident dans des cases au bord du lac. Ils y vivent une partie de l'année, puis ils retournent dans leurs villages à l'intérieur des terres une fois la récolte terminée. Un ramasseur de sel travaille en moyenne pendant une semaine. Le corps enduit de beurre de karité, les ouvriers se tiennent dans l'eau jusqu'à mi-buste. Avec des pics, ils transpercent la croûte au fond du lac et extraient des seaux de sel blanc... Celui que vendent les marchands de souvenirs a été coloré artificiellement. Les seaux remplis de sel sont ensuite chargés sur des barques qui peuvent transporter une tonne de sel. Il sera vendu 200 F.CFA (0,3 €) les 50 kg. Sur les rives du lac, les femmes déchargent les barques et vident les seaux sur des grands tas de sel. À la fin de la journée, elles seront payées en fonction de la portion de barque déchargée.

Comment y aller ?

De moins en moins difficile. Le lac Rose se trouve à environ 45 km de Dakar.

➢ ***En taxi-brousse**, **en charrette et en pirogue*** : la façon « routarde » et aventurière. De Dakar, prendre un taxi-brousse jusqu'à Rufisque. Puis un autre taxi-brousse jusqu'à Kayar. De Kayar à Bambilor, encore le taxi-brousse jusqu'à Bambilor. Enfin de Bambilor, on prend une charrette (2000 F.CFA ou 3 €) ou un taxi clando (4000 F.CFA, ou 6,1 €), pour le lac Rose. Compter environ une demi-heure. Arrivé sur la rive sud du lac, prendre une pirogue pour gagner la rive nord (3 000 F.CFA, ou 4,6 €).

➢ ***En voiture privée*** : à l'entrée de Rufisque, juste après le pont sur une rivière asséchée, prendre à gauche, la route goudronnée pour Kayar. Après une dizaine de kilomètres (avant Sangalkam), suivre sur la gauche la piste de latérite, large et bonne, jusqu'à Niaga. La route est goudronnée maintenant jusqu'au lac. Une piste de terre et de sable fait ensuite le tour du lac. Elle est accessible aux voitures normales. Au-delà du *Bonaba Café*, cette piste continue sur la rive nord et elle est un peu plus défoncée (mais on passe quand même).

– ***Transferts*** entre Dakar et les campements : de plus en plus les campements viennent chercher leurs clients à l'aéroport de Dakar, à condition qu'ils soient informés avant.

– ***Conseils :*** des lecteurs nous signalent des cas d'agressions perpétrées sur la plage. Prudence donc mais pas de paranoïa. Lire à ce propos notre « coup de gueule » dans la rubrique « Rapports Sénégalais-Européens » dans l'intro du Sénégal.

Où dormir ? Où manger ?

Sur la rive nord

Campement Bonaba Café : entre le lac Rose et la mer (1 km). ☎ 638-75-38. ou 630-02-41. Chambre à 4 000 F.CFA (6,1 €) par personne. Un de nos campements préférés dans la région pour l'accueil et la vue sur le lac. Campement composé de 14 cases traditionnelles couvertes de branches et de feuilles de palmes, bien espacées et calmes. À l'intérieur, un lit double (moustiquaire) parfois accompagné d'un lit simple (pas de ventilo, mais lampe à pétrole pour l'éclairage). Douches et toilettes collectives très propres. Formule demi-pension à 8500 F.CFA (12,9 €) ou pension complète à 12000 F.CFA (18,3 €) par personne. Les repas se prennent sous une grande hutte-salle à manger. Petit bassin pour les enfants. Excursions en 4x4. Balades à cheval. Sorties de pêche en mer.

Sur la rive sud

Campement du Lac Rose (Chez Salim) : à l'extrémité ouest du lac, près du village artisanal (250 m). ☎ 822-04-63. Ne donne pas sur le lac mais quand même bien situé, au calme. Compter 15000 et 18000 F.CFA (22,9 et 27,4 €) la double. Cases impeccables, avec le confort (clim' ou ventilo, moustiquaire). Toilettes avec douche (eau froide), lavabo et w.-c. Fait aussi resto (4 000 F.CFA, ou 6,1 €, le repas complet). Excursions et balades.

Niwa Oasis : ☎ 822-20-29 (bureau situé à Dakar). 10 000 F.CFA (15,2 €) la chambre. Au bord de la piste, campement de taille moyenne tenu par des Sénégalais accueillants. On dort sous des cases en dur, propres, équipées du minimum (douche, ventilo). Les groupes peuvent bénéficier des spectacles organisés sous des tentes mauritaniennes.

L'Étoile du Lac : ☎ 642-26-46. Grand campement entouré de murs et planté d'eucalyptus. Une trentaine de chambres confortables (pas de ventilo). Excursions pour les groupes organisés. Ambiance style « tour-opérateurs ».

Où boire un verre ?

Bar chez Abou : complexe le Palal, à l'extrémité ouest du lac, près du village artisanal. ☎ 633-54-77. Le bar se trouve sous les arbres, à 10 m de l'eau et du coin réservé aux baigneurs. Service sympathique.

À voir. À faire

– ***Randonnées équestres :*** écurie située au campement du *Bonaba Café*. ☎ 00-221-630-02-41 (demandez Véronique). Auvergnate de souche, vivant une partie de l'année au Sénégal, Véronique a du cœur et du caractère. Avec sa dizaine de chevaux de race arabe, elle organise des randonnées à la journée ou sur une semaine pour des groupes d'individuels. 6 cavaliers, c'est l'idéal pour elle. En 1 h 30, on peut découvrir un village peul, traverser les dunes, la plage et les jardins maraîchers étalés au bord du lac. En une journée, on peut aller jusqu'à Kayar et Sangalkam (pique-nique et observation d'oiseaux). Hébergement prévu dans les cases du *Bonaba Café* ou dans les autres campements. Une merveilleuse occasion de découvrir le pays en compagnie d'une authentique comtesse-aventurière. Pour une sortie de 1 h 30/2 h : 8 000 F.CFA (12,2 €) par personne.

– ***Se baigner*** **:** peu de baigneurs dans l'océan Atlantique en raison des dangers liés aux vagues importantes et aux courants sournois. On peut en revanche se baigner dans le lac, même si celui-ci n'a pas le côté attirant de la mer. À cause de la salinité élevée de l'eau, on s'y enfonce deux fois moins que dans l'eau douce et il est impossible de pratiquer la brasse en gardant les pieds dans l'eau. N'oubliez pas la douche en sortant. Pour cela, il est plus facile d'aller au bar *Chez Abou* (complexe *le Palal*) à l'extrémité ouest du lac, près du village artisanal. Passez devant les marchands de souvenirs, affublés de noms d'artistes (Delon fait face à Jacques Brel), et gagnez cette buvette tenue par Abou Bâ. La baignade est payante à cet endroit-là. Il ne s'agit pas d'une plage mais d'une « plagette » minuscule et propre.

– ***Excursions en véhicule tout-terrain*** *(4x4 ou quads)* **:** la plupart des campements autour du lac organisent des balades en 4x4 ou en quads.

LA PETITE CÔTE

La « Petite Côte », au sud de Dakar, propice aux activités balnéaires contrairement à la « Grande Côte » entre Dakar et Saint-Louis, est délibérément vouée au tourisme : grands complexes de vacances, petits établissements associant de plus en plus souvent des Français et des Sénégalais, résidences secondaires (parfois somptueuses, sinon belles) de la bourgeoisie dakaroise. Bien sûr, les hôtels sont généralement hors de prix et ce n'est certes pas la forme de tourisme que nous préférons, mais on est encore loin de la saturation des plages méditerranéennes. Et puis, quand on y regarde de près, on s'aperçoit qu'il reste plein de coins merveilleux sur la Petite Côte : les villages un peu isolés que sont Toubab Dialao et Popenguine, les plages tranquilles de N'Gaparou, Mbodiène...

Le tourisme de masse y avait évidemment attiré le lot habituel de mendiants et solliciteurs de tout poil, sans compter les pickpockets et autres tire-laine à tel point qu'un commissariat a dû être créé, c'est tout dire.

TOUBAB DIALAO

On aime beaucoup ce village, blotti dans un bel écrin, entre les falaises ocre et l'océan. Village de pêcheurs, élu par de nombreux Dakarois comme lieu de résidence secondaire, Toubab Dialao est aussi l'un des hauts lieux de la création artistique sénégalaise. Mais, comme partout ailleurs sur la Petite Côte, des structures d'hébergement et de restauration touristiques se mettent à pousser comme des champignons.

On raconte volontiers que c'est parce que Cheikh Omar Toutiouh Tall, marabout des Toucouleurs, fit un jour jaillir l'eau, que l'inspiration coule ici de source. Aujourd'hui encore, des croyances confèrent à l'eau de Ndiambalane des vertus fortifiantes et mystérieuses. Chaque année, en juin à l'époque des grandes marées, la source affleure. Tout le village se réunit pour recueillir la précieuse eau.

➢ ***Pour y aller :*** quitter la nationale après Bargny au carrefour de Diamniadio (au niveau de la station Mobil) vers la droite en direction de M'Bour et Kaolack et, à environ 4 km, tourner à droite au panneau « Paolo-pizzeria ».

Au début, la route est infernale et les nids-de-poule ressemblent à des cratères. Ça s'améliore un peu par la suite. Au bout d'une bonne quinzaine de kilomètres, la récompense : Toubab Dialao !

Où dormir ? Où manger ?

🏠 🍽 ***Espace Sobo-Badê :*** sur la falaise. ☎ 836-03-56. • sobobade@metissacana.sn • Prendre le chemin tout défoncé qui part à droite, avant le centre du village. Chambres de 2 à 4 personnes de 12 000 à 17 000 F.CFA (18,3 à 25,9 €) et petits dortoirs. Repas « gastronomique » un peu cher. Café 100 % arabica sur demande au petit déj'. Sylvaine et Gérard Chenet ont créé il y a plusieurs années cet espace (notre préféré) où l'on peut aussi bien suivre un stage dans n'importe quel domaine artistique (danse, sculpture, musique, théâtre, etc.) avec des jeunes du monde entier, que dormir et manger. Plusieurs corps de bâtiment à l'architecture originale entièrement conçue par Gérard il y a plus d'une quarantaine d'années et admirablement intégrée à l'environnement. Moellons extraits de la falaise, coquillages, toits de paille, etc. Les deux chambres les plus chères jouissent d'un panorama semi-circulaire merveilleux sur la côte, le village de pêcheurs et ses ballets de pirogues. Douce atmosphère dans cette cour où l'on peut lézarder au soleil, hors du temps, au son du djembé.

🏠 🍽 ***Auberge-resto Le Mimosa :*** en face de *l'Espace Sobo-Badê.* ☎ 826-73-26. À deux pas de la plage. Petit établissement familial simple, calme et accueillant, offrant quelques chambres correctes, ventilées, avec douche et w.-c. privés pour 10 000 F.CFA (15,2 €). Quelques chambres plus grandes et climatisées, 50 % plus chères. Au resto, bonne cuisine. Plats de 2 000 à 3 500 F.CFA (3 à 5,3 €). Attention : les petits trous dans les murs de la salle à manger abritent quantité de mouches qui se mettent vite à voltiger autour de votre bissac. Ça peut finir par être désagréable.

🏠 🍽 ***Domaine des Arcades :*** hôtel-bar-resto tout neuf qui surplombe le village. ☎ 680-11-76. Chambres pour tous les budgets : des ventilées « routardes » à 10 000 F.CFA (15,2 €) jusqu'aux adorables villas studios à 35 000 F.CFA (53,3 €) la journée, quel que soit le nombre de personnes. Prix dégressifs selon la durée du séjour. Les maisonnettes sont ravissantes. Le terrain est une oasis de fleurs avec vue imprenable sur la côte. En plus il y a une piscine. Le resto vaut également le coup d'œil : le propriétaire libanais l'a conçu avec des murs et colonnes tout en coquillages. Imaginez la quantité de travail ! On y sert des plats sénégalais, français et des meze libanais à partir de 3 500 F.CFA (5,3 €). Adresse très agréable.

➤ DANS LES ENVIRONS DE TOUBAB DIALAO

★ POPENGUINE

De Toubab Dialao, reprendre la route de M'Bour jusqu'à Sindia et tourner à droite au centre du bourg (c'est indiqué). Rendez-vous des chrétiens de l'Afrique de l'Ouest, le lundi de la Pentecôte. Le Lourdes local sans bondieuseries. Petit village tranquille juché sur la falaise au cap de Nazé, à 45 km au sud de Dakar. L'ancienne résidence de Senghor, cernée de hauts murs, jouit d'un emplacement et – on le devine – d'un panorama exceptionnels. Deux ateliers de tapisserie. Une caractéristique : les enfants ici ne mendient pas ; on les voit la plupart du temps, encadrés par des instituteurs, jouant ou faisant du sport, du chant... On est en territoire 100 % chrétien, d'une part et, la présence de la famille présidentielle le week-end, d'autre

part, y est sans doute aussi pour quelque chose. Enfin les circuits touristiques ont épargné Popenguine et c'est tant mieux !
En 4x4, on peut rejoindre La Somone par la piste qui suit la côte sur la falaise.

Où dormir ? Où manger ?

L'Écho côtier : sur la plage. ☎ 637-87-72. Compter 9 500 F.CFA (14,5 €) la nuit par personne, petit dej' inclus. En pension complète, 18 500 F.CFA (28,2 €) par personne. Site splendide planté de cocotiers au bord de l'eau. Chambres confortables et sanitaires rutilants. Bonne cuisine. Possibilité de balades dans la région.

Campement touristique Ker Cupaam : suivre la même route que pour aller à *l'Écho côtier*, c'est un peu avant. ☎ et fax : 956-49-51. Chambre double à 9 000 F.CFA (13,7 €). Bien meilleur marché que sur la plage, mais aussi bien plus modeste. Le camp se compose de 5 maisonnettes pour 2 personnes. Pas le grand luxe mais c'est correctement entretenu. Grande salle où l'on peut palabrer et manger (3 000 F.CFA, soit 4,6 €, pour un repas). Ce centre est géré par un groupement de femmes qui s'investit dans la protection de la nature. Accueille souvent des groupes de volontaires venus de France, d'Allemagne ou d'ailleurs, pour des opérations de reboisement, construction de pare-feu et de pistes. Ambiance chaleureuse garantie.

★ LA RÉSERVE DE BANDIA

☎ 821-76-36 (à Dakar) et 638-22-76 (à Bandia). À 65 km de Dakar, sur la route de M'Bour, sur la gauche entre Sindia et Nguékokh. Entrée : 7 000 F.CFA, soit 7,6 € (3 000 F.CFA, soit 4,6 €, pour les moins de 12 ans), plus pourboire au guide. Un véhicule 4x4 de 7 places est disponible à l'entrée au prix de 20 000 F.CFA ou 30,5 € (guide et chauffeur compris). Compter 3 h de visite. Ouvert du lever au coucher du soleil. Pendant la saison des pluies, si les pistes deviennent impraticables, la réserve ferme.
Forêt classée de 500 ha et 23 km de pistes en bon état, cette réserve est devenue un autre paradis pour les oiseaux, les mammifères (singes verts, singes patas, phacochères, élans, cobes à croissant, cobes de Buffon, guibs harnachés, gazelles Dama, chacals, girafes, rhinocéros...), les reptiles (tortues géantes, crocodiles...).
Attention, les animaux sont davantage visibles le matin, vers 8-10 h, et après 16 h. Parfois décevant, pour ceux qui viennent au mauvais moment.
La réserve abrite également d'anciennes pyramides sérères avec chambre mortuaire, tombeau de griots dans le creux d'un baobab, etc.
En face, de l'autre côté de la route, somptueuse forêt de baobabs.

LA SOMONE

En arrivant à Nguékokh, animé par un important marché, tourner à droite à la pancarte « Les Résidences du port ». Au bout d'une dizaine de kilomètres, au carrefour de N'Gaparou (là où s'entassent plein de pancartes d'hôtels et de restos), prendre à droite. À partir de là et sur 5-6 km, se succèdent, noyées dans la végétation, le long de charmantes plages, d'opulentes résidences secondaires appartenant à des Dakarois aisés, de petites unités hôtelières familiales discrètes et bien intégrées dans la vie locale. Et aussi, inévitablement, les ghettos à fric vendus par les agences de voyages. La

Somone prend le même chemin que Saly. Depuis longtemps, les gens du coin résistent, tentent de préserver le charme de l'endroit. Mais la plage de La Somone est déjà saturée de constructions, et de nombreux complexes hôteliers se construisent sur toute la longueur de la route. Heureusement les plages restent pour le moment ce qu'elles sont : des lieux de paix.

Où dormir ? Où manger ?

Résidence du Rivage : à 1 km du croisement de N'Gaparou, à gauche. C'est indiqué. ☎ 822-36-47 ou 822-98-01 (à Dakar) ou encore 957-74-92 (sur place) pour savoir s'il y a de la place et, si vous n'êtes pas motorisé, pour qu'on vienne vous chercher à l'aéroport (pas trop coûteux). Compter de 12 000 à 15 000 F.CFA (18,3 à 23 €). Dans une belle maison blanc et bleu de deux étages, littéralement les pieds dans l'eau. Au 2e étage, 4 chambres pour 2 à 3 personnes pourvues de salle d'eau et d'un balcon face à la mer ; au rez-de-chaussée, 3 autres chambres ont la salle d'eau et les w.-c. communs à l'extérieur et sont moins chères. Tarifs dégressifs selon la durée : 7 jours, 14 jours ou un mois. Repas sur commande. Cour ensablée et ombragée entièrement close, avec hamacs et balancelles. Belle terrasse sur le toit – c'est le point culminant de la plage. Une résidence paradisiaque pour qui veut se reposer loin des hordes touristiques. Épicier à 100 m, autres commerces, poste au centre du village à environ 2 km. Conseillé de réserver pour le week-end.

Chez Chantal et Didier Bellais : BP 437, M'Bour. ☎ et fax (en France) : 02-35-85-98-95, après 19 h. Compter de 160 000 F.CFA (244 €) la semaine à 450 000 F.CFA (686 €) le mois. Mêmes indications que pour l'adresse précédente, mais environ 100 m après, prendre le chemin sur la droite, et continuer jusqu'au second chemin à gauche, c'est à l'angle. Pas facile à trouver, mais c'est volontaire : il s'agit de préserver la sacro-sainte tranquillité. À 250 m de la plage. Accueil à l'aéroport sur demande. Un couple de Français originaires de Saint-Malo et tombés amoureux du coin a construit, dans un jardin clos et fleuri, deux cases rondes en dur avec toit de paille, mignonnes et tranquilles, louées en gîte pour 2 à 4 personnes. Chacune dispose de 2 chambres avec ventilo et moustiquaire, d'une cuisine entièrement équipée, d'une salle d'eau et d'un séjour-terrasse avec chaises longues, le tout décoré à l'africaine et hyper bien tenu. Possibilité de louer les services d'une employée de maison pour ménage, cuisine ou baby-sitting, ainsi que de faire des excursions avec Didier ou de louer une voiture à la journée. Atmosphère à la fois discrète et chaleureuse, un peu comme dans les chambres d'hôte de chez nous. Plein de bons conseils et d'infos. Un exemple à suivre. Demandez à Chantal de vous montrer sa « ménagerie », derrière leur case, et notamment les chèvres naines de Casamance.

Le Village de la Lagune : à 500 m avant le club *Le Baobab*, c'est-à-dire presque au bout de la route. ☎ 957-74-07. Fax : 956-42-31. Doubles à 20 000 F.CFA (30,5 €) ou 17 500 F.CFA (26,7 €) par personne en demi-pension (cuisine excellente). Compter 5 000 F.CFA (7,6 €) pour un menu complet. M. Saliou Dieng, le propriétaire de longue date, est le seul Sénégalais habitant le village de pêcheurs voisin à avoir investi dans une hôtellerie de qualité tout en conservant une atmosphère à la fois conviviale et tranquille (les cases ne sont pas les unes sur les autres). Accueil et personnel sympas. Dans un agréable jardin tropical au bord de la plage, une douzaine de cases impeccables, gaies, agrémentées de jolies fresques, toutes avec clim', ventilo et salle d'eau. Grande paillote-resto où l'on goûte une cuisine exquise, mélange de saveurs européennes et africaines. Extra le soir, avec le roulement des vagues. Parking et boutique à l'entrée. Transfert aéroport inclus dans le prix. Excursions sur demande. *La Lagune* nous paraît être un bon exemple de tourisme intelligent, c'est-à-dire bien intégré à l'économie locale, et nous soutenons M. Dieng dans sa résistance aux diverses propositions de rachat ou contrat qui lui sont faites.

Chez Flavien : en entrant dans la ville, sur la gauche, à côté de la pharmacie. ☎ 956-42-24. Gargote qui sert un plat du jour pas cher. On a constaté que les prix étaient un peu à la tête du client. En tout cas ça ne dépasse pas 1 500 F.CFA (2,3 €). Petite salle simplissime et située au bord de la route mais, curieusement, plutôt agréable. Ambiance familiale et service sympa, avec le grand sourire de Flavien. N'hésitez pas à engager la conversation et à lui demander des conseils, notamment si vous cherchez un taxi pour Dakar, M'Bour ou ailleurs.

Le Tamarin : entre le bourg de La Somone et le village-club du *Baobab,* sur la gauche de la route. ☎ 637-27-20. Repas autour de 2500 F.CFA (3,8 €). Cuisine sénégalaise, poisson grillé et menu langouste (plus cher) de bonne qualité. Lieu de rencontre des jeunes de La Somone qui cherchent à tuer l'ennui. Personnel attentif et ambiance agréable. Comme partout ailleurs en bord de mer, l'invasion de mouches est un gros problème. C'est comme ça, on n'y peut rien.

Hôtel Africa Queen : si votre budget est serré, vous pouvez toujours aller manger un dessert ou prendre un verre dans ce grand hôtel : ça vaut le coup d'œil, rien que pour l'architecture et le cadre magnifiques.

À N'Gaparou (entre La Somone et Saly)

La Rose des Sables : pour s'y rendre, le plus simple est de continuer jusqu'à Saly et de tourner à droite au rond-point central. Après quelques kilomètres, un panneau indique le gîte, à 200 m sur la gauche. ☎ et fax : 957-39-95 ou 634-63-44. Gîte-resto en bord de mer, dans un site préservé du tourisme de masse (pas pour longtemps). La pension complète offre un bon rapport qualité-prix : 19 000 F.CFA (29 €) par personne. Doubles climatisées avec salle de bains privative ou à partager. Au 1er étage, dortoir sympa avec 6 lits, 5 000 F.CFA (7,6 €) par personne. Chambres nickel et intérieur décoré avec goût. Jardin calme ouvert sur la plage. Michèle a beaucoup lutté pour cette Rose des Sables : il a fallu rénover la maison, s'organiser (ce qui n'est pas évident en Afrique) et réunir une équipe cohérente. Pari réussi, à notre avis : l'équipe est une véritable petite famille, appuyée sur le cuisinier Doudou, qui vous concoctera un poisson à la saint-louisienne hors pair. Et quel plaisir de se laisser bercer le soir par le ronronnement des vagues, et de se faire réveiller par les oiseaux !

M'BOUR

À 85 km au sud de Dakar, M'Bour est le principal port de pêche du pays. On aime beaucoup ce port en effervescence, cette ville où règne une certaine pagaille (circulation d'enfer, routes chaotiques, fourmillement humain permanent), ces plages qui fleurent la marée. Certes, avec ses nuées d'enquiquineurs professionnels qui ne vous lâchent pas d'une semelle, M'Bour n'est pas toujours reposante. Mais elle met un peu de temps à s'offrir. Parlez-en avec les habitants : ils adorent leur ville, à l'unanimité. Pas mal d'hôtels et restaurants de qualité, dont certains admirablement situés, sur la plage. Pour séjourner, nous conseillons le quartier M'Bour Sérère, un peu à l'écart de la cohue et où les habitants sont adorables. Une ou deux journées à M'Bour ne s'oublient pas.

➢ ***Pour y aller :*** taxi-brousse de la gare routière de Kolobane à Dakar. 1 000 F.CFA (1,52 €) par personne.

Adresses et infos utiles

– Pour avoir les dernières infos sur la région et les bons plans, consultez *Bonjour la P'tite Côte,* journal gratuit de petites annonces. Il est disponible dans presque tous les hôtels et restos du coin. ☎ 957-30-00, fax : 957-47-68. • salyloisirs@ns.arc.sn •

■ ***Banque :*** *BICIS* située pas loin de la poste, en plein centre. ☎ 957-10-86. Ouvert toute la semaine de 9 h à 12 h 30 et de 15 h 30 à 17 h 30. Possibilité de retirer de l'argent avec une carte *Visa* ou un chéquier BNP. Pour les possesseurs de *MasterCard*, il faudra aller à la *SGBS* de Saly.

✉ ***Poste :*** à côté du port. Les boutiques de souvenirs et les hôtels vendent aussi des timbres avec les cartes postales. Plus cher, bien sûr.

Où dormir ?

Bon marché

🏠 🍴 ***Auberge chez Penda (ou chez José) :*** BP 968, M'Bour Sérère. ☎ 630-06-42 (Paul). Suivre les panneaux qui mènent au Bounty. Avant d'y arriver, il y a une grande place vide, avec un vieux baobab. *Chez Penda* est juste devant, le portail bleu. À 50 m de la plage. Deux jolies cases pour 2 personnes, chacune pourvue de sanitaires et d'un ventilo. Seulement 10 000 F.CFA (15,2 €) la case, petit déj' compris. Simple, propre, et on s'y sent bien. Si vous le désirez, Paul se fera une joie de vous faire découvrir sa ville (et comme il connaît tout le monde, personne ne viendra vous importuner). Organise aussi des excursions en brousse.

🏠 🍴 ***Les Citronniers :*** à l'angle des rues Elhadj-Amadou-Wade et Cheikhou-Ly. ☎ 957-24-57. Fax : 956-42-02. De la gare routière, suivre la rue Demba-Diop, passer devant la mairie et prendre la 2e à droite (c'est la rue Elhadj-Amadou-Wade). Le centre jouxte le Trésor et fait face au foyer catholique Sainte-Marthe, juste à côté de l'église. Doubles à 12 000 F.CFA (18,3 €). Seulement 4 chambres, dont une à 4 lits. Confort modeste. Toutes ont une salle d'eau, mais la propreté est limite. Prix négociables selon la durée du séjour. Accueil sympa. Prépare la nourriture uniquement sur commande. On peut manger des grillades dans une cour conviviale où trottinent parfois quelques chèvres. Attention : à éviter le week-end, en raison de la proximité d'un night-club et des fêtes du foyer Sainte-Marthe.

🏠 🍴 ***Le village Petit Eden :*** à l'entrée de M'Bour ; c'est fléché. ☎ 957-19-41. Fax : 956-42-49. Double ventilée avec salle de bains pour 12 000 F.CFA (18,3 €). Transfert de l'aéroport inclus dans le prix. Nous avons apprécié le jardin, magnifiquement entretenu, et le bâtiment, assez mignon. À essayer.

Prix moyens

🏠 🍴 ***Le Bounty :*** à M'Bour Sérère, au sud du port, en direction de Joal. Bien indiqué à partir de la route principale. ☎ et fax : 957-29-51. • bounty@sentoo.sn • Une quinzaine de chambres doubles avec salle d'eau à partir de 23 000 F.CFA (35 €). Essayez de négocier en basse saison. Pension complète avantageuse. Quartier calme et sûr, avec la plage et des habitants adorables. Personnel très gentil. Super resto (voir « Où manger ? »).

🏠 🍽 ***Le Kassoumaye :*** dans le quartier Sérère, sur la plage, à côté du Bounty. ☎ et fax : 957-35-24. Double face à la mer à 20 000 F.CFA (30,5 €) et une sur le côté à 15 000 F.CFA (23 €). Tenu par un couple franco-sicilien. Cuisine française et sénégalaise et pizzas au feu de bois. Compter environ 5 000 F.CFA (7,6 €) pour un repas. Belle salle ouverte sur la mer ; paillotes sur la plage, en compagnie du singe Georges.

Où manger ?

Bon marché

🍽 Plusieurs ***gargotes*** africaines, pas chères et assez bonnes à M'Bour. Entre autres, dans le centre, près de la gare routière, *L'Islam* (rue Cheikh-Saadbou) et *Chez Deguenne,* ainsi que *Le Barakuda,* près de la station Shell.

🍽 ***Le Djembé :*** route de Joal, au km 1, dans la première rue sur la droite, après le collège Saint-Esprit. ☎ 956-47-72. Ouvert tous les jours jusque tard. Repas complet autour de 1 500 F.CFA (2,3 €). Le plat du jour est encore meilleur marché. Resto tenu par Christophe, un Breton, et sa femme sénégalaise. Trois tables serrées dans une petite pièce. Cuisine traditionnelle délicieuse. Une adresse appréciée des locaux, d'autant que les prix pratiqués sont imbattables.

🍽 ***The Calabash, chez Paolo :*** 276, bd Demba-Diop (la rue principale de M'Bour). Sur la droite en arrivant de Dakar. ☎ 957-13-10. Ouvert jusqu'à 1 h du matin. On mange pour 3 000 à 4 000 F.CFA (4,6 à 6,1 €). Créé en novembre 1989 par Paolo, qui continue de veiller au bien-être de chacun tout en passant en cuisine pour les préparations raffinées. Salle agréable, petit jardin dans la cour, une atmosphère de paix et de bonheur. Regardez, parmi les œuvres d'art exposées, cette statue parodiant le touriste moyen.

Prix moyens

🍽 ***Le Bounty :*** voir « Où dormir ? ». Resto exquis sur la plage, avec des menus allant de 5 000 à 15 000 F.CFA (7,6 à 22,9 €) et des plats à la carte variés à prix doux. Cocktails maison originaux et carte des vins honorable. Accueil à la fois pro et très avenant. Un pied sur le sable et l'autre dans l'océan, avouez que c'est tentant...

Où sortir ?

Prudence quand vous sortez à M'Bour : évitez de mettre les pieds dans une boîte craignos ; il y en a beaucoup. Sortez à plusieurs, pourquoi pas en compagnie de gens du coin avec lesquels vous aurez sympathisé. Quelques noms d'endroits acceptables : ***le Caïlcédrat***, pas loin de la BICIS ; le ***Club Malibu*** ; le ***Foyer Sainte-Marthe*** (entre M'Bour centre et M'Bour Sérère, vers *Les Citronniers*).

À voir. À faire

⛱ La succession des ***plages,*** tout le long de la côte.

★ ***Le port de pêche de M'Bour :*** la visite à ne pas manquer. Il ne faut pas seulement le longer mais l'arpenter en long et en large. Bien sûr, les cinq premières minutes sont désagréables, lorsqu'une dizaine d'adolescents, d'un prétendu comité d'accueil, braillent autour de vous. Commencez votre visite sans y prêter attention, bientôt il n'en restera qu'un et vous constaterez qu'il vous donne des informations intéressantes sur les poissons, les techniques de fumage, la conservation de la glace et les échanges entre pêcheurs et agriculteurs. Lui demander de vous mener à l'allée Concarneau. Si elle a ainsi été baptisée en l'honneur de cette bonne vieille ville, c'est parce qu'un bateau breton approvisionnait jadis les pêcheurs de M'Bour en glace. Et depuis, les deux villes sont jumelées.

L'arrivée des pirogues s'effectue vers 18 h. Il faut absolument les voir franchir la barre et débarquer à vive allure, leurs paniers remplis de poissons argentés et de langoustes. Les femmes réceptionnent les précieuses marchandises, les écaillent et les vident, avant de les fumer ou de les saler. Sur la plage pourrissent des cadavres de poissons abandonnés, gisant parmi des milliers d'écailles scintillantes. Saisissant pour les yeux, bouleversant pour les narines.

Et puis, quand vous serez rassasié de tout ce pittoresque, regardez mieux encore, pour voir les deux visages de l'Afrique. Ce port aux embarcations multicolores est le plus grand port de pêche du Sénégal. Les poissons bon marché sont fumés sur place mais les espèces nobles sont acheminées par un réseau de mareyeurs vers des centres de conditionnement à l'hygiène chirurgicale (norme ISO 9000 oblige). Protégés par de la glace, pesés à 5 g près, ces poissons seront dès le lendemain sur les étals de Marseille ou Bruxelles.

Un de ces centres, ***IKAGEL,*** accepte les visites, hors période d'expédition intense ; téléphoner pour prendre rendez-vous : ☎ 957-18-75.

★ ***Le marché de M'Bour :*** près du port. On y trouve des tissus, épices et diverses pacotilles. Et surtout plein d'objets issus de la mer, travaillés ou bruts, qu'on ne trouve pas forcément ailleurs : coquillages nacrés, poissons-lune séchés et autres dentures de requins que vous pourrez offrir à votre grand-mère.

SALY

Quand on parle de tourisme au Sénégal, un nom revient : Saly-Portugal. Une station balnéaire accolée à M'Bour et vouée entièrement au tourisme de masse. Franchement, nous n'aimons pas Saly. Non seulement il n'y a rien de spécial à y faire, à part bronzer en prenant des cocktails au bord de la piscine d'un trois-ou quatre-étoiles, mais en plus l'ambiance est très malsaine et tout à fait désagréable. L'Afrique est absente : on l'a chassée. La manne touristique a attiré des arnaqueurs de tout poil et des apitoyeurs professionnels qui réclament leur part du gâteau devant les parkings des clubs chicos. Ils rencontrent le mépris des rares toubabs qui osent aller dehors. Et que dire de l'arrogance de certains touristes, qui se croient tout permis, sauf de regarder dans les yeux ces mendiants âgés de sept ans qui leur tendent une boîte de conserve dans l'espoir de récupérer 25 centimes ? Pour ne rien arranger, Saly est devenu le carrefour national du tourisme sexuel, pour des Occidentaux et Occidentales vieillissants et en mal d'aventures qui souhaitent goûter aux charmes des jeunes Sénégalais(es) pas toujours majeur (e)s. Si ce genre d'endroit n'est pas votre tasse de thé, passez votre chemin et dites-vous que les plages de La Somone, Popenguine et Toubab Dialao sont tout aussi jolies...

Adresses utiles

■ ***Banques :*** sur la place, à l'entrée de Saly. La BICIS accepte les retraits avec la carte *Visa*, et la SGBS se charge des *MasterCard*. Elle possède également une agence Money Transfert.
■ ***Pharmacie :*** au premier rond-point. ☎ 957-12-05. Sympa et bien achalandée.
■ ***Médecin :*** docteur Souleymane Diop. Cabinet au rond-point, à côté de la pharmacie. ☎ 957-15-11 ou 633-47-34 (portable).
■ ***Location de voitures :*** mêmes prix qu'à Dakar. *Hertz* (☎ 957-20-95), *Europcar* et *Africars* disposent d'un parc et d'un bureau, dans l'allée commerciale située entre les hôtels *Framissima* et *Savannah,* en face de l'*Espadon*.
■ ***Taxis :*** station de taxis à proximité du *King Opéra* et aussi sur la place, près des banques. Véhicules pour M'Bour, Dakar, Kaolack, ou Joal. Négociez toujours le prix avant de monter, cela va de soi. Renseignez-vous la veille au soir car les départs se font souvent tôt dans la matinée.

Où dormir ?

Beaucoup, beaucoup d'adresses à Saly. Mais très peu pour le touriste individuel. La plupart des grands hôtels sont réservés aux voyages organisés. Ces trois ou quatre étoiles proposent le grand confort à partir de 60 000 F.CFA (91,5 €) la chambre. Nous n'avons pas jugé bon de citer l'un ou l'autre de ces établissements. De toute façon, ils se valent tous, dans leur genre.

Une exception peut-être. ***La ferme de Saly :*** la seule adresse routarde dans cette station. Fléché à partir du rond-point central. ☎ 638-47-90. Gîte rural en bord de mer, jouissant d'une bonne réputation.

Où manger ?

Bon marché

Chez Marinette : première rue à gauche après le village artisanal. Bonne cuisine.

Chic

L'Espadon : sur la plage de Saly entre les hôtels *Framissima* et *Savannah*. ☎ 957-19-49. Fax : 957-20-00. Pour beaucoup de connaisseurs, l'une des meilleures tables de la région. Menus entre 7 500 et 14 000 F.CFA (11,4 et 21,3 €). Cuisine gastronomique très recherchée. On la déguste autour de la piscine en bord de mer ou sur un ponton. Carte à base de poissons et de fruits de mer : huîtres de Joal, espadon, capitaine, oursins... Sans oublier un vaste choix de desserts. Clientèle aussi chic que les prix. Conseillé de réserver.

À voir. À faire

★ ***Le marché artisanal de Saly :*** vous ne pouvez y faire un pas sans être sollicité, ou plutôt harcelé et, franchement, nous on trouve ça très fatigant. Un conseil : rendez-vous seul(e) dans les boutiques qui vous intéressent. Dans le marché et les rues avoisinantes, nombreuses échoppes où acheter tissus, djembés, statuettes et autres gris-gris. Dans l'ensemble, les objets sont bien médiocres : les marchands d'ici savent que beaucoup de touristes ne font pas la différence entre la bonne et la mauvaise qualité. Les antiquités que l'on vous proposera sont évidemment des fausses. Ne vous en laissez pas trop conter.

– ***Randonnées équestres :*** *Les cavaliers de la savane de Paul Hille,* ☎ 633-92-22 (à Saly) ou 956-47-63 (portable). Fax : 956-47-68. ☎ et fax en France : 01-46-71-36-45. • cavaliers-savane@hotmail.com • www.hotmail.com • De 1 h sur la plage à 8 jours dans le Siné Saloum, voire même 15 jours, de Saly à Saint-Louis. Personnel diplômé compétent et responsable.

– ***Une journée en bateau :*** la goélette aurique *Taïno* navigue au départ de Saly pour une ou plusieurs journées sous l'autorité d'Éric Ballion, son propriétaire et capitaine à des prix très raisonnables. Il propose des balades en mer au cours desquelles il vous initie à la vie du bateau et à la découverte de la navigation. Nombre de passagers limité à quinze personnes sur ce vieux gréement presque unique au monde. Un deux-mâts allemand construit en 1942, à l'origine un lance-torpilles camouflé. Entièrement retapé par Éric, ce voilier de 40 m navigue à nouveau après avoir coulé deux fois. Chapeau ! Renseignements par fax : 956-47-68 (en France, contacter M. et Mme Dominique Bourreau au ☎ 05-56-55-18-08).

NIANING

Situé à 8 km au sud de M'Bour, cet autre centre balnéaire possède l'un des plus beaux complexes hôteliers du pays, mais il y a aussi quelques petits établissements soucieux d'intégrer leur activité dans la vie locale et de préserver les coutumes ; ainsi les courses de pirogues, temps fort lors des fêtes de fin d'année.

➢ ***Pour y aller :*** de M'Bour, taxi collectif. 200 F.CFA (0,3 €) par personne.

Où dormir ? Où manger ?

Le Ben'tenier : ☎ 957-14-20. Fax : 957-29-74. • http : //lebentenier.com • Pension complète à 20 000 F.CFA (30,5 €) par personne, soit un bon rapport qualité-prix. Nadine et Mame Diop tiennent un établissement vraiment charmant, dans un jardin soigné. Les cases sont construites à la façon des Peuls, des Sérères et autres ethnies. Elles possèdent toutes sanitaires, moustiquaire et ventilateur. Idéal pour un séjour au calme. Possibilité de pêche en pirogue, séjours de courte durée dans les îles du Saloum et visite des deux principaux parcs nationaux, le Niokolo-Koba et le Djoudj.

Les Bougainvillées, chez Angèle et Maurice : un resto au bord de la route ; les chambres sont un peu plus loin, derrière. ☎ 630-23-32 ou 646-40-36. Compter 16 000 ou 20 000 F.CFA (24,4 ou 30,5 €) pour deux, selon la chambre. Quatre grandes chambres dans un bâtiment bleu et blanc ; propreté irréprochable. Jolie salle pour se restaurer et boire un coup. Atmosphère de doux farniente.

Les Manguiers de Warang : un peu avant Nianing ; c'est fléché à partir de la route principale. ☎ 635-44-41 ou 641-22-53. Campement récent et très chouette, à 2 mn de la plage. Cases confortables pouvant accueillir 4 personnes, avec w.-c. et douche. Prix total d'une case : 20 000 F.CFA (30,5 €). Mieux vaut donc être à 4, c'est le même prix que pour une seule personne. Pension complète avantageuse. Organise diverses excursions et achemine les clients de l'aéroport pour pas cher. Saluons une bonne idée ! Au lieu d'être pointus, comme de coutume, les toits des cases sont plats et transformés en terrasses! Chacun peut donc monter sur son toit avec une chaise longue et siroter un jus (de mangue) en dégustant la symphonie des étoiles...

🏠 🍽 ***Auberge des Deux Baobabs :*** à Warang également, à 50 m de la mer. Continuer après les Manguiers et tourner à droite. ☎ 957-19-88 ou 01-40-40-93-27 (en France). Compter 15 000 F.CFA (22,9 €) pour deux. Voilà une auberge qui vaut surtout par les activités qu'on peut y pratiquer et par la bonne ambiance. Parce qu'il faut bien l'avouer, les chambres sont très rudimentaires et un peu déprimantes. D'ailleurs, on s'explique mal les prix pratiqués, surestimés par rapport au confort proposé. Un effort devrait être fait pour l'entretien. Au-delà de ces « détails », l'établissement se révèle tout à fait convivial, avec son bar à palabres et ses hamacs. Stages de danse, « voyages initiatiques » (on est curieux de savoir comment ça se passe, alors si vous avez l'occasion d'en faire un, racontez-nous!), veillées musicales au son de la kora et du balafon et plein de balades... Prix dégressifs selon la durée du séjour.

🏠 🍽 ***Mbéigeel*** *(cases d'hôte de charme)* **:** Marie-Hélène Le Grand, BP 1707, Warang. ☎ 634-92-33 (portable). Fax : 956-49-94. À 6 km de M'Bour sur la route de Joal et à 200 m d'une belle plage. Compter 25000 F.CFA (37 €) par personne en pension complète. 5 cases joliment aménagées par une décoratrice professionnelle et ombragées de manguiers.

JOAL-FADIOUTH

★ ***Joal*** est la ville natale de Senghor, à 120 km au sud de Dakar. Si vous avez un peu de temps, arrêtez-vous au port de pêche de Joal et contemplez l'arrivée des pêcheurs. Toujours un spectacle fascinant. Sinon rien de spécial à voir, sauf la maison des parents du poète-ex-président qu'on visite comme tout le monde. Pas de quoi hurler.

➢ ***Pour y aller :*** de M'Bour, taxi collectif. 300 F.CFA (4 €) par personne.

★ ***Fadiouth*** est un petit village de cultivateurs sur une île en face de Joal. Continuer tout droit sur la même route, qui se termine en cul-de-sac. C'est plutôt ici que viennent les touristes. Population d'environ 7000 habitants, dont 90 % de catholiques : c'est ici qu'ont débarqué les premiers missionnaires.

Où dormir? Où manger?

🏠 🍽 ***Les Palétuviers :*** le seul campement sur l'île de Fadiouth. ☎ et fax : 957-62-05. Très bon marché. Pension complète à 7 500 F.CFA (11,4 €). Demander Pascal Sarr. Chambres ventilées modestes, au nombre de sept : des petites à 2 lits et des grandes à 3 lits. Une douche et 2 w.-c. pour tout le monde. Propreté acceptable. Terrasse super en face des îlots; ponton d'où on peut partir en pirogue. Vraiment les pieds dans le bolong.

🏠 🍽 ***Le Finio :*** juste en face de Fadiouth, très bien situé. ☎ 957-61-12. Doubles entre 12 000 F.CFA, ou 18,3 € (petite, ventilée) et 24 000 F.CFA, ou 36,6 €, (grande, climatisée). Propres, certaines dans un vilain bâtiment gris, d'autres regroupées dans des cases. Toutes avec douche, w.-c. et moustiquaire. Au final, un bon rapport qualité-prix. Le restaurant mérite un détour. Menu à 4 500 F.CFA (6,9 €) avec d'excellentes spécialités : porcelet, barracuda grillé... Préparation savoureuse et service attentif, dans cette cour tropicale où les oiseaux piaillent en regardant les deux singes faire des galipettes.

Le Sénégaulois : à côté du Finio, au pied du pont. ☎ et fax : 957-62-41. Doubles ventilées à 14 000 F.CFA (21,3 €), dans un style plutôt dépouillé, avec des sanitaires spartiates. Mieux : Marie et Olivier, les proprios, viennent d'aménager, dans le centre de Joal, des appartements pour 4 avec cuisine, salle à manger, garage, etc., pour 30 000 F.CFA (45,7 €) la nuit. Prix dégressifs. Sinon, un snack-bar sous des paillotes, avec une vue extra.

Où dormir dans les environs de Joal ?

Campement Le Waxam : au village de la Pointe Sarène, à mi-chemin entre M'Bour et Joal. Quitter la route principale à l'embranchement signalé par un panneau, et suivre la piste de latérite sur 2 km environ. ☎ 630-70-46 (portable). Pension complète : 13 500 F.CFA (20,6 €). Campement intégré à un village sérère dont le chef est Michel Sarr (BP 720, M'Bour) et géré par Pape Sene, un jeune homme soucieux de la bonne tenue de l'entreprise. 4 cases ventilées ou climatisées. Sanitaires dans une 5e case : 2 douches et 2 w.-c. bien tenus. Site tranquille, face à la mer, séparée par une lagune peu profonde. Cuisine excellente. Dans un village on ne peut plus authentique, que l'on traverse sous les regards curieux des habitants. Une expérience géniale. Nous souhaitons longue vie à ce campement intégré géré avec un sérieux exemplaire.

Gîte d'étape de la Fasna : à Mbodiène-Plage, 10 km au nord de Joal. Ne manquez pas le petit panneau bleu, sur la droite de la route en venant de M'Bour. ☎ 821-20-07 (à Dakar) ou 638-47-37 (portable, alors il faut insister, ça ne passe pas partout). Compter de 6 000 à 10 000 F.CFA (9,1 à 15,2 €). Une petite dizaine de cases rudimentaires, dans un parc ombragé à 50 m de la mer. Doubles petit ou grand format, avec ou sans sanitaires collectifs. D'autres chambres sont en construction, prévues pour être un peu plus confortables (climatisées, notamment). Sert des repas complets (sur commande) pour un prix sympa. Bondé le week-end.

À voir

★ L'ÎLE DE FADIOUTH

Un des endroits les plus intéressants qu'on ait vus. Profitez du calme et de la sérénité de l'île. Regardez, à marée basse, les femmes qui ramassent les coques et les enfants qui jouent au football. Sentez le sol étincelant crisser sous vos pieds, puisque l'île est entièrement constituée de coquillages. Il s'agit de buttes artificielles que les habitants des premiers siècles de notre ère ont dû constituer pour maintenir l'île « à flot ». Aujourd'hui des digues de béton contiennent l'avancée incessante de la mer. Derrière ces digues, des sécheries où dorent bernard-l'hermite et autres « camemberts ».

Fadiouth est reliée à la côte par un pont de bois. Le passage du pont est gratuit et il n'est pas obligatoire de prendre un guide pour visiter l'île. Toutefois, en raison des abus et de la multiplication des pseudo-guides, un comité de 28 guides dûment sélectionnés et munis d'un badge officiel a été mis en place. Désormais tout est clair, pas d'arnaques. Possibilité de faire la visite à pied ou en pirogue (ou les deux). Avant le pont, le responsable vous indiquera les prix définis (pas vraiment donné ; somme forfaitaire pour un groupe de 4 personnes) et vous adjoindra un guide si vous le souhaitez. Nous, on vous le conseille vivement. D'abord cela donne du travail à un jeune du coin et moralise la profession, ensuite on ne perd pas de temps à discuter pour se débarrasser des enquiquineurs qui n'ont pas encore compris. Et puis en général, ils connaissent bien leur lieu de travail. En revanche, si vous arrivez avec un guide venu de M'Bour ou d'ailleurs, vous risquez d'avoir des problèmes, car seuls les guides de Fadiouth sont habilités à faire visiter leur île. Cela nous paraît logique compte tenu des raisons évoquées ci-dessus. En tous cas, bravo au nouveau syndicat d'initiative de Fadiouth ; espérons qu'il fera des émules dans le reste du pays.

– La visite du ***village*** proprement dit est édifiante : on y découvre une société traditionnelle en miniature. L'île a beau être petite, elle est tout de même divisée en quartiers et placée sous l'autorité d'un chef de village élu. Elle possède des lieux de réunion : des maisons à palabres, où se prennent les décisions importantes, et l'église inaugurée en 1981 (messes à 7 h et 19 h en semaine, et chorale accompagnée de djembé et guitare les samedi et dimanche). Ses ruelles animées et peuplées de cochons abritent des commerces aux noms amusants : Auchan, Galeries Lafayette, etc. Les coquillages sont partout : sur le sol, dans les murs des maisons... Seuls les moulins à mil et les oiseaux se permettent de troubler le silence. Ah ! oui, on se sent bien à Fadiouth. Et pourquoi pas y résider un bout de temps, puisqu'il existe un campement ?

– Un autre pont de bois mène au ***cimetière de coquillages***. Quelques tombes en haut de la butte, tout en coquillages, elles aussi. Par grand soleil, la blancheur du sol est éblouissante. Les amateurs des grands mystères de la nature ne manqueront pas d'observer les fameux crabes à une pince ! On les voit gambader depuis le pont à marée basse. En fait, ces bestioles d'une étrange teinte violette ont une patte disproportionnée leur servant de pelleteuse ! Très utile pour se planquer dans la vase à l'approche des curieux.

– L'autre curiosité de Fadiouth, ce sont les ***greniers à mil***, des garde-manger perchés sur pilotis. À l'origine, ce système devait protéger les récoltes contre les incendies et les rats. On peut en voir également dans certains bolongs du Siné Saloum.

– Signalons enfin que le coin regorge d'***îles et d'îlots déserts*** accessibles en pirogue : ceux qui veulent s'offrir une peinarde après-midi de bronzette peuvent se faire emmener à la « plage des mouettes » par exemple, sans oublier de préciser au piroguier l'heure à laquelle il doit venir vous chercher. À moins que vous ne décidiez de jouer les ermites jusqu'à la fin de vos jours...

LE SINÉ SALOUM

La région du fleuve Saloum est magnifique et surprenante. C'est l'un des plus beaux sites naturels qui soient. Un séjour dans le Saloum, à moins de 200 km de Dakar, d'une journée ou d'une semaine, vous laissera un souvenir impérissable. Le delta, coincé entre la Petite Côte et la Gambie forme un fouillis inextricable de milliers d'îles et de bancs de sable. C'est le paradis des *tanns* (étendues de sable séché) et de la mangrove, cette formation végétale composée de palétuviers surgis de l'eau. Terre et eau se confondent sur plus de 70 000 ha quasiment vierges, où cohabitent oiseaux (pélicans, marabouts, sternes, hérons, aigrettes... en tout plus d'une centaine d'espèces), poissons et crustacés (barracudas, thiofs, mérous, huîtres de palétuvier, crabes violonistes).

Cette extraordinaire richesse et les eaux poissonneuses du delta permettent à la plupart de ses habitants de vivre de la pêche. Elle comblera aussi les amateurs et les passionnés qui pourront la pratiquer sous trois formes différentes : à la traîne, au lancer ou à la palangrotte.

Se promener en pirogue dans le delta, au milieu des oiseaux, est un plaisir rare. Souvent, hélas, un peu cher mais indispensable. Notre conseil : se

grouper pour louer des pirogues et, bien entendu, discuter les prix. Nous avons pris le parti de ne pas donner d'indication précise sur les tarifs : le prix de l'essence augmente régulièrement, les contraintes administratives commencent à peser sur les piroguiers (obligation d'acheter des gilets de sauvetage, d'assurer le bateau...) ce qui implique inévitablement des répercussions sur les prix. Et nous avons rencontré d'honnêtes piroguiers excédés de voir des routards arriver en brandissant leur guide préféré et affirmant : « c'est 3 000, et pas 3 500 ! ». Les prix bougent vite (ils ont doublé en cinq ans) alors renseignez-vous à droite, à gauche et croisez vos sources pour vous faire une idée juste des tarifs. Le mieux est de demander conseil aux gérants des campements.
Le Siné Saloum était et reste, dans une moindre mesure, le siège de la principale richesse du pays, la culture de l'arachide. D'où le développement du port de Kaolack et la densité de population supérieure à celle des autres deltas – ceux des fleuves Casamance et Sénégal.
En débarquant, vous rencontrerez aussi des villages de pêcheurs séchant leurs poissons ou fumant leurs coquillages sur la plage, ou, comme à Niominka, des artisans qui travaillent le bois. À chaque île sa spécificité et ses traditions toujours bien vivantes, et où la *teranga* (hospitalité en wolof) signifie toujours quelque chose !

DJIFFER-POINTE DE SANGOMAR

Étroite bande de terre ne dépassant pas 800 m de large par endroits et commençant quelques kilomètres au nord de Djiffer. Une tempête l'avait coupée en deux, il y a quelques années, à la sortie du village de Djiffer, engloutissant au passage le campement qui se trouvait là. Fin 1997, une autre tempête a frappé Djiffer.
Un site au-delà du réel, avec à l'ouest l'océan et à l'est les eaux paisibles du Saloum. De par sa situation, à la porte du delta, Djiffer est un port de pêche important. C'est également le point de départ de merveilleuses excursions en pirogue dans les îles du Saloum.
➢ ***Pour y aller :*** la piste (15 km) reliant Joal à Samba Dia est totalement hors d'usage. Coupée en 4 ou 5 endroits (quand on dit « coupée », on n'exagère pas : la latérite s'est effondrée et l'eau coule dans de véritables canyons au milieu de la route). Aux dires des habitants, ça fait longtemps que ça dure, mais on connaît le peu de diligence dont fait montre le gouvernement dans ces cas-là... Bref, en attendant d'hypothétiques travaux, il est bien plus sage de faire le tour par la superbe route goudronnée qui relie Joal à N'Guéniène, puis de tourner à Loul Séssène en direction de N'Dangane. À Fimela, demandez la direction de Samba Dia (vous suivez toujours ?). Finalement, de Samba Dia à Djiffer (30 km), la piste ressemble à de la tôle ondulée mais reste correcte. Bien sûr, quelques intrépides pick-up s'aventurent encore sur la piste Joal-Samba Dia, traversant boue, courants et broussailles pour gagner un peu de temps. Si vous êtes en 4x4 ou que vous êtes peu attaché sentimentalement à votre véhicule, tentez l'expérience : un rodéo inoubliable.

Où dormir ? Où manger ?

Assez peu de campements pour l'instant, ce qui est étonnant compte tenu de la beauté du site. Ça ne va pas durer, car les agences de voyages s'intéressent à Djiffer et de nombreux complexes sont en construction, notamment du côté de Palmarin.

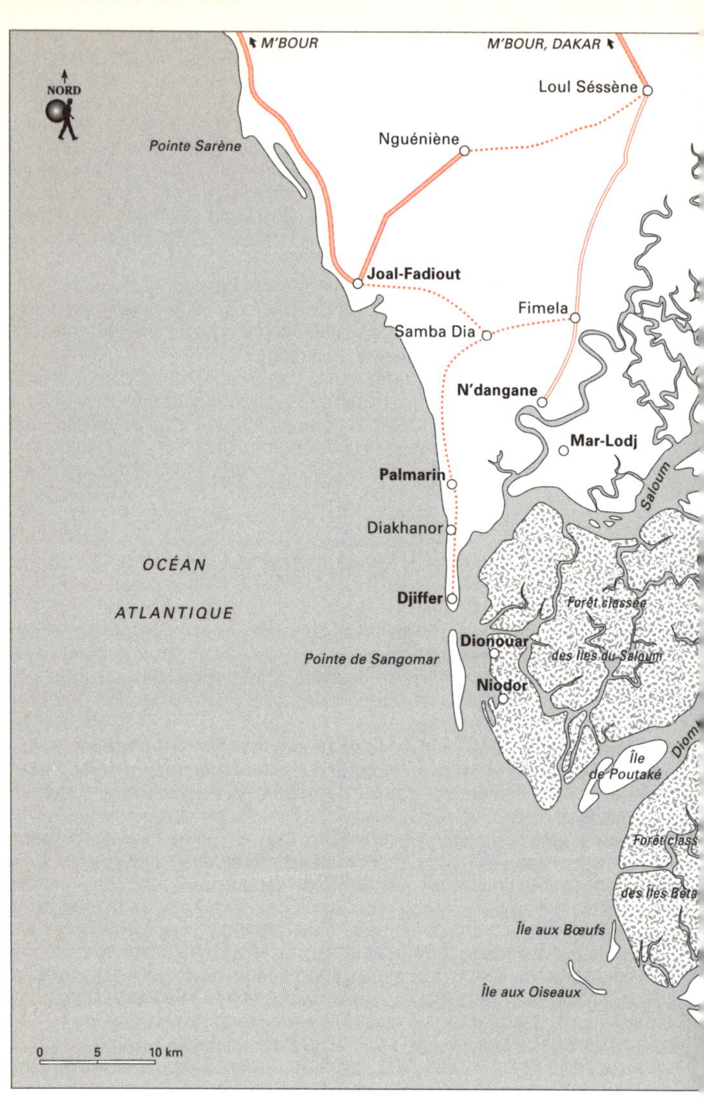

Campement de Palmarin Sessene : à Palmarin. Au bord de l'océan avant de s'engager dans la pointe de Sangomar. ☎ 926-39-74 ou 949-96-05 (télécentre voisin). Demi-pension obligatoire : un peu plus de 7 500 F.CFA (11,4 €). Pension complète également très bon marché. Voici l'un des rares campements villageois hors Casamance. Les bénéfices servent à financer les infrastructures nouvelles, nécessaires à la communauté : dispensaire, citerne, etc. Une idée extra. Malheureusement, ce campement manque d'entretien. Bloc sanitaire malpropre et très éloigné de la plupart des cases. Et quand on voit l'état de certaines... Réfectoire sombre et peu engageant. Installa-

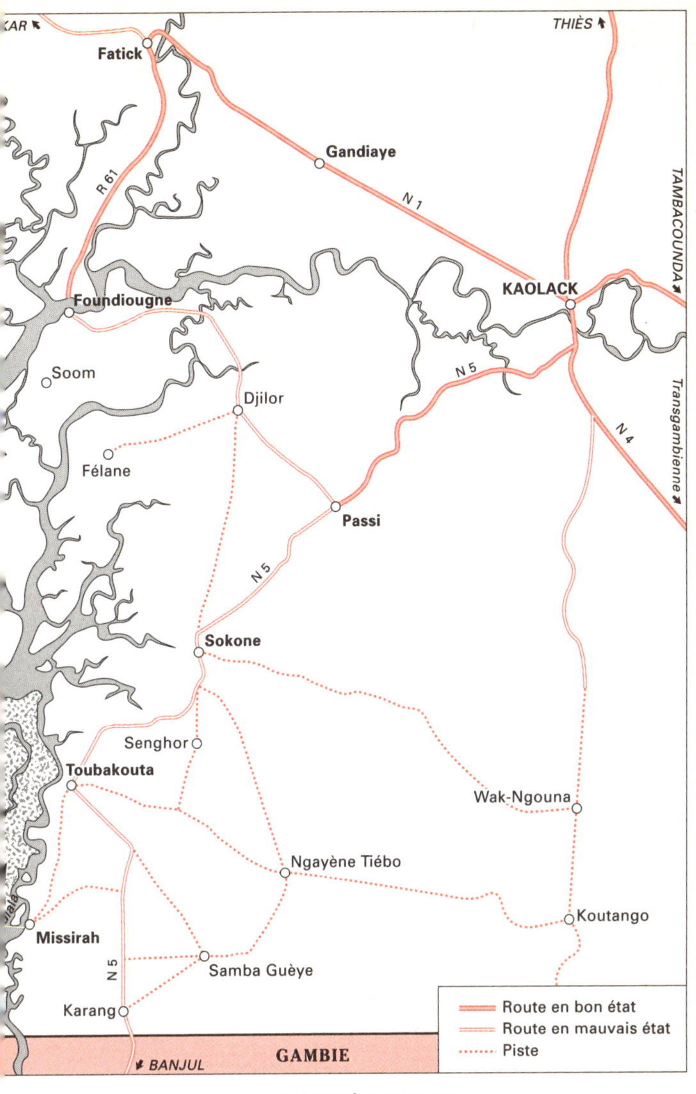

LE SINÉ SALOUM

tion électrique manifestement défectueuse. Par contre, le gérant Amed Tine est super sympa et le site paradisiaque. Allez, un petit effort ! L'endroit pourrait être tellement chouette !

Campement de la Pointe de Sangomar : sur la gauche, juste avant le village de Djiffer, en bordure du fleuve (plage), et à deux pas de l'océan. ☎ 835-61-91 (à Dakar). Compter de 13 000 à 17 000 F.CFA (19,8 à 25,9 €) en demi-pension ou pension complète. Pour les week-ends prolongés, mieux vaut réserver les paillotes. Adorables cases en paille provenant des arbres locaux, ventilées « naturellement », et avec moustiquaire. Blocs sanitaires communs propres. Allées de coquillages. Une sensation de plein air et de sérénité. Le patron François, un Français marié à une Dakaroise, parle le wolof comme un natif du pays. Pas étonnant, cela fait plus de 20 ans qu'il s'est installé ici où il est bien intégré. Lui et toute sa petite famille prennent leurs repas dans la même paillote-restaurant que les hôtes, ce qui confère une atmosphère familiale. Dans sa pirogue améliorée, il vous emmène en balade dans les environs selon vos désirs et ses suggestions. Planches à voile, pêche également. Personnel attentionné et compétent.

🏠 ***Campement La Mangrove :*** un peu avant celui de la pointe de Sangomar, sur le même côté. Coordonnées en France : 3, rue de Biarritz, 44200 Nantes, ☎ 02-51-71-07-41 ou 06-11-38-28-25; à Djiffer, ☎ 936-39-74. • ndiaga.ndir@libertysurf.fr • Doubles aux environs de 12000 F.CFA (18,3 €) par personne en pension complète. Une quinzaine de cases jolies et confortables en paille ou en dur, à 2 ou 3 lits. Chacune porte un nom d'oiseau : le perroquet, la grue, etc. Sanitaires très propres. Comme son voisin, le campement donne directement sur le fleuve. Côté mer, en traversant la route, la plage avec paillotes est immense et propre. La végétation entre la route et la plage a quelque chose de magique. Un établissement agréable, tenu par des gens adorables. Ousmane N'Dir est prêt à vous rendre tous les services possibles.

À voir. À faire

– La ***piste*** (enfin, ce qu'il en reste) de Joal à Samba Dia : une attraction en soi. Mieux qu'un parc de loisirs. Seuls les taxis-brousse les plus téméraires passent encore par là. Si le 4x4 est votre dada, foncez. Dès que la piste, bonne au départ de Joal, s'arrête, suivez les traces de roues. Faites gaffe à ne pas vous embourber et partez à marée basse ! Lorsque vous sortez de la piste pour prendre les chemins parallèles, obligation de demander le chemin à des autochtones ; au mieux, prenez quelqu'un en stop, s'il doit se rendre à Djiffer. C'est sur ce chemin qu'on peut voir ***le plus grand baobab du Sénégal***. Pas très loin de Joal. Mais il faut bien le chercher car il est accessible par l'ancienne piste (et on passe à côté). Dans le coin, on trouve également des termitières impressionnantes et les paysages sont superbes.

– Les ***balades en pirogue*** partent de l'embarcadère, à côté du *Campement de la Pointe de Sangomar*. Départs irréguliers. Comme d'habitude, essayez de former des groupes pour raquer moins.

– Le ***village de Djiffer*** n'a rien de bien attrayant, mais contrairement aux promenades en pirogue, ça ne coûte rien de jeter un œil. Que peut-on y trouver ? Des artisans, des pêcheurs affairés à réparer leurs filets, des gargotes d'où s'échappe le fumet du tiéboudienne, une plage souillée de nappes de détritus et d'excréments, des cabanes de bric et de broc... Tiens, d'ailleurs, une partie des maisons avait brûlé, le jour de notre passage. Comme quoi il peut se passer quelque chose.

★ À hauteur de ***Palmarin,*** ne manquez pas les curieux marais salants non reliés à la mer. La vue est agréable et la technique originale : au départ, l'exploitant creuse un trou profond de 2 ou 3 m, au fond duquel l'eau salée qui imbibe le sol forme une petite flaque. Le trou se remplit d'eau douce à la saison des pluies. Celle-ci se charge en sel par apport de la nappe sous-jacente. Le soleil provoque l'évaporation et le sel se dépose sur les parois. L'alternance des trous et des tas de sel compose des tableaux uniques. Inoubliable à la tombée de la nuit.

N'DANGANE

N'Dangane (le havre en wolof) est le premier regard sur le delta du Saloum. La ville se divise en deux parties : un village de pêcheurs où les habitants vivent chichement, et quelques kilomètres plus loin le « campement », quartier où résident les touristes. C'est là qu'on arrive en premier, et vous vous en doutez, on est vite assailli par une horde de jeunes adultes (de N'Dangane ?) qui se bousculent pour vous prendre en charge et vous donnent très vite l'envie de faire demi-tour. Ne vous laissez pas impressionner. Éventuellement, entrez demander conseil au campement du *Cormoran* si ce n'est pas votre terminus, pour prendre une pirogue à destination des îles. On vous mettra en contact avec Pape Diakhaté, qui coordonne les piroguiers du coin. Depuis quelque temps en effet, s'apercevant enfin du ras-le-bol des touristes, les piroguiers ont monté une sorte d'association ; chaque piroguier « reconnu » possède un badge et applique des tarifs conventionnés. Prix selon la distance parcourue ; une pirogue emporte au minimum 6 personnes et au maximum 15. Une fois les négociations abouties, vous ne regretterez pas le voyage. Un havre de paix insoupçonné, des villages perdus, des plages superbes, une nature luxuriante...

➢ ***Pour y aller :*** accessible seulement par la N1 ; bifurquer entre Tiadiaye et Tataguine. La route, plus ou moins goudronnée, reste encore acceptable. Pour l'instant, la piste de Joal est *destroy* (les ravages des saisons des pluies s'accumulent d'année en année). Donc, si vous venez de Joal, il faut faire le tour par N'Guéniène et Loul Séssène. Accès en pirogue assez facile à partir de Foundiougne (super, oiseaux par milliers et paysages féeriques), mais pas de services réguliers ; débrouillez-vous près de l'embarcadère. Long trajet, donc assez cher.

Où dormir ? Où manger ?

Chez Madeleine, auberge-pension de famille : à environ 500 m de la route, vers la gauche quand on regarde les îles. ☎ 949-93-13 à N'Dangane ou 01-47-09-19-87 (le soir) en France. Compter 12500 F.CFA (19,1 €) par personne en demi-pension. Madeleine a quitté l'imprimerie où elle travaillait à Dakar pour monter sa propre affaire à proximité de son village. Quatre chambres dont deux cases indépendantes, avec sanitaires privés, moustiquaires et éclairées par batteries solaires. Au bord d'un bras du Saloum. Mignon, fleuri et animé. L'accueil de la famille est adorable. Au restaurant, produits frais comme le poisson (pêché par vous !). Réductions suivant le nombre de personnes, la durée du séjour, etc.

Le Cormoran : en face du *Pélican du Saloum.* ☎ 949-93-16. Compter environ 13 000 F.CFA (19,8 €) en demi-pension. Structure tenue par Odile et Christian, un couple de Français très bien intégrés dans la vie locale et donc de bon conseil. Les jeunes du village s'y sentent chez eux. Atmosphère routarde. Adresse familiale où la communication s'établit vite. Une dizaine de cases impeccables avec salle d'eau et moustiquaire, non ventilées, noyées dans une végétation luxuriante. Tout fonctionne à l'énergie solaire. Également trois autres cases sur la plage, un peu plus loin. Plus spacieuses et bien décorées. Repas simples et copieux de recettes sénégalaises et françaises. Possibilité d'acheminement depuis l'aéroport de Dakar.

➤ DANS LES ENVIRONS DE N'DANGANE

★ L'ÎLE DE MAR LODJ

Mar Lodj est un paradis. Plusieurs villages assez pauvres y sont établis et leurs habitants sont d'une gentillesse extrême. Pour vous déplacer (les dis-

tances étant assez importantes), choisissez le mode de transport roi : la charrette à quatre pattes motrices (âne ou cheval). Si vous passez un peu de temps sur l'île, ça vaut aussi le coup de faire une grande balade à pied ou à vélo parmi la végétation et les troupeaux de vaches. Le dimanche, à l'église du principal village, Mar Soulou, vous pourrez assister à la messe au son des tam-tams du père Thalman. Missionnaire suisse à la barbe blanche, il est installé ici depuis 40 ans. C'est lui qui a levé les fonds pour construire le monument. Voir dans l'église les fresques réalisées par un peintre local, le four à pain, le fromager sacré et les institutions du village. Passionnant.
➢ ***Pour y aller :*** si vous avez réservé une chambre dans un campement, un commis vient généralement vous chercher à l'embarcadère. Sinon, vous pouvez vous faire emmener par n'importe quel piroguier, la distance est courte donc ça ne revient pas trop cher. Encore moins cher, mais peu pratique : attendez la navette « courrier », qui part du village de N'Dangane vers midi.

Où dormir ? Où manger ?

Les campements ont poussé comme des champignons sur cette grande île. Mais ils sont de qualité très inégale : d'un côté pas mal de cabanes miteuses qui se hissent sans honte au rang de « campement » (ça peut intéresser les vrais fauchés, car on négocie ici mieux qu'ailleurs). De l'autre, des structures vraiment bien gérées, souvent avec difficulté car l'île est ravitaillée par les corbeaux. Voici les adresses qui nous ont plu.

■ |●| *Campement de Mar Setal* *(chez Adia et Kurt Wiesbauer) :* juste en face de N'Dangane, marigot de Djilor. Un site isolé du monde : tranquillité surréelle. ☎ 637-25-31 (portable). Fax : 951-43-78. Compter 14 000 F.CFA (21,3 €) par personne en demi-pension. Repas à 4 500 F.CFA (6,9 €). Mignon campement tenu par un couple sénégalo-autrichien. Notre préféré. Accueil simple et chaleureux. Kurt vit depuis près de 20 ans au Sénégal et propose quelques cases de 2 à 4 personnes équipées d'une salle d'eau et d'un ventilo, moustiquaire aux fenêtres, et terrasse couverte pour la sieste. Impeccable. En plus, les cases sont assez espacées. Grande salle de resto-bar décorée de merveilleux objets. Le tout dans un jardin ombragé en bordure du Saloum.

■ |●| *Le Bazouk du Saloum* *(Chez Agnès) :* ☎ 820-41-25 (à Dakar) ou 633-48-94 (portable) pour réserver. Contact possible à partir du site • www.ausenegal.com • Accessible en pirogue de N'Dangane en 20 mn. Demander Sana Thiam, qui vous conduira pour 3 000 à 5 000 F.CFA (4,6 à 7,6 €). Également un bac, au prix dérisoire. Pour loger au Bazouk, compter 13 000 F.CFA (19,8 €) par personne en demi-pension. Demi-tarif pour les enfants de moins de 10 ans. Un coin de paradis sur une petite plage. Sept bungalows mignons tout plein avec toit de chaume et terrasse individuelle. Des grands formats pour la famille et des petits pour les *single* ou les couples. Bloc sanitaire commun. Le tout hyper bien tenu par Agnès, une Française, son mari sénégalais, et leur équipe locale. Accueil de qualité. Excellente cuisine.

■ |●| *Campement touristique Mbine Diam :* à côté du Limboko. ☎ 636-91-99. Petit campement tenu par Sabou et Saliou, qui vous réserveront un accueil digne de ce nom. Compter environ 13 000 F.CFA (19,8 €) par personne en demi-pension, avec la possibilité de faire baisser un peu. Cases simples pour 2 personnes, avec des sanitaires très sommaires. Mais l'ambiance familiale est une belle compensation. Cuisine traditionnelle préparée avec soin. Une question : pourquoi, dans ce coin-là de l'île, les campements sont-ils tous agglutinés les uns sur les autres ? Ce n'est quand même pas la place qui manque !

KAOLACK

(180 000 hab.)

Capitale régionale, Kaolack paraît loin de l'océan, cependant les navires (en petit nombre) remontent le Saloum jusqu'à son port. Point de passage obligé pour se rendre dans le Niokolo Koba, en Gambie ou en Casamance, Kaolack semble, sur la carte, une ville-étape toute trouvée. Cette situation est son seul avantage, car la ville présente vraiment peu d'attraits. L'atmosphère y est assez étouffante et on rencontre plein de gens très collants dont on aimerait vite se défaire. En plus, le logement de charme y est rare (c'est un euphémisme). Mais il faut bien voir les choses en face : après une route aussi infernale (que ce soit de M'Bour à Fatick, ou dans l'autre sens, Tambacounda-Kaffrine), vous serez bien content de faire une halte. Même à Kaolack.

Adresses utiles

■ ***Banques :*** *CBAO* et *Société Générale*, dans le centre, l'une en face de l'autre. Chèques de voyage et agence Money Transfert. La CBAO possède un distributeur pour *MasterCard* et la SGBS pour *Visa*. Mais comme lesdites machines tombent souvent en rade, et que les banques ont – intelligemment, il faut le dire – bazardé leurs sabots (pour retirer au guichet, avec sa carte et son passeport), vous risquez d'avoir des surprises. À titre indicatif : la prochaine banque acceptant les cartes se trouve à Saly/M'Bour. Ou alors à Tambacounda, si c'est plutôt votre direction.

Gares routières : une au nord pour les véhicules allant à Dakar, une autre au sud pour ceux desservant la Casamance ou Tambacounda. Pour les rejoindre, utiliser les mobylettes-taxis (spécialités locales), sympas et pas chères. Mais pas très rassurantes non plus, quand elles zigzaguent entre les taxis. Surtout que les chauffeurs de taxi les détestent (pure jalousie : les mobylettes ne paient pas de taxes).

■ ***Hôpital :*** dans la rue principale, en face du commissariat. Hôpital régional, pas trop mal équipé.

■ ***Épicerie de France :*** avenue J.F.-Kennedy, une grande rue parallèle à l'artère principale. Particulièrement propre et très bien fournie. On y trouve tout : packs d'eau, biscuits, fruits frais, cartes postales et surtout des produits d'hygiène pas périmés.

Où dormir ?

Centre de recherche de documentation et de formation pour le développement : en face de l'hôtel de ville. ☎ 941-12-94. Accepte des visiteurs de passage, s'il reste de la place. Prix imbattables : 3 000 F.CFA (4,6 €) en dortoir, 5 000 F.CFA (7,6 €) en chambre ventilée. En centre-ville, vous n'aurez, quoi qu'il en soit, guère d'autre solution.

Plus chic

Hôtel de Paris : en venant de Dakar, prendre après le passage à niveau la 2e rue à droite juste avant la Gouvernance et aller jusqu'au bout ; l'hôtel est sur la gauche. ☎ 941-10-19. Fax : 941-10-17. • mangrove@telecomplus.sn • Compter un peu plus de 22 000 F.CFA (33,5 €) la chambre double. Pension et demi-pension pas données. Installé dans une belle bâtisse, c'est le seul véritable hôtel de la ville, donc il est souvent plein : mieux vaut réserver ! Chambres d'un confort maximal avec climatisation, téléphone et une salle de bains impeccable. Les nouvelles chambres sont encore mieux. Alexia et Paul-Henri, les jeunes propriétaires français, très sympas, vous donneront tous les renseignements dont vous aurez besoin pour poursuivre votre périple. Ils possèdent aussi un campement à Kaffrine. Le restaurant est le meilleur de la ville (voir « Où manger? »).

Où dormir dans les environs?

Auberge La Résidence : à l'entrée de Kaolack, sur la droite de la route en venant de Dakar. ☎ 941-76-10. Doubles ventilées très spacieuses (voire un peu vides) pour 9000 F.CFA (13,7 €). Cette auberge toute neuve propose les chambres les plus propres qu'on ait vues à Kaolack (hormis à l'*Hôtel de Paris*). Espérons que ça va durer. Salles de bains vraiment nickel, dans le couloir. Accueil aimable. En plus vous êtes juste à côté de la mosquée. Manque de chance, elle n'est pas en fonction, donc vous serez privé de l'appel du muezzin à 5 h du mat. Tant pis.

Auberge de l'Amitié : à Kabatoki, 5 km avant Kaolack en arrivant de Dakar, sur la gauche. ☎ 645-33-49. Deux chambres sans sanitaires (donc à éviter car ceux de l'extérieur paraissent inutilisables). En revanche, les chambres ventilées avec douche et w.-c. sont tout à fait correctes. Prix en rapport : 7000 F.CFA (10,7 €) pour deux. Possibilité de repas sur commande. Accueil diablement sympa de Michel et de son oncle. Vous pourrez discuter avec eux dans le petit « salon à palabres » aménagé dans la cour avec les moyens du bord.

Où manger?

Gargotes près de la gare routière. Plusieurs **snacks** assez propres dans le centre, mais sans rien d'exceptionnel. Poulet rôti, merguez-frites, etc.

Le Brasero : 510, av. Valdiodio-Ndiaye (la rue principale). ☎ 941-16-08 ou 637-88-98. Central, entre l'opticien et le commissariat. Notre préféré du point de vue qualité-prix. Plats de 2500 à 3500 F.CFA (3,8 à 5,3 €). Plat du jour très bon marché. Dans une cour agréablement ombragée, Anouar et sa sœur Marlène, deux enfants du pays, se font un plaisir de vous faire goûter à leur cuisine : plats sénégalais et aussi des grillades (leurs spécialités), des salades composées... plus des tas d'infos sur la région. Ambiance conviviale appréciée des expatriés comme des natifs. À signaler : on peut boire du vrai café expresso (ça n'a l'air de rien, comme ça, mais quand vous serez à Kaolack...) et aussi des tas de bières d'importation, à la pression ou en bouteille. Ça s'appelle soigner sa clientèle.

La Terrasse : rue des Écoles; dans le centre. ☎ 941-73-00. Spécialités libanaises, dont l'appréciable meze bien sûr. Sandwichs, salades et quelques plats de viande un peu plus chers. Compter moins de 3000 F.CFA (4,6 €) en tout cas. Mazen Wazni, un Libanais, a délaissé sa maîtrise de mathématiques à l'université de Toulouse pour reprendre l'affaire familiale. Il ne s'en plaint pas mais aimerait faire plus pour sa ville. Discutez avec lui, il sera de bon conseil pour égayer un séjour un peu triste.

Blue Bird : au croisement pour Ziguinchor, tourner à droite. C'est juste là. ☎ 941-53-50. Surtout réputé pour son bar et son night-club. Mais on y mange un plat du jour pas cher, style tiéboudienne ou yassa (pas de surprise, mais c'est efficace). Sandwichs froids, burgers, salades, et aussi plein de bonnes glaces. Les deux salles sont colorées et bien aérées. Couchers de soleil et petits oiseaux peints sur les murs. Même une cour derrière.

Plus chic

|●| ***Le restaurant de l'hôtel de Paris :*** voir « Où dormir ? ». Menu « Saloum » à moins de 5000 F.CFA (7,6 €) et menu « saveur » pour environ 7000 F.CFA (10,7 €). Pour déjeuner, le buffet est une excellente solution (thé et *kinkéliba* offerts par la maison). Sinon, les crevettes en folie du restaurant sont délicieuses, les menus abordables et le service aimable. Méchoui et pierrade de poisson sur commande. Bons desserts et succulentes crêpes. Les fauchés peuvent toujours boire un verre au bord de la petite piscine. Souvent des groupes pour déjeuner. Bar feutré et cossu, avec un billard.

À voir

★ ***La mosquée moderne :*** à la sortie de la ville en direction de Dakar. Aisément reconnaissable à ses toits pointus bleus qui font penser aux tours du château de la Belle au bois dormant. Voulue par un richissime Sénégalais pour son marabout préféré. Malheureusement, le bienfaiteur est mort avant l'achèvement et les quelque 3 milliards de F.CFA engloutis se dégradent peu à peu, sans servir. Un imam de la ville nous a assuré qu'il est faux que le bâtiment s'enfonce dans le sable, contrairement aux rumeurs qui circulent. Des rumeurs apparemment plus que fondées... Une chose est sûre en tout cas : il y a toujours quelqu'un qui veille aux abords de la mosquée, histoire de protester si vous sortez votre appareil photo.

★ ***Le marché :*** un des plus importants et des plus vastes marchés d'Afrique de l'Ouest. Il rappelle que Kaolack est la capitale non seulement sénégalaise mais africaine de l'arachide. Ne vous laissez pas embobiner par un guide. Soit il vous réclame une somme exorbitante à la fin de la visite, soit il vous oblige à acheter quelque chose. Quitte à repousser les offres toutes les 30 secondes, faites votre balade tout seul.
Marché en partie couvert, divisé par sections. Ne vous cantonnez pas aux sections artisanales destinées aux touristes : respirez les odeurs d'épices, de légumes, regardez flotter les tissus chamarrés, faites-vous expliquer l'utilité d'objets en apparence incongrus. Sinon, beaucoup d'instruments de musique, des peaux (pour les viandards qui n'ont pas pu aller dans le Niokolo) et aussi toute une panoplie de remèdes aphrodisiaques à base de cornes de gazelles ou d'extraits de lion (? !) avec lesquels les femmes sénégalaises soignent leurs maris fatigués.

★ ***Le village artisanal :*** dans la rue qui part en face de la Gouvernance. Attrape-touristes, comme son nom l'indique. Quelques belles tapisseries cependant, tissées devant vous. Maroquinerie, sculpture... Pas trop de monde par rapport au marché, donc on a l'esprit plus calme. Tenez bon quand même lorsqu'il s'agira de se défaire des importuns.

★ ***L'Alliance française de Kaolack :*** rue de France. ☎ 941-10-61. Ouvert de 9 h à 12 h et de 15 h à 19 h. Fermé le dimanche et le lundi matin. Superbe bâtiment multicolore à l'architecture remarquable et pour le moins originale. Construit au début des années 1990, il est l'œuvre d'un architecte français très talentueux qui a aussi réalisé celle de Ziguinchor ainsi que le décor d'un resto de M'Bour. Les peintures ont été réalisées par des artistes locaux. De temps à autre, concerts et forums.

➤ DANS LES ENVIRONS DE KAOLACK

À voir

★ ***Les tumuli de sable de N'Dalane :*** à Gandiaye, 12 km en direction de Dakar, tourner à droite en direction du village solaire de Diaoulé (célèbre lui aussi), puis 10 km de piste carrossable à vitesse lente. Pour spécialistes motivés car il y a peu à voir, mais les villageois décrivent encore, dans le détail, les fouilles qui datent de plus de 20 ans. À Gandiaye même, quartier de Ngola, Waly Diouf vous montrera comment on fait des cordes avec l'écorce de baobab (en mai-juin principalement).

KAFFRINE

Ville de passage entre l'est et l'ouest, à une cinquantaine de kilomètres de Kaolack, Kaffrine n'est pas un endroit où l'on brûle de s'arrêter. Une route longue et chaoteuse pourra vous y contraindre. Venant de Dakar et M'Bour, c'est un véritable crève-pneus, une mauvaise route goudronnée étant bien pire pour le véhicule que toutes les pistes de latérite. Venant de Tambacounda, c'est un festival de trous qui dure 4 ou 5 heures. Alors une halte à Kaffrine peut se justifier, d'autant que la ville est bien plus calme que Kaolack. Et si vous prenez un peu plus de temps, une demi-journée par exemple, vous ne le regretterez pas. En se baladant dans les rues ensablées de cette ville endormie, on découvre un peu le « Sénégal profond », comme nous le disait un habitant. Des gens accueillants, plein d'enfants gentils comme tout et un rythme de vie digne d'une charrette tirée par un vieil âne.
Mais la brousse est aussi un filon prometteur : quelques propriétaires de campements essaient de développer le tourisme dans cette région recluse et sèche. Kaffrine fait office de carrefour idéal. Un peu plus au nord, des camps de chasse et des villages isolés attirent déjà un gibier providentiel : les cars des agences de voyages.

Adresses utiles

✉ ***Poste :*** en face de la gare. Ouvert jusqu'à 17 h. Possibilité d'envoyer des fax. Cabine de téléphone à carte.

Gare ferroviaire : sur une grande place, route de Djourbel. Le train arrive de Dakar le samedi vers 15 h, et continue sur Tambacounda, Kidira, Bamako. Repasse le jeudi dans l'autre sens, à 17 h (horaires pas toujours respectés, bien sûr).

Gare routière : à l'entrée de Kaffrine, en venant de Kaolack. Départs plusieurs fois par jour vers Tamba, Kaolack ou Djourbel.

– Un ***hôpital*** place de la gare.

– Pas de ***banque.***

LE SINÉ SALOUM

Où dormir ? Où manger ?

Salle polyvalente : la solution économique pour loger à Kaffrine. Au croisement entre la route de Tamba et celle de Djourbel, pas loin de la gare routière. ☎ 936-54-21. À partir de 3 000 F.CFA (4,6 €) par personne, si vous négociez. Chambre pour 3 ou dortoir de 6 lits, simples et tout à fait propres. Salle de bains commune, parking. Un petit jardin derrière. S'il n'y a personne pour vous accueillir, demandez à n'importe quel passant ou commerçant, il trouvera le responsable de la salle. Ça peut être sympa si une soirée dansante ou une pièce de théâtre est organisée ce jour-là.

Campement Les Mangroves : à l'entrée de Kaffrine, en venant de Tamba. ☎ 946-14-14. Fax : 941-

10-17. • mangrove@telecomplus.sn • La chambre pour 2 revient à un peu moins de 20 000 F.CFA (30,5 €). Campement de qualité tenu par les propriétaires de l'*Hôtel de Paris*, à Kaolack. Dix bungalows ronds et roses avec toit en paille, dans un espace fleuri et planté d'eucalyptus. Climatisation (un peu bruyante d'ailleurs), salle d'eau et joli ameublement. Entretien irréprochable. Accueil cordial. Petite piscine pour endurer les grosses chaleurs, fréquentes ici. Bon restaurant (et puis, vous n'avez guère le choix à Kaffrine...). Menu à 5 000 F.CFA (7,6 €) copieux et savoureux, servi dans une salle fraîche décorée de fresques animalières. Le campement organise des excursions en brousse et des parties de chasse.

NIORO DU RIP

C'est le cœur de la zone des mégalithes. Celle-ci s'étend sur 250 km jusqu'en Gambie (voir « cercles de Wasu ») et renferme plus de 16 000 monuments répartis sur 1 900 sites. Que nos amis bretons se rassurent, aucun n'égale Carnac, mais cela mérite cependant un détour.

➢ ***Pour y aller :*** à 55 km de Kaolack sur la Transgambienne ; pas de problème avec les taxis-brousse et cars rapides. Avec un peu de chance, vous trouverez un commerçant ou un cadre faisant le trajet quotidiennement : beaucoup d'habitants de Nioro travaillent dans la capitale régionale. Un circuit a été conçu au départ de Frigui sur la Transgambienne, mais il est mal indiqué et les risques de s'égarer sont importants. Les moins courageux se contenteront du site de Siné Ngayène, d'accès facile et qui, cela tombe bien, constitue l'ensemble mégalithique le plus important de Sénégambie : 900 pierres levées forment plus de 50 cercles. En venant de Kaolack, au sud de Nioro, après avoir franchi le Grand Bao Balou (panorama superbe), prendre la deuxième piste à gauche (à environ 3 km du fleuve, arrêt des taxis-brousse) puis 12 km de piste carrossable à petite vitesse ; on traverse plusieurs villages dans lesquels il est facile de se perdre ; ne pas hésiter à demander son chemin. Le mieux lorsqu'on est en voiture est d'inviter comme guide un des habitants du village proche de la Transgambienne. On peut aussi louer une charrette attelée, pas cher et balade sympa malgré la chaleur (pensez à l'eau).

Où dormir ?

Possibilité de dormir (mais pas de manger) au ***centre ISRA***, un centre d'apprentissage des techniques agricoles. À l'entrée de Nioro (en venant de Kaolack), prendre le chemin à droite. ☎ 944-61-02. Ça ressemble exactement aux chambres de « Cité U » de chez nous. Seulement 5 000 F.CFA (7,6 €) la double. Gros problème pour eux (et éventuellement pour vous) : pas d'électricité. Aux dernières nouvelles, ils tentaient de trouver une solution. En attendant, vous pourrez assister aux travaux pratiques, par exemple le maniement des engins agricoles ; vous savez, les machins blancs à quatre pattes avec de grandes cornes...

PASSI

Petite ville à 30 km de Kaolack, sur la route vers la Gambie et la Casamance par Banjul. Le samedi est l'un des meilleurs jours pour la visite. Le marché, coloré et bruyant, est l'un des plus intéressants de la région. À part ça, la ville n'a vraiment aucun intérêt. Juste une bonne étape.

Où dormir ? Où manger ?

🏠 🍽 ***Le relais de Passi :*** ☎ 948-54-54. Relais de chasse au milieu d'un verger de plus de 1 ha, à l'entrée du village quand on arrive de Kaolack. Très jolies chambres. Resto, bar, piscine.

FOUNDIOUGNE

À 30 km au nord de Passi, Foundiougne est une ancienne ville coloniale, en témoignent quelques bâtiments en ruine. Bâtie sur la rive gauche de l'estuaire du Saloum, elle jouit d'un environnement naturel exceptionnel. Dès l'arrivée à Foundiougne, une tenace odeur de crevette vous assaille. Ne vous laissez pas étourdir, ça se dissipe au fur et à mesure qu'on s'éloigne de l'embarcadère. Voici quelques points de repère, étant dos au fleuve : vers la gauche et tout droit, c'est le village, animé et assez sale. Échoppes, bouis-bouis, foule. Vers la droite, une bonne douzaine de campements s'alignent sur toute la rive, collés les uns aux autres.

➢ ***Pour y aller :*** on peut venir en pirogue de N'Dangane par exemple. Longue et belle balade. Si l'on vient de Passi, on traverse un paysage lunaire, sorte de polders étincelants au ras de l'eau. On peut aussi venir par le nord, à partir de Fatick. Traversée en pirogue régulièrement, toute la journée. Mais le bac reste une bonne solution, et il coûte trois fois rien : 100 F.CFA (0,1 €) pour les piétons et 1 000 F.CFA (1,5 €) pour une voiture plus son chauffeur. Il part toutes les heures de la rive nord, de 7 h 30 à 12 h 30, puis l'après-midi à 15 h, 15 h 30, 17 h et 18 h 30. La traversée du Saloum dure une petite demi-heure.

Où dormir ? Où manger ?

🏠 🍽 ***Le Saloum-Saloum*** *(campement municipal)* ***:*** ☎ 948-12-69. Super campement qui a la cote parmi nos lecteurs, et qui nous a bien plu à nous aussi. Tenu par Yann et Eric, venus de Marseille et joliment installés, les pieds dans le fleuve. Pension complète pour environ 17 000 F.CFA (26 €). Chambre seule bon marché. Nos félicitations pour ces cases blanches à l'architecture unique : deux petites pièces rondes et un plafond digne d'une ziggourat mésopotamienne (toutes proportions gardées). Salle de bains individuelle, ventilo et moustiquaire, le tout super propre. Ambiance très détendue. Une bonne structure routarde. Cuisine européenne ou sénégalaise. Le soir, le bar-resto devient un lieu de réunion apprécié. Regardez les caricatures murales signées Lorenzo. Organisation de balades, parties de pêche et bivouac dans les îles.

🏠 🍽 ***Le Baobab-plage*** *(Chez Anne-Marie)* ***:*** ☎ 948-12-62 (au campement) ou 948-12-63 (au domicile). Chambre double à 14 000 F.CFA (21,3 €). Repas à 2 500 F.CFA (3,8 €). Petit campement voué à la pêche. Une dizaine de chambres avec ventilo et toilettes privées, le tout bien tenu. Cuisine excellente. Accueil correct. Une adresse stable, bien connue des routards.

🏠 🍽 ***Le Baobab-terre*** *(chez Ismaïla)* ***:*** de l'autre côté de la route par rapport au précédent. ☎ 948-

11-08. C'est le piroguier Ismaïla qui a repris l'ancien campement d'Anne-Marie en conservant le nom. Bien tenu et dans les mêmes prix. Mais moins bien situé.

🏠 🍽 ***L'Indiana Club :*** à côté des *Bolongs*. ☎ et fax : 948-12-13. Pension complète pour environ 16000 F.CFA (24,3 €) par personne en pension complète. Super rapport qualité-prix. Voici un petit campement agencé de manière très conviviale. Belles chambres doubles disposées dans un bâtiment tout en longueur; salle de bains commune impeccable. Également deux cases pour 4 personnes. Piscine, resto et bar où l'on se sent super bien. Organise des sorties dans le delta du Saloum, dans la brousse, et des bivouacs. Bravo aux proprios suisses pour cette belle adresse en bord de fleuve.

🏠 🍽 ***Auberge Les Bolongs :*** en bordure de plage. ☎ et fax : 948-11-90. Compter 20000 F.CFA (41,9 €) par personne en pension complète par jour, prix très attractif. Quelques bungalows pour 2 ou 3 personnes avec sanitaires, bien tenus. Site très calme mais terrain en friche qui mériterait plus de soin. Excellente cuisine. Atmosphère conviviale et super accueil. Daniel et Jany Grand, les proprios originaires de La Rochelle, bien insérés dans la vie locale, organisent à merveille des excursions et des journées de pêche. Ils ont recréé une véritable arche de Noé comprenant chiens, chèvres, singes et même un chacal. Donc, il vaut mieux être l'ami des bêtes. Plus prudent de réserver, car des groupes prennent souvent le camp d'assaut.

À faire

– ***Promenade en pirogue sur le Saloum :*** fiez-vous à votre intuition et choisissez bien votre guide si vous décidez d'en prendre un. En général, chaque campement possède son homme de confiance, auquel vous pouvez vous fier. Les balades le long des bolongs sont magnifiques. C'est même la principale attraction de la région. Assez cher tout de même.

– ***Bivouac dans les îles :*** une expérience souvent proposée. Il paraît qu'on s'endort parmi les hurlements des chacals. Veillée à la scout, retour à la nature.

SOKONE

Un petit village accueillant où l'on peut faire une halte, à mi-chemin entre Kaolack et Banjul. Au sud de Sokone, la route devient un enfer, surtout en fin de saison des pluies. Prévoyez large si vous comptez rallier Banjul en une seule fois (avec la frontière, le bac, etc.).

Où dormir ? Où manger ?

🏠 🍽 ***Campement touristique Le Caïman :*** ☎ et fax : 948-31-40. Compter environ 20000 F.CFA (30,5 €) par personne en chambre double et en pension complète. Vaste campement très bien tenu et authentiquement intégré au village. Accueil chaleureux. Des animations permettent de rencontrer les gens dans un bon esprit d'échange. Bâtiments et cases en dur, recouverts d'un toit de paille. Cases confortables, climatisées et équipées de lavabo, douche et w.-c. Belle piscine. Excursions organisées dans la région. Le mercredi, important marché. Possibilité de chasse, pêche ou safaris photos.

🏠 🍴 ***Les Barracudas :*** en face du *Caïman*, prendre la piste sur la droite, c'est à environ 5 km. ☎ 948-31-29 (au Sénégal) ou 05-49-35-83-60 (en France). Tenu par des gens charmants, il est toujours assez plein. Superbe cadre : le campement est cerné d'eau, au cœur du sujet puisque c'est un camp de pêche. Confort à l'européenne pour 23000 F.CFA (35 €) la nuit, dans une chambre pour 2 ou 3 personnes. Cuisine à disposition pour faire griller vos trophées de pêche. Piscine, belle salle de resto. L'isolement garantit une tranquillité totale.

TOUBAKOUTA

Au bord d'un bolong. Très chouette petit village. Encore les pirogues et l'artisanat mais peut-être mieux qu'ailleurs. Nous préférons Toubakouta à Foundiougne, pour rester un peu. Beaucoup plus calme et sauvage. Mais quand même assez touristique.
Ne pas manquer l'excursion de *Diorom-Boumak*. Il s'agit d'un amas coquillier, de 400 m de long et de 12 m de haut, constitué par les habitants du début de notre ère et supportant plusieurs tumuli funéraires. L'ensemble est coiffé d'un magnifique bosquet de baobabs, arbres très avides de calcaire. En saison, d'avril à juillet et d'octobre à décembre, la promenade se continue jusqu'au reposoir des oiseaux. La sérénité du bolong, la tiédeur de l'air et le passage des oiseaux dans le soleil couchant vous laisseront des souvenirs très forts.

Où dormir ? Où manger ?

🏠 ***Chez Abdourahmane Senghor :*** ☎ 936-34-24. En plein centre du village, le bâtiment jaune magnifiquement peint. L'épicier dispose de 5 cases très propres pour 2 ou 3 personnes, derrière sa boutique. Le moins cher : 12500 F.CFA (19 €) pour deux. Les chambres disposent de la clim', d'une salle de bains, d'un frigo. Satisfaisant, vu le prix modeste.

🏠 🍴 ***Centre de pêche Keur Saloum :*** ☎ 948-77-15. Fax : 948-77-16. Compter environ 24000 F.CFA (36,6 €) par personne et par jour en pension complète. Prix divisé par deux en basse saison. L'un des plus beaux établissements hôteliers qu'on ait vus. Orienté vers la pêche et le séjour de repos. Une cinquantaine de cases climatisées intégrées dans un cadre extra, au bord du Bandiala. Les cases neuves sont composées de deux parties rondes, la chambre et la salle de bains. Confort maximal. Piscine, tennis, discothèque, plage entourée de verdure. Nombreuses excursions possibles. Accueil chaleureux de la part des nouveaux proprios. Si on aime bien le Keur Saloum, c'est aussi parce que, tout en proposant un hébergement de qualité, il évite l'arrogance habituelle de ce genre d'établissements et pratique des tarifs très corrects.

🍴 ***Resto El Hadj Ababacar :*** sur la route de Missirah, à 300 m du centre de Toubakouta, sur la droite. Plats autour de 3 000 F.CFA. (4,6 €) Resto tout neuf, propre et frais, tenu par Mme N. Gueye, une Sénégalaise cuisinière hors pair. Loue également un petit appartement à 10000 F.CFA (15,2 €).

MISSIRAH

Village en bordure de la forêt classée de Fathala, et célèbre pour son fromager millénaire, le plus grand du Sénégal, dit-on, avec ses quelque 20 m de circonférence. Se rendre au pied de l'arbre pour en apprécier l'allure impressionnante. Dommage que quelques baraques en gâchent les abords. Missirah est un port de pêche animé et possède un chantier de construction de pirogues intéressant à observer. Celles offertes par les Japonais, pour se faire pardonner la surexploitation des fonds marins, sont tout en plastique.

Où dormir? Où manger dans les environs?

Le Gîte du Bandiala : ☎ 948-77-35. Chambres ou cases ventilées avec douche, à 16500 F.CFA (25,1 €) par personne en pension complète. C'était une scierie à l'origine, puis la forêt a été classée (c'est le parc national du delta du Saloum), aussi s'est-elle reconvertie. Vous ne regretterez pas le détour de 13 km qu'il vous aura fallu faire, en partant de la route Kaolack-Banjul, pour gagner ce lieu de calme au milieu des arbres. Piste très difficile par endroits, surtout après septembre-octobre. Éric et Katia respectent et sauvegardent la forêt, très menacée, et la vie sauvage en entretenant le seul point d'eau qui subsiste en saison sèche. De plus, Katia parle le wolof avec un accent à tromper un Wolof, ce qui est bien pratique pour faire le marché avant de préparer les plats africains que vous dégusterez avec eux. Goûtez aussi les huîtres de palétuviers grillées au citron vert. Excursion d'une journée avec panier pique-nique vers l'île aux Oiseaux et ses voisines du parc du Saloum. L'une des plus grandes réserves de sternes royales au monde. Magnifique. Possibilité également de randonnées et de bivouac sur les îles, avec découverte ornithologique.

LA CASAMANCE

AVERTISSEMENT : en raison des troubles sporadiques qui secouent la Casamance depuis quelques années, des mines antipersonnel cachées çà et là depuis l'automne 1997, il est désormais dangereux pour les ***touristes individuels*** de s'aventurer dans la partie sud de la région, c'est-à-dire toute la zone comprise entre la Guinée-Bissau et le fleuve Casamance, du Cap Skirring à Kolda. La preuve en est que le Club Med de Cap Skirring ne propose presque plus d'excursions en Casamance, faute de pouvoir assurer une sécurité optimale à ses clients et les hôtels y sont gardés par l'armée.

D'autre part, la baisse de la fréquentation touristique qui en a résulté fait que le moindre routard qui s'y aventure est une cible idéale pour les dealers de *yamba* (l'herbe, dont la culture s'est étendue – cela rapporte plus que les mangues...) : soit comme consommateur soit comme revendeur. Dans ce dernier cas, on le dénoncera (moyennant « arrangement » avec les autorités), et le petit touriste naïf en prendra pour deux ans d'incarcération s'il détient de la yamba. Triste à dire, mais on se devait de vous prévenir, d'autant que les contrôles d'identité et de sacs sont incalculables.
Aujourd'hui, il ne fait plus aucun doute que le problème sécuritaire en Casamance relève du pur banditisme. Les coupeurs de routes, puisqu'il faut bien les appeler par leur nom, ont supplanté les rebelles du Mouvement des forces démocratiques de la Casamance (MFDC). L'appât du gain a remplacé les revendications indépendantistes. Les pillards se dissimulent dans la forêt dense qui borde la frontière avec

la Guinée-Bissau, et n'en sortent que pour détrousser des convois de commerçants ou de touristes. L'énervement de la part des agressés et leur éventuel refus de coopérer déclenche parfois des réactions violentes. Scènes fréquentes sur certaines routes d'Afrique (nous pensons au Nigeria ou au Cameroun) mais nouvelles au Sénégal.
Pour toutes ces raisons, et aussi parce que notre travail d'enquête est rendu impossible par manque de sécurité, nous avons supprimé de cette édition la route entre Ziguinchor et le Cap Skirring, en attendant que le calme soit rétabli. C'est principalement sur cette portion du territoire que les problèmes persistent.
Si vous souhaitez vous rendre uniquement au *Cap Skirring*, vous aurez intérêt à y aller directement en avion.

Les chapitres qui suivent s'adressent à ceux de nos lecteurs qui, malgré nos avertissements, se rendent seuls en Casamance.

La Casamance est la région du Sud, appelée « le grenier du Sénégal ». C'est là en effet qu'on trouve le plus d'arbres fruitiers et de rizières. Ceux qui connaissent l'Asie ne retrouveront pas les impeccables murs de terre ni les canaux soignés : ici, c'est la rizière africaine, beaucoup plus cool, patron ! On distingue la basse Casamance, région de l'estuaire, à l'ouest (Ziguinchor et Cap Skirring), de la haute Casamance à l'est (région de Sedhiou et Kolda). À signaler que la mer pénètre sur plus de 100 km dans les terres. Les marées, surtout en avril lors des basses eaux du fleuve, et l'évaporation augmentent la teneur en sel, qui atteint 40 g par litre (60 g à certains endroits), rendant l'eau impropre à l'irrigation. En basse Casamance, vous rencontrerez surtout les Diolas, peuple qui tente à tout prix de maintenir ses coutumes contre les influences wolof et occidentale.
En Casamance plus qu'ailleurs, on n'oublie pas de saluer ceux qu'on croise, puis d'écouter les réponses au traditionnel « Ça va? » (*Kassoumaye ?*) auquel on répond : *Kassoumaye kep* (« Ça va bien »).

COMMENT ALLER EN CASAMANCE DE DAKAR ?

Par la Transgambienne via Kaolack et Bignona

Entièrement goudronnée, mauvaise en Gambie mais toute neuve entre la Gambie et Ziguinchor. Et pour cause ! Pas un poids lourd n'empreinte cet axe : trop de formalités à la douane, trop de contrôles, donc trop de bakchichs à verser. Alors ils font le tour par Tambacounda. Pour vous, la Transgambienne sera un régal, une fois passée la Gambie. La route est bien meilleure que celle de Banjul, et on n'est pas obligé de payer un visa. Au total, il faut compter une journée de voyage en taxi-brousse et un peu moins en voiture particulière. À la douane sénégalaise, demandez un laissez-passer pour votre véhicule et tous les passagers. Pas cher. Puis on vous donnera le change des F.CFA en dalasis, car c'est avec la monnaie gambienne qu'il faudra payer le bac. Environ 3 500 F.CFA (5,3 €) par voiture, aux dernières

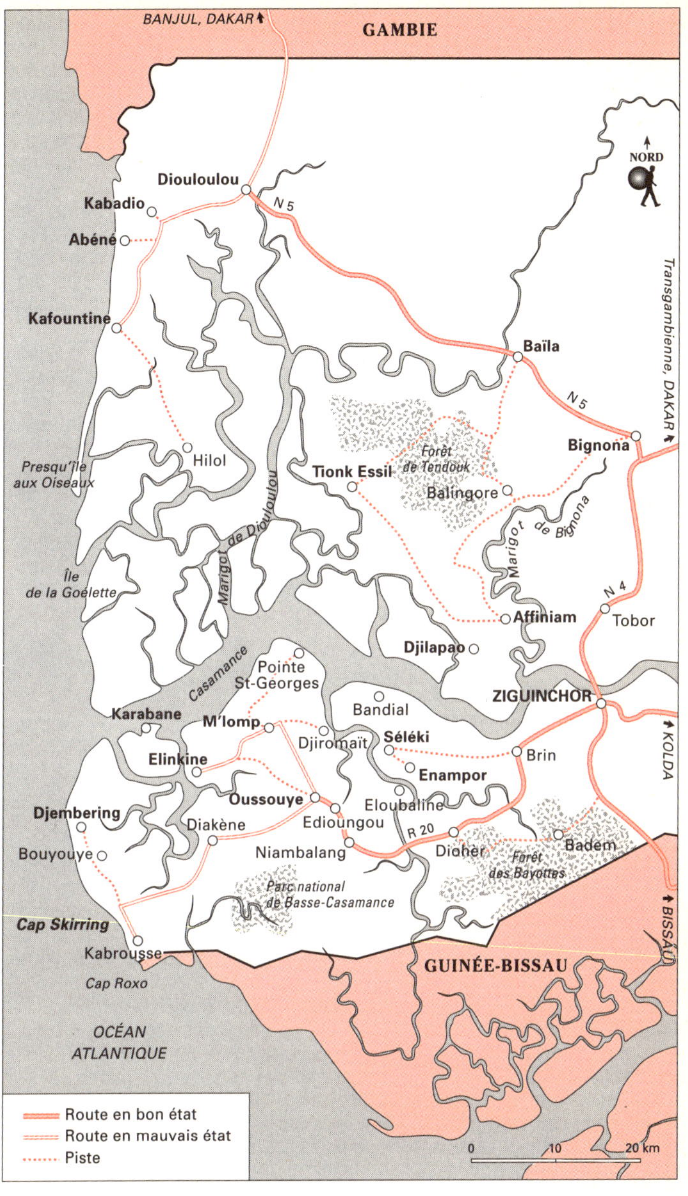

LA CASAMANCE

nouvelles. Le bac se prend à Farafenni. Il en part à peu près toutes les heures, si tout va bien. Surtout, ne faites pas la queue derrière les éventuels camions : ils passeront de toute façon après vous. Le billet s'achète 1 km avant le bac, dans un baraquement à droite de la route. Pour ceux qui voyagent en taxi, le bac n'est pas inclus dans le prix. Le chauffeur collectera l'argent (ça coûte vraiment trois cacahuètes) et achètera les billets pour tout le monde. La police des frontières sénégalaise peut vous réclamer une taxe spéciale lorsque l'une ou l'autre des frontières est franchie hors des horaires de bureau. Un détail : soyez patient lors des contrôles en Gambie. Si l'on vous demande un subside de 500 ou 1 000 F.CFA (0,7 ou 1,5 €), ne pas rechigner. Le douanier gambien est d'un naturel susceptible et irascible. Prévoir des petites coupures, les allonger avec le sourire et remercier le douanier. C'est comme ça que ça marche, sinon ils sont capables de vous ordonner de faire demi-tour. Vous aurez tout le temps de pester contre eux quand vous serez arrivé à Zig'.

Après les contrôles de sortie du territoire gambien et ceux d'entrée au Sénégal, ô joie ! voici les points de contrôle des militaires de Casamance. Entre 5 et 10 *check-points* plus ou moins laxistes avant Ziguinchor. Pas de fouille approfondie (on pourrait transporter un bazooka dans son sac à main) mais par contre, minutieux décorticage des papiers d'identité, de voiture, de douane. Ça devient exaspérant, à la longue, surtout que ces chipotages paraissent totalement inefficaces. Mais restez cool et dites-vous que les militaires s'ennuient beaucoup et sont payés très peu, ce qui peut excuser leur mauvaise humeur et leur attitude tatillonne. Une consolation : les paysages deviennent de plus en plus luxuriants, enchanteurs. La végétation gagne jusqu'aux pylônes électriques, autour desquels s'enlacent les plantes grimpantes. Après tant de déboires, la Casamance rime avec récompense...

Via Banjul

Nécessité d'avoir son visa (18 000 F.CFA, soit 27,4 €), et franchement c'est un peu cher. D'autant plus que si on passe par la Transgambienne, plus rapide, on n'a pas besoin de payer. Allez comprendre. Mais cela pourrait changer bientôt. Essayez toujours de demander un permis de « transit ». Nous avons rencontré des routards pour qui ça a marché (avec quelques sourires et un bakchich, tout s'arrange...). En revanche, il y a une chose à laquelle tous les sourires du monde ne changeront rien : c'est la route entre Sokone et la Gambie, dans un état pire que lamentable. Le goudron est entièrement parti et des trous de plus de 50 cm de profondeur jalonnent votre chemin ! À n'emprunter de nuit sous aucun prétexte, car il y a peu de passage et pas de ravitaillement. Déjà que pendant la journée, nous on ne s'est pas vraiment amusés, alors...

Le bac avant d'arriver à Banjul est beaucoup plus moderne que celui de Farafenni. Prévoir de la monnaie pour les nombreux barrages de la police gambienne, c'est assez éprouvant... Mais votre peine ne fait que commencer : de Diouloulou, quelques kilomètres après la frontière, à Bignona (30 km de Ziguinchor), la route redevient calamiteuse. Chaque année, une réfection est promise. Peut-être qu'avec un peu de bonne volonté, ils parviendront à égaliser ces montagnes russes. Si vous n'avez rien à faire en Gambie, passez donc par Kaolack et la Transgambienne. Sinon, bon courage !

En bateau

Le service est assuré par le *Joola*. Se reporter à la rubrique « Transports intérieurs » dans les Généralités sur le Sénégal.

CAMPEMENTS VILLAGEOIS INTÉGRÉS

Une expérience originale, lancée en 1974, que tous les pays africains devraient imiter. Malheureusement, depuis l'apparition de troubles en Casamance et la chute du tourisme, beaucoup ont dû fermer leurs portes. Certains ont brûlé et ceux qui restent ne sont pas toujours opérationnels.
À l'intérieur de villages choisis pour l'intérêt particulier de leur cadre ou de leurs activités, les habitants ont construit des cases traditionnelles pour accueillir les voyageurs. Généralement pas toujours bien entretenues, ces cases offrent un confort rudimentaire (chambres de 2 à 5 lits) mais suffisant (douches, w.-c. communs). Traditionnelle aussi, la nourriture est simple mais copieuse. D'ailleurs, on choisit souvent la pension complète ou la demi-pension.
Pour le voyageur, c'est l'occasion d'un réel contact avec la population, et la formule a le mérite d'être économique. Pour les villageois, c'est un moyen de créer un échange avec l'étranger et de préserver un patrimoine culturel. Les recettes sont perçues par le village. Essayez de rencontrer, au centre artisanal de Ziguinchor, Adama Goudiaby : il vous donnera plein d'informations sur ces campements villageois dont il fut l'un des principaux promoteurs.
Les tarifs sont identiques pour tous les campements, affichés à la réception; on prend généralement la pension complète, qui revient à moins de 10 000 F.CFA (15,2 €). C'est raisonnable, mais non bradé. On pourrait être un peu plus exigeant avec certains campements, notamment pour les sanitaires, non qu'ils soient vraiment moins propres qu'ailleurs mais, s'agissant d'une expérience de référence, on la souhaiterait parfaite. De nombreux campements privés s'alignent sur le tarif.

■ Réservations au ***Service régional du tourisme*** (BP 545 à Ziguinchor; ☎ 991-12-68) ou par le centre artisanal (☎ 991-13-05 et 991-13-75). Il y a également un campement intégré dans le Siné Saloum à Palmarin et un à Waxam, sur la Petite Côte.

CROYANCES ET RITES DIOLAS

Les *boekings* (génies)

Autrefois, les villageois étaient tous animistes (l'âme est indépendante du corps), ils croyaient que des âmes et des esprits animaient tous les êtres de la nature. L'univers étant formé par un tout.
Aujourd'hui encore, les Diolas croient en l'existence d'un dieu unique, Ata Emit, créateur du monde. Ils s'adressent à lui par l'intermédiaire des ancêtres, chargés de les protéger, mais aussi et surtout par l'intermédiaire des *boekings*.
Invisibles, extrêmement puissants, ils sont le trait d'union entre Dieu et les hommes. En Afrique, on attribue la plupart des événements à l'intervention d'esprits bienveillants ou malveillants, c'est pourquoi il ne faut pas les négliger si l'on tient à s'attirer leurs bonnes grâces. On les consulte pour des problèmes personnels (stérilité, santé...) ou collectifs. Lorsqu'un individu enfreint les lois du groupe, par inexpérience ou méchanceté, sa faute rejaillit sur lui, sur sa famille et même parfois sur le village tout entier. Dès lors, il faut s'adresser aux boekings ou aux ancêtres, par l'intermédiaire des féticheurs, pour se livrer à des rites de réparation.
Aujourd'hui, ce sont les marabouts, chargés de répandre la foi musulmane, que l'on retrouve auprès des féticheurs. On les consulte à tout bout de champ car on leur prête tous les pouvoirs (celui de rendre malade, stérile, impuissant et, inversement, celui de guérir). Le maraboutage est devenu une pratique des plus courantes. De la naissance à la mort, les individus portent des gris-gris et participent à toutes sortes de cérémonies destinées à les libérer d'un mal ou à nuire à un ennemi. Si les grands marabouts

condamnent ces procédures magiques contraires aux principes islamiques, cette « profession » est pourtant en plein essor...

L'initiation

L'équilibre traditionnel de la société diola fut en bonne partie rompu avec l'islamisation mandingue puis l'implantation coloniale européenne et enfin la modernité plus ou moins galopante. C'est par une sorte de contre-pied, de sursaut pour renforcer les valeurs ancestrales, que l'initiation (appelée *bukut*) est revenue en force.
L'initiation est un rituel d'intégration, qui permet de quitter l'univers de l'enfance pour accéder à celui de l'homme, grâce à un enseignement secret, religieux, militaire et social. On y enseigne le respect dû aux aînés, les multiples règles qui régissent le village, le clan, la famille, les chants et langages secrets du tam-tam, les lois de la nature. On y ajoute une préparation militaire (physique) sévère, dans le but de réunir corps et esprit.

LA PARTICULARITÉ CASAMANÇAISE

Difficile de parler du problème casamançais avec exactitude, tant il implique de données compréhensibles par les Casamançais seuls. C'est avec eux, qui vivent ici depuis toujours, qu'il faut en parler. Discuter avec les Diolas permet de toucher du doigt les différences culturelles, sociales, économiques et géopolitiques de la question. Nous pouvons toutefois évoquer brièvement quelques éléments d'explication, rassemblés après maintes palabres, auprès de commerçants, paysans, expatriés, hôteliers et même de militants politiques.
La situation de la Casamance ne pourrait s'expliquer sans une prise en compte de son isolement géographique. Enclavée entre un pays anglophone, la Gambie, et un pays lusophone, la Guinée-Bissau, c'est de fait une région isolée du reste du Sénégal. À cet enclavement s'ajoutent de grandes difficultés de circulation. Un seul bateau, le *Joola*, tout de même vieillissant, relie Ziguinchor au Nord. Par la route, c'est la croix et la bannière. Traverser la Gambie est synonyme de multiples rackets de la part des douanes gambiennes et la contourner par Tambacounda prend presque deux jours et beaucoup de carburant. C'est pourtant la solution qu'adoptent la plupart des transporteurs et commerçants, lassés de l'attente interminable au bac gambien, du racket systématique et, également, des très fréquents – et néanmoins nécessaires – contrôles de sécurité sur la route de Ziguinchor à la frontière. À l'intérieur de la Casamance, le réseau routier est paralysé par, d'un côté, les contrôles militaires avec fouilles et, de l'autre, l'état médiocre des routes. Conséquences : l'exportation de fruits a baissé, et l'approvisionnement des villes (a fortiori des villages) est devenue un casse-tête. Sans aller jusqu'à parler de pénurie, les commerces manquent parfois de certaines denrées.
Les particularismes régionaux sont forts (voir le chapitre précédent). Un Casamançais vous dira qu'il est aussi différent physiquement et moralement d'un autre Sénégalais qu'un Portugais peut l'être d'un Allemand. Ils revendiquent cette différence à travers leur dialecte, leur apparence, leurs croyances. Et dans leurs discours perce toujours un mépris des « gens d'en haut ». Surtout pour des raisons politiques : ils reprochent au Nord d'avoir exploité le « grenier du Sénégal » sans jamais en redistribuer les fruits. Dans l'esprit de beaucoup d'entre eux, « Dakar » est une métaphore du pouvoir absent, corrompu, des bureaucrates qui oppriment la région et lui refusent toute reconnaissance. Une thèse circule en particulier, que nous ne pouvons commenter mais qui mérite d'être évoquée. Celle du « complot » de Dakar contre la Casamance. L'espèce de mise en quarantaine économique, les problèmes de sécurité, tout cela serait selon eux orchestré et attisé par le

Nord pour rapatrier le tourisme et la croissance vers la Petite Côte ou le Siné Saloum. Cela en dit long sur l'état d'esprit des habitants, dont certains sont en colère et d'autres désabusés. Ils éprouvent la haine et l'incompréhension de ceux qui pensent avoir été injustement oubliés.

FÊTES EN CASAMANCE

Si l'on a un peu de temps, en Casamance, on peut essayer d'assister aux ***fêtes de l'Initiation*** qui, dans beaucoup de villages, ont lieu au printemps ou au début de l'été. Il faut assister au départ pour le bois Sacré et, un mois après environ (après cicatrisation complète), au retour des circoncis. Nombreuses occasions de fêtes entre ces deux moments dans le village. Évidemment, dates et heures sont fluctuantes ; il faut se renseigner ou tomber dessus par hasard. D'une façon générale, ceux qui prennent le temps de se balader, d'un village à l'autre, ont des chances de voir diverses cérémonies ou événements sociaux (enterrements, mariages, etc.). Si le courant passe bien, possibilité d'y assister. De grands moments !

EN SAVOIR PLUS SUR LA CASAMANCE

Sur Internet, remarquable site • www.casamance.net • dont le concepteur, Philip, un Français, est bénévole. Propriétaire avec sa femme des hôtels *Tourisme* et *Flamboyant* à Ziguinchor, il a entrepris de référencer tous les hôtels de la région, ainsi que toutes les informations utiles à destination des touristes. Nombreux renseignements pratiques sur la Casamance et possibilité de réserver des nuits dans certains établissements.

TRANSPORTS EN CASAMANCE

Si vous utilisez des taxis-brousse, vous n'aurez aucune difficulté à gagner les principaux villages à partir de Ziguinchor mais il est souvent difficile de passer d'un village à l'autre, attention à coordonner les horaires. La manière la plus agréable de se déplacer reste celle des autochtones : la pirogue. Comme pour les taxis-brousse, les grandes pirogues rayonnent à partir de Ziguinchor (départ les lundi, mercredi et vendredi avant 9 h, retour l'après-midi).

ZIGUINCHOR

(100 000 hab.)

Il était une fois une ancienne ville coloniale, d'un naturel mélancolique. Ses comptoirs délabrés alanguis au bord du fleuve, ses bâtiments administratifs décadents, ses rues aérées et, dans l'atmosphère, des souvenirs qui semblaient ressurgir d'un passé toujours présent en filigrane. On y venait d'Europe trouver de la douceur puis rayonner autour, en pirogue à moteur. Mais un jour, la paix s'en alla car l'histoire n'est pas un long fleuve aussi tranquille que le fleuve Casamance. Une fois le calme rétabli, au petit matin la cité se réveilla patraque, avec la gueule de bois : tous ses touristes ont fui, les poumons économiques de la région ont disparu. Rien n'y fait, certains médias français comparèrent Ziguinchor à Pristina, et beaucoup croyaient à Dakar que les Casamançais restaient tapis sous leur lit, craignant une balle perdue. Que nenni : de jour comme de nuit, calme plat de rigueur, vin de palme dont on s'abreuve et lentes balades au bord du fleuve. Mais rien n'efface la peine ni n'apaise les rancœurs : Zig' la douce amante oubliée fut soudain bannie de nos cœurs. Aujourd'hui elle semble attendre, vide comme après une nuit de cauchemar; les jeunes y font beaucoup la noce, les gens s'y montrent adorables, le négoce reprend de plus belle le long du marché de l'Escale, et plus personne ne comprend la démission des visiteurs. Les hôteliers s'accrochent, espèrent, les artisans travaillent même si la clientèle est rare, les jeunes dans les rues restent plus cool qu'à M'Bour, qu'à Dakar. Car tout le monde ici n'a envie que d'une chose, qu'on ose à nouveau dire : voir Ziguinchor s'impose.

Adresses et infos utiles

✉ ***Poste*** *(hors plan par A4)* **:** la principale se situe près de l'Alliance française. L'ancienne poste, en état de délabrement avancé, est près de la SGBS *(plan A1)*. On y vend seulement quelques timbres, quand il en reste.

■ ***Agence consulaire de France :*** ☎ 991-13-79.

■ ***Agence d'Air Sénégal International :*** rue Javelier. ☎ 991-11-16. Confirmer auprès de cette agence tout vol au départ de Ziguinchor au moins 3 jours à l'avance. Sinon à l'aéroport : ☎ 991-10-81.

■ ***Épicerie nouvelle*** *(plan A-B1,* ***1****)* **:** en face de l'hôtel *Aubert*. Assez cher, mais on y trouve de tout, des crèmes solaires au dentifrice, en passant par le vin, les gâteaux et la charcuterie, ce qui n'est pas une mince affaire!

■ ***Banques :*** **attention, en Casamance, on ne peut changer de l'argent qu'à Ziguinchor!** Les hôtels acceptent les chèques de voyage seulement en règlement de la note, même à Cap Skirring. Ne font pas le change. Prévoir large. La *CBAO (plan B1,* ***2****)* effectue le change contre une petite commission et accepte les retraits avec une *MasterCard* sans commission. Ouverte jusqu'à 14 h 30 du lundi au jeudi et jusqu'à 15 h 45 le vendredi. À côté de l'ancienne poste, la *SGBS (plan A1,* ***3****)* permet de retirer de l'argent avec la carte *Visa*. Ferme à 15 h 45 du lundi au jeudi et à 16 h 15 le vendredi.

■ ***Boulangerie :*** rue Javelier; au bout, vers le fleuve. Pain excellent, comme chez nous. Suivre la bonne odeur de pain chaud. Ouverte à toute heure du jour et de la nuit.

■ ***Médecins :*** *Tendeng*, rue Javelier, ☎ 991-13-85. *N'Diaye*, square Jean-Paul-II; cabinet juste à côté de

■ **Adresses utiles**

- ✉ Poste
- 🚌 Gare routière
- **1** Épicerie nouvelle
- **2** CBAO
- **3** SGBS
- @ Cybercafés
- **5** Garage et location de voitures

🏠 **Où dormir ?**

- **10** Le Kadiandou
- **11** Hôtel-restaurant Le Bel Kady (Chez Goudiaby)
- **12** Campement touristique N'Daari Khassoum
- **13** Hôtel Flamboyant
- **15** Hôtel Tourisme
- **16** Le Perroquet
- **17** Hôtel Kadiandoumagne
- **18** Hôtel Mapala
- **19** Hôtel N'Daari Khassoum

🍴 **Où manger ?**

- **20** Le Taboulé
- **21** Shell Snack
- **22** Le Mansah
- **23** Le Walkunda
- **24** Le Jardin de Rimini
- **25** Le Bombolong
- **26** Le Cordon Bleu
- **27** Le Petit Bedon

🍷 **Où boire un verre ?**

- **10** Le Kadiandou
- **25** Le Bombolong
- **31** Le Katmandou

★ **À voir**

- **41** Marché Saint-Maur-des-Fossés
- **42** Centre artisanal et Alliance française
- **43** Marché Escale
- **44** Usine Sonacos

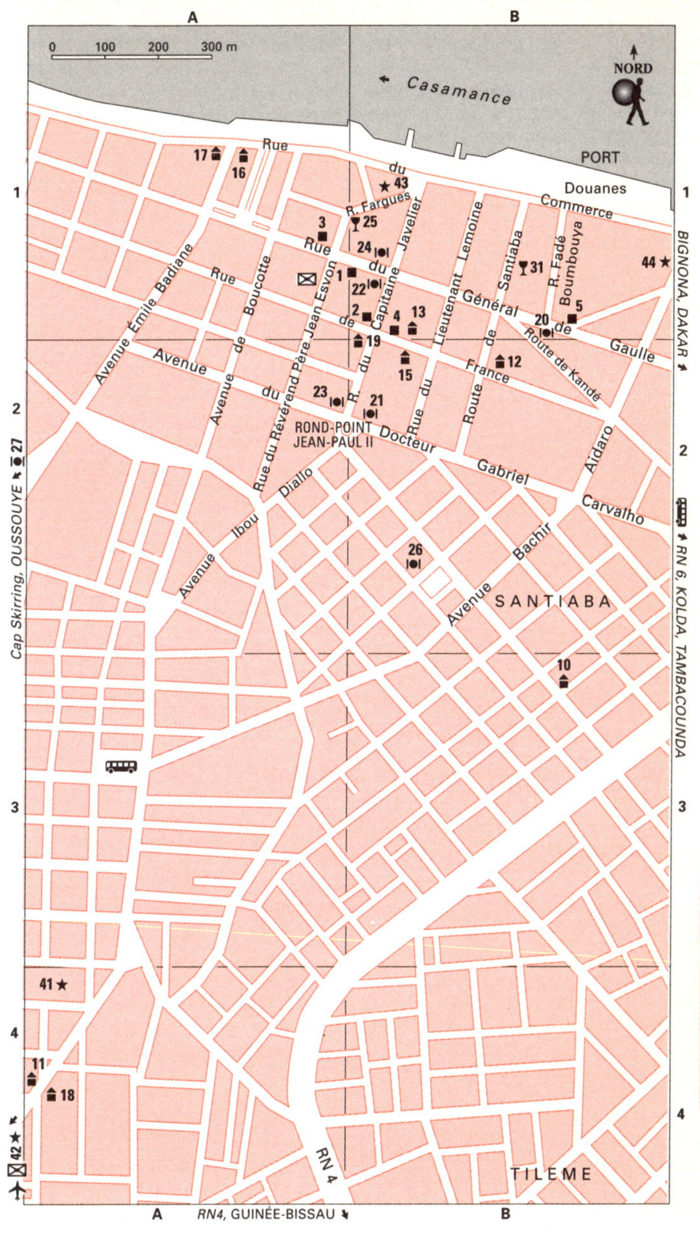
A
B
0 100 200 300 m
NORD
Casamance
PORT
Douanes
Rue du Commerce
R. Fargues
Rue du Capitaine Javelier
Rue du Lieutenant Lemoine
Santiaba
R. Fadé Boumbouya
Rue du Général de Gaulle
Route de Kandé
Route de France
Avenue Émile Badiane
Avenue de Boucotte
Rue du Révérend Père Jean Esvon
Avenue du Docteur Gabriel Carvalho
R. du
Rue du
ROND-POINT JEAN-PAUL II
Aidaro
Avenue Ibou Diallo
Avenue Bachir
SANTIABA
TILEME
RN 4
BIGNONA, DAKAR
RN 6, KOLDA, TAMBACOUNDA
Cap Skirring, OUSSOUYE 27
RN4, GUINÉE-BISSAU
1
2
3
4
5
10
11
12
13
15
16
17
18
19
20
21
22
23
24
25
26
31
41
42
43
44

ZIGUINCHOR

la pharmacie du Rond-Point (pratique). *Fatou Binto Diouf,* rue Javelier, ☎ 991-15-80. *Diengne,* ☎ 991-16-73.

■ ***Pharmacie Croix-Blanche :*** rue Javelier, en face de la banque. ☎ 991-13-27. Bien achalandée.

■ ***Pharmacie du Boulevard :*** sur le boulevard (Santhiaba) à hauteur du rond-point, au carrefour des routes pour Dakar-Kolda et Bissau. ☎ 991-26-29. Repérable à sa croix verte lumineuse haut perchée. Ouverte de 8 h à 21 h; le dimanche de 9 h à 12 h et de 16 h à 21 h. Bien achalandée et accueil sympa.

■ ***Dentiste :*** *Dr Diémé*, rue Javelier, ☎ 991-16-73.

■ ***Nouvel hôpital :*** ☎ 991-11-54. Fonctionne 24 h/24.

À noter aussi qu'il y a un infirmier major en permanence sur le *Joola*, bateau qui fait Dakar-Ziguinchor.

■ ***Hôpital régional :*** ☎ 991-11-34.

■ ***Commissariat de police :*** ☎ 991-10-13.

■ ***Gendarmerie :*** ☎ 991-10-16.

■ ***Téléphone :*** *Sonatel*, rue Javelier et de nombreuses cabines à carte. Depuis peu, on peut utiliser son GSM à Ziguinchor. Pour les routards les plus fortunés, bien sûr.

■ ***Librairies :*** principalement rue Javelier. On y trouve bouquins, cartes postales, journaux internationaux.

@ ***Cybercafés*** *(plan B1,* ***4****)* **:** deux cybercafés en plein centre, de part et d'autre de la CBAO. Le *Sen-2-tique Systems* et le *Sud Informatique*. Paisibles et frais. Connexion très bon marché, du moins quand le réseau fonctionne.

■ ***Garage et location de véhicules :*** *GIE Exgestim*, anciennement *Avis (plan B1,* ***5****)*. ☎ 991-10-31. Des mécanos qualifiés, et pour une fois pas des bidouilleurs. Mouss Diedhiou se mettra en quatre pour faire venir la pièce que vous avez malencontreusement cassée sur les tumultueuses routes de Casamance. Et puis c'est le garagiste le plus sympa qu'on connaisse. Affilié à *Europcar*, le garage loue des véhicules tourisme et 4x4; moins cher qu'à Dakar.

Où dormir?

Bon marché à prix moyens

🏠 🍴 ***Hôtel-restaurant Le Bel Kady*** *(Chez Goudiaby; plan A4,* ***11****)* **:** entre le marché de Saint-Maur-des-Fossés et le centre artisanal, sur la route dite « de l'Aviation ». ☎ 991-11-22. Chambres doubles, triples, quadruples, de 3 000 à 6 000 F.CFA (4,6 à 9,1 €). Dans un bâtiment bleu et blanc assez propre mais un peu bruyant. On mange une cuisine familiale pour moins de 1 500 F.CFA (2,3 €). Dans la modeste salle de resto, ambiance bonne franquette.

🏠 ***Hôtel Mapala*** *(plan A4,* ***18****)* **:** en face du précédent. ☎ 991-26-27. Chambres avec douche, w.-c. et ventilo pour 5 000 F.CFA (7,6 €). À peu près propres et assez claires, suffisamment en tout cas pour les routards sans grand besoin de confort.

🏠 ***Le Kadiandou*** *(plan B3,* ***10****)* **:** proche de la route de Guinée-Bissau, à 400 m de la gare routière. ☎ 991-10-71. Outre le bar musical (voir « Où sortir? »), l'établissement possède quatre modestes chambres ventilées autour de 4000 F.CFA (6,1 €). Peut être bruyant en fin de semaine. Le quartier Santhiaba est très intéressant; nous vous conseillons de vous y balader un peu, c'est vivant et authentique.

🏠 🍴 ***Hôtel-relais Santhiaba*** *(hors plan par A3)* **:** à égale distance du centre-ville, de la nouvelle gare routière et du marché de Saint-Maur-des-Fossés. ☎ 991-11-99. Tenu par Gérard Maillet, un Français, qui a repris un restaurant au centre-ville. Chambres doubles à 6 000 F.CFA (9,1 €) et chambres « campement » deux fois moins chères, avec sanitaires communs. Calme, propre. Bâtiment un rien défraîchi. Au resto on mange avec moins de 5 000 F.CFA (7,6 €). Bons et copieux plats locaux.

Poisson selon arrivage. Équipe super sympa.

■ ***Campement touristique N'Daari Khassoum*** *(plan B2, **12**)* **:** rue de France. ☎ 991-11-89. À ne pas confondre avec l'hôtel du même nom. Position très centrale. Seize chambres un peu miteuses mais prix en rapport : compter 5000 F.CFA (7,6 €) pour deux, avec douche et w.-c. à l'intérieur. Dommage qu'il y ait du laisser-aller dans l'entretien en général, car l'accueil est sympa. Cour intérieure pour rêvasser tranquillement.

■ ***Hôtel Tourisme*** *(plan B2, **15**)* **:** ☎ 991-22-23. Fax : 991-22-22. Situé juste en face du *Flamboyant*, qui appartient aux mêmes propriétaires, c'est l'adresse routarde de Ziguinchor par excellence. L'hôtel ne vise pas le luxe, mais le bon confort et la propreté. Mission réussie, car le rapport qualité-prix est à notre avis excellent. Compter 7 000 F.CFA (10,7 €) la double. Chambres avec douche, w.-c. et AC en option. Bonne ambiance, équipe souriante. Également un bon restaurant (voir « Où manger ? »).

Prix moyens à plus chic

■ ***Hôtel Flamboyant*** *(plan B1, **13**)* **:** ☎ 991-22-23. Fax : 991-22-22. • www.casamance.net/flamboyant • En face de l'*hôtel Tourisme*. Plus chic mais pas beaucoup plus cher : environ 14 000 F.CFA (21,3 €), pour une chambre double. Bel établissement en forme de case à impluvium, en demi-cercle, construit dans le style architectural traditionnel. Véronique et Philip, séparément, ont parcouru le monde ; Philip s'est fixé à Ziguinchor ; venue en vacances, Véronique n'a pas repris son poste de commerciale à Paris. Si elle vous vante une excursion, c'est qu'elle l'a faite à VTT. Faites-lui confiance. Chambres impeccables, avec TV, frigo, téléphone, clim'. Belles salles de bains carrelées. Piscine et possibilité de déjeuner au bord. Un cran au-dessus des autres pour ce qui est de l'équipement. En toute logique, c'est l'établissement le mieux coté de Ziguinchor, notamment parmi les hommes d'affaires. Conséquence : c'est souvent plein et il faut s'y prendre à l'avance. Conséquence de la conséquence : l'hôtel a dû s'agrandir (c'est bien le seul de la ville qui peut se le permettre) et 15 nouvelles chambres ont été construites derrière, à la place d'un ancien cinéma. Philip a mené lui-même les travaux et d'autres aménagements sont prévus.

■ |●| ***Le Perroquet*** *(plan A1, **16**)* **:** rue du Commerce, à côté du *Kadiandoumagne*. ☎ 991-23-29. L'établissement, tenu par Christian, possède sans doute le plus bel emplacement de la ville. Doubles autour de 12 000 F.CFA (18,3 €), petit déj' compris dans les chambres du bas, en sus dans les chambres du haut. Préférer celles du haut : elles sont plus claires, fraîches grâce à la proximité du fleuve, récentes et toutes carrelées de blanc. Salle de bains *clean*, ventilo et surtout un balcon surplombant la Casamance. Les chambres donnant sur le jardin sont plus sombres et chaudes. Bonne restauration (voir « Où manger ? »).

■ ***Hôtel N'Daari Khassoum*** *(plan B1-2, **19**)* **:** rue de France. ☎ et fax : 991-14-72. • ndaary@hotmail.com • Compter environ 11 000 F.CFA (16,8 €) la double. Nombreuses chambres assez correctes, avec salle d'eau et climatisation. Certaines disposent d'un balcon donnant sur un jardin fleuri au milieu duquel trône un totem multicolore. Le rapport qualité-prix reste honnête. Salon très chouette, avec ses masques et statuettes. On aime bien l'ambiance détendue et l'accueil sympa.

■ ***Hôtel Kadiandoumagne*** (outil traditionnel du paysan diola ; *plan A1, **17**)* **:** à côté du départ des pirogues, face au fleuve. ☎ 938-80-00. Fax : 991-16-75. Facilités d'accueil pour les handicapés. Un cadre fantastique, les pieds dans l'eau. Au charme africain, ajoutez la propreté suisse, nationalité de la patronne, et vous obtenez l'un des plus beaux hôtels du pays. Compter environ 18 000 F.CFA (27,4 €) la chambre double. Très jolies chambres climatisées, vastes et confortables, avec douche et w.-c. Également des studios avec cuisinette. Service attentionné et souriant. Jardin soigné. Restaurant sur pilotis superbe : c'est là que vous aurez peut-être la chance de prendre le petit dej'. Organise de nombreuses excursions dans la région.

Où dormir dans les environs ?

Vers Kolda

L'Oasis : à Niaguis, à 12 km sur la route de Kolda. ☎ 991-71-96. René, un Français établi depuis plusieurs années au Sénégal, propose huit chambres propres équipées de douche et ventilo (w.-c. à l'extérieur) sur un bel espace fleuri. Bon marché. Bar avec piste de danse ouverte le samedi soir. Repas sur commande.

Où manger ?

Bon marché

Boulangeries et petits **restos** près de la gare routière.

Le Palmier : gargote toute jaune à côté de l'ancrage du *Joola*. Les plats du jour, aux prix les plus bas, sont inscrits sur un tableau noir à l'entrée.

Dibiterie : route de l'Aviation, devant l'hôtel *Nema Kadior*. Très propre, tenue par un gérant hyper sympa. Conseillée aux clients de l'hôtel qui, malheureusement, l'ignorent.

Le Taboulé *(plan B1, **20**)* **:** rue Charles-de-Gaulle. ☎ 991-16-35. Petit resto très bon marché, apprécié des locaux. Cuisine européenne et sénégalaise, grillades.

Shell Snack *(plan B2, **21**)* **:** rond-point Jean-Paul II. ☎ 991-31-34. L'ancienne *Buvette du rond-point* propose quelques plats à un super rapport qualité-prix. Bonne cuisine traditionnelle à moins de 3 000 F.CFA (4,6 €). On peut aussi y boire un verre sous les néons colorés. Ambiance sympa qui se prolonge tard certains soirs, sauf pendant le ramadan. Avec un peu de chance, vous discuterez avec M. Hassan Fall, l'auteur des tableaux accrochés aux murs.

Le Mansah *(plan B1, **22**)* **:** rue Javelier, à côté du marché Escale. Petit resto dispensant des portions généreuses à prix doux : plats entre 1 500 et 3 000 F.CFA (2,3 et 4,6 €). Plats sénégalais classiques et bons fruits frais en dessert. Les tableaux et les masques ne gâtent rien. Service pas pressé. Renseignements sur les excursions en pirogue. Location de vélos. Propose aussi quelques chambres en catégorie prix moyens.

Hôtel Tourisme *(plan B2, **15**)* **:** voir « Où dormir ? ». Salle aérée au rez-de-chaussée de hôtel. On peut manger sénégalais ou européen pour moins de 5 000 F.CFA (7,6 €) ; possibilité de composer une pizza avec les ingrédients de son choix. Et le pizzaïolo est doué, croyez-nous.

Le Perroquet *(plan A1, **16**)* **:** voir « Où dormir ? ». On mange sur la terrasse couverte, au bord de l'eau : menus pour environ 5 000 F.CFA (7,6 €). Bonne cuisine. Endroit très agréable le soir, pour boire un verre en profitant du calme nocturne. Calme troublé par le raffut des oiseaux piaillards ; enfin, c'est la nature...

Le Walkunda *(plan A2, **23**)* **:** près du rond-point Jean-Paul-II. ☎ 991-18-45. Dans un cadre très confortable, autant pour manger que pour boire un verre. Plats délicieux à moins de 4 000 F.CFA (6,1 €), à piocher dans une carte variée. Poissons grillés accommodés à la sénégalaise ou bien plats classiques européens. Petite terrasse derrière. Service discret et attentionné. Bon et situé dans un lieu reposant.

Le Jardin de Rimini *(plan B1, **24**) :* rue Charles-de-Gaulle. Cadre agréable. On dîne sous une vaste paillote. Mais pourquoi cette cour bétonnée qui est si affreuse ? Près d'une dizaine de poissons à la carte et un surprenant choix de pizzas (huîtres, crevettes, calamars... attention à la pizza reine !). En revanche, évitez les viandes. Possibilité de repas légers ou de casse-croûte à base de sandwichs et d'omelettes. Attention : longue fermeture pendant l'hivernage.

Le Bombolong *(plan B1, **25**) :* ☎ 938-80-01. Fax : 991-11-46. Restaurant et night-club dans un cadre verdoyant et vraiment charmant. Une de nos tables préférées. Pour 4 000 à 5 000 F.CFA (6,1 à 7,6 €), choix de plats délicieux et préparés avec brio. Goûtez par exemple à la papaye au porto, à la mosaïque de poissons grillés... Service attentif. Propose aussi quelques chambres pour 8 000 F.CFA (12,2 €), propres mais détériorées, voire assez sordides. Nous conseillons plutôt le restaurant, excellent, et le night-club, l'un des carrefours de la vie nocturne à Ziguinchor.

Le Cordon Bleu *(plan B2, **26**) :* sur la place publique de Santhiaba. ☎ 936-81-98. Plat du jour autour de 1 500 F.CFA (2,3 €). Le Q.G. des amateurs de pétanque de la région, et l'un des hauts lieux de ce sport au niveau national. Pas de salle : on mange sur une terrasse couverte, dans des fauteuils de jardin en métal. Un endroit bien agréable, en fin de compte. Au travers des grillages qui font office de murs, on peut voir jouer les meilleurs boulistes du coin. Un sentiment de déjà-vu qui réchauffe le cœur, surtout devant un copieux *yassa* servi avec le sourire. Ah ! le plein air et le bruit incisif du carreau...

Prix moyens

Le Petit Bedon *(hors plan par A2, **27**) :* av. Émile-Badiane (vers la maison du Combattant). ☎ et fax : 991-26-53. Fermé le lundi. À coup sûr l'une des meilleures tables de la ville. Prévoir environ 6 000 F.CFA (9,1 €) pour un repas, un peu plus cher pour les gourmands. Ici, mieux que de la restauration, on fait de la gastronomie. Foie de veau réputé du chef Jo Sambou, qui a étudié dix ans au Puy-en-Velay. Pape Manga, jeune cuisinier du *Bedon*, fait preuve de beaucoup de talent lui aussi. Terrasse agréable, service pro et aimable. Véritable café expresso (ça change du soluble...) et bien d'autres surprises pour le palais.

Restaurant de l'hôtel Kadiandoumagne *(plan A1, **17**) :* voir « Où dormir ? ». Si vous n'avez pas les moyens de vous offrir l'hôtel, franchissez au moins le seuil du restaurant. Un ponton sur le fleuve. Une vue superbe. Service et cuisine raffinés à des prix plus que raisonnables. En tout cas, on mange bien à partir de 6 000 F.CFA (9,1 €). Goûtez à la brochette de barracuda, qui est l'un des meilleurs poissons que l'on peut trouver dans tout le pays.

Où boire un verre ? Où sortir ?

Le Bombolong *(plan B1, **25**) :* ☎ 991-80-01. Meilleure boîte de la ville. Ne désemplit pas du week-end. C'est la Mecque des plus belles gazelles du coin, tous les jeunes de Ziguinchor vous le diront. Musique africaine, ambiance africaine... Pour votre culture : le *bombolong* est un tambour de guerre, au son très grave.

Le Katmandou *(plan B1, **31**) :* près du port. Accueille surtout des jeunes, les vendredi et samedi. Discutez avec les photographes qui ont souvent des tuyaux intéressants. Petit détail de la vie africaine : le garçon offre la photo et le jeu consiste à essayer d'embrasser la fille (sur la joue) au moment du déclic.

Le Kadiandou *(plan B3, **10**) :*

dans le quartier de Santhiaba. ☎ et fax : 991-10-71. Voilà un endroit curieux. On n'est nulle part mais on s'y sent bien. Les CD sont répertoriés sur un menu. « Je boirais bien une flag, en écoutant la chanson 7 du CD 162 », s'entend-on dire. Ambiance authentique dans un quartier qui l'est tout autant.

🍸 ***La Cave des Rois :*** à 200 m de la route de l'aéroport sur la droite, juste après le domaine de *Nema Kadior*. Vous savez ce que vous êtes venu y chercher, vous le trouverez. Cependant, l'établissement attire les Africains, ainsi qu'en témoigne la foule à l'intérieur et celle qui stationne devant, faute d'argent ; comme tel, il mérite une visite.

🍸 ***Le Nema Bar :*** même style que le précédent, deux rues plus loin et une catégorie en dessous.

– Encore en dessous, ***Le Moulin Rouge*** (même quartier mais plus près du centre) : forcément, il y a des chambres ; les plus fauchés viennent même y dormir.

– Dans un style tout opposé, le ***night-club de l'hôtel Diola***.

À voir

★ ***Le marché Saint-Maur-des-Fossés*** *(plan A4, **41**) :* ce nom inattendu vient d'un jumelage avec la ville de Saint-Maur en banlieue parisienne. Depuis qu'il a brûlé début 1995, les commerçants se sont installés dans la rue qui le longeait. Il a été reconstruit, mais cet ensemble de bâtiments flambant neufs manque de personnalité. Attendons que les marchands réinvestissent vraiment le terrain ; ils lui en donneront, de la personnalité...

★ ***Le centre artisanal*** *(hors plan par A4, **42**) :* à 200 m du marché précédent. Construit uniquement pour les touristes. Globalement, mêmes choses que partout. Une exception : Mme Lam, bijoux en or et argent, dans une boutique moderne au look chic digne de la place Vendôme. Elle officie avec un sérieux qui fait sa renommée. Certaines clientes fortunées font une razzia chaque année. On trouve aussi des bracelets mi-corne mi-argent à des prix abordables et de beaux bijoux de malachite. Sinon, des artisans proposent les habituels masques, poteries et divers objets du même genre. Faites preuve de technique : faire le tour des vendeurs, ne jamais montrer un trop vif intérêt pour une pièce, faire jouer la concurrence, fixer une somme limite, rester ferme. Chaque argument peut faire pencher la balance en votre faveur dans ce palpitant bras de fer qu'est le marchandage.

★ ***Alliance française*** *(hors plan par A4, **42**) :* un peu plus loin que le marché artisanal sur la droite. ☎ 991-28-23. Ouvert de 9 h à 13 h et de 15 h à 19 h, sauf le dimanche. Une petite contribution est demandée à l'entrée. Architecture exceptionnelle, due à Patrick Dujarryc, qui a aussi dessiné l'Alliance française de Kaolack. Il a gagné le prix international d'architecture Aga Khan. Ce bâtiment-là s'inspire d'une case à impluvium diola. L'eau qui s'écoulait au centre était recueillie dans des pirogues et des canaris (jarres d'argile). Cafétéria et jardin tropical. Un havre de paix, super pour se reposer après d'usantes négociations au marché et au centre artisanal. Bibliothèque et salle d'exposition. Se renseigner, il y a également des spectacles et des soirées organisées par des associations.

★ ***G.I.E. Africa Batik :*** atelier de Mame Diarra Niang, quartier Santhiaba. ☎ 991-26-89. Tous les taxis connaissent. Tout le processus de fabrication des batiks : à voir (à toucher), à acheter aussi. Bon accueil.

★ ***L'embarcadère :*** dans le centre, au bord du fleuve bien sûr. À voir les jours de départ des pirogues villageoises et lors de l'arrivée des pêcheurs le matin.

– Juste à côté, le marché ***Escale*** *(plan B1, **43**),* marché africain assez authentique qui, heureusement, ne semble pas trop affecté par le tourisme.

– ***La lutte africaine :*** le sport national sénégalais transposé (à peine) pour le tourisme. Se renseigner sur la tenue éventuelle de compétitions. Mais ce spectacle est rare en ville : il se déroule le plus souvent dans des villages, lors de fêtes bien précises. Les lutteurs sont des costauds qui se fient beaucoup à la magie et aux gris-gris pour terrasser l'adversaire. Ambiance de fête, chauvinisme échevelé des villages ou des quartiers.

★ ***Le stade de football :*** à la sortie vers Kolda. Après un passage à vide, le Casa-sport de Ziguinchor est remonté en 1re division. Ça vaut peut-être le coup de voir un match, pour l'ambiance, d'autant que c'est très bon marché et agréable par un beau samedi après-midi. Une grande tribune couverte assez vilaine et une petite tribune encore plus vilaine, en face. Animation garantie grâce aux supportrices qui chantent, dansent et frappent des bouts de bois sans discontinuer pendant 90 minutes, sans même regarder le match.

★ ***L'usine Sonacos*** *(plan B1, **44**)* ***:*** près du port. Pour savoir d'où vient l'huile avec laquelle votre maman fera de si bonnes frites à votre retour. Visite sur rendez-vous : ☎ 991-15-56 et 991-10-30. Voyez au moins la ronde des camions venant livrer les arachides (en saison).

➤ DANS LES ENVIRONS DE ZIGUINCHOR

À voir

★ ***La ferme de Djibelor :*** à 5 km de la ville, route de Cap Skirring. Fermé le dimanche. Droit d'entrée. 30 ha de plantation de différentes espèces fruitières tropicales, ainsi que nombre de fleurs et arbres. Il y avait auparavant un parc animalier mais les bêtes ont été vendues au zoo de Hann. Vaut quand même le détour.

★ ***L'excursion île aux Oiseaux-Affiniam :*** en pirogue à moteur. Compter au moins 3 h de route. Tous renseignements auprès de l'*hôtel Flamboyant* (voir « Où dormir ? ») ou de l'*hôtel N'Daari Khassoum* ou encore au resto *Le Mansah* (voir « Où manger ? »). C'est une presqu'île perdue dans une nature luxuriante où poussent les palétuviers. Vous verrez, entre autres dans les bolongs, flamants roses, aigrettes, cormorans, hérons de toutes sortes (crabiers, goliath, cendrés, etc.), pélicans, bécasses, aigles pêcheurs... Prévoir eau et chapeau.

★ Ceci intéressera les étudiants en psy : près de Ziguinchor a été créé un village psychiatrique expérimental, ***Kenia***. Ouvert en 1974, dirigé par un Français aujourd'hui décédé, le docteur Colomb. La thérapie ne méconnaît aucun des apports modernes mais intègre aussi les croyances ancestrales des patients. Par manque de moyens financiers, l'expérience est dans un demi-sommeil ; une ONG étudie les possibilités de lui donner un nouvel essor.

Balades au départ de Ziguinchor

De nombreux coins sympas de basse Casamance pouvaient faire l'objet d'excursions au départ de Ziguinchor. Le tout était de bien maîtriser les horaires des taxis-brousse et des pirogues. Aujourd'hui, le tout est de bien assurer sa sécurité. C'est pourquoi nous avons volontairement retiré de cette rubrique certaines des promenades que nous indiquions dans les éditions précédentes. En effet, les autorités défendent aux touristes de se rendre dans certaines zones en raison des éléments non contrôlés qui pourraient y circuler. Nous vous recommandons d'être extrêmement prudent dans vos déplacements, et surtout de demander aux autorités (police, armée) si vous pouvez vous rendre à tel ou tel endroit. On tient à nos lecteurs, qui, avertis, en valent deux !

– ***Formalités spéciales :*** on ne le répétera jamais assez, les troubles affectent encore la région et elle reste surveillée par l'armée en permanence; un laissez-passer est parfois exigé pour se rendre dans certaines zones. Toute la partie sud de la région (en dessous de l'axe routier Ziguinchor-Cap Skirring et jusqu'à la Guinée) est interdite à la circulation. Elle a d'ailleurs été déclarée zone militaire. D'où de fréquents barrages sur les routes et de nombreux contrôles. Renseignez-vous auprès de la gendarmerie. Dans tous les cas, il faut impérativement (question sécurité) être accompagné par un guide expérimenté. Sous ces réserves, de splendides balades s'offrent à vous.

★ ***La forêt de Kalounayes :*** magnifique forêt classée, à l'est de la route Bignona-Ziguinchor. Elle offre de nombreuses balades, notamment les pistes menant au petit village de Koubanao. Possibilité de gagner Sedhiou par le bac de Marsassoum. Également accessible par le nord; quitter la Transgambienne sur la gauche (en venant de Dakar), 15 km avant Bignona. Attention, c'était l'une des seules forêts encore accessibles lors de notre passage : assurez-vous qu'elle l'est toujours, les troubles étant souvent sporadiques.

Campement villageois de Koubalan : au sud de la forêt. Reposant, récemment rénové. Embranchement sur la gauche en allant de Bignona vers Ziguinchor, dans un grand virage. Après 500 m, on se retrouve face à 4 routes, sans aucune indication. Prendre la plus à gauche, puis 5 km sans problème.

★ ***À bord du Joola jusqu'à Karabane :*** une grande idée, pas chère. C'est la partie agréable du trajet entre Ziguinchor et Dakar. Panorama splendide. Le puissant fleuve Casamance s'étale au milieu d'îles de verdure et, souvent, les dauphins font un brin de conduite. On peut manger à bord. L'île de Karabane est un ancien comptoir situé dans l'estuaire du fleuve Casamance. On peut, bien entendu, s'y baigner.

QUITTER ZIGUINCHOR

Pour visiter la Casamance

➢ ***Les pirogues villageoises*** desservent les villages autour de Ziguinchor (pas cher). Attention, négociez bien au préalable l'aller et le retour, sous peine de rester coincé sur l'autre rive. Départ les lundi, mercredi et vendredi avant 9 h. Service retour l'après-midi. Pour les villages lointains, transports moins fréquents et plus variables; exemple : Thionk-Essyl, départ le mardi, retour le jeudi.
➢ ***Cars rapides*** pour les principaux villages de Casamance. Départ tôt le matin à la gare routière *(hors plan par B2).* Un seul problème : l'enchaînement des liaisons lorsque l'on veut visiter plusieurs villages le même jour.
➢ ***Taxis-brousse :*** à la gare routière également. Ils partent lorsqu'ils sont complets mais rien n'empêche d'acheter les sept places et de partir seul (bien préciser les conditions avant de payer). On peut aussi se grouper et louer un taxi-brousse pour le parcours de son choix. Les prix se discutent, le plafond est sept fois la somme des prix des billets entre Ziguinchor et les différentes localités visitées, mais on peut tomber à la moitié. Généralement plus économique que les taxis jaune et noir, trop chers dès qu'on sort de la ville.
Ziguinchor, l'expérience le montre, est un lieu d'initiation. Des touristes, jusqu'alors très classiques, y découvrent les charmes et les subtilités des transports africains. Prenez votre temps, faites un repérage la veille avant

11 h (il fait moins chaud). Commencez par boire un Coca, à la buvette du même nom, au milieu de la gare routière, bien assis sur un banc ombragé. En dégustant, posez vos questions, n'hésitez pas à faire répéter et recoupez les renseignements (souvent, des interlocuteurs de bonne foi ignorent les détails ou les derniers changements). Ensuite, récapitulez les informations et faites-les confirmer par le tenancier de la buvette. N'oubliez pas durant votre repérage de vous faire préciser les conditions de sécurité au moment où vous voyagez et dans les endroits que vous comptez visiter.

➢ ***Pour aller au Cap Skirring :*** la solution la plus sûre est l'avion, mais ce n'est ni le moyen de transport le plus souple ni le meilleur marché. Quant à la route, beaucoup de locaux et quelques touristes vous diront qu'ils l'ont employée sans problème. Ça ne veut rien dire. Le risque existe. Il arrive fréquemment que des braqueurs provoquent des violences. Des blessés, voire des morts, sont parfois à déplorer. À déconseiller formellement, donc.

Pour toutes ces raisons, et parce qu'on ne peut pas laisser le Cap et Zig' éternellement séparés, un projet de liaison maritime entre les deux villes est évoqué. Il s'agirait d'un ou plusieurs bateaux, ainsi que de jet-skis. À surveiller.

Pour quitter la Casamance

➢ ***Nombreuses liaisons routières*** (cars rapides et taxis-brousse) vers toutes les destinations : Dakar, Banjul, Kaolack, Kolda, Tambacounda, ou Cap Skirring (pour prendre l'avion). Se renseigner à la gare routière *(hors plan par B2)*, la veille du départ. Quelle que soit la destination, prévoir un long trajet et beaucoup de contrôles d'identité.

➢ ***Par bateau pour Dakar via Karabane :*** le *Joola* effectue le service deux fois par semaine (voir « Comment y aller de Dakar ? »). Ce peut être l'un des grands souvenirs de votre voyage : la descente du fleuve Casamance est grandiose, les dauphins nombreux et l'escale à Karabane pittoresque. Néanmoins, nous rappelons aux imprévoyants qu'il fait frais en mer, la nuit ; que l'on est souvent groggy en arrivant, surtout au petit matin, lorsqu'on ne sait pas à quel hôtel aller, et qu'on a parfois le mal de mer ; une bouteille d'eau, quelques serviettes en papier et un T-shirt de rechange à portée de main sont alors appréciés.

AFFINIAM ET THIONK-ESSYL

S'il n'y a qu'une balade à faire dans les environs de Ziguinchor, c'est bien l'escapade vers ces deux villages, assez proches et authentiques. De plus, la zone est très sûre.

Jouez avec les pirogues, en partant le lundi pour Affiniam et en revenant le jeudi de Thionk-Essyl. Le trajet terrestre entre les deux campements se fait sans trop de difficultés, en combinant les transports locaux et la marche à pied (partez suffisamment tôt le matin, pour passer les heures chaudes près d'une buvette à Tendouk). On peut s'y rendre par la piste, mais c'est bien plus long (50 km de Ziguinchor, dont 20 km de piste défoncée) et risqué.

Le choix d'un bon guide s'avère indispensable. Il ne s'agit pas seulement de se faire transporter en pirogue, mais aussi de toucher du doigt le mode de vie très particulier des habitants de ces villages. Les hôtels sont en général de bon conseil : ils sont en contact avec des guides piroguiers qualifiés et dignes de confiance, qui ne prendront pas le risque de vous arnaquer, et de perdre ainsi leur réputation et leur crédibilité. Nommons Samba Faye, originaire d'Affiniam, guide sympa et expérimenté qui en connaît un rayon sur la faune, la flore et les coutumes locales. Il travaille avec les hôtels *Flamboyant/Tourisme* et *N'Daari Khassoum*. Tarifs corrects, si l'on tient compte du temps passé et du prix élevé du carburant. La petite excursion sera magique, surtout si vous passez par l'île de Djilapao et l'île aux Oiseaux, où ibis, pélicans et autres cigognes viennent pêcher à marée basse puis se reposer dans les palétuviers à marée haute.

★ AFFINIAM

Un des villages les plus séduisants de la région. Très étendu (sur près de 3 km). Affiniam fut fondé au début du XXe siècle par des nomades venus principalement de l'est. Désireux de fonder quelque chose de durable, ils s'unirent pour sceller un pacte de fidélité à la nouvelle communauté en se baptisant Égande, qui signifie « la paix » en diola. Les villageois qui se rendaient au marché de Ziguinchor s'étaient rendu compte qu'ils se faisaient toujours rouler par les Portugais. C'est ainsi qu'après chaque transaction, ils partaient en disant *attiniam-tigne* (« il m'a trompé »). Les Portugais, ne comprenant pas la langue, pensèrent qu'il s'agissait du nom de leur village. C'est ainsi qu'après quelques déformations, Égande devint Affiniam.
Affiniam possède comme particularité d'être le seul village où les femmes manient le *kayendo* (charrue) au même titre que les hommes. Les 3 000 habitants se répartissent en cinq quartiers : 2 musulmans, 2 catholiques et 1 mixte. Les maisons sont dispersées dans un véritable verger avec papayers, manguiers, orangers, fromagers, plantes médicinales... L'occasion d'un édifiant cours de botanique tropicale, pour peu que votre guide soit calé en la matière. Tiens, devinez pourquoi les racines des fromagers, accolées sur le tronc comme des arcs-boutants, sont taillées de la sorte. C'est parce que les habitants en font des portes, découpées d'une seule pièce dans la masse. Au cours de cette balade, vous remarquerez avec quelle ingéniosité les autochtones savent utiliser les richesses de la nature : de chaque plante, de chaque racine, de chaque fruit quel qu'il soit, ils parviennent à tirer parti. Nourriture, habillement, médication, tout sert à quelque chose. Assurément, vous apprendrez beaucoup avec cette visite.

Où dormir ?

Campement villageois : pension complète pour environ 10 000 F.CFA (15,2 €) par personne. Grande case à impluvium à l'entrée du village. Chambres très rudes et totalement obscures : ceux d'entre vous qui avaient envie d'un retour à la nature seront comblés. En revanche, les sanitaires sont carrelés, éclairés et propres. Un campement bien géré. Cuisine familiale, avec riz diola (délicieux) et poisson à peine sorti de l'eau, servis dans un plat collectif. Soyez assuré que l'accueil de Donantine et les siens sera chaleureux.

LA CASAMANCE

➤ DANS LES ENVIRONS D'AFFINIAM

À voir

★ **Djilapao** : petit village de pêcheurs complètement isolé dans le bolong et maintenant rongé par les flots. Les habitants vivent en autarcie, avec leurs rizières, la pêche et l'élevage. Votre guide vous emmènera sûrement chez Jean, un Robinson qui a fait le pari de construire une grande case à deux étages tout en terre et en argile, avec un toit de paille et une charpente de rônier. Les murs sont couverts de tableaux d'argile et de sculptures aux couleurs vives. Thèmes variés : animaux, scènes religieuses, érotiques, représentations oniriques... Malheureusement, cette œuvre architecturale est difficile à maintenir en l'état : une saison des pluies un peu trop violente et la chambre fond ; des termites un peu trop entreprenantes, et c'est le toit qui s'effrite. C'est pourquoi la maison de Jean est en perpétuelle réparation et même en mutation artistique : « Quand j'en ai marre de regarder un tableau, je le détruis et j'en fais un autre. J'abats des cloisons, je change la forme des pièces. » Admirable personnage campé dans un endroit enchanteur.

★ ***Le barrage chinois :*** les grandes marées amènent le sel toujours plus loin et rendent les rizières impropres aux cultures. Aussi des ingénieurs et techniciens chinois ont-ils construit un gigantesque barrage pour empêcher l'eau salée de remonter le cours du marigot Bignona et pour développer l'irrigation. Les résultats sont controversés : les anciennes rizières sont effectivement préservées mais les nouvelles irrigations n'ont pas pu être faites, faute d'argent. Surtout, la brutale séparation entre l'eau douce et l'eau salée a provoqué la mort de toute la faune et la flore habituées à l'eau saumâtre, et, plus grave encore, la puissance des marées se reporte sur les marigots voisins, d'où érosion (*cf.* Djilapao), avec un risque de contournement du barrage.

★ THIONK-ESSYL

Les amoureux de la Casamance, vrais connaisseurs de ses populations, considèrent que c'est l'un des villages où l'on peut avoir les plus sincères relations avec les habitants. Et pour cause, il est ignoré de la plupart des guides.

Thionk-Essyl, qui signifie littéralement « s'accroupir et faire la cuisine », tient ce nom étrange de ce qui fut la première occupation, le premier travail effectué à cet emplacement. La population, composée de Diolas et de Peuls, faisait partie, il y a bien longtemps, d'un groupe de pilleurs sanguinaires qui, fatigués de jouer les Gengis Khan, décidèrent un beau jour de se fixer. L'emplacement fut choisi lorsque le chef ordonna aux femmes de s'accroupir pour cuisiner...

Le village fut alors construit comme une véritable forteresse et divisé en plusieurs quartiers soumis à l'autorité d'un chef. Aujourd'hui encore cette configuration persiste, les quartiers ont été partagés en sous-quartiers, eux-mêmes divisés en groupes de familles *(Seteb)* unis par des liens de mariage ou d'amitié...

Le rite du *kagnalen*

Les forces maléfiques jouent de mauvais tours aux Diolas. Par superstition, un Diola ne révélera jamais le nombre exact de ses enfants, afin de ne pas attirer le mauvais sort sur sa famille. Stérilité et mortalité infantile sont donc vécues comme l'œuvre de forces maléfiques attirées par le relâchement des pratiques rituelles.

Une femme touchée par cette malédiction (dont l'enfant meurt avant ses trois ans) doit suivre le *kagnalen*, qui consiste en une série de rites de libération afin de s'assurer la protection des génies des bois sacrés (les génies vivent dans la nature), et de se réconcilier avec les esprits. Une fois enceinte, elle doit partir vivre dans un autre village, qui l'accueille en la baptisant d'un nom péjoratif (saleté, déchet). À partir de cet instant, elle doit se vêtir de haillons et se nourrir de tout ce qu'elle peut trouver. Il faut qu'elle se rende si répugnante que l'esprit qui l'habite et tue ses enfants soit dégoûté d'elle. Il faut attendre près de trois ans avant de constater la réussite ou l'échec du rite. Si l'enfant meurt durant cette période, la honte resurgit sur le village d'accueil qui a failli à sa mission.

En revanche, si l'enfant survit, la femme est alors autorisée à retourner chez elle. Devenue kagnalen, la femme se distinguera toujours des autres femmes par le port du bâton de fécondité (qui symbolise l'enfant qu'elle a mis tant d'acharnement à avoir). De plus, elle bénéficiera désormais d'une grande liberté de parole.

Aux dernières nouvelles (juillet 2001) le campement était occupé par l'armée.

LA ROUTE DE ZIGUINCHOR À CAP SKIRRING

En attendant que les brigands soient éradiqués des routes et des forêts (tâche ardue quand on connaît la densité de ces dernières, véritables maquis où l'armée ne peut rien contrôler), nous vous déconseillons fortement de vous aventurer dans la région, même accompagné d'un guide. Les braquages de véhicules sont fréquents, y compris lorsqu'ils circulent en convoi serré : ça ne fait pas peur aux soi-disant « rebelles » de stopper 7 ou 8 voitures pour les détrousser. La panique s'emparant des chauffeurs, guides, commerçants ou touristes qui ne se montrent pas coopératifs entraîne de temps à autre de violentes réactions armées. Le problème semble ne plus rien avoir en commun avec une quelconque lutte politique : il s'agit de pur banditisme. Pour vous, le résultat est le même : mieux vaut éviter l'ouest de Ziguinchor, Oussouye, Enampor, M'Lomp, Elinkine... En revanche, une escale à Karabane ou un séjour au Cap Skirring semblent présenter moins de dangers. Mais vous êtes prévenu.
De toute façon, depuis les troubles des années 1990, l'activité touristique a fortement ralenti, voire périclité. Le sud de la basse Casamance était traditionnellement une région touristique. On y visitait les plus célèbres cases à impluvium, passant la nuit dans les campements intégrés, faisant de belles balades à VTT. Mais les agences de voyages n'envoient plus leurs groupes en balade trop loin du Cap et les touristes individuels boudent l'endroit, à juste titre car la sécurité est loin d'être rétablie. Seuls quelques Espagnols et Hollandais s'aventurent encore dans cette partie de la Casamance : leurs médias ont beaucoup moins parlé des violences que les nôtres... Conséquence de cette désaffection, bien des établissements ont mis la clé sous la porte. Coup dur pour les villages de cette bande de terre coincée entre le fleuve Casamance et la Guinée-Bissau. Le président Wade a fait de la sécurité en Casamance l'une de ses priorités. En 2001, les agressions ont continué.

L'ÎLE DE KARABANE

➢ ***Pour s'y rendre :*** par le *Joola,* escale quatre fois par semaine, deux en provenance de Dakar et deux de Ziguinchor.
Fief commercial des Portugais puis des Français, l'île de Karabane était, il y a près d'un siècle et demi, la capitale de la Casamance au début de la conquête coloniale. Elle est restée relativement sauvage et l'environnement demeure heureusement préservé.
Pas grand-chose à voir, il faut bien l'avouer. Vous n'y trouverez qu'un débarcadère, une église bretonne ruinée, quelques bâtiments démolis comme l'ancienne prison pour esclaves et le vieux cimetière colonial. La première tombe est d'ailleurs celle du capitaine Protêt, tué par une flèche, et qui s'est fait enterrer debout pour faire face à l'ennemi... On peut tout de même goûter à la tranquillité, loin de tout, effectuer d'agréables promenades, ou encore partir à la pêche avec des locaux.

Ce qu'on vient goûter à Karabane, c'est avant tout une drôle d'atmosphère, quelque chose d'indéfinissable, de très doux, de sensible et de sévère à la fois. On y sent de curieuses vibrations. Une île décadente que 300 personnes tentent de faire vivre résolument, avec obstination et optimisme. Bien sûr, la grande majorité des jeunes ne resteront pas sur l'île, mais la vie continue et le village reste actif. Accueil sympathique et bon enfant de la population. Pour une fois, ce n'est pas touristique au vilain sens du terme. Une visite de quelques heures dans la journée risque d'être un peu frustrante : nous conseillons d'y passer la nuit pour mieux apprécier le temps qui passe ici de façon différente ! Et puis vous aurez une longue plage de sable à votre disposition, déserte au bout de quelques centaines de mètres.
Si vous avez de la Nivaquine et de l'aspirine en trop, n'hésitez pas à les donner au personnel du dispensaire qui saura en faire bon usage.

Où dormir ? Où manger ?

Chez Malang Badj : campement (avec douche et w.-c.) en face du fleuve, sur une belle plage. Malang Badj est peintre, philosophe et poète à ses heures. Le bonhomme est sympa et raconte parfois des contes africains, le soir au coin du feu. Nous espérons que les travaux de rénovation seront terminés lors de votre visite.

Centre touristique Hélèna *(Chez Marie-Hélène Mendy)* **:** en bord de plage, 200 m après l'hôtel *Karabane*. Chambres et sanitaires très propres. Très chaleureux. Des soirées sont souvent organisées, ainsi que des randonnées ou des balades dans les bolongs. Cuisine bonne et copieuse. Bon marché et tarifs dégressifs.

Centre touristique de pêche Le Cocotier *(Chez Amath)* **:** au débarcadère. Petit campement d'une dizaine de lits. Accueillant et bien tenu. La grande pêche à des prix « campement » : une aubaine pour les fanas peu fortunés. Le resto propose un bon riz au poisson pas cher du tout et du thé mauritanien. Calme et plaisant. Possibilité d'excursions (de pêche ou de visite) vers les villages sur l'autre rive de la Casamance : Diogué (nombreux pêcheurs et première implantation française de Casamance en 1828), Itou (vieux guérisseur célèbre dans toute la région) et Nioumoune (grands combats de lutte après les récoltes). Prix affichés, donc non négociables, et influencés par la proximité de Cap Skirring. Groupez-vous.

Kassoum Club *(Chez Claude Saba)* **:** ☎ et fax : 993-11-27. Quelques cases confortables équipées de moustiquaire. Sanitaires communs. Resto dans une paillote au bord de l'eau. Accueil familial. Devrait continuer à s'agrandir. Préférable de réserver à l'avance. Possibilité d'excursions et de pêche.

Chez Jean et Nicolas **:** à 100 m de *Chez Amath*. Petit resto très sympa proposant poisson frais, crevettes, porcelet grillés.

Plus chic

Hôtel Karabane **:** ☎ et fax : 991-27-81. Les murs restent propriété de l'évêché mais un nouveau gérant a entrepris de restaurer ce vieil hôtel plein de charme. Les prix progressent vers ceux de Cap Skirring ; dans le style simple mais accueillant, c'est justifié. Les chambres sont situées dans l'ancienne résidence du gouverneur et sont toujours pourvues d'une salle de bains d'un bleu étourdissant ; avec baignoire : depuis que FR3 en tournage sur place l'a exigé pour ses « belles actrices ». Elles ne sont alimentées qu'en eau froide (tiède). Alors, un bain froid quand la peau est cuite par le chaud soleil tropical... bravo les actrices !

CAP SKIRRING

Certainement les plus belles plages du Sénégal. Pas étonnant que le Club Med y ait installé un immense village. Sinon, Cap Skirring est un coin relativement agréable où l'occupation principale est la bronzette sur une belle plage de sable fin bordée de cocotiers. Le village, pourri par le tourisme, ne présente pas grand intérêt et la communauté des pêcheurs a beaucoup souffert au début des années 1990 des conséquences des troubles dans la région. D'abord d'un incendie accidentel qui a ravagé la quasi-totalité des cases, puis des massacres perpétrés par les indépendantistes quelques mois plus tard. On peut cependant toujours voir « au Cap », comme disent les gens chic, la remontée des pirogues sur la plage et le séchage des poissons dans un cadre exceptionnel (chemin à droite du Club Med en regardant la mer). Et pour ceux qui le désirent, certains pêcheurs peuvent, sur demande et après négociations, vous emmener à la pêche une matinée ou un après-midi sur leur pirogue. C'est passionnant. Sinon, la visite des petits villages aux alentours peut se révéler très instructive pour ceux que la bronzette intensive lasse quelque peu. N'hésitez pas à vous adresser aux établissements que nous vous recommandons pour toute excursion ou renseignement dans la région : les gens ici sont très accueillants.

La route venant de Ziguinchor débouche en face de l'allée conduisant à l'hôtel *La Paillote* qui est une très belle réalisation. À droite, la route vers le Club Med, le village et l'aéroport ; à gauche, celle vers les campements et le village de Kabrousse.

Adresses utiles

■ ***Médecin** : Mamadou N'Diaye.* ☎ 993-51-23. Soigne le personnel hôtelier de Cap Skirring et les clients du Club Med. Très efficace en cas de palu (qu'Allah lui soit reconnaissant !).

■ ***Pharmacie** :* à l'entrée du Cap sur la route du Club Med. ☎ 993-51-22.

■ ***Cap Safari** :* au début de la piste des campements, à côté du *Karabane.* ☎ 993-51-47. Éric est l'ancien gestionnaire de la pointe Saint-Georges, c'est dire s'il connaît le pays, et il se souvient même de certains d'entre nous. Il est reconverti dans le 4x4 et mitonne de chouettes excursions, à des prix malheureusement en rapport avec le site. Qu'il ne nous en veuille pas si nous rappelons qu'un 4x4 sur une piste défoncée c'est bien, mais qu'en abuser pour le hors-piste, ça craint. Les zones côtières sont aussi fragiles au Sénégal qu'en France et ils n'ont pas encore un Conservatoire du littoral pour réparer les dégâts.

Où dormir ?

Tous les établissements accessibles aux routards sont sur la route de Kabrousse. D'ailleurs, les campements s'alignent côte à côte, le long d'une piste qui débouche à 2 km du croisement de Ziguinchor. Il suffit de 50 m pour passer de l'un à l'autre. Nos préférés sont *Le Karabane (chez M'Ballo), Le Paradis* et *L'Auberge de la Paix,* mais c'est affaire de goût et d'ambiance, et celle-ci varie selon les occupants. Attention, de nombreux établissements sont fermés pendant l'hivernage (juin, juillet, août, septembre et octobre).

Bon marché

🏠 ***Campement Le Karabane :*** ☎ 993-51-49. Minuscule campement sur un site sauvage d'un charme ravageur. Douze chambres très bien tenues à prix routards. Compter 4000 F.CFA (6,1 €) pour deux avec petit dej'. Sanitaires à l'extérieur. Celles à 8500 F.CFA (12,9 €) ont douche et w.-c. Cadre et accueil sympas. Souvent fréquenté par des groupes de l'UCPA. Cuisine délicieuse (voir « Où manger ? »).

🏠 ***Campement Le Paradis :*** ☎ 993-51-29. Compter environ 12000 F.CFA (18,3 €) la double. Très propre, bien tenu. Bon, ce n'est pas le grand luxe, mais la formule est efficace. On y mange en regardant le soleil se noyer dans la mer et en faisant le point sur la vie.

🏠 ***Campement L'Auberge de la Paix :*** ☎ 993-51-45. Très propre. Chambres convenables aux alentours de 12000 F.CFA (18,3 €) la chambre double avec salle d'eau privée. Tenu par un vieux couple sénégalais. Pension complète très bon marché.

🏠 ***Centre touristique Le Mussuwan :*** ☎ 993-51-84. Établissement hétérogène, allant du campement traditionnel aux cases climatisées avec salle de bains, un peu trop proches les unes des autres. Les tarifs évoluent en conséquence, de 4000 à 15000 F.CFA (6,1 à 22,8 €). Jardin impeccable.

🏠 Deux maisons : ***La Résidence du Cap*** (☎ 993-51-42) et ***Visitamar*** (gérée par le resto *La Pirogue*) offrent des studios en location (nuit, semaine, mois) ; prix entre le campement et l'hôtel.

🏠 ***Les Palétuviers :*** ☎ et fax : 993-52-10. Compter environ 10000 F.CFA (15,2 €) pour une chambre double et 150000 F.CFA (228,6 €) pour une semaine en demi-pension. À l'entrée du village du Cap Skirring sur la droite, au milieu d'un joli terrain planté de palmiers. Accueil chaleureux. Une dizaine de chambres toutes neuves avec douche et w.-c. carrelés. Simple mais propre. Resto sous une large paillote. Petit bar et discothèque (voir « Où sortir ? »). Excursions en pirogue et parties de pêche sur demande.

Plus chic

🏠 ***Campement Le Sénégaulois :*** ☎ 993-51-31. Vaste campement ayant la particularité de ne pas être en bord de mer. Les chambres sont très convenables. Construit et tenu par des Français. Assez récent. Style « des bons copains approchant (ou dépassant) la quarantaine ». Fait aussi club de pêche.

🏠 ***Le Palmier :*** ☎ 993-51-09. En arrivant au village de Cap Skirring, après le rond-point, route de gauche menant au port de pêche. Dommage que cet établissement, tenu par un ancien économe du Club Med, ne donne pas sur la plage. Fait campement (quelques chambres simples avec sanitaires à l'extérieur) et hôtel (chambres très agréables et très bien tenues avec douche et clim'). Également resto sous une vaste case (voir « Où manger ? »). Terrasse pour boire un verre.

🏠 ***La Pirogue :*** ☎ 993-51-76. Au croisement des routes pour Ziguinchor et Kabrousse sur la gauche. Tenu par des Français. Cadre frais et ombragé dans une cour où donnent quelques chambres confortables et propres avec douche et w.-c. Bien sûr, c'est un peu chic, mais on s'y fait. Pour le resto, voir « Où manger ? ».

Encore plus chic

🏠 ***Hôtel Hibiscus :*** ☎ 993-51-36. Fax : 993-51-12. • www.casamance.net/hibiscus • Sur la droite, juste avant d'arriver à Kabrousse. Compter environ 26000 F.CFA (39,6 €) par personne, petit dej' inclus, en basse saison. Tenu par un couple de Dakar particulièrement accueillant et courtois. Entièrement rénové. Très belles cases éloignées les unes des autres. Jardins splendides. Cuisine européenne et africaine, au choix, servie au bord de la piscine ou sous la paillote. Proposent des circuits et de nombreuses excursions dans la région.

La Paillote : ☎ 993-51-51. Fax : 993-51-17. • paillote@telecom-plus.sn • Ouvert de novembre à fin mai. À vrai dire, cet hôtel ne devrait pas figurer dans le *GDR*. Vous n'avez pas besoin de nous pour voir qu'il s'agit du plus bel hôtel de Cap Skirring. Compter environ 30000 F.CFA (45,7 €) par personne, petit dej' inclus, et 36000 F.CFA (54,8 €) en demi-pension. De début décembre à début janvier ajouter 10000 F.CFA (15,2 €) à ces tarifs. Trente bungalows climatisés disposés dans un jardin fleuri de 4 ha en bordure de mer. Ils bénéficient de tout le confort moderne. Nombreuses activités et animations. Très cher donc mais c'est une institution et un symbole ; à voir comme tel. Rien ne vous empêche d'y manger si vous n'avez pas les moyens d'y dormir (voir « Où manger ? »). Sans doute l'une de nos meilleures adresses dans cette catégorie. Françoise et Christian Jacquot, les propriétaires, sont particulièrement aimables et efficaces. Ils connaissent la région comme leur poche, se plieront en quatre pour rendre votre séjour agréable. Leurs excursions sont extrêmement fiables.

Où manger ?

La Casamance étant le grenier à riz du Sénégal, il est ici particulièrement bien apprécié. La région bénéficie en outre de conditions climatiques exceptionnelles qui permettent bien d'autres cultures. La mer apporte aussi des poissons merveilleux (thiof, capitaine, barracuda...), des crevettes gigantesques et des langoustes, malheureusement de plus en plus petites.
Attention toutefois à « l'arnaque à la langouste » : on vous accoste en vous proposant un repas-langouste dans un soi-disant resto moyennant une avance. Évidemment, il n'y a ni langouste, ni resto et l'avance disparaît elle aussi. Parfois, on tente aussi de vous vendre plus cher les petites langoustes, sous prétexte qu'elles sont meilleures que les grosses, n'en croyez rien !

Bon marché à prix moyens

– Nombreux restos sur la plage à Kabrousse, entre *La Paillote* et *Le Kabrousse*. Accès à pied uniquement par la plage pour *Le Balafon* et bien d'autres gargotes où manger une langouste ou du poisson grillés.

Campement Le Karabane : voir « Où dormir ? ». Les expatriés du coin et les autres viennent y apprécier la cuisine africaine de Mme M'Ballo, femme du roi des pêcheurs. Repas seulement sur réservation, mais ça vaut le détour. Quatre petites tables sous une paillote avec belle vue sur l'océan dans un cadre verdoyant. On le dit sans ambages, c'est un véritable paradis pour les routards.

Chez Pauline : carrefour du Cap. ☎ 993-51-44. Ouvert tous les jours. Une petite terrasse qui, hélas, donne sur la route, mais sinon ce snack est plutôt avenant. Sandwichs, salades, grillades à petits prix. Ti'punch en sus.

Restaurant La Pirogue : voir « Où dormir ? ». Moins cher qu'on ne l'imagine pour une cuisine et un service de qualité. Au restaurant, plusieurs menus autour des produits de la mer tout de même assez chers (spécialité de langoustes grillées). Sinon, carte variée à prix corrects.

Divers ***restos*** autour du Centre artisanal du Cap : qualité variable et fluctuante.

Plus chic

Bar-restaurant Le Palmier : voir « Où dormir ? ». Plats selon arrivage mais bonnes spécialités de poisson grillé. Service rapide et avenant. Terrasse agréable pour déjeuner en regardant les villageois déambuler et le spectacle de la rue.

La Paillote : voir « Où dormir ? ». Un peu plus chic, mais certains plats restent abordables. Goûter absolument le carpaccio de poisson ou le poisson à la tahitienne, c'est un régal. Cuisine et service raffinés mais pas trop guindés. Bonne carte des vins et savoureux desserts. L'endroit idéal pour un dîner en amoureux dont on gardera un souvenir impérissable. Terrasse face à la mer, très agréable à l'heure de l'apéro et étonnants cocktails. Danse ou musique africaine tous les soirs.

Où sortir ?

Kassoumaye Night Club : au centre du village de Cap Skirring, à gauche du village artisanal. Entrée indiquée par une petite paillote. De toute manière, ici tout le monde connaît. Chouette déco et murs peints par des artistes locaux. Fait le plein tous les soirs, l'ambiance est torride...

Les Palétuviers : ☎ 993-52-10. Le deuxième night-club le plus en vue au Cap (voir « Où dormir ? »). Vaste salle, un peu moins sympa que le précédent. Consos à prix corrects et ambiance bon enfant, surtout le week-end.

À voir. À faire

– **AVERTISSEMENT :** en raison des troubles persistant en Casamance, il peut être dangereux de s'aventurer dans certaines parties de la région. Renseignez-vous auprès des autorités avant de partir en balade, même pour la journée et lire notre introduction au chapitre sur la Casamance.
Petites excursions spécifiques à Cap Skirring :

★ **Bouyouye :** gentil petit village dans la lagune, émergeant au milieu des fromagers. Piste de 1,5 km à mi-chemin entre Cap Skirring et Djembering.

★ **Kabrousse :** les habitants, par miracle, ne semblent pas avoir été atteints par le tourisme dévastateur du village voisin. En majorité animistes, ils organisent des fêtes à tour de bras (mariages, enterrements (!), bals pour jeunes...). Ils convient facilement les routards aux festivités ! Au-delà de Kabrousse, l'ancienne route de Ziguinchor s'arrête au premier bolong, faute de bac, mais les balades à pied et en pirogue restent possibles. Se renseigner sur les conditions d'accès (zone militaire).

– ***Promenades sur les bolongs :*** à partir de l'embarcadère, à 3 km en direction de Ziguinchor.

★ **Le Club Med :** ☎ 993-59-68. Fax : 993-52-04. Eh oui ! En vous présentant sagement à la grille d'entrée (solidement gardée) et en ayant une bonne mine, vous obtiendrez, peut-être, un laissez-passer (comptez une bonne demi-heure) qui fera de vous un vrai G.M. ayant accès (moyennant finances) à toutes les merveilles du Club. Architecture et jardins particulièrement réussis. Évitez de vous scandaliser de l'arrosage du golf, ce sont les eaux usées de l'hôtel qui sont recyclées pour l'entretien. En revanche, les montagnes de bouffe présentées à chaque repas aux G.M. paraissent indécentes, au regard de la pauvreté relative des habitants des villages alentour.
Enfin, standing et clientèle obligent, le Club dispose d'un service médical en

permanence. Ne les dérangez pas pour rien (ils seraient très fâchés), mais sachez qu'en cas de coup dur, ils ne vous laisseront pas tomber, le responsable nous l'a confirmé.

QUITTER CAP SKIRRING

Lire impérativement notre introduction au chapitre sur la Casamance.

➢ ***En avion :*** se renseigner à Dakar (Air Sénégal) ou alors directement à Paris. Nombreux vols hebdomadaires par lesquels arrivent et repartent la plupart des touristes. Vols quotidiens pour Dakar.

➢ ***En voiture :*** déconseillé jusqu'à nouvel ordre.

➢ ***En taxi-brousse :*** déconseillé également.

DJEMBERING

Se renseigner auprès des hôtels du Cap auparavant. Gros village à 10 km au nord de Cap Skirring, beaucoup moins fréquenté. Tant mieux, ainsi les us et coutumes africains y sont encore de mise. Les gens y vivent d'une façon traditionnelle, les femmes pilent toujours le riz. Très belle plage. Construit sur des dunes plantées d'immenses fromagers, Djembering a un bien joli aspect.

Où dormir ? Où manger ?

Campement Aten-Elou : sur la colline dominant le village, entourée d'arbres magnifiques, à 300 m de la plage. Cases rondes dans le style du pays. Sanitaires corrects. Resto pas cher, avec des langoustes sur commande ; n'en abusez pas, inutile de pousser la surexploitation de l'espèce, déjà intense.

Campement touristique Asseb : à l'entrée du village. De petits bungalows tout neufs pour 2 à 3 personnes. Cuisine copieuse. Soirées conviviales.

Campement Albert Sambou : après le *Campement Aten-Elou,* tourner à gauche dans le sentier, au niveau du gros fromager, à côté du tombeau. Case à impluvium. Entre le *Campement Aten-Elou* et celui d'*Albert Sambou,* ne pas manquer la palmeraie aux chauves-souris. Au moindre incident, même en plein midi, des centaines de chauves-souris s'envolent et tournoient. Attendez l'incident, ne les dérangez pas pour le plaisir.

Restaurant Albert Sambou : au milieu du village. Propose une très bonne nourriture pas chère. Goûtez au poulet yassa, aux huîtres, aux gâteaux d'arachide, etc. En saison, plein deux jours par semaine (quand le Club Med débarque).

Le Diola : à l'entrée du village. Bar-resto ouvert par Éric et Anna (mais Éric a dû reprendre son travail de cheminot à Paris). Plats copieux à commander la veille. Bonne ambiance. Une petite chambre sans sanitaires (en attendant d'agrandir), pas chère.

DANS LE NORD DE LA BASSE CASAMANCE

Depuis l'invasion touristique de Cap Skirring, les plages du nord de la basse Casamance étaient devenues le refuge des amateurs de tranquillité ; mais leur bonheur n'a eu qu'un temps, les campements y ont poussé comme des champignons, d'autant qu'avec l'aggravation des tensions au sud de la région, bon nombre de touristes individuels s'y sont repliés. L'ambiance reste néanmoins bon enfant et vous pouvez faire jouer la concurrence.

BIGNONA

De Ziguinchor, une excellente route pavée (compter environ 30 mn) mène jusqu'à Bignona. C'est une petite ville calme et reposante, qui ne présente guère d'intérêt. Vous pourrez y hésiter entre les deux grandes routes conduisant à Dakar, par Banjul ou par Kaolack. Nous, on vous conseille vraiment de continuer par la Transgambienne.
Si vous voulez aller jusqu'à Kafountine, prévoyez large (la piste est complètement défoncée), et repassez par Bignona avant de remonter sur Kaolack (voir plus loin le chapitre « Gambie »).

Où dormir ? Où manger ?

Hôtel Le Palmier : ☎ 994-12-58. À 1,5 km sur la droite de la route vers Banjul, non loin de la gendarmerie. Jadis un grand hôtel de chasse aujourd'hui sur le déclin. On peut toujours prendre plaisir à s'y reposer. Très calmes, les chambres sont spacieuses (douche et w.-c.). Vaste salle commune. Repas sur commande.

Le Relais Fleuri : à Badiouré (environ 10 km de Bignona en direction de Kaolack). ☎ 994-11-93. Fax : 01-60-83-82-81 (en France). Relais de chasse « chicos » dans le genre « C'est très simple, mais nous sommes entre nous ». Abordable hors saison de chasse, mais la piscine est alors vidée.

Le Jardin : en plein centre. ☎ 994-12-12. Bel endroit calme et ombragé dans une petite rue perpendiculaire à l'axe principal (indiqué par un panneau). Compter moins de 5 000 F.CFA (7,6 €). C'est le seul véritable bar-resto de la ville. Catherine propose une bonne cuisine franco-sénégalaise dans une ambiance conviviale et métissée. Grand choix d'entrées, de plats et desserts. Ses spécialités : les huîtres de palétuviers, le lapin ou le poulet yassa et le lait caillé au miel et aux raisins. Délicieux jus de fruits locaux frais.

QUITTER BIGNONA

➢ **En taxi-brousse :** station en centre-ville. Véhicules pour Ziguinchor, Kaolack, Dakar, Kafountine, Banjul.

➢ **En voiture :** vers Ziguinchor ou Kaolack la route (Nationale 4) est bonne et goudronnée (c'est la Transgambienne), mais pour Kafountine c'est une horreur. Depuis plusieurs années, elle devait être refaite. Il n'en était rien lors de notre passage. Compter trois bonnes heures pour rejoindre Kafountine, distante de 70 km. Mais les taxis-brousse mettent jusqu'à 6 h ! Pauvres vieilles 505 ! Le spectacle est ahurissant : trous et effondrements de la chaussée se succèdent jusqu'à Diouloulou sans discontinuer. Le vocabulaire français ne dispose pas des mots adéquats, ornières et nids-de-poule étant loin de la réalité. On dirait tout simplement qu'une pluie d'astéroïdes s'est abattue ici. Mais ça vaut vraiment le détour ! Notez au passage les comiques panneaux de limitation à 50 km/h, alors qu'on galère pour dépasser les 20 km/h ! Si vous y pensez, emmenez des amortisseurs et suspensions de rechange, ainsi qu'une demi-douzaine de roues de secours. On rigole. Une dernière chose, les voitures et camions habitués à faire le trajet préfèrent passer dans les marécages, le long de la route, créant ainsi une piste parallèle. Rien de mieux pour s'embourber, même en 4x4 (c'est arrivé). Fin des recommandations, amusez-vous bien...

BAÏLA

Village sur la route Bignona-Diouloulou, vers Banjul. À l'origine, Baïla se nommait Banerin, mais les Mandingues, célèbres guerriers, la rebaptisèrent *Baïla* (vainqueur), en hommage à son histoire, car le village ne connut qu'une seule défaite.
Autrefois, Baïla était profondément animiste, et chaque quartier possédait ses propres fétiches. Aujourd'hui encore, avec un peu de chance, on peut au détour d'une ruelle les rencontrer. Population sympa. Le village est isolé, de par la mauvaise qualité de la route. Grâce à l'argent des quelques touristes de passage, les villageois font fonctionner une maternité (on peut y laisser des médicaments) et ont construit une école. Sur la piste qui va du campement à la maternité et à la mosquée, splendide fromager vieux de quatorze siècles, sur la droite. Demandez comment on a déterminé son âge, c'est intéressant.

ORIGINE DES RELIGIONS CATHOLIQUE ET MUSULMANE

La région de Baïla connut presque simultanément les deux religions, tout d'abord l'islam avec les envahisseurs mandingues, puis le catholicisme avec la colonisation.
Bien des légendes circulent à propos de l'introduction de ces religions, mais la plus savoureuse reste la suivante... Un curé arriva un jour à Baïla en déclarant aux villageois : « Si vous vous convertissez à ma religion, vous pourrez boire tout le vin de palme que vous voudrez, mais il faudra vous contenter d'une seule femme. » Quelque temps plus tard, un marabout arriva au village et leur dit : « Si vous adoptez ma religion, vous pourrez avoir jusqu'à quatre femmes, mais vous ne devrez plus boire de vin. »
Ces propositions provoquèrent des discussions interminables sous l'arbre à palabres. Finalement, ceux qui ne pouvaient se passer de vin devinrent catholiques, et ceux qui aimaient trop les femmes, musulmans.

Où dormir ?

Campement villageois : belle réalisation respectant l'architecture locale. Sanitaires acceptables. Accueil chaleureux; volonté de faire comprendre le rôle du campement dans la vie du village.

DIOULOULOU

Gros village dont le principal attrait est d'être à l'embranchement de la piste des plages. C'est donc là que vous changerez de véhicule, à moins que vous ayez pris un taxi-brousse direct au départ de Ziguinchor. Tiens, justement, si vous venez de Ziguinchor-Bignona, voici une bonne nouvelle : la route jusqu'à Abéné et Kafountine est royale.

Où dormir ? Où manger ?

Relais Myriam : à côté de la station Elf, sur la route de Banjul. ☎ 994-51-04 (sous-préfecture). Autour de 4500 F.CFA (6,8 €). Petit campement bien connu des visiteurs venant de Gambie. Propreté acceptable. Resto sous une paillote en tôle ondulée.

KABADIO

Village qui ne connaît pas encore le tourisme ; cela ne saurait tarder.

Où dormir ?

🏠 ***Village-hôtel Tilibo :*** tout neuf, on finissait la cuisine lors de notre passage. Sur la dune côtière. La piste d'accès se termine par 500 m de sable, accessible aux 4x4 uniquement.

ABÉNÉ

Village africain typique. Plus tranquille que Kafountine. Blotti entre les palmeraies, à quelques kilomètres de la Gambie, le village d'Abéné offre aux visiteurs un visage différent, car il est peuplé de Mandingues et de Diolas, venus des îles Karones. On peut toujours y voir les tranchées *tata* (sorte de forteresses à la fois centres militaires et politiques), creusées à l'entrée du village et témoignant de ce farouche passé guerrier entre Mandingues et Diolas. Population accueillante. Ne vous limitez pas à la plage et ne passez pas comme un météore dans le coin, restez-y un ou deux jours pour vivre au rythme des villageois, dans leur quotidien. Voir l'arbre sacré, un impressionnant fromager vieux de plusieurs siècles et hanté par les singes.
– Au moment des fêtes de fin d'année, un ***festival folklorique,*** organisé par des Hollandaises, attire beaucoup de monde et l'endroit est bondé.

Où dormir ? Où manger ?

🏠 🍽 ***Campement-restaurant La Belle Danièle*** *(Chez Mamadou Konta)* **:** dans le village même. ☎ 936-95-42. L'adresse de référence pour les locaux et les routards au budget serré. Chambres correctes avec 2 ou 3 lits. Les prix les plus bas : 8 500 F.CFA (12,9 €) en pension complète. Cuisine casamançaise extra et pas chère du tout. Ambiance amicale et bon accueil.

🏠 🍽 ***Casamar :*** sur la route de la plage, tourner à gauche juste après *Chez Véro*. ☎ 994-86-05 ou 991-18-65. Fax : 991-02-11. Pension complète en chambre double pour 15 000 F.CFA (22,9 €). Chaque bungalow possède deux chambres, avec une salle de bains commune. Très propre. Tout cela dans un magnifique jardin, avec des bancs disposés au milieu de plantes odorantes et d'arbres fruitiers qui portent leur nom sur un écriteau. Très chouette salle pour se restaurer et boire un coup. Emmanuelle Rodriguez, la gérante, sera une mère pour vous ; d'ailleurs, elle a donné le nom de ses enfants aux différents bungalows. Organise de nombreuses excursions. Très bon rapport qualité-prix pour un endroit charmant, à deux pas de la plage.

🏠 🍽 ***Campement touristique Le Kossey :*** en bord de mer. ☎ 994-86-09. Pour une demi-pension, compter un peu moins de 10 000 F.CFA (15,2 €) par personne. Très, très joli jardin planté de bougainvillées. Tenu par Jeannette, une Sénégalaise mariée à Étienne, un Belge, passionné de jazz. Cases doubles bien entretenues, pourvues de douches individuelles. Au resto, cuisine et produits locaux. Repas complet pour 3 000 F.CFA (4,6 €). Une bonne adresse ; plus cher que le tarif standard des campements. Mais prestation de bon niveau.

🍽 ***Chez Véro :*** sur la gauche en arrivant à la plage. ☎ 991-16-73. Très bon marché, on mange avec environ

2 500 F.CFA (3,8 €). Cadre gai, avec ses peintures murales à l'africaine. Sous une paillote, quelques tables de bric et de broc dans une ambiance sympathique. La spécialité, c'est « la boulette Véro » au poisson. Service particulièrement long. Semble avoir parfois quelques problèmes d'approvisionnement.

Chic

🏠 🍴 ***Village-hôtel Kalissaï*** : ☎ 994-86-00. Fax : 994-86-01. • www.casamance.net/kalissai • Compter 30 000 F.CFA (45,7 €) pour un bungalow double. Petit déjeuner en sus. Pension complète pour environ 30 000 F.CFA (45,7 €) supplémentaires. À 3 ou 4 km d'Abéné, par un chemin de sable et de coquillages. Une vingtaine de jolis bungalows dans des jardins fleuris, soit une trentaine de chambres en tout. Confort appréciable. Terrain impeccablement entretenu. Herbe bien verte broutée consciencieusement par le cheval de la maison. Si l'aspect luxueux de l'établissement en impose, l'ambiance n'est pas si « club », mais au contraire plutôt ouverte. L'océan est à deux pas, avec une superbe plage de sable blanc. L'endroit où il faut amener une petite amie à épater. Tenu par un couple dynamique et accueillant qui fera tout pour faciliter votre séjour. Repos garanti. Le problème, c'est que la plage est avalée par l'océan à raison de 3 m par an. Demandez donc à la patronne de vous raconter l'érosion de la côte... inquiétant, mais passionnant. Les repas et les consommations sont assez chers (menu-carte plus économique), mais le séjour est idyllique. Possibilité de pêche à la traîne et de surf-casting. Attention : fermeture pendant l'hivernage, c'est-à-dire jusqu'à fin octobre-début novembre.

➤ *DANS LES ENVIRONS D'ABÉNÉ*

Où dormir ? Où manger ?

🏠 🍴 Au niveau du village de Diana, entre Abéné et Kafountine, nombreux ***campements*** aux prestations à peu près équivalentes, situés sur la plage ou à proximité. Moins de monde que dans les deux villes voisines.

KAFOUNTINE

Ville de pêcheurs sur une plage superbe bordée de filaos. Un lieu désormais acquis à la cause touristique. La plage est bardée de campements, mais pas encore saturée. Pensez-donc : elle s'étend de la presqu'île aux Oiseaux à la frontière gambienne, alors il y a de quoi faire ! Beaucoup de ressortissants allemands, hollandais, suisses. Énormément de touristes « descendus » de la Gambie voisine pour un week-end de bronzette. Malgré cette affluence, Kafountine reste une destination sympa et surtout un paradis pour les routards en quête de calme. Beaucoup d'espaces vierges. Les 12 000 habitants sont éparpillés sur des kilomètres, tout le long de la plage. S'il reste un bon nombre de pêcheurs, la ville semble plutôt faire confiance aux touristes pour faire avancer l'économie locale. De plus en plus d'artisans, de professeurs de djembé/danse/chant, etc. Ambiance un peu *baba* ; précisons que l'endroit est surnommé « la petite Jamaïque », car c'est ici que pousse le plus gros du stock de cannabis du pays. On aime y faire la fête, laisser le temps couler, se baigner. La belle vie, sans prise de tête.

Comment y aller ?

➢ ***En taxi ou en voiture particulière :*** deux solutions. Soit vous arrivez de la Gambie, comme la plupart des touristes, et c'est peinard. Attention, en traversant ce pays par Banjul, les Français doivent payer un visa. Cela pourrait changer d'ici peu. Déjà, les ressortissants de Belgique et plusieurs autres pays n'en ont plus besoin. Soit vous venez de Ziguinchor et là, c'est plutôt le cauchemar. Quoique... on se marre bien, finalement. Voir le chapitre « Quitter Bignona ».

➢ ***En car rapide :*** à partir de Ziguinchor. Bon à savoir : Anatole a la réputation d'être le seul chauffeur de car ponctuel en Casamance. Les jours d'arrivée du *Joola,* il part de Kafountine à 5 h (debout les amis !) pour arriver dans la capitale de basse Casamance vers 9 h. Puis il quitte Ziguinchor (gare routière) à 14 h 30.

Où dormir ?

🏠 🍽 ***La Nature :*** à quelques kilomètres du village, sur la plage ; continuer sur la piste et tourner à droite entre l'ancien campement d'État *Le Filao* et *Le Nandy.* ☎ 994-85-24. • alanature@metissacana.sn • Fréquenté surtout par les jeunes routards. Campement tenu par une joyeuse bande de musiciens rastas réunis autour de René, un Niçois. On y trouve tout ce que la nature a créé de meilleur. La musique, le goût de la paresse, « paix, joie et harmonie ». L'ombre d'un certain Bob Marley plane sur *La Nature* et sa « root's family ». Atmosphère insouciante, au son des djembés, chants et danses. L'équipe dispense des cours, pour épater vos amis dès votre retour. Côté logement, une petite dizaine de cases avec chacune deux chambres sommaires. Compter 4 500 F.CFA (6,9 €) la nuit avec petit déjeuner. Sanitaires communs corrects. Hamacs dans le jardin tropical. Grande case centrale à impluvium, arborée et fleurie, pour se restaurer (sur commande) ou boire un verre. Repas pris en commun, le soir à la lumière des lampes tempête. Petit dej' au premier étage, avec une superbe vue sur l'océan. Le rendez-vous des jeunes qui ont tout compris à la nature.

🏠 🍽 ***Campement villageois Sitokoto :*** sur la plage. Tourner au niveau de l'*Africa Restaurant.* ☎ 994-85-12 ou 936-95-36 (Abdou). Planté au sommet d'une dune de sable. Assez bien tenu par de jeunes villageois. Une bonne initiative locale. Seulement 8 500 F.CFA (12,9 €) en pension complète, l'un des tarifs les plus avantageux. Chambres simples mais relativement propres, pour 2 ou 3 personnes. Sanitaires communs. Chouette salle à manger avec petit bar et vue sur l'océan. Cuisine correcte. Il faut commander son repas la veille. Ambiance paisible.

🏠 🍽 ***Le Kunja :*** même route que le *Fouta Djalon.* ☎ 936-95-23 ou 936-95-19. Tout nouveau, encore en cours d'aménagement. Gérance allemande ; équipe sénégalaise accueillante et avec une haute estime de la clientèle. Chambres spartiates à prix cassés : 2 500 F.CFA (3,8 €) la nuit, 7 500 F.CFA (11,4 €) en pension complète. Les sanitaires collectifs sont nickel. Flore variée. À 5 mn de la plage.

🏠 🍽 ***Le Bolonga :*** à 1 km du village, à proximité de la plage, pas loin du *Sitokoto.* ☎ 994-85-15. Double pour 5 000 F.CFA (7,6 €), pension complète autour de 13 500 F.CFA (20,6 €) par jour et par personne. Tenu par un couple franco-casamançais, Roland, un Landais, et Marie, tous deux accueillants. Dans un parc immense bruissant d'oiseaux, une dizaine de chambres équipées d'une salle d'eau et de moustiquaires, très propres. Côté cuisine, Marie et Roland associent judicieusement recettes sénégalaises et françaises. Tarifs dégressifs selon la durée du séjour.

🏠 🍽 ***Camp Le Kahone :*** juste avant le *Fouta Djalon.* Camp récent géré par des Allemands, encore une fois. Compter 10 000 F.CFA (15,2 €) pour la pension complète. L'originalité est de proposer des chambres dans des tourelles étroites ainsi que dans une grande bâtisse en bois sur pilotis (construite nettement de travers). Donc ça change un peu ; mais le confort est modeste. Des améliorations sont prévues. Bar-resto très sympa et accueil super.

Nandy Hôtel : après *La Nature,* sur la piste de l'hôtel *Le Karone.* ☎ 994-85-21. Après une période de laisser-aller, *Le Nandy* avait bien besoin d'une remise à flot. Et franchement, ç'eût été dommage d'abandonner un si beau site. Flavien et David se sont donc attelés à la tâche. Pour l'instant, une petite demi-douzaine de chambres simples mais propres s'offrent à vous, sur une portion de plage tout à fait sauvage. Compter 4 000 F.CFA (6,1 €) la nuit, petit dej' compris. Calme royal. Bâtiment central pour manger ; peu d'aménagements pour l'instant mais la construction de nouvelles cases est en projet. Peut donner quelque chose de très bien.

Le Filao : ancien campement d'État, juste avant *La Nature.* Là aussi, un superbe site sur la plage, mais laissé à la dérive. Jacques, le meilleur garagiste du coin, a repris l'affaire ; espérons que les touristes reviendront bientôt se prélasser sous les filaos.

Plus chic

Le Fouta-Djalon : en bordure de mer. Tourner à droite au niveau de la grande épicerie (c'est fléché). ☎ 994-69-04 ou 01-42-88-70-65 (en France). • www.casamance.net.foutadjalon • Compter 16000 F.CFA (24,4 €) la chambre double. Pension complète pas donnée. Tenu par Danièle Plais, une Française, de surcroît excellente cuisinière (elle était traiteur à Paris). Dans un site splendide, neuf cases spacieuses, propres et calmes constituées à la manière d'un village diola. Cuisine franco-sénégalaise servie dans un restaurant avec patio et bar. Soirées animées : théâtre, percussions, échanges avec les artistes locaux, etc. Organise des excursions à pied, en pirogue, à VTT, en voiture (taxi)... Possibilité d'être accueilli à l'aéroport de Banjul en Gambie (60 km). Une bonne adresse.

Le Karone : continuer la piste sur 4 km, c'est tout au bout. ☎ 994-85-25. • karone@metissacana.sn • Village-hôtel dans l'ensemble plaisant et très bien entretenu. Plus de 40 bungalows spacieux, tout confort, pour 35 000 F.CFA (53,3 €) par personne en pension complète. Prix dégressifs. Site privilégié, entre la plage plantée de filaos d'un côté et le bolong de l'autre. Possibilité de louer un Zodiac ou un kayak pour pêcher et se balader. Excursions, location de vélos et de quads. Piscine. Alain, le fils de la maison, connaît bien la région. Pour la gestion, il la partage avec sa mère qui est là depuis des années. Musique et danse africaines certains soirs. Repas pas chers, spécialités de fruits de mer. Très fréquenté par les troupes bataves. Un établissement haut de gamme qui garde des tarifs raisonnables.

Où manger ? Où boire un verre ?

Pas spécialement de grands restos à Kafountine. Tous les campements et hôtels proposent de bons repas. Voici d'autres adresses pour manger modestement, à bon prix.

Couleur café : dans le village, en face du vieux baobab. ☎ 936-95-20. Tiéboudienne et autres plats typiques à prix très bas. Moins de 1 000 F.CFA (1,5 €) pour le plat du jour. Le meilleur endroit pour observer les mouvements de la petite ville, c'est la terrasse du *Couleur Café.* Certains soirs, la fête bat son plein dans la cour de derrière.

🍽 🍷 ***Africa Restaurant :*** sur la piste, à l'embranchement pour aller au *Sitokoto*. Plat du jour à moins de 1 000 F.CFA (1,5 €). Ici, on prendra le temps de vous faire le thé et un brin de causette.

🍽 🍷 ***Le Bissap :*** avant d'arriver au *Sitokoto*. Bar-boutique-épicerie installé dans une croquignolette maison au toit de tôle. À l'intérieur, il fait assez frais et l'on vous sert des jus de fruits naturels, des snacks et des sandwichs pour vos balades. Très bon marché également.

🍷 ***Le Baobab :*** tenu par la sœur de la gérante du *Couleur Café*. Juste en face, au pied du grand baobab. Salle à la déco bariolée accueillant des soirées chaudes, en fin de semaine.

🍷 ***Le Farafina :*** un autre endroit pour sortir. Soirées musicales fréquentes, très appréciées des jeunes du coin. Murs en jolie dentelle de pierre. Dans les deux salles un peu décrépies pendent quelques posters du grand Bob, figure importante à Kafountine. Personnel super sympa.

🍷 ***Le Black and White :*** « dancing » situé vers le Mini-Marché.

À voir. À faire

★ ***Le Bateau-Batik :*** ☎ 994-85-23 (laisser un message pour eux) ou 00-49-30-393-33-97 (contact en Allemagne, Ingrid Deutschmann). Unique en son genre. Café artistique tenu par Ingrid et Sobroco à 5 mn de la plage, en face d'un vieux bateau échoué. Concerts, spectacles, expos d'artistes sénégalais, de batiks et de vêtements artisanaux. Proposent également des cours sur les différentes techniques du batik, des leçons de danse ou de percussions. Hébergement possible entre 2500 et 5000 F.CFA (3,8 et 7,6 €) selon le confort dans des campements alentour.

★ ***Centre artisanal :*** sur la route de la plage. Nombreuses boutiques de batik et de bois sculpté. Si vous souhaitez ramener un vrai djembé, adressez-vous à *La Nature* (voir « Où dormir »). Top qualité et prix raisonnables par rapport à chez nous.

⛱ Longue ***plage*** de sable s'étendant sur 18 km jusqu'à la presqu'île aux Oiseaux. Personne ne vous marchera sur les pieds. Pêche à la traîne dans les bolongs et surf-casting.

★ ***Retour des pêcheurs :*** horaires variables.

– ***Excursions organisées par les hôtels :*** la presqu'île des Oiseaux en pirogue par le bolong (1 h 30 pour y aller) ; *réserve ornithologique de Kassel; Saloulou* et *Kalissaï*, moins intéressants depuis que les oiseaux délaissent cette presqu'île attaquée par la mer; le campement ne fonctionne plus. L'excursion de la réserve de Kassel peut aussi être faite à vélo, en passant par les rizières jusqu'au village de Kassel, où l'on prend une pirogue à rames. Un très bon souvenir. 2 h 30 environ.

★ En remontant la plage en direction d'Abéné, on tombe sur deux épaves coréennes rouillées. Ambiance vaisseau fantôme.

LA PRESQU'ÎLE DE SEDHIOU

ATTENTION ! Lire l'avertissement introductif au chapitre sur la Casamance et bien se renseigner ensuite sur la situation dans cette partie de la Casamance.

Le fleuve Casamance et son affluent, le Soungrougrou, délimitent une vaste presqu'île, restée longtemps très isolée, en dépit de ses richesses agricoles.

D'importants travaux, avec l'appui de la coopération italienne, assurent désormais son ouverture sur le reste du pays par la Transgambienne ; en revanche, Kolda, la capitale régionale, paraît toujours aussi lointaine.

MARSASSOUM

On peut atteindre ce gros village d'une Casamance encore peu connue à partir de Bignona, en franchissant par bac la rivière Soungrougrou (attention, peu de traversées, toutes les deux heures environ).
Marsassoum se révèle assez animé. Population accueillante. Pas d'agressivité commerciale. On sent très clairement que seuls quelques touristes marginaux se sont aventurés par là. Petit marché, pas loin du bac.
Superbe piste vers Sedhiou. Paysages sans cesse changeants. Rizières, forêts de palmiers, brousse classique, bois de teck, bosquets de bambous, vastes portions calcinées par les feux de brousse, etc. Les bandes de singes patas ou de singes pleureurs se font malheureusement plus rares. Quelques villages traversés, *Sansamba, Yassine Mandina,* révèlent un urbanisme plus resserré, contrairement à beaucoup de villages de l'ouest.

SEDHIOU

Ancienne capitale administrative et économique de la Casamance, Sedhiou, trop éloigné de tout, en dehors des axes routiers traditionnels, perdit son titre au profit de Ziguinchor et sombra peu à peu dans l'oubli. Pour les mêmes raisons, aujourd'hui, très peu de touristes viennent fureter par ici. Nos lecteurs hardis et avides d'authenticité rendront, eux, visite à cette ville déchue. Pourtant, Sedhiou a peu à offrir. Les anciens bâtiments coloniaux se dégradent. Architecturalement hybride, la ville ne présente même pas l'homogénéité et le charme des grands bourgs africains comme Marsassoum. Les Africains ont pris possession d'une ville qui n'avait pas été conçue pour eux. D'où ce côté bancal, bizarre, se superposant à une misère bien visible. Ceux qui ont bien reçu les vibrations de Karabane viendront passer quelques jours à Sedhiou pour s'imprégner de cette curieuse atmosphère. Et pour les amateurs d'oiseaux, il y a l'île du Diable !

Comment y aller ?

L'accès le plus commode se fait à partir de la Transgambienne. Liaisons directes de Kaolack ou de Ziguinchor, mais peu fréquentes. Il est préférable de prévoir un changement près de Bounkiling au carrefour de Diaroumé, à environ 35 km au sud de la frontière gambienne. Attention, les haltes de camionneurs, 1 km après en direction de Ziguinchor, sont connues comme les plus dangereuses du Sénégal ; n'allez pas là où un Sénagalais n'irait pas, à moins de vouloir tester votre habileté au couteau. On peut aussi utiliser la « Postale » au départ de Ziguinchor (départ à la poste, bien sûr). L'accès à partir de Kolda est fastidieux par la piste au nord du fleuve et presque impossible de la route Kolda-Ziguinchor en raison des incertitudes du bac sur la Casamance et de l'état des 5 km de piste sur la rive gauche.

Où dormir?

Hôtel Faradala : à l'entrée de la ville. ☎ 995-12-50. Campement au confort rudimentaire mais à l'accueil chaleureux.

La Palmeraie : ☎ 995-11-02. Cet hôtel de charme, au milieu d'une vaste palmeraie, bordée par le fleuve, était notre coup de cœur en Casamance, puis les propriétaires l'ont laissé à l'abandon. Une transformation en relais de chasse luxueux est en cours : ce sera beau, ce sera cher. Toutefois, le responsable, Bordelais d'adoption, nous a promis de conserver quelques chambres à des prix presque routards. Ça nous arrange, nous aurions été malheureux de rayer de nos listes un coin aussi beau.

Centre d'hébergement Priomoca : du nom du projet de mise en valeur de la région. Un accord de non concurrence avec les hôtels limite maintenant les possibilités d'accueil. Renseignements auprès du centre de développement communautaire, sur la gauche, juste avant l'entrée de la ville; en profiter pour se documenter sur le programme « Consommer sénégalais », une des clés pour réduire les importations trop coûteuses.

À voir

★ ***L'île du Diable :*** située en amont du fleuve. Louer une pirogue de préférence sans moteur (et marchander férocement). Le soir, à partir de 17 h 30, ça devient un repaire fantastique d'oiseaux. Pélicans, hérons et martins-pêcheurs viennent y passer la nuit. Les palétuviers débarrassés de leurs feuilles, blanchis par les fientes, deviennent une forêt d'oiseaux. Si, de plus, vous bénéficiez d'un beau coucher de soleil, c'est vraiment la super balade!

★ ***Séfa :*** à 8 km, au nord de Sedhiou. C'est l'ancien port d'embarquement des fruits et marchandises du temps de la colonie. 300 familles françaises y vivaient. Aujourd'hui, la plupart des maisons coloniales et les entrepôts tombent en ruine, envahis par la végétation. Seulement quelques bâtiments squattés par les Africains. Une vieille grue, des wagonnets rouillent sur le quai. On a du mal à imaginer que la région fut le théâtre d'une telle activité économique. À propos, apporter son maillot de bain, l'eau est excellente ici (vérifier sa profondeur avant de piquer une tête!).

★ Pour les marcheurs, on a vite fait d'atteindre les belles ***forêts*** classées de ***Boudié*** et de ***Barie,*** que sépare la piste vers Marsassoum.

★ Une piste mène aussi à ***Bambali,*** à une quinzaine de kilomètres au sud-ouest de Sedhiou. Vous y trouverez les plus grandes bananeraies du Sénégal. Avec un véhicule normal en bon état, possibilité de regagner Marsassoum par les pistes du sud. Balade intéressante, abordant des paysages très différents. Quelques passages difficiles mais pas infranchissables. Itinéraire passant par Touba-Mandingue et Niassene.

LA HAUTE CASAMANCE

Hormis la chasse, le tourisme n'a pas encore atteint cette région, mais certains y pensent très fort, puisqu'elle est le point de passage obligé entre deux hauts lieux du tourisme sénégalais, le parc de Niokolo Koba et la basse Casamance.

KOLDA

Est-ce vraiment une ville ? Plutôt une grande agglomération assez informe, encore un peu étonnée de s'être, un jour, retrouvée capitale régionale, à la suite de la partition de la Casamance. Y a-t-il vraiment un motif de s'y arrêter ? Oui : couper en deux étapes les 12 h de taxi-brousse entre Tambacounda et Ziguinchor, sinon vous serez vraiment très fatigué. À part cela, les villages peuls (sédentarisés) aux alentours sont connus pour la beauté majestueuse de leurs femmes, les plus belles du Sénégal (donc d'Afrique). Rien avant le mariage, une très grande liberté ensuite ; ne dit-on pas que le mari prolonge sa promenade si, d'aventure, rentrant chez lui, il voit deux chaussures étrangères devant la case. Les fanas d'histoire africaine pourront piquer vers le nord en direction de Pata et Médina-Yorofoula, à la recherche des « tata » et autres souvenirs d'Alpha Molo Baldé, héros de la lutte des Peuls contre la domination mandingue au XIXe siècle. De là, on peut gagner Georgetown, en Gambie.

Où dormir ? Où manger ?

Hôtel Hobé : ☎ 996-11-70. Fax : 996-10-39. Plusieurs bâtiments. Vers 6 h du matin, vous ne pourrez pas ignorer que l'hôtel se consacre aux chasseurs. Une utilisation immodérée de la mosaïque assure une relative propreté. Calme. À ces prix, on serait en revanche en droit de ne rien retrouver du précédent locataire dans sa chambre. Certaines chambres disposent de lits gigantesques ; avis aux jeunes mariés ! Il y a aussi des cases en dur, moins chères (environ 16 250 F.CFA, soit 24,8 € pour deux). Demandez les plus grandes. Douche et w.-c. Certaines sont climatisées.

Hôtel Moya : ☎ 996-11-75. Fax : 996-13-57. Compter de 7800 à 10800 F.CFA (11,8 à 16,4 €). Ce n'est pas ce que l'on pourrait appeler un hôtel de charme, encore que le petit jardin soit agréable, mais le même amour de la mosaïque que le précédent assure une propreté convenable. Trente-deux chambres climatisées ou ventilées. En face, le resto de l'hôtel qui n'a, lui non plus, rien d'exceptionnel, vous permettra de vous sustenter à prix modique.

Campement touristique Le Firdou **:** dans le quartier Saré Kémo, à la sortie nord-ouest de la ville, sur la route de Sedhiou. ☎ 996-17-80. Fax : 996-17-82. Toute récente structure touristique dirigée par un couple français associé à un Sénégalais. Chambres doubles de 11 500 F.CFA (17,5 €) de juin à fin octobre à 13 000 F.CFA (19,8 €) de novembre à fin mai, taxe incluse. Toutes avec clim' et salle d'eau privée (eau chaude). Petit dej' en sus à 2 000 F.CFA (3 €). Gratuit pour les enfants de moins de 3 ans. Dans un verger de 2 ha, avec manguiers, citronniers, orangers et anacardiers, une douzaine de cases confortables suffisamment espacées les unes des autres. Resto de style local, donnant sur la piscine et sur un bras du fleuve Casamance. Spécialités sénégalaises et européennes variant selon la saison. Menu à 6 500 F.CFA (9,9 €). Possibilité de chasse de janvier à fin avril.

VÉLINGARA

Ce n'est pas dans cette petite ville que vous passerez des vacances trépidantes. Cela d'autant plus qu'il n'y a vraiment pas grand-chose à y voir.

Où dormir ? Où manger ?

🏠 🍴 ***Campement touristique :*** à droite de la route avant le centre-ville dans un renfoncement. ☎ 997-10-46. Le campement de chasse a été récemment rebaptisé car les chasseurs ne fréquentent plus beaucoup la région. Paillotes installées dans un jardin arboré, offrant des chambres ventilées ou climatisées, toilettes à l'intérieur, bon marché. Propre et correct ; accueil moyen. Resto pas donné, mais essayez de négocier.

➤ DANS LES ENVIRONS DE VÉLINGARA

À voir

★ À une quarantaine de kilomètres à l'est, ***Médina Gounas,*** belle ville islamique, fief des Tidjanes omariens, avec une superbe mosquée. Vaste rassemblement d'une foule multicolore tous les vendredis (respectez son caractère religieux). Important pèlerinage annuel, au printemps.

★ À environ 36 km de Vélingara sur la route de Kolda, près de Kounkané, le ***marché de Diaobé,*** chaque mercredi, draine des commerçants (internationaux) de quatre pays : Sénégal, Gambie, Guinée et Guinée-Bissau. Mais attention, pas d'eau courante ni d'électricité ; pas d'hygiène. Prévoir son ravitaillement. D'autre part, les milliers de personnes venues d'ailleurs au marché ne sont pas toutes animées des meilleures intentions. Vous pourrez aussi y prendre un « mixte » pour vous rendre en Guinée, les camionneurs étant autorisés, sur ce parcours, à prendre des passagers payants.

LE SÉNÉGAL ORIENTAL

TAMBACOUNDA

Ville de garnison à 472 km de Dakar, Tambacounda n'offre certes pas grand-chose à voir, mais constitue une étape relativement agréable pour ceux qui viennent du Mali par le train et qui continuent en taxi-brousse vers Dakar ou vers la Casamance. De toute façon, Tamba est le point de passage obligé pour aller visiter le parc du Niokolo Koba, car la route est relativement longue.

C'est sans aucun doute la ville où il fait le plus chaud dans tout le pays. Si, de novembre à mai la chaleur y est sèche et supportable, pendant l'hivernage, elle devient oppressante.

De Dakar, compter 7 à 8 h de trajet par une route goudronnée assez peu fréquentée, et malheureusement très mal entretenue sur le tronçon Kaolack-Tambacounda. De Ziguinchor, une douzaine d'heures.

Adresses utiles

🚆 ***Gare ferroviaire :*** dans le centre.

🚌 ***Gare routière :*** pour Dakar, la Casamance, Kédougou, à la sortie sud de la ville ; pour Kidira (le Mali), Bakel, c'est à la sortie est. Route récemment refaite.

■ ***Agence consulaire de France :*** ☎ 981-12-43.

■ ***Hôpital régional :*** ☎ 981-12-17.
■ ***Commissariat de police :*** ☎ 981-10-11.
✉ ***Poste et SONATEL :*** en venant de Dakar, prendre au carrefour de la route de Kédougou la première à gauche et encore à gauche ; c'est la rue où se trouve le marché. Cabines à carte à l'extérieur.
■ ***SGBS :*** route de Kédougou, sur la gauche en venant du carrefour. Ouverte du lundi au jeudi de 7 h 45 à 12 h et de 14 h 15 à 15 h 45 ; le vendredi de 7 h 45 à 12 h et de 14 h 15 à 16 h 45. Retrait avec cartes *Visa* et *MasterCard* sur présentation du passeport.
■ ***Nouvelle Épicerie :*** av. Léopold-Sédar-Senghor. ☎ 981-90-63. Pour se ravitailler, c'est la bonne adresse de la ville (boissons, fruits, gâteaux secs, journaux...).
■ ***Direction des parcs nationaux et du Niokolo Koba :*** ☎ 981-10-97. En venant de Dakar, suivre sur environ 1 km la direction du *Complexe touristique Legaal Pont*. Pour obtenir cartes du parc, autorisation spéciale, renseignements récents sur l'état des hébergements, réservation de chambres, etc.
– Nombreuses stations-service à l'entrée de la ville sur la route de Kaolack.

Où dormir ? Où manger ?

Bon marché à prix moyens

🏠 |●| ***Keur Khoudia :*** annexe de l'*hôtel Simenti* (du parc du Niokolo, voir plus loin) située à l'entrée de la ville, en venant de Kaolack. ☎ 981-90-49. Fax : 981-11-02. Compter de 11 700 à 16 000 F.CFA (17,8 à 24,4 €). Sept chambres basiques mais propres, abritées sous des paillotes. Cher pour le confort proposé.
🏠 |●| ***Hôtel Niji :*** prendre au carrefour la route de Kédougou ; bien indiqué sur la gauche après la Société Générale. ☎ 981-12-50. Fax : 981-17-44. À partir de 15 000 F.CFA (22 €) la double. Chambres ventilées avec douche et w.-c. dans l'annexe située sur une petite rue en face, à l'intérieur d'un bâtiment fermé avec un mignon petit jardin. À l'hôtel même, chambres climatisées plus chères. Assez bien tenu et atmosphère sympa en dépit de l'accueil inexistant. Menu à prix moyen servi sous une grande paillote fraîche avec une télé bruyante. Cuisine assez nulle mais copieuse.
|●| ***Chez Francis :*** sur la route de Kédougou, même côté que le *Niji,* avant la station Elf. *Chawarma* correct et bon marché. En dépannage pour les moins fortunés seulement.

Plus chic

🏠 |●| ***Asta Kébé :*** même direction et même côté que l'hôtel *Niji* mais plus loin dans la montée ; fléché sur la gauche ; à environ 1 km au bout du chemin. ☎ 981-12-15. Jadis très confortable, aujourd'hui un peu tristounet quand il n'y a pas d'arrivée de chasseurs, sa clientèle de prédilection. Et comme ça ne nous rend pas plus gais... Pour ceux qui aiment ou que ça ne chagrine pas, mais quand c'est vide, l'ambiance devient glauque. Le resto n'est guère mieux et plutôt cher. Organise des safaris. Quant à la piscine, elle n'a que le mérite d'exister. N'accepte pas les cartes de paiement.

À voir

★ ***Le marché :*** dans la rue parallèle et au nord de l'axe Dakar-Kidira. Très vivant mais rien d'exceptionnel.

LE PARC NATIONAL DU NIOKOLO KOBA

À proximité de la Guinée et à 600 km de Dakar par une route goudronnée jusqu'à Kaolack, puis très mauvaise par endroits jusqu'à Tambacounda. Compter une bonne journée de route pour s'y rendre (en partant tôt). Le parc s'étend sur plus de 900 000 ha et constitue l'une des plus importantes réserves animales et végétales d'Afrique de l'Ouest. Il y a surtout de grosses bébêtes avec de grandes dents : lions, hyènes, panthères pour les plus effrayants de nos imaginaires, mais aussi hippopotames, singes de toutes sortes, ourébis, élans de Derby, antilopes-cheval (hippotragues), gazelles, éléphants qui se cachent de plus en plus à cause du braconnage (si vous en voyez un, dites-le nous !), pintades, phacochères, oiseaux de toutes les couleurs... Et ce petit monde vit au cœur d'une végétation luxuriante et variée. Bien sûr, on ne les voit pas toujours à son gré – le temps leur appartient – mieux vaut prévoir de séjourner dans le parc 2 ou 3 jours, en sachant tout de même que le coût total n'est pas vraiment bon marché.

Comment y aller ?

➢ ***En taxi-brousse de Tamba :*** gare routière pour le sud et l'ouest. Plusieurs liaisons quotidiennes jusqu'à ***Dar Salam,*** l'entrée principale du parc située sur la nationale qui va à Kédougou ; voir si le taxi-brousse ne va pas jusqu'à Simenti, à l'intérieur du parc, 30 km au sud de Dar Salam. Autrement, demandez à Dar Salam que l'on vienne vous chercher pour aller à Simenti. En dernier recours, renseignez-vous au campement de Dar Salam.

➢ ***En voiture particulière :*** il faut compter une heure de route de Tambacounda à Dar Salam, puis deux heures de piste entre l'entrée du parc et l'un des deux campements. Les pistes à l'intérieur du parc ne sont pas conseillées aux véhicules de tourisme. Les ornières héritées de la saison des pluies rendent les chemins souvent terrifiants pour les chauffeurs. Le 4x4 s'avère ici de rigueur.

➢ ***En avion :*** nos lecteurs aisés et pressés peuvent s'adresser à Air Sénégal International à Dakar (voir « Adresses utiles ») pour savoir s'il y a une desserte à destination de Simenti, s'y prendre quelques jours à l'avance. Cher, on s'en serait douté.

➢ ***En circuit sur mesure :*** avec voiture, chauffeur, hébergement, repas ; à 3 ou 4 personnes, cela peut être intéressant. S'adresser auprès des agences que nous recommandons à Dakar.

Infos et conseils pratiques

– Le parc est ouvert pendant la saison sèche, de novembre à juin, du lever au coucher du soleil (de 5 h à 18 h). La meilleure période pour le visiter est la seconde moitié de la saison sèche. Comme les rares points d'eau sont à sec, ceux qui subsistent sont pris d'assaut par les animaux aux heures les plus chaudes. Il suffit de faire le guet pour les admirer. Le reste du temps, il faut souvent parcourir des kilomètres et des kilomètres pour apercevoir la moindre bestiole.
– Son accès est payant : 2 000 F.CFA (3 €) par personne et par jour, plus 5 000 F.CFA (7,6 €) de forfait pour le véhicule quel que soit le nombre de jours.
– Il n'y a pas de station-service entre Tambacounda et Kédougou. Prévoir une réserve. Possibilité de faire le plein à l'hôtel *Simenti,* dans le parc, mais c'est hors de prix. Il y a aussi un garage en situation de monopole qui vous facture ses prestations à la tête du client.
– Vitesse conseillée dans le parc : 20 km/h. Au-delà ce peut être dangereux

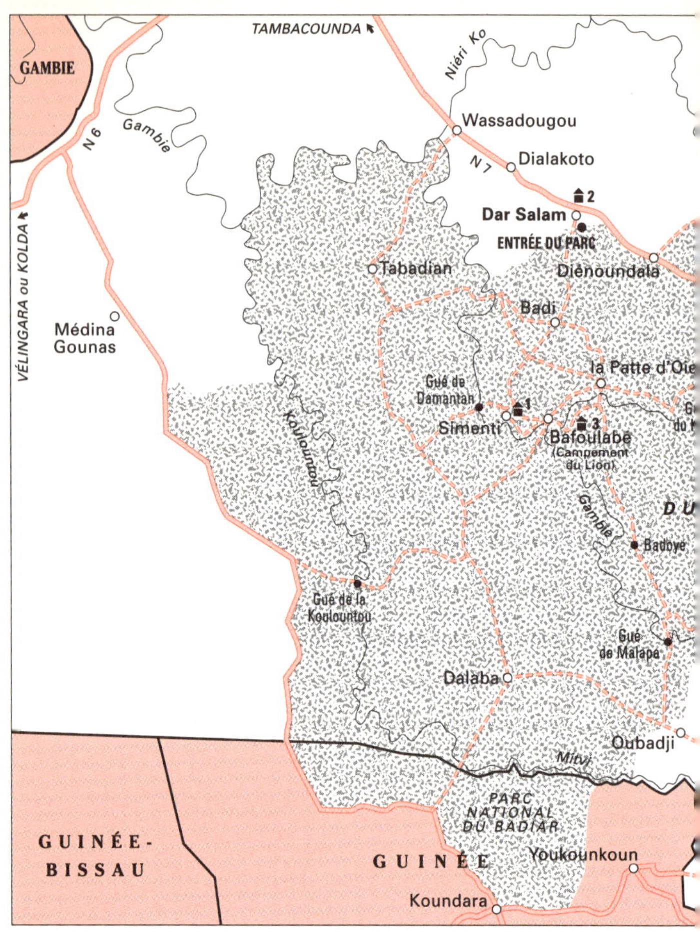

si un animal traverse, et absurde car vous risquez de manquer ceux qui vous regardent passer à quelques mètres seulement de part et d'autre de la piste, alors que vous êtes venu pour ça.

– Si vous partez en excursion hors du parc pour la journée (par exemple pour aller en pays bassari), signalez-le au poste de garde et faites-vous préciser l'heure limite à laquelle vous devez repasser, sous peine de devoir passer la nuit dans la voiture, la circulation de nuit étant interdite. On sait de quoi on parle !

– Pour des raisons évidentes, le parc du Niokolo Koba est interdit à la randonnée pédestre.

– Être équipé de spray ou de crème antimoustiques, de jumelles et d'une carte du parc, même si vous êtes accompagné d'un guide.

– Prévoir quelques réserves (biscuits, fruits...) et au moins 2 litres d'eau par personne et par jour.

– Ne jamais descendre du véhicule sauf lorsque c'est permis par le guide et sur certains chemins fléchés.

LE PARC DU NIOKOLO KOBA

Où dormir ? Où manger ?

1 Hôtel Simenti
2 Campement de Dar Salam
3 Campement du Lion

Où dormir ? Où manger ?

On rappelle à toutes fins utiles que le parc est fermé durant l'hivernage, la saison des pluies de juillet à octobre, et qu'en conséquence les adresses ci-dessous le seront également. De toute façon, on ne voit pas très bien ce qu'on pourrait faire dans le coin à cette saison car on n'y voit pas d'animaux.

À l'extérieur du parc

🏠 🍽 ***Campement de Dar Salam*** *(plan, 2)* **:** à côté du poste de garde de l'entrée du parc, sur la droite en venant de Tambacounda. Cases simples bon marché. Paillote bar-resto. Très rudimentaire. Nous ne le conseillons que si vous arrivez après la fermeture du parc (18 h). Cuisine africaine ou européenne.

🏠 🍽 ***Campement-hôtel de Wassadou*** **:** entre Tambacounda et Dar Salam, au bord d'une boucle de la Gambie. ☎ (au village de Wassadou à 3 km) 982-36-02. Fax et répondeur : 981-24-28. • www.niokolo.com • Tarifs forfaitaires selon le nombre de personnes et la durée du séjour. Un super lieu « tout nature » tenu par des associés franco-sénégalais concernés par l'environnement et la protection des animaux. Balades à VTT, à pied, en pirogue et en 4x4 dans le parc du Niokolo Koba ou en pays bassari, avec bivouac, découverte des populations et de l'écosystème, avec des guides de très bon niveau. Transfert possible depuis l'aéroport de Dakar.

Dans le parc national

Rester dans le parc (à Simenti ou au Lion), c'est évidemment sortir du temps, sortir de l'agitation des hommes et de la vie frénétique du monde moderne. C'est se laisser aller au rythme et au son étrangement musical de la savane. Une sorte de retraite, loin de tout : seul le contact radio relie le parc au monde extérieur.

Sur place, excursions à la demi-journée ou à la journée. Mieux vaut avoir votre voiture : celles louées à Simenti sont hors de prix (environ 85 000 F.CFA, soit 129,6 € la journée). Accompagnement d'un guide quasi obligatoire : ce sont des jeunes des villages environnants, groupés en coopérative, qui connaissent le parc comme leur poche et surtout les pistes intéressantes accessibles. Toutefois, certains auraient besoin d'une meilleure formation en ornithologie et zoologie. Prix fixe à la demi-journée (3 000 F.CFA, soit 4,5 €) ou à la journée (le double), reversé à la caisse de la coopérative. Pourboire en sus, selon votre appréciation. Sachez tout de même qu'ils ne travaillent pas tous les jours et que cela leur permet d'améliorer un peu leur ordinaire. On les trouve à l'entrée du parc, à Dar Salam ou à Simenti.

🏠 ***Le campement du Lion*** *(plan, 3)* **:** situé avant Simenti, près de la confluence de la rivière Niokolo Koba avec la Gambie. Il appartient aux villageois de Dienoungale. Pour les « vrais » routards amateurs de nature. Mais savoir quand même que les prix sont à peine moins chers qu'à l'*hôtel Simenti* pour un confort bien inférieur. Propose quelques cases traditionnelles avec moustiquaire très rudimentaires. Sanitaires quasi inexistants. Prévoir des provisions avant de quitter Tambacounda, ainsi que de l'eau car une fois dans le parc, c'est l'arnaque vu l'absence de choix.

🏠 🍽 ***Hôtel Simenti*** *(plan, 1)* **:** réservation auprès de la direction commerciale à Dakar (☎ 825-57-92) ou à Tambacounda (☎ 981-11-02). Hôtel dont la paillote restaurant-bar surplombe une boucle de la Gambie, excellent observatoire quand les charmantes « bestioles » se montrent sur la rive d'en face pour s'abreuver : gazelles, singes, cobes de Buffon surtout. Établissement un peu vieillissant mais site vraiment magnifique. Quelques paillotes et 40 chambres climatisées et propres, de 7 000 F.CFA (11 €) à 14 000 F.CFA (21,3 €) par personne en demi-pension sans charme particulier, mais c'est dehors que ça se passe ! Si vous restez dans le parc plusieurs jours, bien se mettre d'accord sur le prix de la pension complète car il n'y a rien d'autre et les repas ne sont pas toujours terribles : menu unique et cuisine plutôt internationale ordinaire. Paiement par chèque français accepté contre une commission fixe non négligeable (12,2 € ou 80 F). Un inconvénient : le bruit du groupe électrogène, dès la tombée de la nuit, si votre chambre est trop près.

– À Simenti, on trouve aussi un petit écomusée et une boutique de souvenirs. Intéressant de lire les panneaux d'information élaborés avec l'aide du FED (Fonds européen de développement).

Le parc

Créé en 1954, le parc fait partie depuis 1981 de la liste des sites du Patrimoine mondial et des Réserves de la biosphère chapeautés par l'Unesco. Il est géré par la Direction des parcs nationaux du Sénégal qui, en étroite collaboration avec l'Orstom (Institut français de recherche scientifique pour le développement en coopération), procède depuis 1990-1991 au dénombrement annuel des animaux présents dans le parc. Un vaste programme d'extension et de regroupement avec le parc de Guinée (Konakry) a été mené. La nouvelle appellation désormais en vigueur est « parc du Niokolo-Badiar ».
Dès le début de la saison sèche, des feux sont allumés dans les sous-bois afin de permettre la repousse d'herbes nécessaires à l'alimentation des herbivores. Au fur et à mesure que les mares, formées par les crues et les abondantes pluies, s'assèchent, les animaux se dirigent vers les cours d'eau pour s'abreuver. C'est à cette période qu'on a le plus de chances de les voir.
Avant sa création officielle, le parc contenait plusieurs villages dont il reste quelques ruines ou bâtiments abandonnés (Badi). La population vivait de la chasse en quantité suffisante et contribuait par sa présence à limiter les tentatives de braconnage. Ainsi l'équilibre naturel se maintenait.
À la création du parc, ces populations villageoises ont été déplacées à la périphérie, des postes de garde paramilitaire (d'où l'uniforme) ont été mis en place pour mieux contrôler la vie du parc et les règles établies. Malheureusement, au fur et à mesure des départs à la retraite ou des décès, les gardes n'étaient pas remplacés. Il faut dire que pendant les années qui ont suivi l'indépendance du pays, les gouvernants avaient bien d'autres préoccupations que celles de se soucier de la préservation des espèces animales. Les braconniers venus des régions voisines, y compris de Guinée, s'en sont donné à cœur joie, on s'en doute, et ont continué jusqu'à l'instauration du nouveau regroupement, avec la Guinée (voir plus haut), dont l'un des projets consiste à établir une chaîne de garde afin d'enrayer le braconnage au sud. Mais suffira-t-elle à enrayer celui qui opère à l'ouest et bénéficie de la protection des très puissants marabouts de Médina Gounas ? À suivre... En attendant, demandez donc au guide de vous parler des éléphants, si difficiles à rencontrer depuis le départ des villageois.

LE PAYS BASSARI

Coincés entre le Niokolo Koba et la Guinée, les villages bassaris, ***Ebarakh*** et ***Etiolo,*** ne sont actuellement accessibles qu'en 4x4, soit à partir des postes de garde du parc, à Dar Salam ou Dalaba (situé au sud-ouest), soit par la piste qui relie ***Kédougou*** à ***Salemata***. Se faire impérativement accompagner d'un guide à partir de Dar Salam, Simenti ou de Kédougou (voir ci-après), et se renseigner auparavant sur l'état des pistes envisagées. Emprunter ces pistes seul est insensé et imprudent, même avec un 4x4 et du temps. Les risques de se perdre ou de tomber en panne sont innombrables. En revanche, le paysage est superbe, vallonné et toujours recouvert de cette belle savane.

La population bassari totalise une quinzaine de milliers d'habitants, chasseurs et cultivateurs surtout. Chaque village est autonome et la société fonctionne sur le mode égalitaire. Au printemps, de nombreuses fêtes ont lieu ; renseignez-vous à Tambacounda, à la direction du parc du Niokolo Koba ou auprès de l'un des guides au poste de garde de Dar Salam.

KÉDOUGOU

Petite ville du bout du monde, à 250 km de Tambacounda et reliée à cette dernière par une belle route de goudron. Kédougou, elle aussi située sur le bord de la Gambie, n'a pas grand-chose à offrir au visiteur mais peut servir de point de chute pour découvrir les environs immédiats : Bandafassi et la cascade de Dindéfelo entre autres ; mais bien se renseigner auparavant sur l'état des pistes, surtout après l'hivernage, enfin... pour ceux qui ont le temps !

➢ ***Pour y aller de Tambacounda :*** taxi-brousse quotidien. Compter 3 500 F.CFA (4,8 €)

Adresse utile

■ ***Téléphone :*** cabine à pièces près de la station Elf, dans le centre.

Où dormir ?

Campement Diao : à moins de 100 m de la station Elf, dans le centre. ☎ 985-11-24. Compter 5 400 F.CFA (8,1 €) pour deux avec ventilo. Minuscule campement familial et fleuri, offrant 4 mignonnes paillotes bien tenues. Chambres avec AC, plus chères, et douche privée (w.-c. à l'extérieur). On y mange bien pour pas cher. Vraiment agréable. Une de nos petites adresses stables et fiables.

➢ *DANS LES ENVIRONS DE KÉDOUGOU*

À voir

Disposer d'un 4x4 est indispensable.

★ ***Bandafassi :*** à 15 km à l'ouest, en direction de Salemata (la piste est correcte jusqu'à Ibel), village peul mais très proche des villages bédiks, un autre petit groupe ethnique.

★ ***Dindéfelo :*** prendre la piste au sud, en direction de la Guinée par Ségou. Petit village perdu qui mérite le détour pour sa cascade, la seule du pays. Au pied du Fouta Djalon, la région est classée « patrimoine mondial » de l'Unesco pour sa flore et sa biodiversité. Randonnées possibles sur le plateau, la malle de Pélèle et le pays bédik.

Les jeunes du village, qui veulent assurer sa promotion, ont même réalisé un petit dépliant avec l'association « Jeunesse sans frontières ». Belle initiative.

Campement de la cascade : petit campement villageois de sept cases de trois places. ☎ 985-11-17 (à Kédougou), demandez Koukédia Diallo. Compter 2500 F.CFA (3,8 €) la nuitée par personne, petit dej' en supplément. Repas : 2000 F.CFA (3 €). Organisation de veillées traditionnelles et de soirées contes et légendes payantes, bien entendu.

LE NORD DU SÉNÉGAL

THIÈS

À 70 km de Dakar, malgré son importance (la 2e ville du pays), Thiès, est une ville aérée et d'aspect tranquille, quadrillée par de larges avenues ombragées. Pourtant il n'en a pas toujours été ainsi. Son histoire, liée à celle du rail depuis qu'elle est devenue nœud ferroviaire des lignes Dakar-Saint-Louis (aujourd'hui interrompue) et Dakar-Bamako, en a fait un bastion politisé. Thiès est aussi une cité intellectuelle avec ses grandes écoles (Polytechnique, d'Agriculture, d'Officiers...) et culturelle avec sa manufacture des Tapisseries et Arts décoratifs.

UN PEU D'HISTOIRE

En 1947, Thiès a connu la plus grande grève de l'histoire coloniale. Dirigée par le syndicaliste Ibrahima Sar, elle dura 6 mois avant que les employés du rail n'obtiennent satisfaction. On raconte même que, devant la fermeté des grévistes, le représentant du pouvoir colonial, s'adressa au père d'Ibrahima Sar en espérant que l'intervention de l'autorité paternelle mettrait un terme à la combativité de son fils. Mais le papa répondit que son fils avait été choisi par son « peuple » pour le représenter et le guider. Son devoir était donc de mériter cette confiance et qu'en résumé le papa, lui, n'avait rien à voir avec ça. Il fut quand même fier de son p'tit gars. Le jour de la reprise du travail, les ouvriers marchèrent sur près de 2 km de pagnes tissés par les femmes en guise de tapis. Quand on sait que le pagne tissé est considéré comme le fin du fin, on mesure la grandeur de l'événement. En 1960, Ibrahima Sar devint ministre des Travaux publics, puis il fut arrêté en 1962 avec Mamadou Dia (le Premier ministre de L.S. Senghor) pour tentative de coup d'État, et emprisonné à Kédougou, au fin fond du Sénégal oriental.

Adresses utiles

✉ **Poste :** à deux pas du carrefour formé par la route de Dakar, la rue Houphouët-Boigny et l'avenue L.-S.-Senghor.

■ **BICIS :** rue Houphouët-Boigny, tout près de la poste, de la station BP et de l'hôtel de ville. Ouvert du lundi au jeudi, de 7 h 45 à 12 h 15 et de 13 h 40 à 15 h 45. Vendredi, de 7 h 45 à 13 h et de 14 h 40 à 15 h 45. Possibilité de retrait au guichet sur présentation de votre carte *Visa* et d'une pièce d'identité.

Gare ferroviaire : en plein centre. Attention, ne comptez pas trop sur les trains, il n'y en a plus beaucoup depuis la fermeture de la ligne Dakar-Saint-Louis.

Gare routière : à l'entrée de la ville, sur la route de Dakar.

■ **Supermarché du Rail :** au carrefour de l'avenue du Général-de-

Gaulle qui longe la voie ferrée au nord et de la route de Saint-Louis, près du passage à niveau. Reconnaissable à sa façade jaune. Ouvert de 6 h 45 à 13 h 30 et de 16 h 45 à 23 h. Bien achalandé.

■ ***Pharmacie du Rail :*** av. Léopold-Sédar-Senghor, entre les stations Mobil et Total, près du passage à niveau. Ouvert de 8 h 30 à 13 h 30 et de 15 h 30 à 18 h 30.

@ ***Cybercafé Bamba ji :*** av. du Général-de-Gaulle, à côté du *Caïlcédrah*. ☎ 951-60-60. • diopbamba @hotmail.com • Baptisé ainsi en l'honneur du marabout Amadou Bamba, fondateur de la confrérie des mourides. Petite terrasse aux couleurs rastas et arrière-boutique dotée de quelques ordinateurs pour se connecter à Internet.

Où dormir ?

Bon marché

⌂ ***Hôtel Rex :*** prendre, sur l'avenue du Général-de-Gaulle, presque en face de la gare, la rue de l'hôtel *Man Gan* et ensuite la 3e rue sur la gauche. ☎ 951-10-81. Compter entre 5 600 et 7 600 F.CFA (8,4 et 11,4 €) pour deux. Petit hôtel moderne sans grand charme mais très bien tenu et accueillant. Chambres propres et calmes, avec un grand lit ou 2 petits lits. Confort très suffisant : avec ou sans climatisation mais douche-w.-c. privés. Bar-resto sur une terrasse ombragée par un hévéa.

Prix moyens

⌂ ***Hôtel du Rail :*** dans la cité Ballabey (l'ancien quartier des cheminots). ☎ 951-23-13. Double à 10 200 F.CFA (15,3 €). Un peu excentré, à environ 2 km de la gare. Pour y aller, traverser le passage à niveau près du supermarché et au rond-point, tourner à gauche. C'est-à-dire qu'on longe la voie ferrée au nord. Au prochain passage, retraverser pour pénétrer dans la cité verdoyante et suivre les indications. 8 grandes chambres à l'étage avec vue sur les arbres du quartier (agréable). Bon confort : propreté, climatisation, douche-w.-c. (eau chaude), carrelage.

⌂ ***Hôtel Aiglon :*** avenue du Docteur-Guillet. ☎ 951-47-18. Dans une rue calme, un petit hôtel moderne et accueillant. Compter 14 800 F.CFA (22,6 €) la double, petit déj' inclus. À la réception, vous verrez la charmante Magali Bleu, qui est d'ascendance bretonne, guinéenne et vietnamienne (quel mélange !). Chambres en bas avec climatiseur, et douche-w.-c. À l'étage, chambres avec balcon.

⌂ ***Hôtel Man Gan :*** rue Amadou-Gnagna-Sow. ☎ 951-15-26. Fax : 951-25-32. Rue qui donne sur l'avenue du Général-de-Gaulle, presque en face de la gare. 17 200 F.CFA (26,2 €) la double, petit déj' non compris. 21 chambres climatisées, claires et confortables. Déjeuner ou dîner en terrasse sous les ombrages est bien agréable.

Où manger ?

Bon marché

|●| ***Le Salvador :*** rue de Paris, à 20 m d'un carrefour. Ferme à minuit-1 h. Petit resto simple et propre. Riz au poisson, yassa au poulet, mafé (viande) et tiéboudienne. Après le ramadan, on y sert des soupes et le couscous.

|●| ***Chez Léonie :*** à 3 km de la gare routière, quartier de Petit Thialy, près du marché. Prendre la route de

Montroland jusqu'au marché de Thialy. Au niveau de la boutique *Maïssa Fall*, premier chemin à droite et 50 m plus loin. Plats moyens à 800 F.CFA (1,2 €). Discret petit resto familial dans une modeste cour de maison privée. La patronne, Léonie, fait de la cuisine cap-verdienne (elle est originaire du Cap-Vert).

Prix moyens

***Les Vieilles Marmites* :** rue Yacine Boubou, perpendiculaire à la rue Lamine Guèye. ☎ 951-44-40. Face à la chambre de commerce. Plats entre 1 500 et 2 500 F.CFA (2,3 et 3,8 €). Le menu change tous les jours. « Rien que du frais ici », c'est la politique de Marie-Jeanne Ngom, la sympathique maîtresse de maison dont la fille habite en France. À midi, des soupes et des plats de riz. Le soir, des grillades de filets de veau. Bon rapport qualité-prix.

***Les Délices* :** avenue L.-S.-Senghor, à 50 m du resto vietnamien *Kien An*. ☎ 951-75-16. Plats de 1 700 à 3 000 F.CFA (2,6 à 4,6 €). Pâtisserie, salon de thé, pizzeria, resto, voilà une bonne adresse conventionnelle et bien tenue. Cuisine européenne, quelques plats vietnamiens, des pâtisseries libanaises. On y sert aussi des steaks au roquefort et au poivre vert. Très bon café expresso.

***Restaurant Le Caïlcédrah* :** avenue du Général-de-Gaulle ; entre la gare et le supermarché, juste derrière l'*hôtel Man Gan*. ☎ 951-11-30. Ouvert tous les jours midi et soir. Environ 1 500 F.CFA (2,3 €). Spécialités libanaises *(chawarma)*.

***C.A.T. (Cercle amical thiésois)* :** dans le quartier de la cité Ballabey. Tout près de l'*hôtel du Rail,* et même gérance. Ouvert tous les jours. Compter 2000 à 3000 F.CFA (3 à 4,6 €) le repas. Madame Bleu, la patronne, est une Vietnamienne qui vit au Sénégal depuis plusieurs décennies. Elle est très accueillante et prépare une bonne cuisine franco-sénégalaise. Menu copieux.

Où boire un verre ? Où sortir ?

***Le complexe Coquillage* :** 403, avenue Léopold-S.-Senghor. Ouvert tous les soirs à partir de 19 h. On entre d'abord dans un grand bar avec des tables hautes et carrelées. À l'arrière, une discothèque style « rocaille rock and roll », avec orchestre local jusqu'à l'aube. Vous croiserez peut-être Philomène, une aimable serveuse.

À voir

★ ***La manufacture des Tapisseries* :** en arrivant de Dakar, prendre à gauche au premier rond-point (panneau à moitié effacé). Ouverture de la salle d'exposition : de 7 h à 18 h 30 du lundi au vendredi, de 10 h à 12 h et de 16 h à 18 h 30 le samedi. Visite des ateliers uniquement sur rendez-vous (☎ 951-11-31). Près de 70 personnes y travaillent. Dans la salle d'exposition, tapisseries d'artistes contemporains estimées de 1 524,5 à 4 573,4 € (10000 à 30000 F) tels que Goudiaby, Papa Ibra Tall, Mohamadou Mbaye... Dans la mezzanine, des petits tableaux expliquent, images à l'appui, les techniques de tissage. Les tapisseries reproduisent en haute et basse lices les dessins préparés auparavant par les artistes.

★ ***Le centre culturel régional* :** au fond de la place qui fait face à l'entrée des ateliers de la manufacture. ☎ 951-15-20. Ouvert du lundi au vendredi de 8 h à 18 h; le samedi, seules les salles d'expo sont ouvertes. Entrée payante. Dans les anciennes fortifications de l'armée coloniale. La salle historique propose une succession hétéroclite d'objets, de reproductions illustrant des scènes historiques, de panneaux décrivant les situations géographique, économique, religieuse... du pays et une enfilade de portraits des maires successifs de Thiès. Pourrait être moins rébarbatif. Dans un autre bâtiment, expos et fabrication de sous-verre, ces peintures naïves faites à même le verre (comme le tain pour en faire un miroir) qui, retourné, devient un sympathique petit tableau reproduisant à la manière de la B.D. des scènes de la vie quotidienne ou de l'histoire religieuse. Vous en avez certainement vu à Dakar près des marchés Kermel et Sandaga ou dans les villages artisanaux pour touristes. Ceux de Thiès sont à notre avis plus intéressants, humoristiques, mais bien plus chers hélas.

★ ***Le village artisanal :*** il dépend de la chambre des métiers. ☎ 951-17-73. Situé dans l'ancienne base militaire (ex-RIOAM) à côté du CNEPS (Centre national d'éducation sportive), non loin de la manufacture. Ouvert tous les jours de 8 h à 20 h, sauf dimanche. 60 chefs d'entreprise, 70 apprentis et 65 compagnons y travaillent. Des menuisiers, des cordonniers, des maroquiniers, des sculpteurs sur bois, des tisserands, des ébénistes, des peintres, des couturiers, des tanneurs sur cuir, des bijoutiers, et même des tôliers (pour les automobiles). On peut visiter les différents ateliers et y faire des achats.

★ ***Le marché :*** dans l'avenue de la Gare et les rues perpendiculaires (du Général-de-Gaulle, Amadou-Sow...).

QUITTER THIÈS

➢ ***En taxi-brousse :*** pour *Dakar, Saint-Louis, Diourbel, Touba, Kaolack.*
➢ ***En car :*** mêmes destinations qu'en taxi-brousse. Plus lent mais beaucoup moins cher.
➢ ***En autorail :*** une liaison quotidienne pour Dakar sauf le week-end. Durée environ 2 h.

DE THIÈS À TOUBA

DIOURBEL

Capitale du Baol, grande région arachidière et berceau du mouridisme (voir la rubrique « Religions »), Diourbel a malheureusement peu de choses à offrir au voyageur, si ce n'est son atelier de fabrication de bronzes décoratifs et son huilerie.

À voir

★ ***La fonderie Makhône Diop :*** en face de la boulangerie Yactine, dans le centre. Fondée il y a une trentaine d'années par le papa, l'entreprise familiale est dirigée aujourd'hui par Issa, l'un des fils, qui a séjourné quelque temps aux États-Unis. Il vous montrera le somptueux catalogue de ses œuvres (vendues ou en commande) qui valent de 15,2 à 38112 € (100 à 250000 F). Les bronzes, de toutes dimensions (chevaliers, animaux, nymphes grandeur nature) sont essentiellement décoratifs et destinés à orner salons, jardins des maisons plutôt bourgeoises d'une clientèle aussi bien sénégalaise qu'étrangère. Ça fait bien, une statue chevaleresque ou guerrière en bronze de chez Makhône (prononcer « marone ») chez soi. Faut aimer le genre, quoi... Cela dit, on a beaucoup apprécié les explications patientes d'Issa sur le processus de fabrication de ces objets en cire, d'abord moulés dans du plâtre puis recouverts de laiton fondu. D'ailleurs, on les voit travailler.

TOUBA

Ce qui frappe au premier abord de la ville sainte du mouridisme, c'est le décalage entre les dimensions impressionnantes de la superbe mosquée et celles de la ville qui, tout autour, fait figure de village. Évidemment, en période de *magal* (voir « Fêtes religieuses »), il n'en va plus de même avec les centaines de milliers de pèlerins qui s'y pressent avec ferveur. D'ailleurs vous aurez du mal à approcher de la mosquée ou à sortir de la ville à ce moment-là. Pour vous donner une idée de la piété furieuse qui s'empare des fidèles à cette occasion, quelques-uns d'entre eux demandent à leur patron leur paie en avance et quittent leur lieu de travail sans crier gare trois jours durant. Il paraît même que certains laissent à Touba jusqu'à leurs vêtements !
Quoi qu'il en soit, visiter la mosquée hors *magal* s'avère un moment de spiritualité attachant, comme lorsqu'on visite un monastère de nos contrées, même pour un non-croyant. Construite en 1963, elle abrite le tombeau du fondateur de la confrérie, Ahmadou Bamba, que les fidèles viennent toucher pour se purifier. Partout, on ressent l'opulence de la confrérie. Bien se faire préciser par le guide avant la visite à combien s'élèvera l'obole totale (pour le guide et pour la mosquée).
Avertissement : que nos lecteurs pris d'une envie soudaine de se désaltérer ou de fumer s'abstiennent de sortir une canette de bière ou un paquet de cigarettes dans l'agglomération de Touba.

Où dormir ? Où manger dans les environs ?

🏠 🍴 ***Campement touristique Le Baol :*** à Mbacké, 8 km avant Touba en venant de Diourbel. ☎ 975-55-05. Chambres étouffantes et sanitaires douteux. En dernier recours, si vous avez échoué dans le coin. Repas de bon marché à prix moyens. Téléphoner quand même avant pour s'assurer que c'est ouvert.

DE THIÈS À SAINT-LOUIS

M'BORO-SUR-MER

Nos lecteurs motorisés peuvent, pour aller à Saint-Louis, faire un petit crochet par M'Boro-sur-Mer, village de pêcheurs situé en bordure des Niayes, cette attrayante région le long de la Grande Côte, faite de collines dunaires et de dépressions qui se transforment à l'occasion en lacs, en marigots, en jardins fertiles ou en palmeraies telles des oasis.
Pour aller à M'Boro, quitter la Nationale 2 sur la gauche environ 5 km après Tivaouane, ville sainte de la confrérie tidjane, en direction de Fas Boye. À

25 km, prendre encore à gauche la route pour M'Boro, gros bourg où l'on peut voir les femmes vendre sur le marché les produits agricoles cultivés dans les Niayes. M'Boro-sur-Mer est 4 km plus loin. Rien à voir avec la Petite Côte : ici la mer est forte, assez dangereuse, et la côte sauvage. Ce n'est pas pour nous déplaire. De toute façon il fait bon s'y arrêter pour déjeuner ou prendre un verre. Il y a même de quoi y passer la nuit.

Où dormir ? Où manger ?

Le Gîte de la Licorne : dans une petite concession située à une centaine de mètres sur la gauche en arrivant à la plage, dans les arbres. ☎ et fax : 955-77-88. Chambres doubles en demi-pension à 13 200 F.CFA (20,1 €) par personne. Réductions à partir d'une semaine de séjour. Dirigé par Christophe et Marie-Claudine, un jeune couple franco-sénégalais dynamique. Cuisine française et sénégalaise servie sous une paillote aérée. Plat du jour à 2 500 F.CFA (3,8 €). Fait aussi gîte : plusieurs cases rudimentaires face à la mer pouvant recevoir de deux à six personnes. Préférable de prévenir de son arrivée. Prix réduits pour les enfants de 2 à 10 ans ! Possibilité de balades à cheval, excursions, pêche...

Où dormir ? Où manger dans les environs ?

Village de Lompoul-sur-Mer *(Gie Vi-Tel)* **:** BP 24, Kébémer. ☎ 969-10-01. Fax : 969-10-22. À 30 km à l'ouest de Kébémer, et 350 m de la plage derrière un rideau de filaos. Un village créé de toutes pièces par une association de Sénégalais et Européens et composé de cases de 2 à 3 personnes. Demi-pension autour de 20 000 F.CFA (30 €) par personne.

SAINT-LOUIS

La région du fleuve Sénégal, dont Saint-Louis est la capitale, est l'une des plus riches du Sénégal. Sorte d'oasis à la frontière avec la Mauritanie, elle témoigne de l'empreinte de l'homme sur la nature. Ville africaine par définition, Saint-Louis, baptisée ainsi en l'honneur de Louis XIII, est avant tout cosmopolite. Dès le XVIIe siècle, les Normands installent en effet un comptoir à l'embouchure du fleuve – à l'époque indompté. Puis la ville devient le point de départ des expéditions coloniales et du commerce vers l'Europe et l'Amérique. Elle est à son apogée à la fin du XIXe siècle puisque son chemin de fer joue un rôle central dans la région.
Aujourd'hui elle a bien changé d'aspect. Sa culture et son mode de vie dominé par les signares (métisses aristocrates) et leurs riches maisons se sont évanouis. Il n'en reste plus que de superbes bâtisses vétustes, de vastes entrepôts croulants, des balcons en fer forgé rouillés et des façades décrépies. Le charme de ces ruelles jadis grouillantes de vie est cependant inaltérable, et déambuler dans l'île au lever ou au coucher du soleil demeure un spectacle saisissant. Sans oublier la nonchalance des Saint-Louisiens et leur hospitalité.
Saint-Louis, la belle sur son île dormante, l'ex-capitale d'un passé colonial prospère – celui de la traite en tout genre, dont celle des esclaves, puis de l'Aéropostale –, Saint-Louis est malgré tout sortie de la léthargie qui s'était emparée d'elle depuis que Dakar lui avait ravi le premier rôle de capitale de

l'A.-O.F. (Afrique-Occidentale française), en 1902, puis de chef-lieu territorial du Sénégal en 1958. Dur coup.

Son jumelage avec Lille depuis 1986, et l'aide bénéfique apportée par la région Nord-Pas-de-Calais, puis le Fonds européen de développement, la Communauté française de Belgique et d'autres encore, sont intervenus à temps pour que la ville se reprenne en main. Saint-Louis redevient une cité vivante sur les plans culturel et touristique grâce au regain de l'activité économique de la région : réalisation des barrages de Maka Diama (au nord) et de Keur Momar Sar (au sud du lac Guiers) pour favoriser la culture de la canne à sucre ; mise en place des moyens pour mieux gérer les parcs nationaux animaliers (Djoudj et Langue de Barbarie) de manière à mieux protéger la nature, festival de jazz, etc. Bref ! Saint-Louis est un lieu où l'on peut passer quelques jours sans s'ennuyer le moins du monde.

Comment y aller ?

➢ ***En taxi-brousse :*** de Dakar, Kaolack, Matam, tous les jours. De Dakar, plus rapide et moins d'attente mais 3 100 F.CFA (4,4 €).

➢ ***En minicar*** (14 personnes) ***:*** de Dakar, Kaolack, Podor, Touba. Moins cher que le taxi-brousse. De Dakar, compter 2 500 F.CFA (4 €) et environ 5 h de route.

➢ ***En avion :*** la compagnie *Star Airlines* de Look Voyages fait escale à Saint-Louis entre Paris et Dakar chaque mardi (ou mercredi).

– De Dakar, compter 2800 F.CFA (4,2 €) par personne avec les bagages en taxi-brousse. En car rapide (plus long), 2 250 F.CFA (3,4 €).

Adresses utiles

ℹ ***Syndicat d'initiative*** *(plan A3)* ***:*** dans le bâtiment de la Gouvernance, en face du pont Faidherbe. ☎ 961-24-55. Fax : 961-19-02. Ouvert tous les jours de 9 h à 13 h et de 15 h à 19 h (18 h pendant le ramadan). Le seul syndicat d'initiative digne de ce nom au Sénégal ! Dirigé et animé par une équipe compétente, sympathique, prête à tout pour vous aider. Organise des visites guidées de la ville en calèche ou à pied avec un guide professionnel. Un bureau de guides issus de ce syndicat, dûment formés et agréés par le ministère du Tourisme, munis d'une licence officielle avec photo, s'est constitué sous le nom de *Saint-Louis Évasion Tours* et se situe en face à l'entrée du pont. Pour plus de précisions, demander au syndicat d'initiative. Ils ont publié une brochure très complète (payante) comportant des renseignements généraux et pratiques, intitulée *En remontant le fleuve de Saint-Louis à Bakel,* ainsi qu'un *Guide des espaces naturels de la région de Saint-Louis*, et une autre brochure remarquable, *Saint-Louis du Sénégal, Ville d'art et d'histoire.* Il faut absolument se les procurer.

Poste, télécommunications

✉ ***Poste*** *(plan A3)* ***:*** à côté du syndicat d'initiative. Vient d'être reconstruite.

■ ***Téléphone :*** cabine à carte contre la poste, en face de l'*hôtel de la Poste.* Nombreux télécentres en centre-ville.

@ ***Cybercafé Point Final Metissacana :*** rue A. Seck, sur la droite en allant vers le nord de la ville, au niveau de l'intersection avec la rue Paul-Holle et de la rue Aynina-Fall. ☎ 961-55-00. Ouvert tous les jours de 10 h à 14 h et de 17 h à 23 h. Compter 1 500 F.CFA (2,3 €) l'heure.

Argent, banques

■ ***BICIS*** *(plan A3,* ***1****)* ***:*** angle des rues de France et Blanchot. ☎ 961-10-53. Ouvert du lundi au jeudi de 7 h 30 à 12 h 15 et de 13 h 40 à 15 h 45, le vendredi jusqu'à 13 h. Change les chèques de voyage, les chèques de la BNP. Change également avec la carte *Visa*, sur présentation d'une carte d'identité.

■ ***Bureau de change du Nord :*** angle rue Blanchot et rue Khalifa Ababacar Sy. Ouvert tous les jours de 7 h 30 à 13 h et de 14 h 30 à 19 h.

Représentations diplomatiques

■ ***Consulat de France*** *(plan B2,* ***2****)* ***:*** av. Mermoz. ☎ 961-15-42. Même côté que la mosquée.

■ ***Consulat de Belgique*** *(plan A2,* ***3****)* ***:*** av. Mermoz. ☎ 961-17-22. En face de la mosquée. A servi de siège à la franc-maçonnerie dans les années 1950.

Culture, francophonie

■ ***Centre culturel français :*** derrière le consulat. ☎ 961-15-78. Organise concerts, spectacles, expos et est associé à l'Association Saint-Louis Jazz lors du festival. Cafétéria.

■ ***Centre culturel régional :*** ☎ 961-10-11. Organisateur des semaines culturelles et co-organisateur du festival annuel de jazz de Saint-Louis.

■ ***Librairie Nord-Africa*** *(plan A3,* ***6****)* ***:*** angle Blaise-Diagne et Blanchot. Ouvert de 8 h à 13 h 30 et de 14 h 30 à 20 h. Grand choix de bouquins sur l'Afrique et le Sénégal.

■ ***Librairie-papeterie-journaux Wakhatilene :*** rue Blaise-Diagne, même côté que la précédente. Pour les cartes postales et la carte géo-

■ Adresses utiles

- **i** Syndicat d'initiative, Gouvernance
- ✉ Poste
- Gare ferroviaire
- Gare routière
- **1** BICIS
- **2** Consulat de France
- **3** Consulat de Belgique
- **4** Hôpital
- **5** Centre catholique d'information Daniel-Brottier
- **6** Librairie Nord-Africa
- **7** Libre-service

Où dormir ?

- **10** Auberge de jeunesse l'Atlantide
- **11** Gîte touristique La Louisiane
- **12** Hôtel de la Poste
- **13** Hôtel de la Résidence et Auberge de la Vallée
- **14** Hôtel Sindone
- **15** Hôtel Pointe Sud

Où manger ?

- **11** La Louisiane
- **20** Restaurant Fleuve Plus
- **22** Le Galaxie
- **23** La Signare
- **25** Le Bistrot du Phare
- **26** La Linguère

Où boire un verre ? Où sortir ?

- **30** Les Délices du Fleuve
- **32** Iguane Café
- **33** Complexe du Casino
- **34** Le Flamingo

★ À voir

- **41** Cathédrale
- **42** Mosquée
- **43** Anciens ateliers de la Marine impériale
- **44** Mairie
- **45** Palais de justice
- **46** Maison Guillabert
- **47** Maison Devès et Chaumet
- **48** Maison Maurel et Prom
- **49** Centre de recherches et de documentation du Sénégal
- **50** Marché de N'Dar Toute
- **51** Marché de Sor

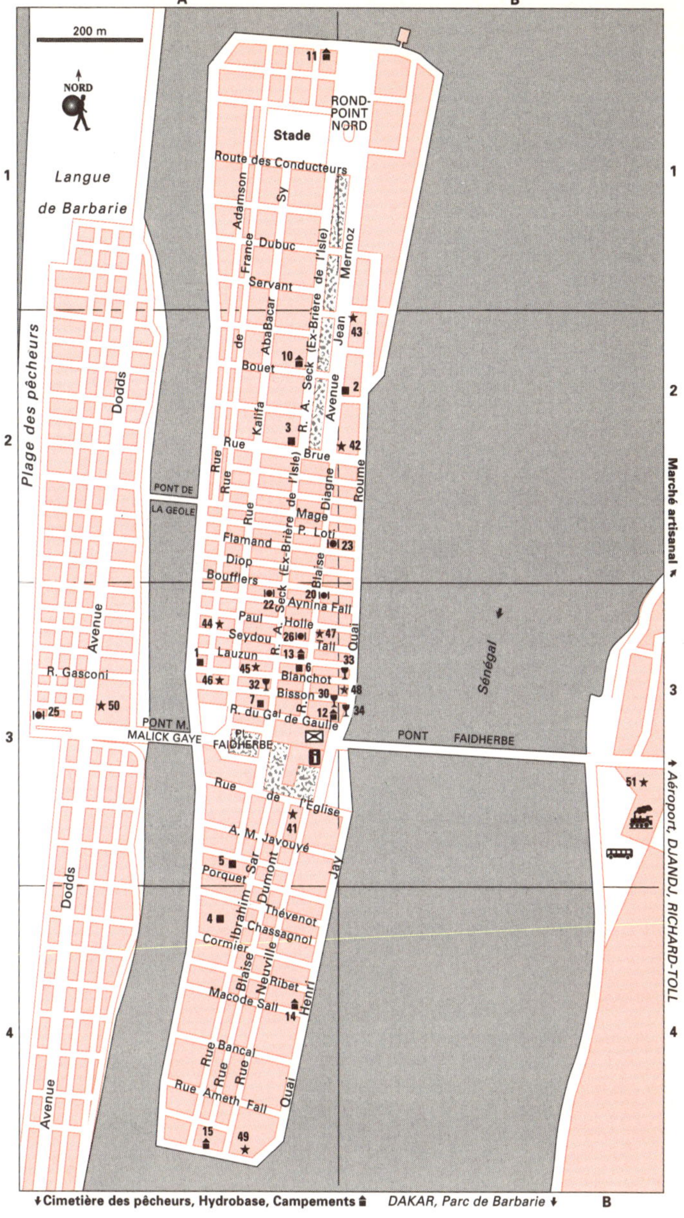
A
B
1
2
3
4
200 m
NORD
Langue
de Barbarie
Plage des pêcheurs
Dodds
Avenue
R. Gasconi
Stade
ROND-POINT NORD
Route des Conducteurs
Adamson
Sy
France
Dubuc
Servant
Mermoz
AbaBacar
R. A. Seck (Ex-Brière de l'Isle)
Jean
Avenue
Bouet
Kalifa
Rue
Brue
Roume
Diagne
Mage
P. Loti
Flamand
Diop
Boufflers
Blaise
Aynina Fall
Paul
Holle
Seydou
Tall
Quai
Lauzun
Blanchot
Bisson
R. du Gal de Gaulle
PONT DE LA GEOLE
PONT M. MALICK GAYE
PL. FAIDHERBE
PONT FAIDHERBE
Sénégal
Marché artisanal
Aéroport, DJANDJ, RICHARD-TOLL
Rue de l'Eglise
A. M. Javouyé
Jay
Porquet
Sar
Dumont
Ibrahim
Thévenot
Chassagnol
Cormier
Blaise
Neuville
Ribet
Henri
Macode Sall
Bancal
Rue Ameth Fall
Quai
Cimetière des pêcheurs, Hydrobase, Campements
DAKAR, Parc de Barbarie

SAINT-LOUIS

graphique du Sénégal, pour les journaux étrangers *(Le Monde, Libé...)*.

■ ***Centre catholique d'information Daniel-Brottier*** *(plan A3, **5**)* **:** 8, rue Duret. ☎ 961-10-27. Nom donné en hommage au père fondateur des Orphelins Apprentis d'Auteuil, œuvre qui aida à construire ce centre. Il faut dire que le père Daniel Brottier connaissait bien Saint-Louis pour y avoir séjourné comme membre de la Congrégation des Pères du Saint-Esprit. Nous indiquons cette adresse pour son incroyable patrimoine cinématographique amoureusement amassé, classé par le père Jean Vaast, depuis sa venue à Saint-Louis en 1949. Plus de 1 300 films et cassettes vidéo, considérés comme les meilleurs au niveau mondial, mais aussi des livres et des collections complètes de revues sur le cinéma, sans oublier celle de la maison, *Unir,* qui a vu le jour en 1955. Le cinéma africain (une centaine de films) et les festivals de Ouagadougou (Fespaco) ou de Dakar (Recidak) sont privilégiés bien sûr, et c'est un excellent endroit pour les découvrir. Des téléviseurs sont à la disposition de ceux qui veulent visionner un film de leur choix. Demandez auparavant à quel moment vous pourrez le faire et consulter les fichiers au centre de documentation.

Urgences, divers

■ ***Hôpital*** *(plan A4, **4**)* **:** bd Abdoulaye-Mar-Diop. ☎ 961-10-58.

Gare routière *(plan B3)* **:** à côté de la station Shell, en venant de Dakar, avant le pont Faidherbe. Quartier de Sor. Taxis-brousse et minicars pour Louga, Dakar, Kaolack, Touba, Rosso, Richard-Toll, Podor, Matam.

✈ ***Aéroport*** *(hors plan par B3)* **:** ☎ 961-10-63. Situé sur la Nationale 2, juste avant d'arriver à l'université de Saint-Louis.

■ ***Libre-service*** *(plan A3, **7**)* **:** rue du Général-de-Gaulle, angle rue A. Seck. Fermé le dimanche

Où dormir ?

■ ***Saint-Louis Jeunesse Voyage (SLJV)*** **:** rue Blaise-Diagne, angle rue Pierre-Loti. ☎ 961-51-52. • sljv@metissacana.sn • Agence d'échanges interculturels dirigée par Oussmane Fall, qui dispose d'un fichier sérieux de familles d'accueil pour loger chez l'habitant, découvrir les traditions et partager la culture saint-louisienne. Nuitée à environ 4 000 F.CFA (6,2 €) par personne, pension à environ 10 000 F.CFA (15,2 €). Toutes les formes de séjour sont envisageables.

Bon marché

Auberge de jeunesse l'Atlantide *(plan A2, **10**)* **:** angle av. Mermoz et rue Bouet. ☎ 961-24-09. Fax : 961-56-73. En face du consulat de France. Compter 5 200 F.CFA (7,9 €) la nuitée, petit déj' compris. Repas : 2 500 F.CFA (3,8 €). Dans une belle maison blanche aux volets bleus. Autour d'un petit patio convivial, 9 chambres ventilées et propres (de 2, 3 ou 4 lits), avec moustiquaires. 2 salles d'eau, et 4 w.-c. Location de vélos. Possibilité de se restaurer.

Auberge de la Vallée **:** intersection de la rue Potin et de la rue Blaise Diagne. Fax : 964-10-92. Compter 5 000 F.CFA (7,5 €) par personne. Central, juste à côté de l'*hôtel de la Résidence (plan A3, **13**)*. Petit hôtel ancien fort bien tenu et idéal pour des voyageurs sac à dos. Le patron, Cheikh Demba Thioye, est un sympathique professeur d'histoire-géo avec qui on peut discuter de nombreux sujets. Chambres propres et calmes avec un, deux, trois ou quatre lits. Douche et toilettes sur le palier. Sert le petit déjeuner.

Prix moyens

Gîte touristique La Louisiane *(plan A1, 11)* **:** pointe Nord. ☎ 961-42-21. Fax : 461-61-15. • louisiane1@tpsnet.sn • À partir de 11 000 F.CFA (16,8 €) pour une chambre double, petit dej' et taxe inclus, dans l'annexe, et 13 600 F.CFA (20,7 €) dans le bâtiment principal. Repas à partir de 1 800 F.CFA (2,7 €). Face au fleuve, tout au nord de l'île, dans un jardin clos, une dizaine de chambres, certaines joliment décorées (dont une suite, idéale pour une famille ou un groupe d'amis). Elles sont calmes et toutes équipées de sanitaires, de moustiquaires et d'un ventilateur. Les n°s 1 et 4 ont vue sur le fleuve. Bonne ambiance familiale. Petit dej' servi dans le jardin ou dans la salle à manger. La cuisine est excellente (voir « Où manger ? »). Tarifs spéciaux pour les jeunes, les étudiants et les petits groupes. Soirées à thème certains soirs. Réservation conseillée. Marcel organise et accompagne lui-même des excursions parfois insolites dans la région qu'il connaît comme sa poche.

***Auberge de l'Union « Bool Falé »* :** quartier Sor Darou. ☎ 961-38-52. Chambres doubles entre 8 000 et 14 000 F.CFA (12 et 21 €). En arrivant de Dakar, contourner le rond-point mais ne pas prendre le pont Faidherbe, tourner juste avant à droite pour suivre la corniche du fleuve (direction le village artisanal) jusqu'au cimetière chrétien et musulman. Prendre ensuite à gauche, tout droit, puis deuxième rue à droite. L'auberge abrite sept chambres avec moustiquaire, dont trois équipées de douche et ventilo. Sur la terrasse, resto et tentes mauritaniennes bien décorées. On peut y dormir : 2 600 F.CFA (3,9 €) la nuit. Repas sur commande. Prix selon confort et nombre de personnes. Une partie des bénéfices sert à constituer une bibliothèque. Bons tuyaux pour les routards.

Plus chic

Hôtel Sindone *(plan A4, 14)* **:** quai Henri-Jay, intersection avec rue Macode Sall. ☎ 961-42-45 et 44. Fax : 961-42-86. Compter de 27 000 à 39 000 F.CFA (40 à 58 €) pour une chambre double. Petit hôtel de charme, tenu par des toubabs, au bord du fleuve. Élégante architecture traditionnelle avec patio. Huit chambres de grand confort sur le patio, moins chères que celles avec balcon donnant sur le fleuve. Minisuites aussi au deuxième étage. Sur le toit, terrasse panoramique pour le petit dej' et brunch le dimanche pour 5 000 F.CFA (7,6 €). Forfaits week-end ou semaine intéressants. Cuisine locale et européenne. Navette pour la plage ou l'aéroport à disposition.

Hôtel Pointe Sud *(plan A4, 15)* **:** angle du quai sud et de la rue Ibrahima-Sarr. ☎ 961-71-02. Chambre double à 26 000 F.CFA (39,6 €), avec minibar, ou studio avec kitchenette à 30 000 F.CFA (45,7 €), tous avec clim', TV et téléphone. Immeuble récent de trois étages à la façade ocre. Il est bien situé et ses chambres agréablement décorées. Nombreuses baies vitrées éclairant couloirs, escaliers, terrasse et offrant des vues différentes sur les toits du quartier ou sur les deux rives du fleuve. Au sommet, terrasse-resto. Personnel à la fois discret et accueillant.

Hôtel de la Résidence *(plan A3, 13)* **:** rue Blaise-Diagne, angle rue Lauzun. ☎ 961-12-60. Fax : 961-12-59. Doubles à partir de 27 500 F.CFA (39,5 €). L'architecture intérieure de cet hôtel moderne évoque celle d'un navire. Elle est assez réussie. Les chambres, confortables et climatisées, donnent sur des coursives (aux 1er et 2e étages) qui entourent en la surplombant une vaste salle de restaurant, ce qui lui confère un aspect de patio très agréable avec des plantes partout. La famille Bancal, tout comme la famille Philip, est française, installée de longue date au Sénégal, et connaît évidemment bien la région. Propose des locations de vélo et des soirées musicales très appréciées.

Hôtel de la Poste *(plan A3, 12)* **:** place de Lille. ☎ 961-11-18. Fax : 961-23-13. • htlposte@telecomplus.sn • Doubles à 26 000 F.CFA (39,6 €). Au « pied » du pont Faidherbe. Fondé en 1850, l'hôtel appartient à la famille Philip depuis 1926. Il fut jadis célèbre car il hébergeait les illustres pilotes de l'Aéropostale qui s'y requinquaient avant la traversée de l'Atlantique. Jean Mermoz logeait dans la chambre n° 219 qui bénéficie, grâce à ses deux portes-fenêtres, de la double vue, l'une sur le fleuve, l'autre sur la place, la poste et la Gouvernance. Les chambres voisines n°s 220 à 222 possèdent aussi la vue sur le fleuve. Des vedettes y dormirent comme Eddy Mitchell lors du tournage de *Coup de torchon*, ou Richard Bohringer durant le tournage du film *Les Caprices d'un Fleuve*. On dirait que le destin de l'*hôtel de la Poste* est lié au cinéma. D'ailleurs, la vaste salle rectangulaire du restaurant fut celle du premier cinéma de Saint-Louis. On aperçoit très bien, en haut du mur situé côté place de Lille, l'ancienne cabine de projection convertie aujourd'hui en cabine de son pour le disc-jockey lorsque des soirées dansantes y sont organisées de temps à autre. Même si vous n'y dormez pas, il fait bon y prendre un café-croissant tôt le matin sur l'accueillante terrasse donnant place de Lille pour écouter les premières rumeurs de la ville, ou y boire un verre en fin de journée, en épluchant le journal.

Où dormir dans les environs ?

Camping de l'Océan et Diorhotel : route de l'Hydrobase, à environ 4 km de Guet N'Dar. ☎ 961-31-18. À partir de 15 200 F.CFA (23,2 €) la chambre double, petit déj' inclus, et environ 2 500 F.CFA (3,8 €) par personne sous la tente. Emplacements ou tentes maures dressées sur la plage, ou encore chambres avec ventilo (ou climatisation) et sanitaires privés très propres, au choix. Cabine de téléphone à carte, blanchisserie, bar, restaurant. Parking gratuit. Une bonne adresse « routarde ».

Auberge La Teranga : après le cimetière des Pêcheurs, sur la Langue de Barbarie, face à Saint-Louis. À côté de l'hôtel *Mermoz*. ☎ 961-50-50. Doubles à 8 800 F.CFA (13,2 €). Petit hôtel, style auberge de jeunesse, tenu par des Sénégalais. Treize chambres basiques mais bon marché avec douche et w.-c. sur le palier. La n° 14 a une jolie vue sur un bras de mer. Resto en terrasse au 2e étage, donnant sur le fleuve et Saint-Louis.

Hôtel L'Oasis : à 400 m après l'hôtel *Mermoz*. ☎ et fax : 961-42-32. • http://hoteloasis.free.fr • À partir de 15 000 F.CFA (22,9 €) la case pour deux, petit dej' et taxe compris. Réduction de 10 % de juillet à septembre et en novembre ; 20 % de mi-mai à fin juin et en octobre. Mme Deruisseau-Fonck et son fils Nicolas-John ont installé en 1996 ce petit complexe hôtelier composé de bungalows ventilés (avec sanitaires privés) et de cases typiques (sanitaires à l'extérieur). Même cadre paradisiaque que les voisins et nombreux arbres fruitiers tropicaux, ainsi que des animaux. Bonne cuisine sénégalaise et européenne. Paillote pour boire un verre.

Hôtel Mermoz : route de l'Hydrobase, à seulement 3 km du centre de Saint-Louis. ☎ et fax : 961-36-68. • hotelmermoz@ns.arc.sn • Doubles de 14 000 à 24 000 F.CFA (21 à 36 €). Sur la Langue de Barbarie, en bordure de plage, un hôtel tenu par un aimable couple de Belges tombés amoureux du coin. Une douzaine de chambres spacieuses (les plus grandes pour 4 personnes) avec ou sans salle de bains, à prix variables selon le confort et la vue. Elles sont réparties dans des bungalows et dans un bâtiment. Il y a un bar, un resto et une piscine. Possibilités d'excursion, planche à voile et sports nautiques.

Hôtel Cap Saint-Louis : sur la route de l'hydrobase. ☎ 961-39-39. • hotelcap@telecomplus.sn • Doubles autour de 28 000 F.CFA (40 €). 35 bungalows climatisés confortables. Demi-pension et pension complète. Piscine, tennis, volley, salle TV...

Résid'Hôtel Diamarek *(la paix, en wolof)* **:** plage de l'Hydrobase, après le village de pêcheurs. À environ 3 km du centre-ville, entre mer et lagune. ☎ et fax : 961-55-04 ou 57-81. ☎ 639-09-81 (portable). Fermé en septembre. Compter de 154,7 à 360,5 € (1 015 à 2 365 F), par personne en chambre double pour une semaine en demi-pension selon la saison. Propose également une formule gîte en bungalows de 4 personnes bien équipés (2 chambres double + un séjour + un coin cuisine). Petit déjeuner à l'hôtel ou dans le bungalow. Tarif groupe à partir de 10 personnes. Accueil à la fois chaleureux et plein de simplicité. Très bon cuisinier.

Les campements de la Langue de Barbarie : les hôtels de la Poste et de la Résidence possèdent près de la plage de l'Hydrobase, entre fleuve et océan, des campements. Une autre façon d'expérimenter la nuit près du fleuve. Plusieurs façons d'y accéder. Accès par la piste (19 km au sud de Saint-Louis) en 4x4, avec votre voiture ou en bateau. Plusieurs formules à prix variés, mais dans l'ensemble c'est assez cher (nuitée autour de 6 600 F.CFA, soit 10,1 €). Le *Campement de la Poste* est composé d'habitations en dur, celui de la *Résidence* de tentes mauritaniennes. Pension complète possible et conseillée (vu l'isolement) autour de 20 000 F.CFA (30 €) par personne et par jour. Réservation à l'avance auprès des deux hôtels indiqués.

Le Ranch de Bango : à 15 km au nord de Saint-Louis, entre l'aéroport et un bras du fleuve. ☎ 961-19-81. Fax : 961-36-84. Chambres à 28 000 F.CFA (42 €). Prendre la route pour l'aéroport et continuer après celui-ci jusqu'à un embranchement à droite. Au cœur d'une végétation tropicale, l'hôtel confortable, une ancienne ferme de style colonial, est tenu par René Bancal, le frère de Jean-Jacques, le patron de *la Résidence*. Chambres simples, doubles ou triples de prix moyens à plus chic. Les plus belles se trouvent dans un bâtiment près du tennis. Repas à 7 500 F.CFA (11,4 €). Possibilité de pension complète. Navette gratuite deux fois par jour entre le Ranch, la plage, la gare, l'aéroport et la ville. Piscine, tennis.

Campement Zebrabar : à une vingtaine de kilomètres au sud de Saint-Louis. ☎ 638-18-62. • http://come.to/zebrabar • Ouvert d'octobre à juin. Camping (2 000 F.CFA, soit 3 € par personne), bungalow de 9 000 à 15 000 F.CFA (13,5 à 22,5 €). Accès par le fleuve ou par la piste. Un campement tenu par un couple de Suisses, Ursulla et Martin, qui aiment l'Afrique et les voyages. Les bungalows les plus simples, en dur, ont un grand lit, l'électricité, une fenêtre mais pas de moustiquaire. Les autres, plus près du fleuve, plus confortables, sont des cases à 3 fenêtres avec douche-w.-c. Repas et boissons sur place. Ursule, la patronne, pratique le massage Shiatsu. Kayak, planches à voile, balades en pirogue sur le fleuve.

Où manger ?

Bon marché

La Linguère *(plan A3,* ***26****)* **:** rue Blaise-Diagne. ☎ 961-39-49. Longues tables recouvertes de toile cirée, style un peu cantine mais cuisine sénégalaise extra, surtout le plat du jour. Clientèle d'habitués saint-louisiens.

Restaurant Fleuve Plus *(plan A3, **20**)* **:** rue Blaise Diagne, angle avec la rue Boufflers. ☎ 961-41-52. Petit restaurant populaire et bon marché où l'on sert une cuisine locale dans une salle simple et plutôt sympathique.

Restaurant El Falah Marocain : rue Blaise Diagne, juste en face du *Fleuve Plus*. ☎ 961-56-74. Un resto tenu par une femme charmante de Fès. Au fond, petit salon oriental sympa. Pour un couscous royal, compter 3 000 F.CFA (4,6 €). Tagines, brochettes moins chers. Copieux.

Prix moyens

La Louisiane *(plan A1, **11**)* **:** voir « Où dormir ? ». Table d'hôte sur demande, servie selon le temps, dans la salle à manger ou dans le jardin, sous une treille. Bonnes spécialités de poisson grillé. Le menu du jour est affiché sur un tableau. Réservation conseillée, c'est une de nos meilleures adresses dans le coin.

Le Galaxie *(plan A3, **22**)* **:** 25, rue A.-Seck (ex-Brière-de-l'Isle). ☎ 961-24-68. Ouvert tous les jours sauf le dimanche soir. Très bonne cuisine franco-sénégalaise : goûtez aux crevettes sautées et riz. Arrivage de poissons tous les soirs ; parfois, il y a même des langoustes. Terrasse intérieure couverte fraîche et reposante.

Plus chic

La Signare *(plan A2, **23**)* **:** à l'angle des rues Blaise-Diagne et Pierre-Loti. ☎ 961-19-32. Ouvert le soir à partir de 19 h 30 et le midi sur réservation avant 11 h. Fermé le mercredi. Jocelyne, une Vauclusienne joviale et enthousiaste, tient ce restaurant agréable aussi bien dans le patio ombragé qu'à l'intérieur décoré de quelques tableaux d'artistes locaux. Cuisine franco-sénégalaise originale et réussie. Carte variée (plus de 5 sortes de poissons avec leurs sauces : fenouil, cidre, bissap, etc.). Accompagnements au choix, beignets de pâtes, haricots, riz, pommes de terre. Très bons desserts. Notre meilleure adresse dans cette catégorie.

Le Bistrot du Phare *(plan A3, **25**)* **:** traverser le pont Mustapha-Malick-Guaye et continuer tout droit jusqu'à la plage, sur la droite. ☎ 961-19-80. Ouvert jusqu'à 1 h. Appartient à la famille Philip de l'*hôtel de la Poste*. Cadre intime, idéal pour dîner en amoureux ou boire un verre. Cuisine européenne soignée. Vin en pichet ou bouché.

Restaurant de l'hôtel de la Poste : voir « Où dormir ? ». Vaste salle à manger entièrement dévolue à l'Aéropostale. Belles fresques murales, photos et souvenirs des figures historiques qui vous ont précédé. Cuisine franco-sénégalaise convenable et poisson farci à la saint-louisienne bien préparé.

Restaurant de l'hôtel de la Résidence : voir « Où dormir ? ». Cuisine franco-sénégalaise également et de bonne tenue. Menus à 3 500 ou 7 500 F.CFA (5,3 ou 11,4 €). Pizzas, viandes, volailles, poissons et crustacés.

Où boire un verre ? Où sortir ?

– **Les Délices du Fleuve** *(plan A-B3, **30**)* **:** en face du *Flamingo*. Un des meilleurs pâtissiers de la ville.

Le Bistrot du Phare (voir « Où manger ? ») et **La Chaumière** derrière, au pied du phare, pour danser ensuite et jusqu'à l'aube. Gratuit pour ceux qui ont dîné au Bistrot. Clientèle chicos.

Le Flamingo *(plan B3, **34**)* **:** quai Roume. Ouvert à partir de 18 h et jusqu'au dernier client. À deux pas de l'*hôtel de la Poste* (même patron), en bordure du fleuve, autour d'une piscine entourée de verdure réservée aux clients de l'hôtel. Grande terrasse où les tables sont disposées entre des piliers peints. Accueil plutôt agréable. Ici, on peut aussi déguster pizzas ou poissons au *bissap* selon les arrivages (parfois même des langoustines du fleuve).

🍷 ***Iguane Café*** *(plan A3, **32**)* **:** rue Abdoulaye-Seck (ex-Brière-de-l'Isle). ☎ 961-52-12. Ouvert tous les jours à partir de 21 h sauf le mardi. On ne peut pas le rater : un avant de GMC sort du mur. À l'intérieur : portrait du Che et caisses de rhum. Bar cubain géré par un Français né ici et qui n'a pas froid aux yeux. D'un concept-bar de Nice, il a repris la déco et le nom pour faire un endroit qui déménage. On n'est pas sûr que ce goût tapageur convienne à une ville comme Saint-Louis. Excellents cocktails à base de rhum et bonne cave à cigares. De minuit à 1 h du matin, place à la salsa et au merengue, après, c'est selon l'humeur.

🍷 ***Complexe du Casino*** *(plan B3, **33**)* **:** quai Roume. Ouvert à partir de 19 h. Au bord du fleuve, ce petit casino abrite une salle de jeux (Salon de jeu du Cap-Vert) avec des bandits manchots, des tables de jeux... et son bar, fréquenté en majorité par de riches Mauritaniens. Pour faire le flambeur jusqu'au bout de la nuit, il y a aussi une discothèque, *Le Laser*, au rez-de-chaussée.

Achats

🛍 ***Keur Fall*** *(plan B3)* **:** quai Roume. Ouvert du lundi au samedi de 10 h à 13 h et de 15 h 30 à 19 h 30 ; le dimanche de 10 h à 13 h. Très belle boutique tenue par Charlotte, une Française mariée à un peintre sénégalais, Obeye Fall. Beaucoup de choix de vêtements en tissage, batik, pour petits et grands, très bien coupés ainsi que sacs, jouets, etc. Intéressant : tous ces articles sont fabriqués par les artisans d'un village du Baol (région de Touba) que Charlotte tient à rétribuer correctement. Une cause utile en quelque sorte.

À voir

Flâner dans les rues de Saint-Louis constitue une inépuisable source de bien-être et d'inspiration, pour peu que la durée du séjour le permette. Sentir l'atmosphère à la fois étrange et familière, admirer la finesse des balcons accrochés aux belles maisons coloniales et suivre le dégradé des teintes ocre jaune qu'offrent les rues selon la position du soleil. Pousser un portail pour découvrir un majestueux escalier en fer à cheval ou en Y, une galerie intérieure qui domine un patio fleuri empreint de sérénité ou de langueur, qui sait ?

Quel que soit le temps que vous passerez à Saint-Louis, on vous recommande vivement la visite guidée que propose le syndicat d'initiative. À pied (plus long) ou en calèche (5000 F.CFA, soit 7,6 €), l'itinéraire est passionnant et aide à mieux se représenter la vie et l'activité des grandes compagnies de traite à l'époque coloniale.

Topographie et quelques temps forts de la balade

Le quartier nord de l'île est séparé du quartier sud par la Gouvernance *(plan A3)* et la place Faidherbe, et était au XIXe siècle le quartier actif. On y trouvait les principales maisons de commerce, les banques et la chambre de Commerce. Dans le quartier sud, on se faisait soigner à l'***hôpital*** et on recevait l'éducation grâce à l'implantation d'ordres religieux. Les habitants, surtout les métis et des gourmettes (chrétiens noirs) se regroupaient autour de la ***cathédrale*** *(plan A3, **41**)* tandis qu'à l'extrême nord on était musulman et grâce à des quêtes et dons divers, on y construisit une ***mosquée*** *(plan B2,*

42) achevée en 1847. Actuellement, ce quartier fait de petites maisons basses est peuplé de gens castés (artisans).
La légende raconte qu'autrefois l'emplacement de la mosquée était marécageux et que lors du passage à Saint-Louis du célèbre islamisateur El Hadj Omar, un des plus farouches opposants à la présence française, celui-ci, pour mettre un terme aux rivalités internes à la communauté musulmane quant au choix du lieu où serait édifiée la mosquée, jeta sa canne dans le marécage et dit (en gros) : « Voilà, ce sera ici ». Et le problème fut réglé. Aujourd'hui, dans la petite cour de la mosquée on peut voir un puits creusé à l'endroit précis où la canne est retombée. Il paraît que l'eau est douce (fait exceptionnel) et a des vertus miraculeuses...

★ Toujours dans le quartier nord, après la caserne des pompiers, quai des Arts, les ***anciens ateliers de la Marine impériale*** *(plan B2, **43**)* ont été convertis en un spacieux centre culturel de 1 500 places où se dérouleront le festival de la mode et d'autres manifestations d'envergure. Youssou N'Dour et Baaba Maal y ont déjà donné des concerts.

★ En revenant vers le centre par la rue Khalifa-Babacar-Sy, la ***mairie*** *(plan A3, **44**)* à l'angle avec la rue Seydou Tall, puis le ***palais de justice*** *(plan A3, **45**)* où le premier jugement eut lieu en 1875. Dans la salle d'audience, un tableau de Boué *La Justice et la Vengeance divine poursuivant le Crime,* offert par la France en 1985.

★ À l'angle des rues Blanchot et de France, ***maison Guillabert*** *(plan A3, **46**)* habitée par le descendant d'une vieille famille créole. Intérieur typique de l'époque avec plancher et meubles en pitchpin du Canada (visite guidée seulement).

– Le *Tribunal musulman,* angle rues de France et Lauzun, devrait être rétabli bientôt, de même qu'à Dakar, pour résoudre les problèmes liés à la polygamie.

★ Rue Seydou-Tall, angle Blaise-Diagne, la ***maison Devès et Chaumet*** *(plan A3, **47**),* spécialisée dans le commerce des épices, est reconnaissable à la couleur ocre rouge de son (dé)crépi. Cour intérieure ornée de plantes vertes où autrefois une trappe donnait sur une galerie souterraine communiquant avec la *maison Maurel et Prom.* Au 1er étage, jardin suspendu adorable. Un médecin français et un artisan d'art l'occupent.

★ À l'angle de la rue Blanchot et du quai Roume, la ***maison Maurel et Prom*** *(plan B3, **48**),* avec sa curieuse tour-église crénelée, dont on suppose qu'elle servait à surveiller les mouvements des bateaux sur le fleuve.

– Pour gagner le quartier sud, passer par la place Faidherbe sur laquelle se dresse le lycée Oumar Tall (ex-Faidherbe) sur la droite. Prendre le quai Abdoulaye-Mar-Diop. À l'angle, ancienne maison Peyrissac qui, après avoir été collège, puis médersa, est utilisée actuellement comme lieu de concert lors du festival de jazz (3 jours en avril-mai). Plus loin sur le quai, l'hôpital (1827), belle construction ocre jaune.

★ À l'extrémité sud-est de l'île à côté du Centre de recherches et de documentation du Sénégal (voir ci-après), le ***lycée de jeunes filles Ameth Fall*** occupe depuis 1927 un ancien hôpital datant de 1840. Lui aussi tout de jaune vêtu, avec une magnifique cour à arcades. On doit sûrement être bon élève dans un si beau cadre !

★ ***Le Centre de recherches et de documentation du Sénégal*** *(plan A4, **49**) :* au bord du fleuve, pointe Sud. ☎ 961-10-50. Ouvert tous les jours de 9 h à 12 h et de 15 h à 18 h. Entrée payante. Très intéressant musée remis en valeur grâce à l'aide de la communauté française de Belgique. Panorama sur l'histoire du Sénégal du paléolithique à nos jours, sur les déplacements ethniques à travers les âges, sur le développement de l'islam, etc. Dans l'autre vaste salle à droite : expo de tissus traditionnels, d'instruments de musique, de documents et photos concernant l'architecture des mosquées et des habitations surtout du nord du Sénégal ainsi que la faune et la flore, etc.

★ Le fameux ***pont Faidherbe*** (500 m de long) ***:*** construit par Gustave Eiffel pour franchir le Danube en Autriche-Hongrie et expédié ici en 1897 à la suite d'une gigantesque erreur administrative ! Et puis, finalement, sa longueur convenait tout à fait. On le garda.

★ ***Le quartier des pêcheurs :*** sur la Langue de Barbarie. Pour s'y rendre, emprunter le pont Malick-Gaye et continuer tout droit jusqu'à la plage. À perte de vue, elle est jonchée de longues pirogues multicolores. C'est particulièrement intéressant le matin et en fin de journée (vers 17 h-18 h) quand on voit les pêcheurs manœuvrer entre les rouleaux. Certains viennent juste de rentrer après deux jours de mer, d'autres s'apprêtent à naviguer. Un spectacle à ne manquer sous aucun prétexte. Un conseil cependant : ne pas faire de photos. Ou alors soyez hyper discret.
La plage, au sable fin comme de la farine, est aussi jonchée de détritus en tout genre et de cadavres de poissons. Âmes sensibles s'abstenir. Normal, quand les pêcheurs rentrent au bercail, les femmes et les enfants se précipitent pour récupérer les beaux poissons argentés. Leurs têtes sont arrachées et le reste est cuit au court-bouillon à même la plage dans de gros chaudrons. Ensuite, le poisson est séché sur des claies avant d'être écaillé, nettoyé, puis vendu. Vous verrez aussi, assises entre deux pirogues, des femmes réparant les filets, debout sur des tréteaux, des hommes rafistolant les pirogues.
Tout au bout de la plage, à gauche, là où la langue de sable se rétrécit, on arrive au cimetière musulman des pêcheurs. On peut d'ailleurs retourner en ville par l'autre rive. Étals de poissons et tas de sel s'y succèdent jusqu'au pont.

★ ***Le cimetière musulman des pêcheurs :*** dans le quartier de Guet N'Dar. À 1 km du pont Mustapha-Malick-Gaye. Mêmes indications que pour « Le quartier des pêcheurs » (mentionné ci-dessus). La balade par la plage est un peu longue, mais elle vaut vraiment le détour. Étrange endroit que cette « forêt » de piquets de bois dressés vers le ciel au milieu des tombes et pour la plupart recouverts de filets de pêche. On n'y pénètre pas si l'on n'est pas musulman.

★ ***Le marché de N'Dar Toute*** *(plan A3,* ***50****)* ***:*** traverser le pont Malick-Gaye, après la mosquée prendre la première ruelle sur votre droite. À l'extérieur comme à l'intérieur du marché, nombreux étals d'écorces en tout genre, chacune ayant la propriété de guérir une ou plusieurs maladies. Mieux vaut être accompagné d'un guide pour avoir des explications, la plupart des commerçants s'exprimant difficilement en français. Après avoir rencontré les échoppes des fripiers et des tailleurs, on pénètre dans l'enceinte couverte des différents marchés : à la viande, au poisson... Les femmes sont assises à même le sol, leurs produits étalés par terre.

★ ***Le marché de Sor*** *(plan B3,* ***51****)* ***:*** entre la gare et l'avenue du Général-de-Gaulle. Très populeux et animé également.

★ ***Découverte de Saint-Louis en pirogue :*** Magatte Sankharé, un pêcheur formé comme guide, vous commentera un tour de l'île à bord de sa pirogue. Compter 3500 F.CFA (5,3 €) par personne et 2 h. Possibilité d'y ajouter une des deux îles voisines, celle de *Bopp Thior* au nord ou celle de *Doune Baba Gueye* au sud. Compter une demi-journée et 25000 F.CFA (38,1 €) la balade. Renseignements au syndicat d'initiative (voir « Adresses utiles »).

★ ***La gare :*** terminus du train venant de Dakar (plus en service actuellement). Architecture superbe dans le style « New Orleans », malheureusement pas mal décatie. Derrière le guichet, on s'attend presque à voir Louis Armstrong ou Uncle Bens.

★ ***Le village artisanal*** *(hors plan par B3)* **:** en venant de Saint-Louis, tourner à gauche au bout du pont Faidherbe et suivre la corniche sur quelques centaines de mètres. Les huttes du village sont sur la gauche, au bord du fleuve. Sans grand intérêt. On n'y trouve plus guère que quelques statuettes en faux ébène.

Où nager?

À la plage de l'Hydrobase : sur la Langue de Barbarie, à 4 km du centre-ville. Y aller en calèche ou en taxi (plus cher). C'est une immense étendue de sable blanc battue par les vents et les courants. On peut bien sûr se baigner, mais soyez vigilants.

➤ DANS LES ENVIRONS DE SAINT-LOUIS

Excursions

Les excursions proposées par le bureau des guides Saint-Louis Évasion Tours (voir dans « Adresses utiles, Syndicat d'initiative ») sont de loin les plus sérieuses. Nous les recommandons vivement afin d'éviter les dérives dont ont été victimes quelques-uns de nos lecteurs. De plus, à moins d'avoir la science infuse ou d'être hyper documenté, ce qui est plutôt le cas des spécialistes, la présence d'un guide bien formé s'avère précieuse. Celles proposées par le patron du gîte touristique *La Louisiane* (voir plus haut « Où dormir? »), pour ceux qui y séjournent, sont d'un bon rapport qualité-prix.

★ ***Le barrage de Diama :*** à une quinzaine de kilomètres, prendre à gauche la route pour Diama (environ 20 km). Outre le fait que ce barrage permet de mieux irriguer les plantations de canne à sucre tout le long du fleuve jusqu'à Podor et autour du lac de Guiers, il permet également d'atteindre la Mauritanie par ***Rosso*** plus rapidement en suivant la piste de la digue, qui longe ensuite la rive droite. En effet, par Rosso, côté Sénégal, il n'y a que deux bacs par jour (un le matin et un le soir).

★ ***L'usine de Makhana :*** à 15 km de Saint-Louis sur la route de Richard-Toll, prendre sur la gauche, juste après la route pour Diama. Datant du milieu du XIXe siècle, c'était l'usine de pompage qui amenait l'eau jusqu'à Saint-Louis. Elle conserve les plus anciennes machines à vapeur d'Afrique noire, qui fonctionnèrent jusqu'en 1952. Un décor à la Jules Verne. Les villageois, avec l'appui de l'auberge *La Louisiane* de Saint-Louis, sont en train de mettre en place un programme de tourisme intégré avec visite de l'usine, des oasis, des réalisations faites avec des groupes féminins pour aménager un dispensaire et améliorer l'école. À suivre.

LE PARC NATIONAL DE LA LANGUE DE BARBARIE

Parc créé en 1976. Il couvre 2000 ha, à une vingtaine de kilomètres au sud de Saint-Louis, s'étendant de la bordure lagunaire continentale à l'extrême pointe sablonneuse de la Langue de Barbarie proprement dite, en passant par deux îlots situés au milieu du fleuve Sénégal. Ce sont des cordons dunaires qui servent d'îlot de reproduction pour les oiseaux. Site magnifique planté de filaos, de palmiers, d'acacias... où évoluent aigrettes, hérons cen-

drés, grands cormorans, pélicans gris et blancs, sternes caspiennes et royales, tortues vertes, luths à écailles, etc. Les flamants roses passent chaque année en janvier.
– ***La meilleure époque*** **:** la période janvier-mars est idéale pour observer les oiseaux. En période d'hivernage (entre juillet et septembre), les eaux du fleuve ont la couleur du café au lait.
– ***Visite du parc*** **:** il est ouvert toute l'année. On vous conseille d'avoir un guide. Après avoir acquitté un droit d'entrée (2 000 F.CFA, soit 3 € par personne), vous paierez un piroguier pour qu'il vous emmène visiter le parc. La balade dure au minimum 1 h 30. Certains piroguiers vous proposeront une excursion d'une demi-journée ou plus avec une pause sur la plage. Dans tous les cas, tout se discute. Vous devez négocier fermement le prix et la durée à l'avance. En 2001, pour une balade de deux heures (deux visiteurs et un guide) le prix était de 14000 F.CFA (21,3 €) répartis ainsi : 10 000 F.CFA (15,2 €) pour le piroguier et 4000 F.CFA (6,1 €) le droit d'entrée pour deux personnes (le guide ne paie pas). La descente sur le fleuve Sénégal est intéressante. On contourne les îlots aux Oiseaux mais les visiteurs n'y descendent pas.

Comment y aller ?

➢ À 18 km au sud de Saint-Louis, à l'embouchure du fleuve Sénégal. Quand on vient de Saint-Louis, prendre la direction du phare et de la réserve de Gandiol puis à 8 km, suivre les pancartes sur une petite piste à droite. Elles vous mènent jusqu'au poste de contrôle.

➤ *DANS LES ENVIRONS DU PARC*

À voir

★ ***La réserve de Guembeul*** **:** à 10 km au sud de Saint-Louis, sur la gauche de la route de Gandiol. Un panneau la signale. On y accède par une route bitumée, en voiture particulière. Sinon taxi-ville ou taxi-brousse. Ouvert tous les jours (y compris) de 6 h à 19 h 30. Entrée : 1000 F.CFA (1,5 €). Le visiteur est accompagné d'un guide de la réserve.
L'objectif majeur de cette petite réserve (créée en 1983) peu connue est de protéger la cuvette de Guembeul tout en restaurant la faune sahélienne d'origine. D'une surface de 720 ha, la réserve est entourée d'une longue clôture (12 km), et abrite une faune en voie d'extinction. La cuvette de Guembeul est le relais écologique entre le parc national du Djoudj et celui de la Langue de Barbarie. Elle est aussi connue comme étant le plus grand site de nidification des avocettes du Sénégal. On peut y observer notamment des gazelles de Dama Mohrr, qui n'existaient plus qu'en captivité en Espagne. Celles-ci furent offertes à la réserve par Israël. Voir aussi les tortues Sulcata capables de vivre 150 ans. Cette tortue, animal vénéré au Sénégal, est un symbole de fécondité, de prospérité et de longévité. D'autres animaux y évoluent en liberté : des singes rouges, des renards pâles, des phacochères, des lièvres, des écureuils.

LE PARC NATIONAL DU DJOUDJ

Situé à 70 km au nord de Saint-Louis et à la lisière du Sahara. « Si Dieu était un oiseau, il se poserait au Djoudj au moins une fois dans sa vie. » Voilà en effet un petit paradis naturel pour les milliers de familles d'oiseaux migrateurs qui s'y reposent après la longue traversée du Sahara. Pour ce peuple ailé et volant, le Djoudj, univers aquatique et chaud, représente le premier point d'eau accessible après l'immensité aride du désert. Créé en 1971, le Djoudj est la troisième réserve ornithologique du monde : quelque 3 millions d'oiseaux migrateurs répartis en plus de 350 espèces (près de 20 000 flamants roses, des pélicans, des hérons, des aigrettes, des oies de Gambie...) mais aussi des balbuzards, des grands cormorans, des martins-pêcheurs, des aigles-pêcheurs. Sur les parties terrestres on peut observer des phacochères, des pythons (rares) et des singes. Les mammifères ne sont pas légion et la quasi-totalité des grands animaux qui vivaient dans le parc ont été exterminés depuis longtemps. Le parc fait partie depuis 1981 du patrimoine mondial de l'Unesco, notamment en raison de son statut, « îlot de biodiversité dans un océan de riz ». À ne pas manquer, surtout si la visite du parc du Niokolo Koba dans le sud du pays n'est pas prévue dans votre programme. Cependant, l'installation du barrage de Diama sur le fleuve Sénégal (en 1986) a des conséquences sur la faune et la flore, qui menacent directement la survie même du parc. Le fleuve Sénégal s'ensable progressivement et une algue particulière *(Salvinia molesta)* prolifère dans ses eaux. Pour combattre cette algue, il n'existe pas encore de solution efficace. Les experts ont constaté aussi une désalinisation et une baisse du niveau de l'eau en raison de la régulation du cours du fleuve Sénégal.

Comment y aller?

➢ Pour ceux qui disposent de leur propre véhicule : de Saint-Louis, suivre la direction Richard-Toll, laisser la bifurcation pour le barrage sur la gauche et emprunter la piste suivante sur la gauche. Des panneaux « Hostellerie du Djoudj » balisent le chemin. La route pour se rendre au Djoudj est relativement bonne. La première partie est goudronnée, la deuxième moitié en latérite est plus ou moins ondulée. Il faut compter environ 1 h 30 (60 km), même avec une voiture ordinaire.

➢ Pour ceux qui choisissent de venir par leurs propres moyens et de dormir à l'une des adresses indiquées ci-dessous : on conseille d'arriver en fin de journée puis de partir à la découverte du parc le lendemain de bon matin et d'y passer une partie de la journée. En effet, les deux adresses étant situées à l'extérieur du parc, cela ne fera qu'une seule entrée à payer, à moins de vouloir prolonger le séjour.

Visite du parc

– ***Conseils*** **:** mieux vaut prévoir une bonne paire de jumelles.

Pour vraiment apprécier le Djoudj, on vous suggère deux possibilités :

– soit vous adresser au bureau des guides de Saint-Louis, soit au Gîte touristique de la *Louisiane,* si vous y dormez (voir « Excursions dans les environs de Saint-Louis »). Pour un guide, compter entre 12 000 et 15 000 F.CFA (18 et 22,5 €) par jour, nourriture et hébergement inclus.

– soit loger sur place (enfin, à l'entrée du parc) et en profiter pour faire les différentes balades possibles au départ du lieu d'hébergement. Bien sûr, comme au parc du Niokolo Koba, l'hôtel n'est pas économique. Mais vivre dans un tel environnement, un jour ou deux, restera un souvenir inoubliable pour ceux qui aiment la nature.

– ***Visite du parc*** **:** il est ouvert de début novembre à fin avril. Droit d'entrée : 2 000 F.CFA (3 €), à payer à l'entrée du parc. Ce droit d'entrée est calculé par personne et par jour. Il faut aussi payer pour un laissez-passer forfaitaire de 5 000 F.CFA (7,6 €) par véhicule, quelle que soit la durée de votre séjour. Si vous êtes accompagné d'un guide du syndicat d'inititative de Saint-Louis, vous n'aurez pas à payer cette taxe sur les véhicules. Enfin, le billet pour une balade en pirogue coûte 3000 F.CFA (4,6 €). La durée d'une balade sur les eaux du Djoudj est d'environ 1 h 30.

– ***Les balades en pirogue :*** la pirogue est nécessaire pour découvrir le parc. On trouve sur place, au même pont d'embarquement, trois types de pirogues. Les pirogues du syndicat d'initiative de Saint-Louis (3000 F.CFA, soit 4,6 € par personne) bleu et blanc, les pirogues villageoises (billets au même prix vendus à la boutique villageoise Boutikbi, à l'entrée du parc), et les pirogues (vertes) appartenant à l'hôtel du Djoudj. Il y a un petit problème local avec les pirogues car tous les piroguiers voudraient pouvoir travailler et gagner leur vie. Mais voilà : les pirogues de l'hôtel du Djoudj détiennent une sorte de monopole de fait sur le terrain. Les villageois et le syndicat d'inititiative ne sont pas contents de cette situation et souhaitent que cela change à l'avenir.

Où dormir ? Où manger ?

Hostellerie du Djoudj : ☎ 963-87-02. Fax : 963-87-03. Doubles à 22000 F.CFA (33 €). Noyé dans la verdure au bord du fleuve. Chambres en bungalows, ou cases, confortables (climatisation et douche-w.-c.). Repas au bord de la piscine (ou en salle).

La station biologique du Djoudj : à 50 m après l'entrée du parc. Les moins fortunés, désireux de passer une ou plusieurs nuits sur le site, peuvent s'adresser à cette petite station biologique. Compter 6500 F.CFA (9,9 €) par personne. Tenue par des Allemands, et parfois occupée par des chercheurs, elle propose des chambres (à un ou deux lits) très simples mais de confort suffisant. Ventilateur, moustiquaire mais douche et w.-c. sur le palier. Dortoirs de 4 ou 6 lits. Possibilité de prendre les repas, soit 4000 F.CFA (6,1 € le repas) en demi-pension ou pension complète et le petit déj', même pour ceux qui logent à *l'hostellerie du Djoudj*. Renseignements au ☎ 963-87-06 ou au syndicat d'initiative de Saint-Louis.

LA VALLÉE DU FLEUVE SÉNÉGAL

RICHARD-TOLL

À 95 km à l'est de Saint-Louis, Richard-Toll est une petite ville située en bordure du fleuve Sénégal. Autrefois, avant l'arrivée des colons français, elle s'appelait N'Djioukoq (« royaume du Walo »). Ce n'est pas une grande étape touristique mais elle peut servir de point de départ pour faire le tour du lac de Guiers, au sud.

Adresses utiles

■ ***Banque CBAO et Western Union :*** Compagnie bancaire africaine, située à côté de l'entrée du *gîte d'étape* et en face de la gare routière.

Gare routière : située au niveau du *gîte d'étape*, le long de la route nationale, à l'entrée de la ville, en venant de Saint-Louis.

■ ***Centre de santé :*** ☎ 963-31-01.

Où dormir ? Où manger ?

Hôtel La Taoué : au bord du fleuve Sénégal. ☎ 963-34-31. En venant de Saint-Louis, à l'entrée de Richard-Toll, tourner à gauche juste après la première station Shell. Suivre un chemin en direction du fleuve, sur 400 m environ. Doubles à 16 000 F.CFA (24 €). Petit hôtel familial tenu par Ousmane, un jeune homme très accueillant qui a étudié en France. 5 chambres propres et confortables (climatisation, douche-w.-c.). La n° 101, la plus grande, a une vue sur la cour ombragée. Réduction selon la durée du séjour. Resto et discothèque. Projet de débarcadère sur la rive et balades possibles dans le futur. Visite de villages aux environs.

Gîte d'étape : au bord du fleuve Sénégal. ☎ et fax : 963-32-40. Compter environ 22 200 F.CFA (33 €) la chambre double. Dans un grand jardin ombragé avec piscine, hamac et petite terrasse au bout d'un ponton qui s'avance sur l'eau, pour les pêcheurs. Le gîte est avant tout un relais de chasse, et l'ambiance « chasseurs ». Les chambres, toutes de plain-pied, sont équipées de douche, w.-c., AC. Repas à la carte : de 1 400 à 6 400 F.CFA (2,1 à 9,6 €). Bonne cuisine. Accepte les chèques français mais pas les cartes de paiement.

Restaurant Ker Mimichon : à l'entrée de la ville, en venant de Saint-Louis, à 100 m avant la gare routière de Richard-Toll, sur la droite de la route nationale (panneau visible). ☎ 963-36-08. Fermé à minuit. Non, ce n'est pas une cantine bretonne tenue par une dame Mimichon. Mais un resto africain très accueillant, propre, aéré : une bonne petite adresse. Sandwichs, chawarma et plats sénégalais (tiéboudienne, mafé et yassa). Quelques plats européens aussi.

À voir

★ ***La sucrerie de la CSS*** *(Compagnie de la sucrerie sénégalaise)* **:** sur le côté droit de la route en venant de Saint-Louis. Reconnaissable à ses hautes cheminées. Intéressant. Brûlage de la canne spectaculaire.

★ ***La Folie (ou château) du baron Roger :*** situé à la sortie de Richard-Toll, sur la droite de la route Nationale en direction de Podor, à 300 m environ après le pont sur la rivière. Un chemin de terre y conduit. Certes c'est mal indiqué mais les voitures y accèdent sans aucun problème. Situé dans un sous-bois à 200 m en retrait de la route, il s'agit d'un manoir datant de l'époque coloniale qui abrite aujourd'hui le service des Eaux et Forêts. Un guide francophone en assure la visite moyennant un petit droit d'entrée (et un pourboire). Le baron Roger fut gouverneur de l'Afrique-Occidentale française à la fin du XIXe siècle, avant l'accession de Faidherbe à ce poste. Pour s'accaparer les terres et y construire sa demeure, il eut recours à une supercherie (l'histoire des lanières de cuir) dont les gens du pays se souviennent encore. On considère cette demeure comme une folie architecturale (bien que ses proportions soient raisonnables) car, comparée aux cases et maisons africaines, c'est une bâtisse démesurée. Le Roger en question, carriériste parvenu, vécut 7 ans à Richard-Toll et n'a pas laissé que de mauvais souvenirs. Opposé au trafic d'esclaves, il prit la défense des villageois victimes des razzias mauresques. Après lui, Faidherbe reprit la demeure mais n'y habita pas (il vécut au fort de Podor). Il la transforma en cantonnement pour les troupes françaises. Après l'indépendance, ce fut aussi une école. Du toit du château, on a une jolie vue sur la ville et la campagne aux alentours.

➤ DANS LES ENVIRONS DE RICHARD-TOLL

À voir

★ ***Le lac de Guiers :*** piste roulante mais plus conseillé d'avoir un 4x4 et un guide. Sortir de Richard-Toll en direction de Podor et, après le pont, prendre sur la droite l'embranchement pour l'aéroport qu'on laisse très vite à gauche. La piste longe alors sur la gauche (en direction du sud) la rivière, la Taouey, qui relie le lac au fleuve. Parfois elle s'en écarte, et les plantations de canne ou un village la masquent. Ne pas hésiter à faire des crochets vers ces hameaux et campements peuls, sinon la piste devient monotone, et les bords du lac sont plus attrayants. Le plus bel endroit est sans aucun doute la *dune de Gounit,* entre les villages de Sier et Fos. Un panneau l'indique à droite avec une piste bien nette. Traverser les habitations : on arrive sur une dune plantée d'arbres, offrant une vue splendide sur l'autre rive et d'une sérénité parfaite. Ah ! oui, pourquoi ne pas y pique-niquer ? Pensez à emporter eau et provisions.
Si c'est samedi, vous aurez droit au spectacle du marché de Keur Momar Sar, au bout de la digue. Ensuite, poursuivre sur Louga pour ceux qui rentrent à Saint-Louis.
L'excursion vers le lac de Guiers peut être organisée au départ de l'*Auberge de la Louisiane* de Saint-Louis (circuit de 200 km).

★ ***Dagana :*** à 19 km en direction de Podor, ancien comptoir colonial aux belles maisons ocre jaune qui bordent le quai planté d'arbres et malheureusement en mauvais état. Dommage, car si elles étaient retapées, vivantes, un charme fou s'en dégagerait. Qui sait si, lorsqu'une excursion fluviale sera mise en place, cela n'arrivera pas ? En attendant, les enfants, petits farceurs, viennent entourer le toubab, dont la présence encore rare suscite des éclats de rire.

★ En continuant vers Podor, s'arrêter au village de ***Ndiayène Pendao*** sur la droite de la nationale. Là, les Maures fabriquent de belles nattes de roseaux tressés avec de fines lanières de cuir selon des motifs ancestraux.

PODOR

Située à 215 km de Saint-Louis (route asphaltée en bon état), Podor est une petite ville, somnolente mais très attachante. Elle semble oubliée de l'Histoire malgré sa riche et belle homogénéité architecturale relativement bien conservée. Podor vit au rythme du fleuve Sénégal qui traverse la ville, et sert de frontière avec la Mauritanie voisine. Des projets de développement devraient redonner un coup de pouce à l'économie locale. Autour de la ville, le paysage de la savane annonce déjà le Sahel et le désert : végétation rare, arbustes de plus en plus rabougris, sols et pistes de sable rouge sous le grand ciel bleu limpide. Plantes et cultures poussent facilement dans cette campagne fertile et assez riche sur le plan agricole.

UN PEU D'HISTOIRE

Ancienne capitale d'un des premiers royaumes du territoire, le Tekrour, puis comptoir colonial dans le commerce de l'ivoire et de la gomme. Il fallut l'envoi au XIXe siècle d'un important corps expéditionnaire français (composé de 1 500 soldats et de 1 500 volontaires) pour « conquérir » Podor. Afin de garder la mainmise sur ce site stratégique, la France, représentée par Faidherbe, décida de construire un fort au bord du fleuve. Objectif : posséder un second poste colonial après Saint-Louis mais situé plus à

l'est (et accessible par le fleuve). En 40 jours la construction de la bâtisse fut achevée ! Près de 20 000 briques furent acheminées par bateaux. De nombreux soldats périrent d'insolation. À l'époque, Podor vivait sous la menace des razzias maures. Les hommes et les enfants étaient enlevés de force pour devenir des esclaves en Mauritanie (sans espoir de retour). Aussi la France se présenta-t-elle comme un gendarme antirazzia afin de protéger les Sénégalais. Pendant la Première Guerre mondiale, les habitants de la région de Podor (réputés pour être de valeureux combattants) s'engagèrent en masse dans les rangs de l'armée française, formant le gros des troupes de ce que l'on appelle « Le bataillon des Tirailleurs sénégalais ». Ceux-ci partaient de Podor et allaient combattre sur divers fronts. Ils se firent remarquer par leur bravoure lors de la guerre d'Indochine.
On peut imaginer Podor au XIXe siècle, quand la région était peuplée de lions, de panthères, d'éléphants et d'autruches. On dit que dans les années 1930, on voyait encore des lions dans la brousse ! Vers 1950, des hippopotames nageaient toujours dans le fleuve ! Aujourd'hui, le paysage n'a pas beaucoup changé mais la faune sauvage n'est plus là. Comme ailleurs en Afrique, elle a été victime du braconnage, de la chasse et du progrès de la civilisation (la déforestation notamment).

Adresses utiles

– ***Le conservateur du fort :*** *Abdou Rahmane Niang*, ☎ 965-11-16. Ancien combattant érudit, cet homme affable (et remarquable) est à la fois père de 18 enfants, muezzin à la mosquée, historien, ex-proviseur du lycée, prof de maths et de biologie, et l'auteur d'un beau spectacle « Son et Lumières ». Il est l'artisan de la renaissance culturelle de Podor.

@ ***Cybercafé du resto Baobab :*** avenue El Hadji Omar Tall. Demandez Babacar Niang. ☎ 965-12-93 ou 965-14-50 ou 964-30-77. • conforgep@hotmail.com • Il y a aussi un téléphone Netophone (par le Net).

Où dormir ?

🏠 ***Gîte de Douwayra :*** en entrant dans Podor, par la route de Saint-Louis, prendre un chemin sur la droite, à 100 m après une station d'essence Elf. ☎ (portable) 630-17-51 ou 642-44-40, demandez Daouda Maal, le très sympathique frère du célèbre musicien sénégalais Baaba Maal. Daouda est une « star » du judo au Sénégal. Autour d'une cour intérieure calme, 6 chambres rudimentaires mais propres à 6000 F.CFA (9,1 €) pour une personne, doubles à 8000 F.CFA (12,2 €). Au bar, petit dancing jeune et populaire, ouvert les soirs de fin de semaine. Daouda peut aussi vous accompagner pour la visite du fort de Podor.

– ***En projet :*** il est prévu de transformer en hôtel un bâtiment colonial situé près du fort. Autrefois destiné aux sous-officiers, il a conservé une architecture assez belle (avec sa véranda extérieure) et devrait être le cadre idéal pour un petit hôtel de charme. Renseignements auprès du conservateur du fort, *Abdou Rahmane Niang* (voir plus haut « Adresses utiles »).

Où manger ?

I●I ***Restaurant Le Baobab :*** à 300 m du gîte d'étape, sur la gauche de la route, en face de l'école maternelle. Petit resto sénégalais simple et bon, avec une courette intérieure et une salle construite autour d'un baobab. La patronne est madame Ndella Faye.

I●I ***Dibiterie :*** quartier Sinthiane, sur la droite en arrivant, en face de la station Elf. ☎ 965-12-71. À côté du *Douwayra*. Bonnes viandes grillées.

Resto le Tim-Timol : dans le centre, au marché. Bonne cuisine. Propre.

À voir

Une petite balade pédestre s'impose. Comme à Dagana, la couleur dominante des maisons est l'ocre jaune.

★ ***La mosquée :*** très facile à trouver, elle est d'un beau style soudanais.

★ ***L'ancien fort de Podor :*** un projet de restauration est en cours. Le fort devrait abriter un petit musée local ainsi qu'un centre artisanal. Droit d'entrée probable : 1 000 F.CFA (1,5 €). Des visites sont possibles en demandant la permission auprès du conservateur, Abdou Rahmane Niang, que l'on trouve à la mairie de Podor ou à son domicile (☎ 965-11-16). Lui ou un agent vous accompagnera. Au cours de la visite, on peut voir la poudrière et l'appartement de Faidherbe qui abrite toujours le vieux coffre où le colon français cachait son or et ses documents secrets. Faidherbe résidait à Saint-Louis mais il venait périodiquement ici. Jusqu'en 1960, l'armée française occupa ce fort, puis après l'indépendance du pays, il servit de base pour l'armée sénégalaise et de siège pour la gendarmerie de Podor. À l'étage, on peut voir aussi la chambre à coucher de Faidherbe. Très belle vue sur la ville et la région.

★ ***Le quai Elhadj Boubou Sall :*** au bord du fleuve Sénégal. Quelques maisons et bâtiments, aux murs jaunis par le temps, se dressent sur la rive face au fleuve et à la Mauritanie. À l'époque coloniale, ces demeures abritaient des sociétés commerciales comme Oldani, Morel & Prom, Peyrissac... Chaque jour, trois ou quatre bateaux assuraient le trafic jusqu'à Podor. Aujourd'hui, le petit port somnole. Mais un projet de développement est en cours. Le Conseil sénégalais des chargeurs voudrait relancer l'activité sur le fleuve. L'objectif serait de permettre aux marchandises venant du Mali voisin de transiter vers la côte par le fleuve. On parle aussi d'un bateau touristique qui assurerait des croisières au départ de Saint-Louis.

➤ DANS LES ENVIRONS DE PODOR

À voir

★ ***La mosquée de Guédé :*** à la sortie de Podor en revenant vers la N2, prendre la belle piste de latérite sur la gauche. Excellente jusqu'à Guédé, à une vingtaine de kilomètres. Le village compte environ 300 habitants. Ne pas oublier de saluer les habitants en entrant dans le village et éventuellement le chef s'il n'est pas allé aux champs de mil comme la plupart des hommes. Très jolie petite mosquée en banco, trapue, dans un style « soudanais ». À Guédé, il y a une petite école de 6 classes où les enfants apprennent le français. Dans les champs, on cultive le riz, les oignons, les tomates et les gombos. Mais il n'y a pas assez de terre pour le nombre de familles, se plaint le chef.
Faire demi-tour, car la piste devient mauvaise, se divise, parfois s'efface.

★ ***Le mausolée de Wouro Madiyou :*** sortir de Podor vers la N2 et prendre à droite, après le pont sur le Doué, une piste à l'écart de laquelle on aperçoit un village dominé par une mosquée blanche inachevée. À l'intérieur de celle-ci, le mausolée, insolite dans la région, offre des baies et mosaïques d'inspiration arabe.

MATAM

Bien que la N2 soit en parfait état jusqu'à Ourossogui et que la piste entre cette dernière et Matam le soit aussi, Matam semble se mourir. Pourtant son site sur la rive haute du fleuve, en face de la Mauritanie, pourrait en faire une étape accueillante. Un jour peut-être... Malgré la pauvreté évidente, on ne harcèle pas le visiteur étranger, encore suffisamment rare pour ne pas y avoir importé de mauvaises habitudes. D'ailleurs qu'y viendrait-il faire en l'état actuel des choses ? Peut-être une escale lors d'un long périple africain, ou, pour nos lecteurs résidant au Sénégal ou au Mali, lors d'un petit voyage d'agrément complémentaire à la découverte de ces pays.

■ ***Centre de santé :*** ☎ 966-61-09.

Où dormir ? Où manger ?

🏠 🍽 ***Auberge Sogui :*** dans la rue principale d'Ourossogui, petite ville située au carrefour de la nationale et de la piste très mauvaise reliant Linguère à Matam. ☎ 966-11-98. Chambres simples, propres, avec ventilo ou clim'. Bon marché. Sanitaires à l'extérieur. Une avec douche privée, plus chic. Pour le repas, prévenir avant.

🍽 ***Restaurant-dibiterie Le Teddungal :*** dans la rue principale, à 200 m en allant vers le carrefour, sur la droite. Uniquement du mouton grillé. Très bon marché.

BAKEL

Avec ses maisons accrochées à flanc de collines, son panorama superbe, sa population accueillante, Bakel nous a semblé encore plus attachante et intéressante que Matam. Jumelée à Apt, des projets d'échanges culturels sont en cours de réalisation. On espère que cette ville à la population si sympathique trouvera les moyens de se mettre en valeur. Pour y aller, prendre la très bonne route de Saint-Louis. De Tambacounda, goudron jusqu'à Goundiri, puis piste roulante jusqu'à Kidira et Bakel.

ATTENTION ! Des conflits se sont produits ces dernières années entre des pasteurs et des bandes organisées de pilleurs entre Bakel et Kidira ainsi que du côté malien. Des dizaines de milliers de têtes de bétail ont disparu et des morts sont à déplorer entre les opposants. Quelques braquages sporadiques subsistent aux abords de la frontière. De plus, le poste frontière près de Kidira est peu visible et les policiers vous guettent un peu plus loin pour vous taxer, prétextant que vous n'avez pas fait tamponner votre passeport à l'entrée dans le pays...

Adresses utiles

■ ***Centre de santé :*** ☎ 983-51-02.
■ ***Gendarmerie :*** ☎ 983-51-06.

Où dormir ? Où manger ?

🏠 🍽 ***Hôtel Islam :*** dans la rue principale, sur la droite en allant vers le fort. Pour réserver : ☎ 983-52-75 (télécentre voisin). Grandes chambres simples avec lavabo fixé à une hauteur « spécial géant » et ventilo. Propre. Douche et w.-c. « à la turque » à l'extérieur. Accueil particulièrement chaleureux et ambiance familiale. Très bon marché. Bonne et copieuse cuisine pas chère.

Hôtel Ma Coumba : sur la corniche au-dessus du fleuve. ☎ 983-52-80 et 983-51-17. Une dizaine de chambres simples là encore.

À voir

★ ***L'ancien fort Faidherbe :*** coiffant une colline au-dessus d'une boucle du fleuve, il abrite la préfecture, mais on peut monter sur l'agréable terrasse ombragée pour contempler le paysage. En face, sur la rive basse, village mauritanien et ses cultures maraîchères bien nettes.

★ Sur une autre colline, de l'autre côté de la rue principale, la ***maison*** dite « ***de René Caillé »,*** où cet ancêtre routard aurait bivouaqué. A été entièrement rénovée, mais la grimpette pour l'atteindre n'est pas des plus avenantes : ordures, énormes canalisations, herbes folles, bref...

★ ***Le marché :*** en redescendant du fort, prendre la rue qui longe la poste sur la droite. En continuant, vous tomberez dessus. Quelques produits mauritaniens.
Le marché aux légumes, épices, etc., est sur le même côté que l'hôtel *Islam* et à deux pas.

LA GAMBIE

Pour la carte générale de la Gambie, se reporter au cahier couleur.

La Gambie est un très petit pays de 11 300 km² et de 1 248 000 habitants (le plus petit pays d'Afrique). C'est une étroite bande s'étendant sur 15 à 25 km de chaque côté du fleuve Gambie. Pas grand-chose à faire à l'exception de la bronzette mais le climat est agréable et les plages immenses sont peu dangereuses.
La Gambie est une ancienne colonie anglaise. Il est toujours amusant de rencontrer ces flics qui vous expliqueront votre chemin dans un *broken English*. Parfois moins amusant de rencontrer les douaniers, très tatillons et toujours à l'affût d'un petit billet qui vous évitera bien des tracasseries (on l'a testé pour vous !). Pour finir, à part peut-être ce qui concerne les hôtels et les restos, la Gambie est un peu moins chère que le Sénégal pour des achats tels que : cassettes, tissus, vêtements... Ce n'est pas négligeable.

COMMENT Y ALLER ?

➢ ***En avion :*** de France, voir chapitre « Comment aller au Sénégal et en Gambie » au début du guide. Les vols sont souvent pleins à Noël, car les avions passent par Dakar. Ne pas hésiter à réserver longtemps à l'avance si vous voulez partir pendant les vacances scolaires. Sinon, il existe des liaisons Dakar-Banjul avec *Air Sénégal* quatre fois par semaine. Le vol dure environ 35 mn, mais l'attente avant le décollage peut parfois durer plusieurs heures. Compter environ 84,6 € (550 F) pour un aller-retour. *Air Afrique* propose également des vols une fois par semaine (20 mn de vol), mais c'est plus cher qu'*Air Sénégal*.
➢ ***Par la route :*** si vous comptez venir de Dakar à Banjul en voiture individuelle, mieux vaut passer par Farafenni, car la route au nord de Banjul est dans un état innommable (lire dans le chapitre sur la Casamance, la rubrique « Comment aller en Casamance »).
– Pour aller en Gambie de Dakar, on peut prendre le car à Dakar. Départ à 8 h. Arriver 30 mn avant.

GÉNÉRALITÉS

CARTE D'IDENTITÉ

- ***Population :*** 1 248 000 habitants.
- ***Superficie :*** 11 300 km².
- ***Capitale :*** Banjul.

PLANS ET CARTES EN COULEURS

L'AFRIQUE NOIRE

NORD
Rosso
Podor
PARC NAT. DU DJOUDJ
Richard Toll
Dagana
Ndiayène Pendao
Gué
Barrage de Diama
PARC NAT. DE LA LANGUE DE BARBARIE
Saint-Louis
Lac de Guier
OCÉAN ATLANTIQUE
Langue de Barbarie
FOUTA
Louga
Kébémer
N 2
Linguè
M'Boro
Kayar
Lac Retba
Tivaouane
N 3
Rufisque
Thiès
Touba
Cap Vert
Dakar
Île de Gorée
Petite Côte
Toubab Dialao
Rés. de Bandia
Diourbel
Somone
N 1
M'bour
Nianing
Fatick
Kaolack
Joal-Fadiouth
Foundiougne
Kaffrine
Djiffer
Sokone
Passi
Pointe de Sangomar
SINE - SALOUM
Toubakouta
Nioro du Rip
Missirah
voir carte détaillée
Farafenni
Gambie
Banjul
GAMBIE
Diouloulou
N 4
Haute Casamance
Kafountine
N 5
Bignona
Marsassoum
Kolda
Basse Casamance
Sedhiou
N 6
Ziguinchor
Bambali
Djembering
Oussouye
Niaguis
Cap Skirring
voir carte détaillée
GUINÉE-BISSAU

Route goudronnée en bon état
Route goudronnée en mauvais état
Bonne piste
Mauvaise piste
MAURITANIE
Sénégal
Diorbivol
Mata
Kanel
N 2
ERLO
Sénégal
Diamounguel
Bake
Kidira
Sénoudébou
Goudiri
MALI
N 1
mbacounda
SÉNÉGAL
ORIENTAL
voir carte détaillée
N 7
Wassadougou
Dar Salam
élingara
Médina
Gounas
PARC NAT. DU
NIOKOLO-KOBA
Pays Bassari
Kédougou
GUINÉE
0
50
100 km

LE SÉNÉGAL

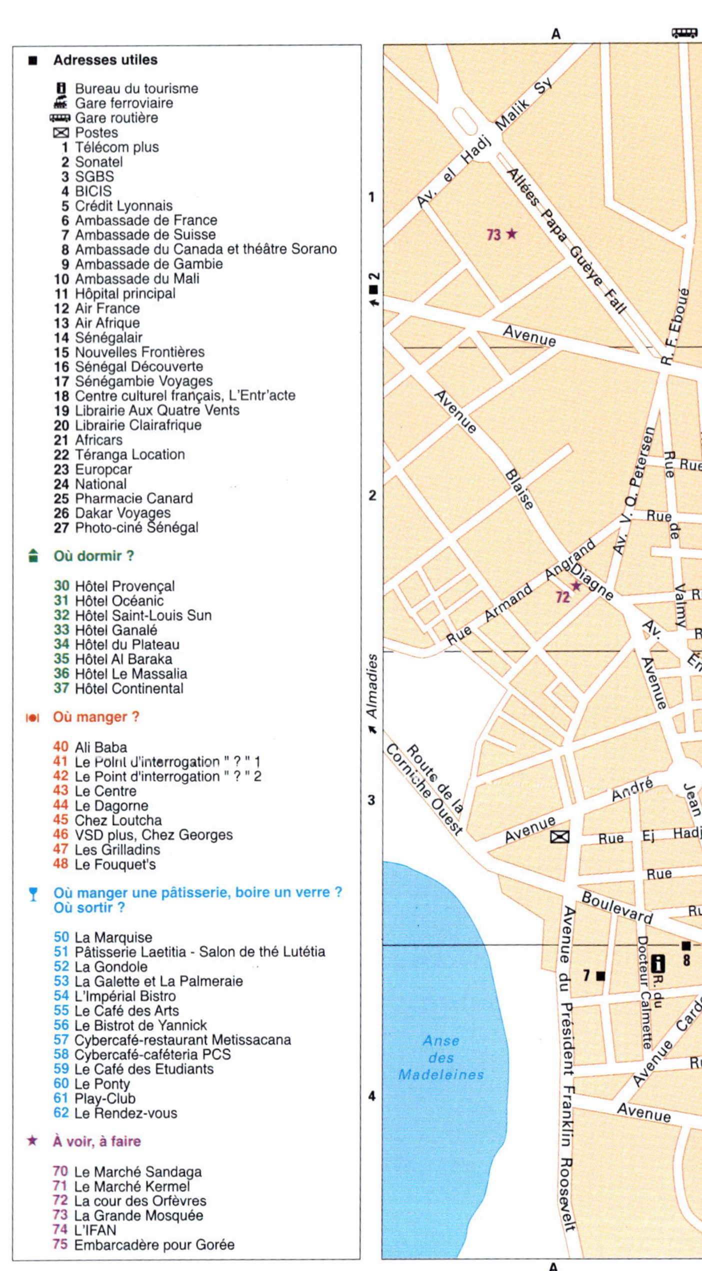
Adresses utiles
Bureau du tourisme
Gare ferroviaire
Gare routière
Postes
1 Télécom plus
2 Sonatel
3 SGBS
4 BICIS
5 Crédit Lyonnais
6 Ambassade de France
7 Ambassade de Suisse
8 Ambassade du Canada et théâtre Sorano
9 Ambassade de Gambie
10 Ambassade du Mali
11 Hôpital principal
12 Air France
13 Air Afrique
14 Sénégalair
15 Nouvelles Frontières
16 Sénégal Découverte
17 Sénégambie Voyages
18 Centre culturel français, L'Entr'acte
19 Librairie Aux Quatre Vents
20 Librairie Clairafrique
21 Africars
22 Téranga Location
23 Europcar
24 National
25 Pharmacie Canard
26 Dakar Voyages
27 Photo-ciné Sénégal
Où dormir ?
30 Hôtel Provençal
31 Hôtel Océanic
32 Hôtel Saint-Louis Sun
33 Hôtel Ganalé
34 Hôtel du Plateau
35 Hôtel Al Baraka
36 Hôtel Le Massalia
37 Hôtel Continental
Où manger ?
40 Ali Baba
41 Le Point d'interrogation " ? " 1
42 Le Point d'interrogation " ? " 2
43 Le Centre
44 Le Dagorne
45 Chez Loutcha
46 VSD plus, Chez Georges
47 Les Grilladins
48 Le Fouquet's
Où manger une pâtisserie, boire un verre ? Où sortir ?
50 La Marquise
51 Pâtisserie Laetitia - Salon de thé Lutétia
52 La Gondole
53 La Galette et La Palmeraie
54 L'Impérial Bistro
55 Le Café des Arts
56 Le Bistrot de Yannick
57 Cybercafé-restaurant Metissacana
58 Cybercafé-caféteria PCS
59 Le Café des Etudiants
60 Le Ponty
61 Play-Club
62 Le Rendez-vous
À voir, à faire
70 Le Marché Sandaga
71 Le Marché Kermel
72 La cour des Orfèvres
73 La Grande Mosquée
74 L'IFAN
75 Embarcadère pour Gorée
A
1
2
3
4
2
Almadies
Av. el Hadj Malik Sy
Allées Papa Guèye Fall
73
Avenue
R. F. Eboué
Avenue Blaise
Av. V. Q. Petersen
Rue
Rue de
Rue de Valmy
Rue Armand Angrand
Diagne
72
Av.
Avenue
Route de la Corniche Ouest
Avenue André
Jean
Rue Ej Hadj
Rue
Boulevard
Avenue du Président Franklin Roosevelt
7
8
R. du Docteur Calmette
Avenue Carde
Anse des Madeleines
Avenue

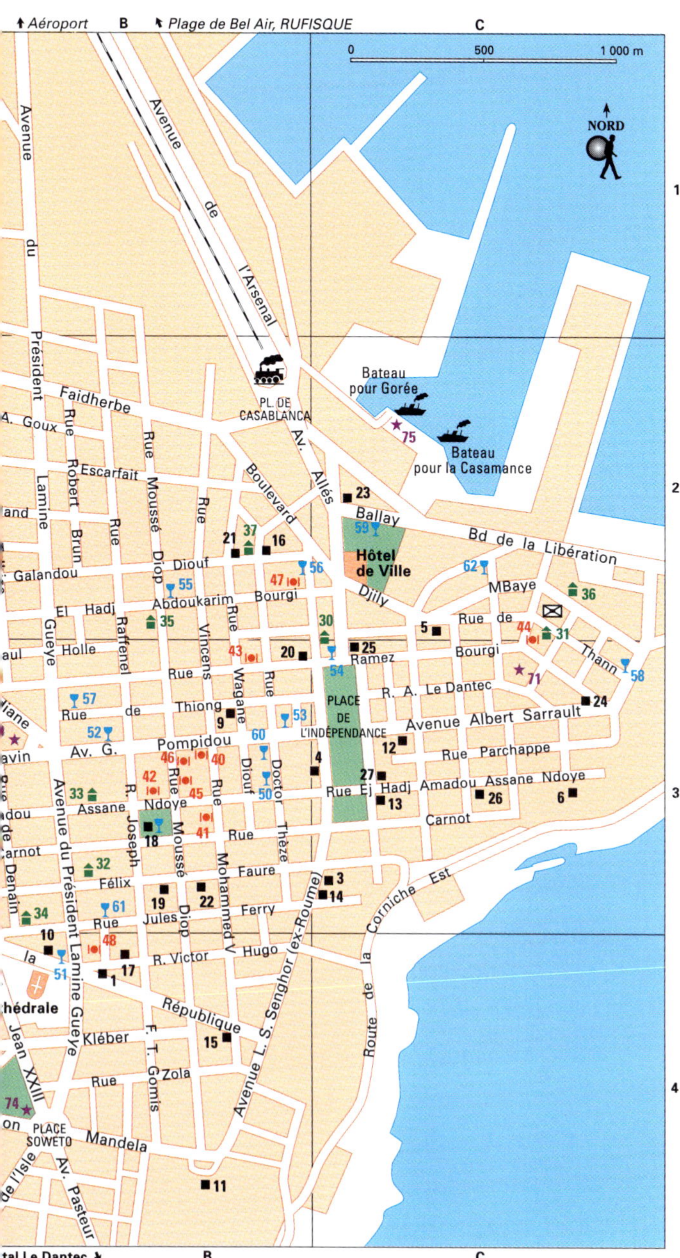
Aéroport
B
Plage de Bel Air, RUFISQUE
C
0
500
1 000 m
NORD
1
2
3
4
Avenue du Président Lamine Gueye
Avenue de l'Arsenal
PL. DE CASABLANCA
Bateau pour Gorée
Bateau pour la Casamance
Faidherbe
A. Goux
Rue Robert Brun
Escarfait
Rue Mousse Diop
Rue Vincens
Boulevard
Av. Allés
Ballay
Bd de la Libération
Hôtel de Ville
Djily
Diouf
Galandou
Abdoukarim
Bourgi
El Hadj
Gueye
Raffenel
Rue Wagane
Holle
Rue
MBaye
Rue de Thann
Bourgi
Ramez
R. A. Le Dantec
PLACE DE L'INDÉPENDANCE
Avenue Albert Sarrault
Rue Parchappe
Rue de Thiong
Av. G. Pompidou
Rue Ej Hadj Amadou Assane Ndoye
Carnot
Diouf
Doctor Thèze
R. Joseph
Assane
Ndoye
Rue Mousse Diop
Rue Mohammed V
Rue Faure
Félix
Jules Ferry
R. Victor Hugo
Corniche Est
Route de la Corniche
Avenue L. S. Senghor (ex-Roume)
République
Kléber
F. T. Gomis
Rue Zola
Jean XXIII
PLACE SOWETO
Mandela
Av. Pasteur
de l'Isle
hédrale
tal Le Dantec
B
C
1
3
4
5
6
9
10
11
12
13
14
15
17
18
19
20
21
22
23
24
25
26
27
30
31
32
33
34
35
36
37
40
41
42
43
44
45
46
47
48
50
51
52
53
54
55
56
57
58
59
60
61
62
71
74
75

DAKAR

NORD
Kaolack
Kaffrine
Ndofane
N 5
N 4
SÉNÉGAL
OCÉAN
ATLANTIQUE
Nioro du Rip
Karang
Bac
Banjul
Farafenni
Mansa
Bakau
Bara
Kerewan
Konko
Bac
Serrekunda
Tendaba
Camp
GAMBIE
Sénoba
Brikama
Bounkiling
Diouloulou
N 4
N 5
C A S A
Bignona
Casaman
N 4
Ziguinchor
N 6

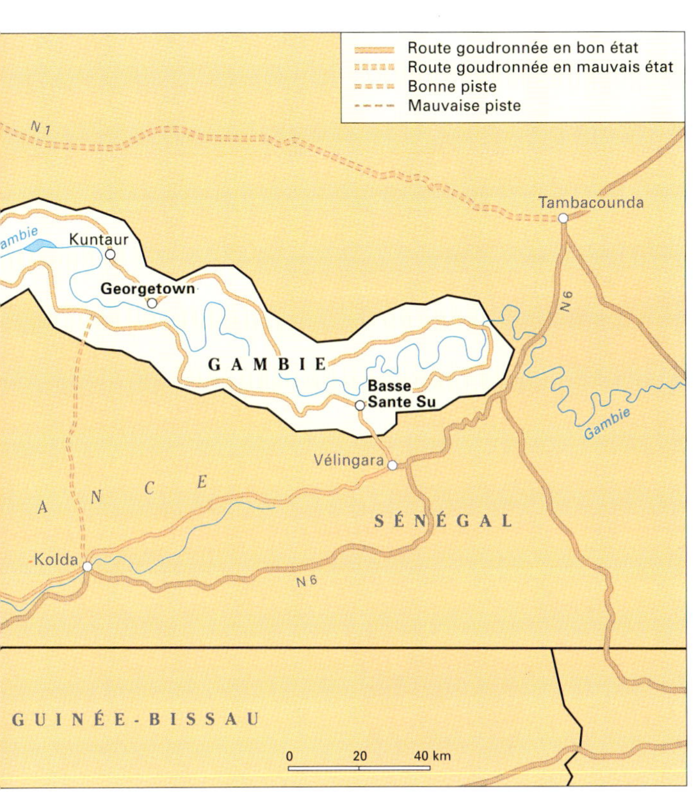

Route goudronnée en bon état
Route goudronnée en mauvais état
Bonne piste
Mauvaise piste
N 1
Tambacounda
Kuntaur
Georgetown
N 6
GAMBIE
Basse
Sante Su
Gambie
Vélingara
A N C E
SÉNÉGAL
Kolda
N 6
GUINÉE-BISSAU
0
20
40 km

LA GAMBIE

- ***Langues :*** anglais, ouolof (wolof), malinké, peul, etc.
- ***Monnaie :*** dalasi.
- ***Nature du régime :*** régime démocratique civil.
- ***Chef de l'État :*** Yayah Jammeh.

AVANT LE DÉPART

Adresses utiles

En France

■ ***Ambassade et consulat de Gambie :*** 117, rue Saint-Lazare, 75008 Paris. ☎ 01-42-94-09-30. Fax : 01-42-94-11-91. M. : Saint-Lazare. Ouvert de 9 h 30 à 16 h 30.

En Belgique

■ ***Ambassade de Gambie :*** av. Franklin-Roosevelt, 126, Bruxelles, 1050. ☎ 02-640-10-49. Ouvert de 9 h 30 à 16 h 30.

Formalités

Pour les Français, les Suisses et les Luxembourgeois, le visa est toujours obligatoire pour se rendre à Banjul mais cela pourrait changer prochainement. En principe, pas de visa pour les Belges. Depuis l'arrivée du nouveau régime, le prix du visa a triplé afin de renflouer les caisses de l'État mises à sac par les anciens dirigeants lors de leur fuite du pays. Sous réserve de modifications ultérieures, le visa coûte 27,4 € (180 F). Le mieux est de le demander avant de partir. En France, comptez trois semaines en province et 48 h pour les Parisiens. Demandez un visa à entrées multiples (c'est le même prix et on ne sait jamais), cela vous permettra d'aller faire un tour au Sénégal et de revenir ensuite en Gambie. Ceux qui téléphoneront à l'ambassade de Gambie à Paris pour avoir le formulaire de demande de visa s'assureront que le réceptionniste a bien noté l'adresse de destination.
– *À Dakar :* haut-commissariat de Gambie, 11, rue Thiong, à l'angle de la rue Wagane-Diouf. ☎ 821-44-76. Fermé les samedi et dimanche.
Compter 24 ou 48 h pour obtenir le visa. Le bac pour Banjul ne fonctionne que de 8 h à 19 h à raison d'un passage toutes les 3 heures si, entre-temps, il n'est pas tombé en panne.
– Pour ceux qui voyagent en voiture particulière : la douane sénégalaise doit vous délivrer un « laissez-passer » que la police et la douane gambiennes réclament souvent (voir dans le chapitre sur la Casamance la rubrique « Comment aller en Casamance ». Bien vérifier que l'on a tous les papiers de la voiture, car ils sont plus demandés que les passeports. Ne rien oublier avant de franchir la douane (même la fiche de location si la voiture est louée) : les Gambiens sont très tatillons question paperasse. Ne payer la taxe de passage qu'une fois (à l'entrée de la Gambie) et garder l'attestation de paiement. En aucun cas on ne doit acquitter une soi-disant taxe de sortie. Prévoir une quantité suffisante de F.CFA ou de dalasis pour la douane et les nombreux postes de police « à péage » ! Penser aussi à franchir la douane entre 8 h et 12 h ou entre 15 h et 18 h, sous peine de payer plus cher. Bref, se munir surtout de beaucoup de vigilance, de patience et d'humour.

■ ***Action-Visas.com :*** 69, rue de la Glacière, 75013 Paris. ☎ 0826-000-726. Fax : 0826-000-926. • www.action-visas.com • Ouvert du lundi au vendredi de 9 h 30 à 12 h et de 13 h 30 à 18 h 30. Le samedi de 9 h 30 à 13 h. Vous pouvez utiliser les services de cette société qui s'occupe d'obtenir et de vérifier les visas. Le délai est rapide, le service fiable et vous n'aurez plus à patienter aux consulats ni à envoyer aux ambassades votre passeport avec des délais de retour incertains et surtout, sans interlocuteur... ce qui permettra d'éviter les mauvaises surprises juste avant le départ. Pour la province, demandez le visa par correspondance. Possibilité de télécharger gratuitement et imprimer les formulaires officiels 24 h/24 sur leur site internet (infos actualisées sur les visas). N'oubliez pas de vous recommander du *Guide du routard* une réduction vous sera accordée.

Vaccinations

– Attention, vaccination impérative contre la *FIÈVRE JAUNE* (au moins 10 jours avant le départ). Se reporter à la rubrique « Vaccinations » en début d'ouvrage.

Carte internationale d'étudiant

Elle permet de bénéficier des avantages qu'offre le statut d'étudiant dans le pays où l'on se trouve. Cette carte ISIC donne droit à des réductions (transports, musées, logements...).

Pour l'obtenir en France

Se présenter dans l'une des agences des organismes mentionnés ci-dessous.
– Fournir un certificat prouvant l'inscription régulière dans un centre d'études donnant droit au statut d'étudiant ou élève, ou votre carte du CROUS.
– Prévoir 9,2 € (60 F) et une photo.
On peut aussi l'obtenir par correspondance (sauf au CTS). Dans ce cas, il faut envoyer une photo, une photocopie de votre justificatif étudiant, une enveloppe timbrée et un chèque de 9,2 € (60 F).

■ ***OTU :*** central de réservation, 119, rue Saint-Martin, 75004 Paris. ☎ 01-40-29-12-12. M. : Rambuteau.
■ ***USIT :*** 6, rue de Vaugirard, 75006 Paris. ☎ 01-42-34-56-90. RER : Luxembourg. Ouvert de 10 h à 19 h.
■ ***CTS :*** 20, rue des Carmes, 75005 Paris. ☎ 01-43-25-00-76. M. : Maubert-Mutualité. Ouvert de 10 h à 18 h 45 du lundi au vendredi et de 10 h à 13 h 45 le samedi.

En Belgique

La carte coûte environ 8,7 € (350 Fb) et s'obtient sur présentation de la carte d'identité, de la carte d'étudiant et d'une photo auprès de :

■ ***C.J.B. L'Autre Voyage :*** chaussée d'Ixelles, 216, Bruxelles, 1050. ☎ 02-640-97-85.
■ ***Connections :*** renseignements au ☎ 02-550-01-00.
■ ***Université libre de Bruxelles*** (service « Voyages ») **:** av. Paul-Héger, 22, C.P. 166, Bruxelles, 1000. ☎ 02-650-37-72.

En Suisse

Dans toutes les agences SSR, sur présentation de la carte d'étudiant, d'une photo et de 9,3 € (15 Fs).

■ ***SSR :*** 3, rue Vignier, 1205, Genève. ☎ (022) 329-97-35.

■ ***SSR :*** 20, bd de Grancy, 1006, Lausanne. ☎ (021) 617-56-27.

Pour en savoir plus

Les sites Internet vous fourniront un complément d'information sur les avantages de la carte ISIC. • www.isic.tm.fr • (site français) • www.istc.org • (site international)

ARGENT, BANQUE, CHANGE

La monnaie gambienne est le *dalasi,* divisé en *bututs.* En changeant 15,2 € (100 F), on obtient entre 185 et 195 dalasis.

Les F.CFA sont acceptés dans beaucoup d'endroits. En revanche, autant quitter la Gambie sans dalasis, car personne ne voudra les changer et surtout pas au Sénégal ! Les cartes bancaires ne sont pas acceptées partout. Préférer les chèques de voyage.

– La carte ***Eurocard MasterCard*** permet à son détenteur et à sa famille (si elle l'accompagne) de bénéficier de l'assistance médicale rapatriement. En cas de problème, appeler immédiatement le : ☎ (00-33) 45-16-65-65. En cas de perte ou de vol (24 h/24) : ☎ (00-33) 45-67-84-84 en France (PCV accepté) pour faire opposition. • www.mastercardfrance.com • Sur Minitel, 36-15 ou 36-16, code EM (0,2 €, soit 1,29 F/mn), pour obtenir toutes les adresses de distributeurs par pays et ville dans le monde entier.

– En cas de vol de votre carte ***Visa***, contactez, si vous habitez Paris ou la Région parisienne : ☎ 08-36-69-08-80, ou le numéro communiqué par votre banque.

– Pour la carte ***American Express***, en cas de pépin : ☎ 01-47-77-72-00.

BOISSONS

Le Sénégal et la Gambie étant si proches, on y trouve forcément les mêmes spécialités locales :

– Le *bissap* est plein de vitamine C. Vous pouvez vous le préparer vous-même en achetant au marché les fleurs de bissap que vous plongez dans de l'eau bouillante pendant 5 mn. Laissez ensuite refroidir, filtrez à travers un tissu et sucrez selon votre goût. Servez frais.

– Tout aussi énergétique est le *lait de coco*. Le long des routes, vous trouverez des petits marchands spécialisés dans la noix de coco. Ils vous la préparent pour que vous n'ayez plus que le soin de boire le lait et, éventuellement, manger la chair.

– Le *jus de bouye,* dit « pain de singe » : fruit du baobab. Thérapeutique efficace contre les petites diarrhées si ennuyeuses.

– De nombreux Gambiens boivent du *malta*; c'est assez spécial. Sinon, le *vinto* est un jus style Fanta (moins gazeux) de couleur rouge, dont le goût peut rappeler certains sirops contre la toux.

– La bière gambienne est la *Julbrew,* assez amère.

CUISINE

Le riz est l'aliment de base. Comme au Sénégal, les plats principaux sont le poulet ***yassa*** (poulet mariné puis grillé, servi avec des oignons et une sauce tomate), le ***domoda*** (riz avec de la viande ou du poisson accompagné d'une sauce tomate-cacahuètes) et le ***benachin*** (riz au poisson, servi avec de la viande pour les carnassiers). Plus ou moins épicés selon les goûts de chacun.
Pour les accros du poisson, barracuda et grupa sont excellents. On trouve parfois du phacochère ***(bushpig)*** pour les amateurs de gibier ; c'est le cousin africain de notre sanglier.
On pourra se procurer toutes sortes de produits frais, à commencer par les fruits exotiques. La saison des pluies est celle des mangues. Profitez-en. Elles ne coûtent pas cher et elles sont délicieuses. Idem pour les bananes, les papayes et les oranges (vertes !).

DANGERS ET ENQUIQUINEMENTS

Baignade

La mer n'est pas dangereuse, mais il faut faire attention aux marées. À marée descendante, un courant peut rapidement vous emporter au large. Attention aux grosses vagues si vous avez des enfants, ainsi qu'aux méduses, assez fréquentes.
Attention aussi à la fréquentation des plages. Mieux vaut lézarder sur une plage gardée ou assez fréquentée que sur une plage déserte, surtout si on est seul ou en couple. Plusieurs vols nous ont été rapportés et ce n'est pas très agréable de ne pas retrouver ses affaires quand on sort de l'eau. Ne prenez jamais avec vous d'objets précieux ou de fortes sommes en argent liquide.

Boomsters

Un petit mot sur les jeunes délinquants gambiens. Ils ne sont pas aussi violents que dans certaines des banlieues occidentales, mais quelques bijoux bien en vue, un sac un peu trop rebondi ou laissé ouvert... sont bien tentants. Pour le vol à la tire, la période cruciale est l'été. De fin juin à début septembre, le touriste se fait plus rare et, en période de vache maigre, les vols se développent.
Les Gambiens ne sont pas, par nature, agressifs. Si vous leur faites comprendre que vous n'avez pas besoin de guide ou que vous préférez vous promener seul, ils vous laisseront tranquilles.
Quant aux *boomsters,* ils ne sont pas vraiment méchants. Plutôt bavards et très curieux. Ils vous abordent de façon classique avec un « Hello my friend ! » et vous serrent la main avant de vous assaillir de questions du style « Comment tu t'appelles ? D'où tu viens ?... ». Une manière comme une autre de capter votre attention, mais pas de paranoïa.
Pendant la saison touristique, la plupart des plages et sites touristiques sont surveillés par des policiers chargés d'éloigner les gêneurs un peu collants. Malheureusement, c'est parfois l'occasion de bavures.
Pour les routardes non accompagnées, certains *boomsters* vont parfois jusqu'à proposer leurs services.

DROITS DE L'HOMME

Le président Yahya Jammeh ne s'est jamais privé de contester certaines décisions de son ex-homologue sénégalais dans ce domaine. Ainsi avait-il fermement condamné la décision d'Abdou Diouf concernant l'interdiction de la pratique de l'excision. En Gambie, ce type de mutilation concerne entre 60 et 90 % des femmes.

Des atteintes à la liberté de la presse sont relevées assez régulièrement, sous des formes diverses. La parution d'un nouveau journal privé, *The independent* avait également été suspendue, et trois de ses journalistes arrêtés, pour « défaut de registre de commerce ». Est-ce un hasard si dans le premier numéro publié, une déclaration du Parti démocratique uni (principal parti d'opposition) qualifiait Yahya Jammeh de « chef d'État le plus corrompu d'Afrique » ?

Des cas de tortures et de mauvais traitements ont, en outre, été relevés par des organisations de défense des Droits de l'homme, qui condamnent dans l'ensemble l'impunité totale dont bénéficient leurs auteurs.

S'il fallait enfin une démonstration de l'estime portée aux Droits de l'homme par Yahya Jammeh, il suffit de se reporter à ses propos tenus lors des cérémonies qui ont marqué le cinquième anniversaire du coup d'État qui l'a placé au pouvoir, il a alors fustigé les gouvernements « occidentaux », qui veulent imposer « leur conception de la démocratie » aux peuples africains. Un discours qui en dit long quant à sa propre « conception africaine » de la démocratie et des Droits de l'homme.

Bien qu'un régime démocratique civil soit de retour en Gambie, des prisonniers d'opinion sont toujours détenus depuis de nombreuses années. Des pratiques de torture ont été déplorées et des cas de condamnation à mort maintenus.

Pour en savoir plus, n'hésitez pas à contacter :

■ ***Fédération Internationale des Droits de l'homme :*** 17, passage de la Main-d'Or, 75011 Paris. ☎ 01-43-55-25-18. Fax : 01-43-55-18-80. • fidh@csi.com • www.fidh.imaginet.fr • M. : Ledru-Rollin.

■ ***Amnesty International (section française) :*** 76, bd de la Villette, 75940 Paris Cedex 19. ☎ 01-53-38-65-65. Fax : 01-53-38-55-00. • admin-fr@amnesty.asso.fr • www.amnesty.org • M. : Belleville.

N'oublions pas qu'en France, les organisations de défense des Droits de l'homme continuent de se battre contre les discriminations, le racisme et en faveur de l'intégration des plus démunis.

ÉCONOMIE

L'économie gambienne est très dépendante de l'arachide, culture d'exportation par excellence, dont elle est le second producteur mondial (quantité rapportée au nombre d'habitants). 60 % de la population active travaille dans l'agriculture. Le riz, le mil et le sorgho, ainsi que les produits de l'élevage sont destinés à la consommation locale. Les arachides représentent environ le tiers des recettes annuelles d'exportation. Depuis peu se développent aussi les cultures de coton, de sisal, des agrumes et du tabac.

Quant au tourisme, il s'est développé depuis près de quinze ans et il représente aujourd'hui une activité importante et rentable.

ÉLECTRICITÉ

220 V. 50 Hz. Prise anglaise le plus souvent. Prévoir un adaptateur.

Les coupures d'électricité sont courantes (quotidiennes dans certains quartiers) mais les hôtels ont presque tous des générateurs. Il arrive en revanche certains jours qu'il n'y ait pas de jus pendant plus de 10 h. Évitez de prendre une chambre à côté d'un générateur, car ils sont souvent très bruyants.

FAUNE

Les chasseurs et la perte progressive des forêts, par suite de la sécheresse et de la cuisine traditionnelle au charbon de bois, ont été cause de la disparition, en Gambie, de beaucoup d'animaux. La dernière girafe s'est noyée en 1899, le dernier éléphant a été massacré en 1913. Puis les chasseurs ont fait disparaître les élans de Derby, buffles sauvages, cobes, antilopes. Aujourd'hui, de cette époque révolue, il subsiste une centaine d'hippos, quelques lions, gazelles, biches, cervals, phacochères, varans et beaucoup de singes. Mais les grands animaux sont de moins en moins nombreux. Heureusement, il y a les oiseaux : 489 espèces répertoriées, dont 200 migrateurs. Surtout, ne pas oublier de visiter le parc d'Abuko.

FÊTES ET JOURS FÉRIÉS

La Gambie est un pays musulman. Certains jours fériés et fêtes dépendent donc du calendrier lunaire, notamment la *korité,* qui marque la fin du jeûne, la *tabaski* (fête du mouton) et le *gammo* (anniversaire de la naissance du Prophète).
Le 1er janvier est férié, ainsi que le 18 février (jour de l'indépendance du pays), le 22 juillet (date anniversaire de la prise du pouvoir de Jammeh), le 15 août (jour de la Sainte-Marie) et le 25 décembre (Noël).

GÉOGRAPHIE

La Gambie, c'est avant tout son fleuve. Il prend sa source dans le Fouta-Djalon en Guinée-Conakry et serpente sur plus de 1 000 km dans le Sénégal oriental avant de devenir gambien à part entière dans ses derniers 500 km. Une curiosité : comme pour le fleuve Casamance, l'eau salée remonte loin. Kuntaur en marque la limite approximative mais, pendant la saison sèche, l'eau salée peut remonter jusqu'à plus de 200 km. On ne peut alors s'en servir pour l'irrigation des zones agricoles. Le fleuve est navigable sur 240 km à partir de l'Atlantique.

HISTOIRE

La Gambie fut explorée d'abord par les Portugais au XVe siècle, puis par les Anglais aux XVIe et XVIIe siècles. Cette époque est dominée par la traite des esclaves. Le traité de Versailles, en 1783, accorda la Gambie à l'Angleterre. D'abord colonie, puis protectorat, la Gambie accéda à l'indépendance en 1965. En 1970, un référendum constitua le pays en république. À sa tête depuis le début, Al-Hadji Sir Dawda Kairaba Jawara, dirigeant du PPP (People's Progressive Party) avec lequel il fut l'artisan du processus menant à l'indépendance.
À la suite d'un coup d'État raté, la Gambie est entrée avec le Sénégal dans une confédération sénégambienne en 1982. Un processus d'unification prévoyait l'intégration des armées des deux pays en une seule et le développement d'une union douanière et monétaire. Mais au fil des ans, les rapports entre les deux pays n'ont cessé de se dégrader, jusqu'à la rupture de l'accord de confédération en 1989. Comme si ces deux anciennes colonies reproduisaient les vieilles querelles France-Angleterre ! Certains parlent de problèmes de culture et de langue... L'une des conséquences de ces conflits : l'abandon du projet de construction d'un pont sur le fleuve Gambie pour remplacer le bac. Dommage...
Dawda Jawara a été renversé le 22 juillet 1994. À la tête du Conseil provisoire de gouvernement des forces armées (AFPRC), le capitaine Yayah Jammeh a dû céder aux bailleurs de fonds occidentaux et organiser des élections en septembre 1996 à l'issue desquelles il a été officiellement élu.

INFOS EN FRANÇAIS SUR TV5

En Gambie, TV5 est reçue par satellite : NSS 803 analogique, PAS 4 (bouquet Multichoice).
Les rendez-vous avec l'info sont :

heure locale	*journal*
3 h 00	JT Canadien (RDI)
3 h 30	Journal des journaux francophones
7 h 30	JT Canadien (Radio)
9 h 00	TV5 le journal
11 h 30	JT France 3
13 h 00	TV5 le journal
15 h 00	TV5 le journal
15 h 15	TV5 Questions
19 h 00 (du vendredi au dimanche)	JT Belge (RTBF)
19 h 00 (du lundi au jeudi)	JT Suisse (TSR)
19 h 30	JT France 2
19 h 00	JT France 2
23 h 45	Soir 3 (France)

MÉDIAS

Presse, radio et télévision

The Daily Observer et *The Gambia Daily* sont les deux principaux quotidiens du pays. Vous pourrez y jeter un coup d'œil entre deux baignades. Un troisième journal, *The Point,* paraît deux fois par semaine. On trouve facilement toutes les revues anglaises ou américaines, quoique avec un peu de retard. Vous trouverez plus rarement des revues françaises.
Quant aux radios, elles proposent essentiellement des programmes de musique africaine. *Radio Gambia* est la station du gouvernement et *Radio Syd* la seule radio privée du pays.
En ce qui concerne la télévision, jetez un coup d'œil sur les chaînes de TV gambiennes. Elles présentent parfois de bons reportages montrant l'intérieur du pays ou les déplacements du président Jammeh. En revanche, tous les grands hôtels ont l'antenne satellite qui permet de capter CNN, TV5, 2M (chaîne marocaine qui diffuse films et reportages en français), ainsi que diverses chaînes du Moyen-Orient.

PHOTOS

On trouve des pellicules photo dans tous les supermarchés du Grand Banjul. Pas de noir et blanc, mieux vaut s'en munir avant le départ. De toute façon, le choix est réduit, alors si vous utilisez des produits particuliers, apportez-les avec vous.
Les Gambiens n'aiment pas particulièrement qu'on les photographie. Vous aurez souvent du mal à les convaincre de coopérer. Un conseil : toujours demander l'autorisation. Cela peut vous éviter des ennuis.

POPULATION

Vu l'exiguïté de son territoire, la Gambie possède la 4e place pour ce qui est du nombre d'habitants au km^2. Les Mandingues, avec 40 %, représentent le groupe ethnique le plus important. Les Fulas (Peuls), avec 18 % de la population, sont en deuxième position. Ils sont pasteurs nomades avant tout. Les Wolofs sont surtout présents à Banjul. Les Diolas (10 %) se répartissent de part et d'autre de la frontière avec la Casamance. Les Sarakholés, qu'on retrouve aussi au Mali et au Sénégal, sont d'abord des commerçants. Et puis, en nombre plus réduit, les Toucouleurs et les Sérères (ces derniers sont surtout pêcheurs). En fait, le brassage des ethnies est très important. De plus, dans la région, les liens parentaux se moquent souvent des frontières.

POSTE

Le courrier est assez lent. Vous serez sans nul doute rentré depuis plusieurs semaines avant que votre courrier n'arrive à destination. Il faut compter deux semaines pour la France et de trois à quatre semaines dans le sens inverse. En revanche, vous pouvez envoyer des aérogrammes ou mieux des e-mails. L'acheminement est un peu plus rapide. Pour ceux qui vont s'installer en Gambie, l'envoi de colis est fortement déconseillé. Il n'est pas rare qu'ils disparaissent.

SANTÉ

Penser à lire les rubriques « Santé » et « Vaccinations » dans les Généralités, en début d'ouvrage.
Dans tous les cas, souscrivez avant de partir une assurance qui comprend le rapatriement sanitaire.
Si vous êtes malade, pas de panique, le corps médical gambien est plutôt au point. On trouve des pharmacies presque partout, surtout à Banjul.

TÉLÉPHONE

En ce qui concerne téléphone et fax, le code pour la Gambie est : 00-220. De Gambie pour la Belgique 00-32, pour la France 00-33, pour la Suisse 00-41.
On trouve des cartes téléphoniques à Gamtel (plusieurs bureaux à Banjul). Également des télécentres où l'on paye en fonction du temps de communication. Veillez à ce que le compteur soit bien remis à zéro avant de passer votre coup de fil, on ne sait jamais.

TRANSPORTS

Il n'existe aucune ligne aérienne intérieure (le pays est petit) et aucune voie ferrée non plus.
Pour circuler, préférez les taxis. Il en existe de deux sortes, les jaunes et les verts. On trouve les premiers dans le Grand Banjul. Le tarif est le même pour tous (2 dalasis, soit 0,1 €). Si vous quittez l'axe Serrekunda – Kairaba Avenue – Bakau – Kairaba Avenue – Serrekunda, vous pourrez négocier plus facilement les prix avec les jaunes qu'avec les verts. Dans ce cas, vous dites au chauffeur « Town trip » (voyage en ville) et vous lui donnez l'adresse où vous vous rendez. Marchandez, les taxis verts sont des pièges à touristes. Leurs prix sont prohibitifs et ils ont le plus souvent des tarifs préétablis qu'il est difficile de faire baisser.
Quant aux taxis-brousse, ils vous emmènent partout. Comptez cinq bonnes heures pour aller jusqu'à Georgetown.

Routes

Le terme de route est un bien grand mot pour désigner le réseau de pistes gambien. Sable, cailloux et poussière les caractérisent. Après la saison des pluies, les conducteurs tenteront de zigzaguer entre les trous.

Distances

Banjul-Abuko :	*23 km*	Banjul-Base :	*396 km*
Banjul-Bakau :	*12 km*	Banjul-Brufut :	*23 km*
Banjul-Brikama :	*97 km*	Banjul-Farafenni :	*125 km*
Banjul-Dakar :	*300 km*	Banjul-Gunjur :	*50 km*
Banjul-Georgetown :	*300 km*	Banjul-Kartang :	*61 km*
Banjul-Kaolack :	*150 km*	Banjul-Serrekunda :	*7 km*
Banjul-Kerewan :	*60 km*	Banjul-Soma :	*185 km*
Banjul-Ziguinchor :	*180 km*	Banjul-Sukuta :	*18 km*
Barra-Kerewan :	*51 km*	Banjul-Tendaba :	*155 km*
Banjul-aéroport :	*30 km*	Gunjur-Brikama :	*18 km*

LE GRAND BANJUL

Le Grand Banjul comprend la capitale et les micro-villes qui s'articulent autour de Kairaba Avenue : Serrekunda, Bakau, Kotu, Kololi, Cape Point. Il est peut-être plus intéressant de dormir en périphérie et de consacrer une journée à la visite de la capitale.

BANJUL

C'est la ville administrative qui fourmille pendant la journée et que l'on fuit la nuit. C'était la plus grande ville de l'embouchure du fleuve Gambie (environ 20 km de large) et elle commandait stratégiquement la région. En 1816, les Anglais s'y établirent et créèrent *Bathurst,* aujourd'hui Banjul (prononcer « Banioul »), capitale de la Gambie. La ville présente peu d'intérêt. Cité coloniale décadente, elle a été reprise en main par le nouveau gouvernement : lutte contre l'insécurité, assainissement des rues, du marché...

Arrivée à l'aéroport

La fouille des bagages est quasi systématique. Des taxis attendent à la sortie de l'aéroport. Ils sont verts, donc chers. Mais en l'absence de navettes, ils ont un net avantage dans la négociation du prix. Si vous êtes chanceux, vous tomberez peut-être sur un bus. Sinon il vous en coûtera environ 150 dalasis (12 €).

Adresses utiles

i ***Office du tourisme :*** Independence Drive. À côté de l'église Saint Mary. Longer le stade et tourner à gauche : c'est dans la cité administrative (PMO), à côté du palais présidentiel, au 1er étage. Peu de matériel touristique.

■ ***Alliance française :*** 2 Hill Street. Près du débarcadère. ☎ 27-710. Bibliothèque, journaux français et projection de film chaque vendredi soir.

Banques

■ ***Standard Bank :*** Ecowas Avenue. Ouvert du lundi au jeudi de 8 h à 13 h 30, et le vendredi de 8 h à 11 h. Change les chèques de voyage. Cabine téléphonique dans la cour (ça peut servir).
■ ***BICI :*** 11 Wellington Street. ☎ 28-145. Ouvert du lundi au vendredi de 8 h à 13 h 30. Jumelée avec une banque française. Accepte la carte *Visa* avec un chéquier.
■ ***Standard Chartered Bank :*** Buckle Street. ☎ 22-20-81. Fax : 22-24-37. Ouvert de 9 h à 13 h sauf le dimanche. Change.
■ ***Arab Gambian Islamic Bank Ltd. :*** 7 Buckle Street. ☎ 22-22-22. Fax : 22-37-70. Ouvert de 9 h à 13 h sauf le dimanche.
■ ***Continent Bank Ltd :*** même rue. ☎ 22-97-05. Mêmes horaires d'ouverture que les deux précédentes.

Services

■ ***Stations-service :*** Shell, sur Independence Drive, et Elf sur Wellington Street.
✉ ***Poste :*** Wellington Street, à côté d'Albert Market.
■ ***Bureau d'immigration :*** Serign Modou Sillah Street. Si vous voulez prolonger votre séjour, c'est là que vous devez aller. Tarif : 200 dalasis (15,4 €) par mois supplémentaire.
■ ***Supermarché*** *(Aladdin mini-market)* ***:*** Nelson Mandela Street.
– Également une boulangerie dans cette même rue, à côté d'un télécentre.
■ ***Gambia Methodist Bookshop :*** à l'angle de Ecowas Avenue et de Nelson Mandela Street (façade beige, pas d'enseigne). Bouquins, journaux, cartes postales, plans de la ville (photocopiés) et cartes du pays : demander la *Tourist Information & Guide Map* (très bien faite).

Compagnies aériennes et agences de voyage

■ ***Olympic Travels :*** Nelson Mandela Street. ☎ 22-33-70/71. Ouvert du lundi au samedi matin.
■ ***Ghana Airways :*** Buckle Street. ☎ 22-82-45. Propose plusieurs vols pour les pays alentour.

Pharmacies

■ ***Banjul Pharmacy :*** Independence Drive. ☎ 22-74-70. Ouvert du lundi au vendredi de 9 h 30 à 20 h 30, le samedi de 9 h à 19 h.
■ ***Kairaba Pharmacy :*** juste à côté de la précédente. ☎ 22-57-87. Ouvert du lundi au vendredi de 9 h à 17 h 30, le samedi de 9 h à 15 h.

Représentations diplomatiques

■ ***Consulat du Mali :*** 26, Grant Street. ☎ 22-84-33. Ouvert du lundi au vendredi matin.

Transports

Gare routière : angle de Gloucester Street et Sam Jack Terrace. Sur la droite en venant de l'Arche, au début de Gloucester Street.
Ferry : pour Barra. Au bout d'Orange Street.

Où dormir ?

Les hôtels sont chers à Banjul et le choix reste limité...

Prix moyens

Diana Hotel *(ex-Carlton)* **:** dans le centre-ville, au-delà de MacCarthy Square, sur la route de Serrekunda. ☎ 27-86-70. C'est une adresse sympa, la plus agréable de la ville. 40 chambres avec AC, sur 4 étages. Celles du 1er étage sont plus chères mais demeurent abordables. Déco simple mais l'endroit est très propre et l'accueil affable.

Apollo Hotel : en face du débarcadère du ferry, dans une rue perpendiculaire. Entrée sur Orange Street. ☎ 22-81-84. Fax : 22-78-61. Édifice moderne mais déjà délabré. Chambres avec douches et AC, un peu négligées. Curieusement plus cher que le *Diana*.

Chic

Atlantic Hotel : Marine Parade, la grande artère qui longe la mer. Beau quartier résidentiel. ☎ 22-78-31. Établissement de 204 chambres correctes (heureusement, vu les prix) mais pas très gaies. Déco très conventionnelle. Quelques suites avec frigo, TV et petite baignoire. Prestations annexes intéressantes : tennis, petite piscine, billard, pétanque. Excursions en mer, pêche. Boîte de nuit et animations certains soirs. Clientèle presque exclusivement scandinave. La plupart des circuits du Sénégal vers la Casamance organisés par les tour-opérateurs s'y arrêtaient pour le déjeuner.

Où manger ?

Bon marché

Ali Baba : Nelson Mandela Street. Snack libanais dans un cadre sommaire mais propre. Pour un petit creux rapide.

African Heritage Gallery Café : 16 Wellington Street. ☎ 22-69-06. Entrée qui ne paye pas de mine, sous les arcades. Correct. Sandwichs ou petits plats cuisinés. Agréable aussi pour se désaltérer après une matinée au marché de Banjul. De la terrasse, vous pouvez voir l'intense activité de la rue. Allez voir la galerie qui vend des œuvres d'artistes de différents pays : Gambie, Sénégal, Ghana, Togo, Mali... Vous trouverez des masques, des batiks, des bijoux, des sculptures...

Prix moyens

Bacchus bar-restaurant : sur la route de Serrekunda, entre le *Laguna Beach Hotel* et le *Palm Grove*. ☎ 22-79-48 ou 99-30-00. Fax : 46-21-76. Cuisine correcte. Pas trop d'attente. *Happy hours* tous les jours de 16 h à 17 h et de 22 h à 23 h. Transats disponibles. Bien pour passer un après-midi tranquille.

À voir

★ **L'Arche du 22-Juillet :** monument blanc dont on vous laissera apprécier l'esthétique, érigé pour commémorer la prise du pouvoir du capitaine Jammeh, devenu président de la République. Vous pouvez y monter pour découvrir la vue panoramique de Banjul. Il y a des expositions dans les étages, ainsi qu'un bar. On dit que les fondations ne sont pas très sûres, mais l'arche est toujours là. Il est vrai qu'un des bâtiments construits par le même architecte s'est récemment effondré. Devant le rond-point, vous n'échapperez pas à la massive statue du président.

★ ***Le marché :*** Albert Market, dans le centre. Grouillant d'activité. On peut y manger pour trois fois rien. Il est constitué de deux parties. Celle en plein air est pour l'alimentation (viandes, poissons). L'autre partie est réservée aux vendeurs de vêtements et au marché touristique. Paradis des faux. Attention aux douanes françaises et européennes, qui sont très strictes en matière de contrefaçons.

★ Quelques rares ***maisons*** ont un style « New Orleans », comme celles situées à l'intersection de Nelson Mandela Street et de Ecowas Avenue.

★ Les gamins jouant au ***cricket*** (eh oui !) sur MacCarthy Square.

★ ***Le Musée national :*** sur Gloucester Street à l'entrée de la ville, sur la route de Serrekunda. Ouvert de 8 h à 16 h du lundi au jeudi, et de 8 h à 13 h les vendredi et samedi. Petit musée un peu désuet. Présentation des arts populaires, des modes de vie traditionnels, d'un historique du pays. Le tout minimaliste mais sympa. Ce serait dommage de ne pas y aller sachant que les musées sont rares dans le pays. Entrée payante.

★ ***Le cimetière marin :*** à 1 km de Banjul, à deux pas de la plage, avec des tombes toutes blanches. Beaucoup d'Africains qui y sont enterrés répondent aux noms curieux de Cole, Forster, Wright, Turner, Stapleton ou Spalding. Ce sont les descendants des esclaves libérés lors de l'abolition de l'esclavage en 1772 (et qui avaient conservé le nom de leurs « employeurs ») ou ceux des soldats de l'armée britannique, originaires des Antilles anglaises.

Achats

Sur le marché de Banjul, on peut trouver toutes sortes de ***tissus*** plus jolis qu'au Sénégal (beaucoup de Sénégalais viennent ici spécialement pour en acheter). Il est vrai qu'on trouve, à Banjul, un grand nombre de magasins spécialisés regroupés sur Russell Street et Wellington Street. On passe d'un magasin à un autre. Certains n'ont que du tissu africain, d'autres ont des choix plus variés où tout le monde trouve son bonheur. Également sur Wellington Street, un magasin de tissu *(Startex)* tenu par une Française qui a un joli choix.
Possibilité de se faire faire des vêtements pour pas cher. Discuter ferme. Grande curiosité d'ailleurs que ces dizaines de tailleurs sous les arcades, s'activant toute la journée sur des machines à coudre datant du paléolithique pour satisfaire la boulimie des Gambiennes. Elles consomment, en effet, un grand nombre de boubous ou *granbubas,* chacune tenant à se personnaliser à tout prix. Un foulard de la même couleur, artistiquement noué, leur donne une grande élégance et un beau port de tête.

QUITTER BANJUL

Par la route

➢ ***Vers le nord et Kaolack :*** en bus ou taxi-brousse à Bara, de l'autre côté du fleuve (prendre le bac du port de Banjul).
➢ ***Vers le sud et Ziguinchor*** *(la Casamance)* ***:*** à environ 180 km. Bus (Ecowas Avenue) ou taxi-brousse pour Serrekunda ou Brikama, puis taxi-brousse pour Ziguinchor. Compter 3 h 30 de route. Fréquents contrôles douaniers ou de police. Éviter de photographier quoi que ce soit. On risque de gros embêtements si le douanier n'est pas sympa.

Par avion

➢ Liaisons Banjul-Dakar avec *Air Sénégal* trois fois par semaine. Possibilité de prendre *Ghana Airways* une fois par semaine. Les vols ont souvent du retard, ne vous inquiétez pas.
– *À signaler :* un tarif excursion très intéressant pour la Sierra Leone par *Ghana Airways* ou *Nigeria Airways.* Trois fois par semaine.
– *Attention :* si vous quittez le pays en avion, n'oubliez pas la *taxe d'aéroport* en devises étrangères d'environ 23 € (240 dalasis, soit 150 F).

KAIRABA AVENUE (PIPELINE)

Grande route qui relie Serrekunda, Bakau, Kotu et Fajara.

Adresses utiles

Représentations diplomatiques

■ ***Consulat du Sénégal :*** à côté de *My Supermarket* et *La Parisienne.* ☎ 37-37-52 ou 37-37-50.

Loisirs

■ ***Alliance franco-gambienne :*** ☎ 37-54-18. Bibliothèque, presse française variée et aussi presse gambienne. Cinéma tous les jeudis soir à 20 h 30. Les films sont en anglais sous-titré en français ou en français sous-titré en anglais. Également des expositions de peintures, de sculptures, de batiks... Buvette, club de pétanque. Lieu très convivial où se retrouvent les résidents, bien entendu.

Services

✉ ***Poste :*** bâtiment avec une grille bordeaux. Sur la droite en venant de Westfield.
■ ***Gamtel :*** juste à côté de la poste (un peu avant). Cabines à carte. Possibilité de téléphoner à l'intérieur et de payer en fonction du temps passé en communication. Également des fax.
■ ***Banjul Pharmacy :*** à côté de *My Supermarket*, sur Kairaba Avenue.
■ ***AK's Supermarket :*** tout le monde connaît. On y trouve un grand nombre de produits, et même des revues françaises.

Agences de voyages et compagnies aériennes

■ ***Discount Travel :*** en face de l'Alliance franco-gambienne. ☎ 37-41-00.
■ ***Afri-Swiss Travels Ltd. :*** 39, av. Kairaba. ☎ 37-17-62. Fax : 37-17-66. Représentant de ***Swissair***.
■ ***Sabena :*** en face de Newton Road. ☎ 49-63-04. Fax : 49-62-99.

Où dormir ?

Prix moyens

🏠 ***Malawi Hotel :*** derrière l'ambassade américaine. Prendre la rue à droite avant le *Palais du Chocolat* quand on vient de Serrekunda. Ensuite à gauche en suivant le panneau. ☎ 39-30-03. Chambres sombres, mais propres. Toutes n'ont pas la clim' mais certaines disposent d'une salle de bains. Établissement tranquille, loin des hordes de touristes. Fait aussi resto. Cuisine à l'anglaise très correcte. Buffet bon marché le vendredi soir.

Francisco Hotel : tout au bout de l'avenue Kairaba, en direction de Fajara. Tourner à gauche en face de la station Elf. ☎ 49-53-32. Quelques chambres correctes mais les salles de bains sont inégales. TV, clim' et frigo. Change possible à la réception. Possibilité de prendre des repas. Petit dej' compris.

Fajara Guesthouse : ☎ 49-61-22. Huit chambres simples mais propres avec ventilos. Salles de bains convenables. Personnel très aimable, une bonne adresse.

Plus chic

Safari Garden Hotel : à Fajara, prendre la rue en face du resto *Weezo's*. ☎ 49-58-87. Fax : 49-60-42. Dix-huit chambres correctes quoique un peu sombres avec clim' ou ventilo et frigo. Piscine. Petit dej' compris. Carte *Visa* acceptée. Quartier assez peu animé.

Où manger ?

Très bon marché à bon marché

Sen fast-food : au début de Kairaba Avenue. Snack libanais dans un cadre minimaliste. On commande au comptoir. Pas d'alcool, mais bons chawarmas. Fermé le soir.

Mama's : en allant vers Fajara. Tenu par une Suissesse installée en Gambie depuis des années. Cadre charmant, où l'on peut rencontrer des gens très sympas. Cuisine occidentale avec les fameux *röstis,* mais également ragoût de phacochère *(bushpig)* et autres plats africains... Éviter les desserts. Plat du jour à midi pour moins de 60 dalasis (3,8 €). Buffet le vendredi soir. Fermé le lundi. Agréable terrasse.

Hong Kong Garden : un peu avant la station Shell, à première vue, pas très affriolant. La déco est un peu désuète, mais les plats copieux. Très bonne cuisine asiatique.

Prix moyens à chic

Bamboo : derrière Kairaba Avenue. Un peu excentré par rapport au circuit des taxis. Ouvert uniquement le soir. Il vous faudra prendre un taxi « Town trip » (voir la rubrique « Transports intérieurs » dans les Généralités sur la Gambie) et demander au chauffeur de vous attendre. Ne le payez en totalité qu'au retour, comme ça vous serez sûr qu'il sera là. Donnez-lui un petit surplus pour l'attente.

Weezo's : jadis un restaurant mexicain. Ouvert seulement le soir. Cuisine occidentale de qualité. Portions un peu chiches. Cadre très agréable et petit bar avec grand choix de cocktails. À l'intérieur, une piste de danse.

BAKAU (PRONONCER « BAKAO »)

À une quinzaine de kilomètres à l'ouest de Banjul. Très belle plage et l'une des villes les plus agréables de Gambie. Malheureusement, cette magnifique côte s'est dotée de complexes touristiques chics et chers.

Comment y aller ?

➢ ***Pour s'y rendre de Banjul :*** prendre un minibus collectif de la 2ᵉ gare routière de Banjul, 200 m après celle pour Serrekunda. Sinon bus gambien, moins cher mais trajet plus long.

➢ De ***Serrekunda***, minibus ou taxis collectifs à la gare routière. On en trouve aussi à ***Kotu*** et à ***Kololi***.

Adresses utiles

■ ***Medical Research Council :*** Atlantic Road. En face de la *British High Commission*. ☎ 49-65-13.

✉ ***Poste :*** sur Atlantic Road. Grand bâtiment jaune pâle.

■ ***Gamtel :*** en face *d'African Village Hotel* sur Atlantic Road.

■ ***Change :*** *Standard Chartered Bank*, sur South Atlantic Road. ☎ 49-50-46. Ouvert du lundi au vendredi de 8 h 30 à 11 h 30 et de 16 h à 18 h 30 ; le samedi, de 16 h à 18 h 30. Change espèces, *travellers* et possibilité de retrait avec une carte de paiement sur présentation d'une pièce d'identité.

■ ***Olympic Travel :*** agence de voyages sur Newton Road. ☎ 49-72-05. Fax : 49-73-88. Billets pour le Sénégal et tous les pays d'Afrique de l'Ouest. Billets aussi pour les États-Unis, l'Asie et l'Europe. Agence sérieuse.

Où dormir ?

Bon marché à prix moyens

■ ***Bakau Guesthouse :*** 110 Atlantic Road. ☎ 49-50-59. En face du marché, après les vendeurs de fruits. Bâtiment rose pâle. Trois chambres entièrement équipées avec mezzanine, cuisine, salon, terrasse avec vue sur la mer, à prix raisonnables. Réfrigérateur et vaisselle à disposition.

■ ***Romana Hotel :*** Atlantic Road, côté marché. ☎ 49-51-27. Petit établissement d'une vingtaine de chambres simples ou doubles. Sommaires et sombres, mais propres. Ventilos. Petit dej' compris mais resto moyen. Spectacle certains soirs.

■ ***Friendship Hotel :*** situé au stadium de Bakau. ☎ 49-58-30. Étonnamment abordable. Construit par les Chinois et conçu pour accueillir les athlètes lors des compétitions, il accepte aussi les touristes. Chambres tristes et un peu rudimentaires mais très propres avec douche, ventilo et moustiquaire. Resto, tennis, piscine, basket, volley... Bon rapport qualité-prix et bon accueil.

■ Possibilité parfois de trouver à louer des ***chambres chez l'habitant.*** Solution évidemment la plus économique. Se rendre au centre de Bakau, au carrefour de la *CFAO* et de la *BICI*.

Plus chic

■ ***African Village Hotel :*** Atlantic Road, côté Ngala Lodge. ☎ 49-50-34 et 49-53-84. Fax : 49-60-42. Propose 82 chambres dans un cadre agréable. Chambres non climatisées, ventilo en supplément avec bains ou douche. Demandez donc celles qui ont vue sur la mer, un peu plus chères. Prestations à la hauteur : piscine, ping-pong, plage. Au resto, le chef togolais sert une cuisine afro-occidentale très correcte. Spectacle certains soirs. Bureau de change. Organise aussi des excursions.

■ ***N'Gala Lodge :*** 64 Atlantic Road. ☎ 49-76-72. Fax : 49-74-29. Il règne ici un calme olympien. Cinq suites spacieuses et bien décorées ayant vue sur la mer. Elles disposent toutes de la clim' ou d'un ventilo et d'une terrasse. Accueil pas terrible. On a parfois l'impression de déranger. Possibilité, pour ceux qui ne peuvent se payer l'hôtel, d'aller seulement y dîner. Même si le resto demeure cher et que la qualité a ostensiblement baissé ces dernières années, la cuisine reste très bonne.

Où manger ?

Bon marché

🍽 Pour les petits budgets, ***snacks*** dans une paillote ronde au carrefour de la *CFAO* et de la *BICI* et quelques gargotes sur New Town Road (rue parallèle à South Atlantic Road dans le centre).

🍽 ***The Bistro :*** 41 Kairaba Avenue. ☎ 926-38. Ouvert de 17 h à 1 h. Fermé le dimanche. Le nouveau resto à la mode. De bons plats pas très chers.

🍽 ***Rice Bowl :*** vers Cape St. Mary. Ouvert de 18 h à 23 h 30 tous les jours. Du carrefour *BICI* et *CFAO* (venant de Fajara), continuer South Atlantic Road. En principe, c'est fléché. À une grande patte d'oie, prendre à droite et continuer sur 1 km environ. C'est un peu dans la campagne. Pancarte indiquant le *Rice Bowl* à gauche. Grande villa aménagée en resto. Salle climatisée *clean* et paisible. Service stylé. Le menu A est particulièrement copieux et bon marché. À la carte, c'est un peu plus cher. Une bonne adresse.

🍽 ***Bamboo :*** à Fajara (c'est fléché au départ de Bakau). ☎ 957-64. Ouvert tous les jours de 17 h à 23 h. Maison récente dans un quartier résidentiel. Comme son nom l'indique, c'est un resto chinois. Et il a bonne réputation auprès de la colonie anglaise, alors...

🍽 ***Francisco :*** Pipeline Road et Atlantic Road Junction. Situé à Fajara, une commune limitrophe. À l'intersection de la route côtière allant au centre de Bakau et de la route principale venant de Serrekunda. Ouvert tous les jours jusqu'à 22 h 30. C'est à la limite du « Plus chic ». Un véritable joyau : un authentique et merveilleux jardin botanique abritant une centaine de variétés de plantes exubérantes ou aquatiques. Tables disposées au milieu de la verdure. La déco, le confort, la qualité de la cuisine et de l'accueil s'accompagnent de prix très raisonnables. Bons poissons et calamars. Goûter au délicieux « barracuda Banjul ». En principe, *Francisco* loue également une dizaine de chambres. Une de nos meilleures adresses assurément.

Un peu plus chic

🍽 ***Ambassador :*** 52 Pipeline Road. C'est la longue route perpendiculaire à South Atlantic Road et qui va de Fajara à Serrekunda. Bon standing et pourtant snacks, brochettes et sandwichs pas chers qu'on déguste dans un beau jardin pendant la saison sèche. Prix plutôt raisonnables : de bons steaks et des plats d'Europe centrale pour ceux qui aiment (*wiener schnitzel, goulasch,* etc.). Goûter au steak *Ambassador* et surtout à l'*Ambassador Sea-food Board* pour deux, un copieux et délicieux plateau de fruits de mer. Possibilité aussi de venir simplement déguster l'une des bières les moins chères du coin en écoutant Radio Syd, la meilleure radio privée de Gambie (blues, jazz, etc.).

🍽 ***Y Not :*** sur Pipeline Road, prendre la rue perpendiculaire à la hauteur de la mosquée. Petite maison au fond d'un jardin. Ouvert de 16 h à minuit. On prend un verre au bar sous le portrait de Sa Majesté, avant le dîner dans l'intimité d'un cadre européen. Cuisine orientale ou internationale : l'Afrique est loin ! Cher mais plutôt bon.

Où dormir ? Où manger à Kombo Beach ?

À 3 km de Bakau-Fajara s'étend la belle plage de ***Kombo Beach***. Ensemble touristique assez chicos comprenant plusieurs hôtels.

🏠 🍽 ***Bakutu :*** petit hôtel dans un agréable cadre verdoyant. Prix encore acceptables. Très propre. Intéressant pour y boire un coup, mais pas pour y manger.
🏠 🍽 ***Bungalow Beach :*** la plupart des chambres sont louées par les agences scandinaves. Tenter sa chance. Valable si l'on est trois ou quatre (ne pas le dire, bien sûr!), car ce sont en fait de véritables deux-pièces, avec salon-cuisine équipée. Bon resto. Piscine.
🏠 ***Kombo Beach Hotel :*** ce club de vacances construit par Novotel est ouvert depuis décembre 1983. Piscine, sports nautiques et golf à proximité. Un bon rapport qualité-prix.
🍽 ***Bar et resto du marché artisanal :*** pas chers.
🍽 Petit resto, ***Lebato,*** avec cases et hamacs en bordure de mer, au-dessus du *Fajara Hotel.* Demander l'*African food,* à base de poisson ou de poulet. Délicieux et bon marché. Possibilité de déguster du poisson frais grillé sur la plage.

Où boire un verre? Où écouter de la musique à Bakau-Fajara?

Dans le quartier de Katchikali, il y a un ancien cinéma où se produisent parfois des groupes. Sinon, ils tournent dans les bars (*Cape Point, etc.).* Ne pas rater les meilleurs groupes : Bantada Bindey, Kunta Kinte et Mandingo.

🍷 ***Tropic Smile :*** South Atlantic Road, à 300 m du centre de Bakau à côté du marché. Chouette jardin derrière la maison pour déguster une bière. Petite piste de danse avec karaoké et musique africaine certains soirs. Le patron, avec ses perruches et tatouages, fait très colon-aventurier! Resto également où se retrouvent les résidents.
🍷 ***Bambadinka :*** South Atlantic Road. En plein centre. Fait resto, mais mieux vaut se contenter d'un verre. Ambiance rasta.
– Quelques ***boîtes*** à Fajara aussi, en bord de mer.

À voir

★ ***Katchikally*** *(sacred crocodile pool)* **:** sorte de mare avec des crocodiles, comme son nom l'indique. Entrée payante. Ceux qui voudront s'aventurer à en caresser un ou deux demanderont la permission au gardien, mais attention, ça mord ces bestioles! Ils sont normalement dans un état léthargique, mais ce n'est qu'apparent. On vous proposera aussi d'acheter un poulet pour leur donner à manger.

★ ***African Art Gallery :*** Newton Road. En face de Farmland et au-dessus du salon de coiffure où il faut demander Suelle. Ouvert entre 10 h et 13 h. Cette galerie présente divers objets d'art africain, pas seulement gambiens (masques, statuettes...), dans un espace joliment présenté.

➤ *DANS LES ENVIRONS DE BAKAU*

★ *CAPE POINT*

Où dormir? Où manger?

🏠 🍽 ***Fawltry Towers :*** sur la route qui mène au *Sunwing,* à 3 mn à pied de la plage. ☎ 49-76-53. Les taxis connaissent. Douze appartements très jolis et particulièrement soignés. Clim'. Mobilier tout neuf. Salle de bains avec douche ou baignoire et cuisine avec vaisselle. Excellente adresse et très bon rapport qualité-prix. Resto correct. Un des seuls à prix abordables.

🏠 ***Cape Point Hotel :*** à Cape Saint Mary, à 1 km du centre de Bakau. Entre deux usines à loisirs. ☎ 49-77-38. Un ensemble de petits bungalows propres et agréables au milieu d'un grand jardin fleuri. Belle terrasse pour siroter une boisson fraîche. Assez cher, mais bon rapport qualité-prix. Resto. Piscine. Location de vélos. Plage à 100 m.

|●| ***Clay Oven :*** Old Cape Point. ☎ 49-66-00. Fermé à midi. Restaurant indien doté de l'un des meilleurs services du pays. Forcément plus chic. Très apprécié pour la qualité de sa cuisine et de son service. Terrasse agréable pour routards en voyage de noces. Buffet le mercredi soir.

Une adresse hors du commun

|●| ***Yvonne Class :*** à Cape Point, après le supermarché Saint Mary. ☎ 96-222. Ouvert en 1989 par des gastronomes français, un resto classieux que l'on a du mal à imaginer dans ce petit pays d'Afrique ! La propreté des cuisines prouve à elle seule la qualité de l'endroit (on en voit rarement d'aussi étincelantes)... Le service est bien sûr impeccable, la cave à vin splendide et les plats à l'avenant : homard, poisson, foie gras et tournedos. Prix étonnamment abordables.

KOLOLI

Adresses utiles

■ ***Boule Financial Office :*** dans la boutique touristique Koloto. Ouvert de 10 h à 13 h et de 16 h à 19 h. Change sans commission les travellers, mais pas de retrait avec cartes de paiement.

■ ***Standard Chartered Bank :*** ouvert du lundi au vendredi de 9 h à 12 h et de 16 h à 18 h 30. Le samedi, de 16 h 30 à 18 h 30. Accepte les cartes de paiement sur présentation d'une pièce d'identité.

Où dormir ? Où manger ?

Les restaurants n'ont rien d'exceptionnel et les hôtels non plus. Difficile d'en trouver un qui soit vraiment bon marché. Compter au moins 570 dalasis (45,7 €) pour une chambre double.

Bon marché à prix moyens

|●| ***Ali Baba :*** rue Al-Amir. Snack sympa. Le soir, la terrasse est bondée.

|●| ***Al Amir :*** angle Badala Highway et Senegambia Highway. Restaurant libanais. Buffet à volonté le vendredi soir. Très bruyant et éclairage défaillant. L'accueil est en revanche formidable. Nombreux touristes car la cuisine n'est pas chère et le service convenable.

🏠 ***Tafbel Maisonnettes :*** ☎ 46-05-10. Grand bâtiment blanc de deux étages construit en 1994. Propose 80 chambres, dont 24 studios propres, mais la déco n'est pas terrible. Très bien situé. Piscine, billard, ping-pong. Spectacle tous les soirs.

Plus chic

🏠 ***Coconut Résidence :*** Badala Highway. Au lieu de tourner sur la droite pour aller au *Kairaba Hotel*, continuer tout droit sur la piste. C'est à peine plus loin. ☎ 46-33-77 ou 46-33-99. Fax : 46-18-35. La toute dernière construction hôtelière de Gambie et de loin la plus réussie. C'est un enchantement pour routards fortunés. Tout n'y est que luxe, calme et volupté. Chambres très bien décorées et lumineuses, disposant toutes d'une terrasse. Aussi quelques suites. Resto avec cuisine africaine, occidentale et indonésienne. Intime et confortable. Seul inconvénient : la plage est à 10 km... mais il vous reste les trois piscines !

Senegambia Beach Hotel : à 3 km de Kombo Beach. Même genre que le Novotel pour les prestations. Plus isolé mais petits immeubles mieux intégrés dans un vaste jardin. Clientèle évidemment pas routarde, surtout des Britanniques. Pour ceux qui veulent passer une semaine à ne rien faire.

Où boire un verre ? Où sortir ?

African Queen : au début de Senegambia Highway. En face *d'Al-Amir*. Bar sympa et très animé le soir. Clientèle surtout locale.

Aquarius Café : juste à côté du Casino. Bar très sympa avec une piste de danse. Vous pourrez y entendre un peu de musique française (années 1980). Pas mal de techno, mais c'est un endroit convivial. Beaucoup de jeunes les vendredi et samedi soir. Y aller après 23 h.

Waaw's : Senegambia Highway. Boîte branchée avec techno et rap à fond. Surtout des touristes et des jeunes. Entrée payante. Laissez-vous guider par la bonne musique. C'est au 1er étage.

Tropicana : face au *Senegambia Beach Hotel*. Cadre superbe. Musique excellente et pour tous les goûts. Clientèle très diversifiée. Beaucoup d'Africains mais aussi des toubabs de l'hôtel d'en face.

À voir. À faire

★ ***Banjul Sport Fishing :*** à quelques mètres d'*Ali Baba Restaurant*, rue Tafbel Maisonnettes. ☎ 99-27-75. Fax : 49-42-22. Deux bateaux peuvent vous emmener pour une petite promenade en mer ou sur le fleuve. Bien entendu, vous pourrez pêcher. Excursions « Birds and Breakfast » pour les lève-tôt, « Moonlight tour » pour les couples. Également au programme, deux jours vers Bintang Bolong Lodge, à Kemoto. Assez cher.

★ ***Bijilo Park :*** entrée en face de *Kololi Beach Hôtel*. Réserve (plus petite que celle d'Abuko) de 51 ha. C'est un projet germano-gambien. Bien surtout pour la flore : baobabs, fromagers, palmiers, pains de sel... en tout une quarantaine de variétés. Singes et oiseaux. Mieux si vous avez des jumelles. Entrée payante.

KOTU

Adresses utiles

■ ***Boule Financial Office :*** bureau de change vers *Bungalow Beach Hotel*.

■ ***Lamtoro Clinic :*** Badala Highway. ☎ 46-09-34. Fax : 46-05-96. Après le *Palmarina Hotel* et du même côté. Bonne clinique, même s'il n'y a évidemment pas les mêmes garanties qu'en Europe.

■ ***Swedent Clinic :*** Badala Highway. ☎ 46-12-12. Côté gauche de la route en venant de Kairaba Avenue. Pour les ennuis dentaires.

■ ***Location de vélos :*** à côté du *Palmarina Hotel*.

Où dormir ?

Bon marché à prix moyens

Bakadaji : ☎ 46-23-07. À quelques minutes à pied de la plage. Six bungalows avec deux chambres et un petit salon éparpillés dans un vaste jardin planté de palmiers. Chambres simples et propres avec ventilos. Cuisine avec vaisselle.

Zum Berliner Hotel : sur Badala Highway, juste après le *Palmarina Hotel* en venant de Kairaba Avenue. ☎ 46-37-67. Il vient juste d'ouvrir. Yvonne, à la réception, est très gentille. Chambres simples avec douche. Pas de piscine, mais la plage est à 10 mn à pied.

Luigui's appartements : après Abis Room. ☎ 46-02-80. Fax : 46-02-82. Deux chambres et deux appartements. Confortable et propre. À 3 mn de la plage. Adressez-vous au restaurant du même nom. Il est de rares adresses comme celle-ci, qui ne font pas parler d'elles mais qui sont très bien.

Bunkoyo Hotel : en face du *Palmarina* et à côté de *Sambous*. ☎ 46-31-99. Établissement d'une dizaine de chambres, très propres. Demandez à Momodou, le manager, s'il peut vous en montrer plusieurs, elles sont inégales. Salles de bains convenables. Grand hall d'entrée avec bar.

Plus chic

Bungalow Beach Hotel : Novotel Road. ☎ 46-52-88 ou 46-56-25. Fax : 46-61-80. Établissement de 114 chambres dont certaines avec la clim'. Ce sont en fait des deux-pièces avec cuisine, propres et joliment décorés. L'une des meilleures adresses du pays, bien que ce soit un peu cher. Piscine. Cartes de paiement acceptées. Bureau de change.

Palmarina Hotel : Badala Highway. ☎ 46-10-75/76. Fax : 46-10-77. L'entrée a été récemment refaite. Petits bungalows propres et bien aménagés. Tout le confort : TV, clim'... Nombreuses animations. Grande piscine avec un bassin pour les enfants.

Où manger ?

Bakadaji : Badala Highway, juste après le *Palmarina Hotel*. Resto africain délicieux. Vous pouvez manger ici la viande que l'on trouve dans les gargotes de Serrekunda mais avec une meilleure garantie d'hygiène. Il faut goûter absolument cette façon de la préparer.

***Il Mondo* :** après *Bungalow Beach Hotel*. Passez devant le parking des taxis touristiques. En bord de mer. La cuisine n'est pas révolutionnaire, mais c'est très agréable de venir y grignoter un sandwich, allongé sur un transat. La plage est gardée ce qui permet de se baigner sans encombre. Possibilité d'utiliser gracieusement les planches de surf de la maison.

Luigui's : à 2 mn de la plage. Tout le monde connaît. ☎ 46-02-80. Fermé à midi, mais l'on peut y prendre son petit déjeuner le matin. Les pizzas sont bonnes comme là-bas chez ce petit Italien. Intérieur clair et spacieux. Au-dessus, terrasse d'où l'on peut voir la mer. Prix moyens.

Où sortir ?

Calabash : dans la rue du *Palmarina* (côté plage). Boîte ouverte en grande pompe en décembre 1997. Entrée payante pour ces messieurs, gratuite pour les dames le vendredi soir. Soirées avec des groupes locaux et certains dimanches après-midi, spectacles.

Musique variée, mais attention, présentement ça déménage !

🍸 ***Tam Tam :*** Novotel Road. Musique africaine et occidentale. Davantage accessible à la population locale que le précédent et ce n'est pas plus mal ! Au contraire.

SERREKUNDA

La plus grande cité commerçante de Gambie, à quelques kilomètres de Bakau. Environ 100 000 habitants. C'est resté la grande ville africaine sympa. Plaque tournante pour les taxis-brousse. Furieusement animée et colorée.

Adresses utiles

■ ***Pharmacies :*** sur Sayerr Jobe Avenue, *Banjul Pharmacy* (☎ 39-10-53) et *Kairaba Pharmacy* (☎ 39-08-39).

■ ***Standard Chartered Bank :*** Sayerr Jobe Avenue. Ouvert du lundi au vendredi de 11 h 30 à 16 h. Accepte les travellers et les cartes de paiement.

■ ***Téléphones et télégrammes :*** à l'entrée de la ville en venant de Bakau-Fajara.

Où dormir ? Où manger ?

🏠 ***Praia Motel :*** rue Mame Your, en face de la *BICI*, 2ᵉ rue à gauche. ☎ 39-48-87. Dix chambres confortables avec clim' en supplément, très propres. Un peu excentré. Prix moyens.

🏠 ***Greenline Motel :*** sur la rue principale, en face du cinéma *Asia Marie*. ☎ 39-40-15. Établissement de 23 chambres avec bains, ventilo et clim'. Accueil sympa mais l'ensemble est un peu tristoune. Prix modérés.

🏠 |●| ***Sounkuluba's Hide Away :*** sur la route de l'aéroport de Banjul, à 2 ou 3 km du centre. Quelques cases africaines bien tenues dans un petit jardin. Brenda, la patronne, est anglaise. Resto-bar de 8 h à minuit et discothèque les vendredi et samedi dès 22 h.

🏠 ***Gambisara Motel :*** à l'entrée de la ville en venant de Fajara. ☎ 39-31-14. Dans la maison, une chambre nuptiale avec grand lit et baignoire (!). Dans l'annexe, une dizaine de chambres plus modestes avec moustiquaire et douches communes (un peu négligées). Pas de clim' mais des tarifs très honnêtes. Le petit dej' est inclus.

|●| ***Ojo's Restaurant and Take-away :*** à 200 m après le carrefour principal en direction de Banjul. Cadre propre et occidental. Poulet et pommes de terre grillés. Pas cher.

– Sinon, plusieurs ***snacks*** sur Sayerr Jobe Avenue, artère très animée. On peut ainsi manger de la viande grillée dans de petites échoppes. Mélangée avec des oignons frits c'est un régal ! Un vrai repas à l'africaine, quoi.

À voir

★ ***Le grand marché :*** de part et d'autre de la gare routière. Ne pas manquer le secteur des ferblantiers, des marchands de piments et de poisson séché. On peut s'y faire confectionner, comme à Banjul, des chemises et pantalons dans le tissu de son choix pour une somme modique.

– ***Lutte africaine :*** tous les samedis et dimanches vers 15 h, sauf pendant le ramadan. Bien plus intéressante qu'à Ziguinchor. Audience importante pour ces après-midi hauts en couleur et bruyants. Les règles en sont assez simples : il suffit, à l'aide de toutes les prises, feintes et astuces possibles, de mettre son adversaire au sol. Le lutteur possède ses supporters et ses griots qui l'encouragent vivement au son des tam-tams et des sifflets. Des paris s'échangent entre spectateurs. Le vainqueur fait un tour d'honneur et ses amis recueillent dans la foule de multiples petits cadeaux (noix de cola, piécettes, cigarettes, etc.). Vraiment un spectacle à ne pas manquer !

LE PARC D'ABUKO

Situé à une dizaine de kilomètres sur la route de Serrekunda à l'aéroport, en direction de Brikama. Pour s'y rendre : taxi individuel ou taxi-brousse qui fait la liaison Serrekunda-Brikama (prévenir le chauffeur). Ouvert de 8 h à 18 h 30. Entrée payante. Une portion de forêt miraculeusement préservée depuis plusieurs dizaines d'années et offrant une balade très chouette de 2,5 km. Brochures fort bien faites.

En principe, les meilleurs moments pour observer la faune sont tôt le matin et en fin d'après-midi. Mais la meilleure façon de visiter ce beau parc forestier, c'est aussi de le visiter seul et d'avoir du temps. Des groupes de 20 ou 30 touristes le font avec des agences. Une hérésie ! Ils ne verront que la végétation. En début d'après-midi, aux heures les plus chaudes, il n'y a personne. Car le secret est là : pouvoir marcher en silence, tout doucement, sans parler, en sachant s'arrêter de longues minutes. Alors là, vous serez récompensé. Vous observerez plusieurs dizaines de merveilleux oiseaux parmi les 200 espèces qui y gazouillent. Plus des colonies de singes qui s'enfuiront au dernier moment dans un énorme fracas. Deux observatoires astucieusement disposés vous permettront aussi d'apercevoir les crocodiles cherchant le meilleur endroit pour leur bain de soleil, les varans et les nombreux oiseaux aquatiques. Au bout du sentier, une pause buvette (mais pas de frigo). On y trouve aussi quelques hyènes, un lion et une lionne du zoo de Londres qui souffrait de neurasthénie là-bas. Elle s'est refait une santé et a eu deux lionceaux. Bon, plus un mot, il y a un rat palmiste, là, à un mètre ! S'il est encore là, demandez à Abdoulaye, le vieux rasta ranger qui boite, de vous faire approcher des animaux qu'il garde : antilopes aux regards de biche, grue à l'œil métallique, hyène impassible et cet hibou perché, mystérieux bouddha des forêts, caché dos au soleil, que l'on n'a jamais pu photographier !

★ *KUBUNEH*

Petit village à environ 15 mn de l'aéroport. Il faut passer devant le parking de l'ex-aéroport et suivre la piste qui tourne sur la gauche au niveau d'une barrière (ouverte en principe). Un panneau, quelques centaines de mètres plus loin indique Kubuneh. Ensuite, prendre la direction de Wonderland puis suivre les indications pour Kubuneh. Ne pas aller jusqu'à Wonderland. Il faut tourner avant. Une fois dans le village, demandez le *Lodge* qui se trouve au bord des bolongs.

■ |●| *Lodge :* ☎ 99-74-64. Cadre agréable. Grande salle de restaurant, petites tables dehors sous les arbres et le fleuve à deux pas. Bungalows à un prix abordable. Possibilité de faire une promenade sur le fleuve et d'aller pêcher si vous avez du matériel. En revanche, vérifiez votre addition avant de payer. Tenu par un couple franco-sénégalais.

LE SUD-OUEST

Essentiellement une balade sympa vers les petits villages de pêcheurs de la côte ouest. Quelques taxis-brousse relient Gunjur et Kartung de Serrekunda et surtout de Brikama. ***Tujering*** (appelé aussi *Guinée Town*) est peuplé par une colonie de pêcheurs ghanéens. Assez farouches et hostiles aux photos.
– À ***Gunjur,*** encore plus au sud, vous trouverez une fumerie de poisson.
– Enfin, ***Kartung*** est le dernier village avant la frontière du Sénégal. On y trouve un resto sympa sous une grande paillote. Bon poisson grillé.

★ *SOLIFOR POINT*

Prendre la direction Brufut puis Tujering. Petit restaurant sur la plage. Peu fréquenté. Grande paillote, hamacs. Attention où vous faites trempette, il y a des rochers.

★ *TANJI VILLAGE ET MUSEUM*

Le 15 novembre 1997, Abdoulaye Bay inaugurait le village et le musée Tanji qu'il avait construits un peu avant Sanyang. Le petit musée est consacré à l'histoire naturelle, à l'art et au mode de vie en brousse. Vous avez un aperçu de la flore gambienne avec des explications sur les différents arbres. Dans une grande paillote *(bantaba),* vous pourrez vous essayer au tam-tam ou autre instrument et également voir des artisans au travail. C'est vraiment pour les touristes, mais ça peut être intéressant d'aller y faire un tour. Possibilité de se désaltérer ou de se restaurer. Voilà une bonne idée pour avoir un aperçu de la population et des mœurs gambiennes.

L'EST

Dans ce pays qui balafre le Sénégal, il est possible d'effectuer une balade sympa de trois jours environ, loin des hordes touristiques. Oh, rien de spectaculaire, juste l'Afrique au naturel; celle qu'on découvre soi-même au détour d'un sentier ou par les rencontres fortuites, chaleureuses, créées à l'occasion d'un sourire.

Où dormir dans la région?

Bintang bolong Lodge : à 80 km de Banjul, en allant vers Georgetown, par la rive gauche. Pour réserver par fax : 48-80-58. • vdebel@arcadis.be • Des cases sur pilotis entourées de palétuviers, au bord du fleuve. Le confort à prix moyens. Piscine, balades en pirogue. Au resto, cuisines sénégalaise, gambienne et française.

LES ROUTES DU NORD ET DU SUD

➢ ***La route Nord :*** une très bonne piste suit le fleuve Gambie au nord jusqu'à Georgetown, l'ancienne capitale de la Gambie.
➢ ***La route Sud :*** goudronnée tout du long (mais avec, parfois, de très

mauvais passages de nids-de-poule), suit la rive sud jusqu'à Georgetown également, puis rejoint Basse Santa Su, grande ville de l'est du pays. La route sud, bien desservie en bus, convient mieux à ceux qui sont à pied.

LA ROUTE NORD

Nous la conseillons plutôt à ceux qui possèdent leur propre véhicule. Peu de bus ou taxis-brousse. Ceux qui auraient choisi ces derniers doivent nécessairement disposer de tout leur temps. La portion entre Farafenni et Kuntaur (les cercles de pierres) est assez jolie et vous y rencontrerez vraiment peu de toubabs.
Première étape : le ***passage du fleuve Gambie*** de Banjul à Barra. Un conseil : venir tôt le matin (vers 7 h 30-8 h) afin d'avoir son véhicule bien placé. En outre, l'attente au soleil est moins pénible. Les plus folles rumeurs circulent toujours : le nouveau ferry est en panne, le vieux va le remplacer, le vieux est cassé, il faut attendre deux jours, etc. Bon ! pas de panique, vous arriverez de toute façon vers 11 h en face...

JUFFUREH

C'est de ce village que Kunta Kinteh, l'arrière-arrière-arrière-grand-père d'Alex Haley, auteur du célèbre best-seller *Roots,* fut emmené comme esclave en Amérique. Bus au départ de Barra.
Village africain classique où la tôle remplace de plus en plus la paille. Assez touristique dans la mesure où la plupart des agences y organisent une excursion. S'il n'y a pas de groupes, on peut rendre visite au vieux chef (90 ans) et lui laisser une obole pour les œuvres du village. Possibilité aussi de voir la maison de la famille Kinteh, près de la mosquée.

➤ DANS LES ENVIRONS DE JUFFUREH

À voir

★ À 15 mn à pied, au bord du fleuve, l'ancien ***comptoir d'Albreda,*** petit port marchand français du XVIIe siècle. Il ne reste que quelques vestiges d'entrepôts.

★ À Albreda, près du canon, subsiste un poteau dont on dit qu'il suffisait qu'un esclave ayant réussi à s'évader le touche pour être déclaré libre.

★ Une pirogue peut vous mener à ***Fort James Island*** en 1 h environ. C'est là qu'étaient entassés les esclaves en partance pour l'Amérique. Ruines d'un vieux fort de 1651. Rien de bien intéressant. Pour sentimentaux et historiens seulement.

➤ DE JUFFUREH À FARAFENNI

– Piste toujours aussi bonne jusqu'à ***Kuntaur***.
– De Kuntaur à ***Kerewan,*** « non-paysage » de landes et de marécages. Pour atteindre Kerewan, petit bac pour traverser un bolong.
– Trois bus par jour, en principe, de Kerewan à Farafenni (matin, midi et soir).

FARAFENNI

Importante ville-carrefour sur la Transgambienne reliant Dakar à Ziguinchor par un bac.
– Au marché, peu de nourriture à acheter, ça se limite aux bananes et oranges.

Où dormir ? Où manger ?

Possibilité de faire halte pour la nuit à l'***Eddy's Hotel,*** à côté du grand marché et de la station des taxis-brousse. Chambres simples mais correctes, disposées autour d'un beau patio fleuri. Certaines avec douches. Resto.

LES CERCLES DE PIERRES DE WASU

Situés à ***Kuntaur,*** 1 h avant Jan Jan Bureh (ex-Georgetown). Pas de pancarte. Arrivé à Kuntaur, demander les *stone circles.* Ils sont à environ 500 m de la route principale. C'est l'un des mystères de la région. Personne n'a pu vraiment en déterminer l'origine. On en trouve au Sahara et en Guinée, mais c'est dans cette région que l'on observe la plus grande concentration de cercles.
Ils remontent au VIIe siècle apr. J.-C. Les squelettes retrouvés au centre indiquent clairement que ce sont des sites funéraires. Les colonnes pèsent jusqu'à 10 tonnes et n'ont pas été amenées là. On pense qu'une tranchée circulaire fut creusée, les colonnes confectionnées dans la latérite fraîche et molle (elle ne durcit qu'au contact de l'air libre) et dressées à la verticale. Certaines ont même, depuis, basculé en arrière. Cependant, la diversité des colonnes et leur disposition restent un mystère. Pourquoi des cercles de 10 à 24 colonnes ? Pourquoi font-elles de 60 cm à 3 m de haut ? Pourquoi les colonnes d'un même cercle sont-elles semblables ? Pourquoi des cavités au sommet de certaines d'entre elles permettant d'y mettre des pierres rondes ? Aucune réponse n'a encore été donnée...

JAN JAN BUREH (EX-GEORGETOWN)

Ancienne capitale de la Gambie. Située sur une vaste île au milieu du fleuve. Bac payant en partant de la rive nord. Tout petit bac tiré à la main, rive sud. Pas grand-chose à faire à Jan Jan Bureh, peu spectaculaire en soi mais intéressante pour son charme de petite ville africaine typique. Faible trafic automobile. Très propre, pas touristique du tout. C'est avant tout une atmosphère. Nous conseillons d'y passer la nuit pour la balade dans les ruelles vers 20 h-21 h et pour surprendre, tôt le matin, les premiers bruits de la ville, les premiers sourires.
– Dans le centre, près de la mosquée, un vieux ***cinoche*** fonctionne certains soirs vers 21 h 45. Ambiance assurée.

Où dormir ? Où manger ?

🏠 🍽 ***Government Resthouse :*** situé en face du poste de police et de la grande poste. Au bout d'une grande allée. L'administration de la *resthouse* se trouve dans des bâtiments dans le prolongement de la poste. De toute façon, demander. En principe, clé sous le paillasson si vous arrivez tard. Plaisant, propre, bon marché, avec un salon climatisé à l'entrée. Chambres avec clim' ou ventilo. Petite cuisine avec frigo. Pas de resto en ville. On peut demander à la gérante de préparer un plat simple et pas cher (genre riz au poisson fumé). Café le matin à la demande également.

LA ROUTE SUD

Outre qu'elle passe dans des coins intéressants, c'est aussi la route la plus directe pour atteindre le parc national du Niokolo Koba.

➢ ***De Banjul :*** bus réguliers de l'État pour ***Basse Santa Su***. Modernes et confortables. À Basse, une *resthouse.* Puis piste de 25 km en taxi-brousse pour ***Vélingara***.

➢ ***De Vélingara :*** nombreux taxis-brousse pour ***Tambacounda***.

★ ***Brikama :*** après l'aéroport. Bus au départ de Serrekunda et de Westfield. Ville grouillante, intéressante pour son marché important. Très animé. Il faut se faufiler entre les femmes qui font leurs courses, les étals, les voitures. C'est une ambiance sympa mais qui ressemble à celle du marché de Serrekunda. Plusieurs échoppes pour acheter à boire et foule de stands de fruits et autres nourritures terrestres. Également un marché de bibelots pour faire des cadeaux à toute votre belle-famille.

★ ***Kemoto :*** à 180 km par la route et 60 km par le fleuve de Banjul. Les vingt derniers kilomètres, la route est très mauvaise. Vous pouvez y venir en bateau avec *Banjul Sport Fishing* (rubrique « À voir » à Kololi).

Où dormir ? Où manger ?

🏠 🍽 ***Kemoto Hotel :*** ☎ 46-06-06. Fax : 46-02-52. Compter environ 855 Dls (68,6 €) par jour pour deux. Ensemble de 60 bungalows. Piscine, bar. Organise des safaris en brousse, des promenades sur le fleuve, des journées de pêche. Spectacles le soir. Pour tous renseignements, ils disposent de bureaux sur Badala Highway, juste avant Kololi.

TENDABA CAMP

À 150 km de Banjul, peu avant Kwinella, c'est un ensemble de bungalows en pleine nature au bord du fleuve. Site très agréable. Tenu par Willie, un Suédois, vieux baroudeur colonial, qui se vante d'avoir le plus grand choix de whiskies de l'Afrique de l'Ouest. C'est vrai qu'il en aligne pas mal (il propose même le meilleur au monde : le fameux « Blackbush » !). Bungalows très propres en forme de cases rondes. Douches et sanitaires à l'extérieur. Prix raisonnables. Piscine. Resto (bon ragoût de phacochère, barracuda grillé, etc.). Nombreuses possibilités de balades sympas aux alentours (végétation assez riche, cultures, nombreux villages). Excursions organisées en pirogue

ou en 4x4. Seul petit inconvénient : on est parfois obligé de cohabiter avec des groupes de chasseurs (pas trop souvent heureusement).
Pour se rendre à Tendaba Camp, bus au départ de Banjul. On peut se laisser déposer à l'embranchement (grosse pancarte) et effectuer les cinq derniers kilomètres de piste à pied, en stop, en carriole, etc.
Le mieux est encore de descendre à Kwinella, le bourg d'à côté, et de prendre un taxi.

DANKUKU

Pour se rendre à Dankuku, en principe trois bus quotidiens directs de Banjul. L'un d'eux part vers 14 h et arrive vers 19 h. Il passe la nuit sur place et repart à 7 h le lendemain pour Banjul.
Gros village mandingue typique à 200 km de Banjul, situé dans une courbe du fleuve. Très peu touristique. On y trouve un campement de chasse (qui n'a cependant pas vu un chasseur depuis deux ans). Population accueillante. En arrivant, rendre visite au chef *(headman),* personnage très important au niveau de toute la région. Il parle très bien l'anglais et aime s'entretenir avec les visiteurs. Il souhaite également relancer l'activité du campement, qui devrait être rénové pour accueillir à nouveau les voyageurs. Situé en plein centre du village. Le gérant a travaillé 25 ans en Côte d'Ivoire et parle le français. Petite cuisine avec réchaud, mais possibilité bien sûr de commander ses repas.
Superbes balades dans les environs. Dépaysement assuré. À deux pas, le fleuve et une mare à hippopotames.

BASSE SANTA SU

Dernière grande ville avant la frontière. Assez peu touristique. Une bonne voiture peut vous y mener en 4 h, mais les bus de Banjul mettront plus de 5 h 30 (pour la modique somme de 95 Dls, soit 7,6 €, 50 F). À cet endroit, le fleuve commence à se couper en de belles gorges. Les arbres, la nature sont différents des paysages du littoral. On est à seulement 10 mn de la frontière du Sénégal.

Où dormir ? Où manger ?

Jem Hotel : tenu par un Anglais. Huit chambres doubles et d'autres collectives pour quatre personnes. Toutes avec douche et ventilo. Beaux jardins.

Où boire un verre ?

Pour aller boire un verre, ***The London Disco*** n'est pas mal. D'autant plus que le choix reste très limité. Allez-y sans trop vous poser de questions...

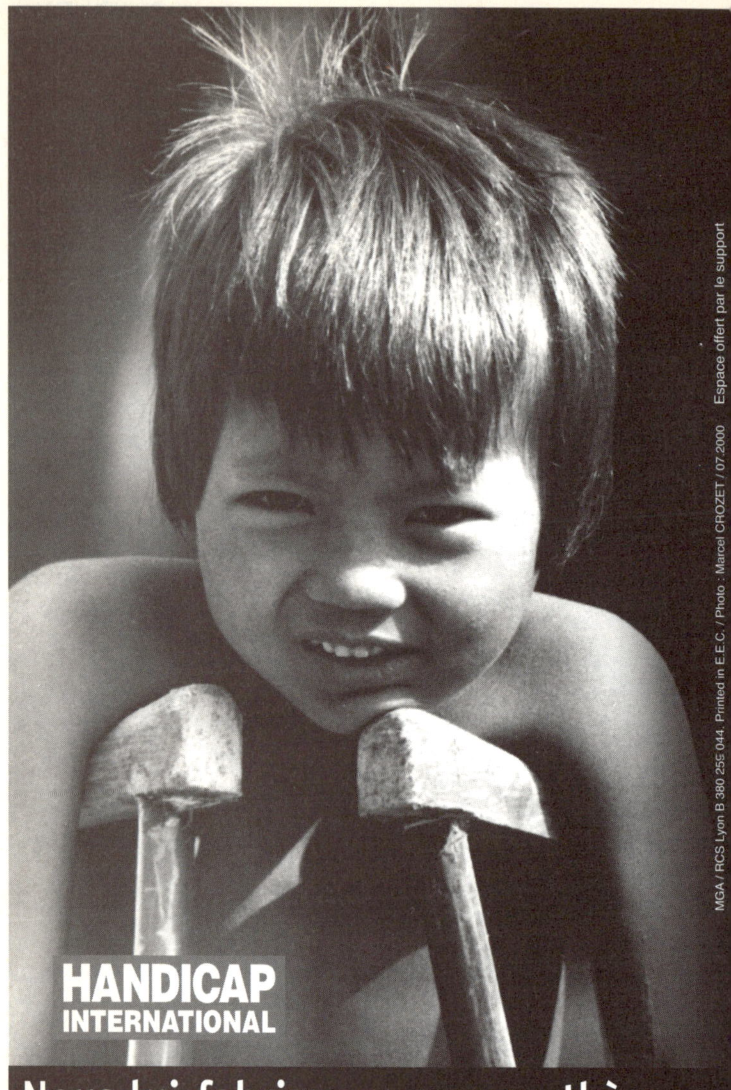
HANDICAP
INTERNATIONAL
MGA / RCS Lyon B 380 255 044. Printed in E.E.C. / Photo : Marcel CROZET / 07.2000
Espace offert par le support

Les conseils *nature* du Routard

avec la collaboration du **WWF**

Vous avez choisi le Guide du Routard pour partir à la découverte et à la rencontre de pays, de régions et de populations parfois éloignés. Vous allez fréquenter des milieux peut être fragiles, des sites et des paysages uniques, où vivent des espèces animales et végétales menacées.
Nous avons souhaité vous suggérer quelques comportements simples permettant de ne pas remettre en cause l'intégrité du patrimoine naturel et culturel du pays que vous visiterez et d'assurer la pérennité d'une nature que nous souhaitons tous transmettre aux générations futures.

Pour mieux découvrir et respecter les milieux naturels et humains que vous visitez, apprenez à mieux les connaître.
Munissez vous de bons guides sur la faune, la flore et les pays traversés.

❶ **Respectez la faune, la flore et les milieux.**
Ne faites pas de feu dans les endroits sensibles - Rapportez vos déchets et utilisez les poubelles - Appréciez plantes et fleurs sans les cueillir - Ne cherchez pas à les collectionner... Laissez minéraux, fossiles, vestiges archéologiques, coquillages, insectes et reptiles dans la nature.

❷ **Ne perturbez d'aucune façon la vie animale.**
Vous risquez de mettre en péril leur reproduction, de les éloigner de leurs petits ou de leur territoire - Si vous faites des photos ou des films d'animaux, ne vous en approchez pas de trop près. Ne les effrayez pas, ne faîtes pas de bruit - Ne les nourrissez pas, vous les rendrez dépendants.

❸ **Appliquez la réglementation relative à la protection de la nature,** en particulier lorsque vous êtes dans les parcs ou réserves naturelles. Renseignez-vous avant votre départ.

❹ **Consommez l'eau avec modération,**
spécialement dans les pays où elle représente une denrée rare et précieuse.
Dans le sud tunisien, un bédouin consomme en un an l'équivalent de la consommation mensuelle d'un touriste européen !

❺ **Pensez à éteindre les lumières, à fermer le chauffage et la climatisation** quand vous quittez votre chambre.

❻ **Évitez les spécialités culinaires locales à base d'espèces menacées.** Refusez soupe de tortue, ailerons de requins, nids d'hirondelles…

❼ **Des souvenirs, oui, mais pas aux dépens de la faune et de la flore sauvages.** N'achetez pas d'animaux menacés vivants ou de produits issus d'espèces protégées (ivoire, bois tropicaux, coquillages, coraux, carapaces de tortues, écailles, plumes…), pour ne pas contribuer à leur surexploitation et à leur disparition. Sans compter le risque de vous trouver en situation illégale, car l'exportation et/ou l'importation de nombreuses espèces sont réglementées et parfois prohibées.

❽ **Entre deux moyens de transport équivalents, choisissez celui qui consomme le moins d'énergie !** Prenez le train, le bateau et les transports en commun plutôt que la voiture.

❾ **Ne participez pas aux activités dommageables pour l'environnement.** Évitez le VTT hors sentier, le 4x4 sur voies non autorisées, l'escalade sauvage dans les zones fragiles, le ski hors piste, les sports nautiques bruyants et dangereux, la chasse sous marine.

❿ **Informez vous sur les us et coutumes des pays visités,** et sur le mode de vie de leurs habitants.

l'équipement du
routard
PARTENAIRE
AVENTURE
TYLER
OPHIR
ELAN
Des fringues et des godasses pour être partout chez soi comme un poisson dans l'eau tout en gardant les pieds bien au sec ...
© David François / 2000

INDEX GÉNÉRAL

– A –

– B –

– C –

– D –

– F –

– G –

– H –

– J –

– K –

– L –

– M –

– N –

– O –

– P –

– R –

– S –

– T –

– V –

– W –

– Y-Z –

OÙ TROUVER LES CARTES ET LES PLANS ?

les **Routards** *parlent aux* **Routards**

Faites-nous part de vos expériences, de vos découvertes, de vos tuyaux pour que d'autres routards ne tombent pas dans les mêmes erreurs. Indiquez-nous les renseignements périmés. Aidez-nous à remettre l'ouvrage à jour. Faites profiter les autres de vos adresses nouvelles, combines géniales... On adresse un exemplaire gratuit de la prochaine édition à ceux qui nous envoient les lettres les meilleures, pour la qualité et la pertinence des informations. Quelques conseils cependant :

– Envoyez-nous votre courrier le plus tôt possible afin que l'on puisse insérer vos tuyaux sur la prochaine édition.

– N'oubliez pas de préciser sur votre lettre l'ouvrage que vous désirez recevoir.

– Vérifiez que vos remarques concernent l'édition en cours et notez les pages du guide concernées par vos observations.

– Quand vous indiquez des hôtels ou des restaurants, pensez à signaler leur adresse précise et, pour les grandes villes, les moyens de transport pour y aller. Si vous le pouvez, joignez la carte de visite de l'hôtel ou du resto décrit.

– À la demande de nos lecteurs, nous indiquons désormais les prix. Merci de les rajouter.

– N'écrivez si possible que d'un côté de la lettre (et non recto verso).

– Bien sûr, on s'arrache moins les yeux sur les lettres dactylographiées ou correctement écrites !

Le Guide du routard : 5, rue de l'Arrivée, 92190 Meudon

E-mail : routard@club-internet.fr
Internet : www.routard.com

Routard Assistance *2002*

Vous, les voyageurs indépendants, vous êtes déjà des milliers entièrement satisfaits de Routard Assistance, l'Assurance Voyage Intégrale sans franchise que nous avons négociée avec les meilleures compagnies, Assistance complète avec rapatriement médical illimité. Dépenses de santé, frais d'hôpital, pris en charge directement sans franchise jusqu'à 2 000 000 F + caution + défense pénale + responsabilité civile + tous risques bagages et photos + 500 000 F. Assurance personnelle accidents. Très complet ! Le tarif à la semaine vous donne une grande souplesse. Chacun des *Guides du routard* pour l'étranger comprend, dans les dernières pages, un tableau des garanties et un bulletin d'inscription. Si votre départ est très proche, vous pouvez vous assurer par fax : 01-42-80-41-57, mais vous devez, dans ce cas, indiquer le numéro de votre carte bancaire. Pour en savoir plus : ☎ 01-44-63-51-00 ; ou, encore mieux, www.routard.com

Imprimé en France par Aubin n° L 62347
Dépôt légal n° 15156-09/2001
Collection n° 13 - Édition n° 01
24/3509/7
I.S.B.N. 2.01.243509.2